FUKUOKA SAGA NAGASAKI

후쿠오카 사가 나가사키 홀리데이

글 · 사진 권현지, 신영철, 유연태

꿈의지도

CONTENTS

- **008** 프롤로그
- **010** 활용법
- **012** 후쿠오카 사가 나가사키 전도

FUKUOKA SAGA NAGASAKI BY STEP
여행 준비 & 하이라이트

STEP 01
Preview
후쿠오카 사가 나가사키를 꿈꾸다

- **016** 01 후쿠오카 사가 나가사키 MUST SEE
- **028** 02 후쿠오카 사가 나가사키 MUST DO
- **040** 03 후쿠오카 사가 나가사키 MUST EAT

STEP 02
planning
후쿠오카 사가 나가사키를 그리다

- **046** 01 후쿠오카 사가 나가사키를 말하는 10가지 키워드
- **052** 02 이것이 바로 후쿠오카 사가 나가사키 스타일 여행!
- **054** 03 후쿠오카 사가 나가사키 지역별 여행 포인트
- **056** 04 나만의 후쿠오카 사가 나가사키 여행 레시피!
- **064** 05 후쿠오카 사가 나가사키 음식 열전!
- **068** 06 후쿠오카 사가 나가사키를 떠나며 챙겨야 할 기념품
- **070** 07 후쿠오카 사가 나가사키 여행 체크 리스트
- **071** 08 후쿠오카 사가 나가사키로 가기
- **074** 09 후쿠오카 사가 나가사키 대중교통 완전정복
- **078** 10 후쿠오카 사가 나가사키에서 렌터카 이용하기
- **080** 11 이때 가면 더 좋다! 후쿠오카 사가 나가사키 축제 캘린더

FUKUOKA BY AREA
후쿠오카 지역별 가이드

01 후쿠오카

- 086 후쿠오카 미리보기
- 087 후쿠오카 찾아가기
- 088 후쿠오카 2일 추천 코스
- 090 후쿠오카 MAP
- 095 SEE
- 116 EAT
- 125 BUY
- 130 SLEEP

02 이토시마

- 134 이토시마 찾아가기
- 135 이토시마 MAP
- 136 SEE
- 141 EAT
- 143 BUY

SAGA BY AREA
사가 지역별 가이드

01 가라쓰

- 148 가라쓰 미리보기
- 149 가라쓰 찾아가기
- 150 가라쓰 1일 추천 코스
- 151 가라쓰 MAP
- 152 SEE
- 165 EAT
- 169 BUY
- 170 SLEEP

02 우레시노

- 174 우레시노 미리보기
- 175 우레시노 찾아가기
- 176 우레시노 1일 추천 코스
- 177 우레시노 MAP
- 178 SEE
- 188 EAT
- 189 BUY
- 190 SLEEP

03 사가

- 194 사가 미리보기
- 195 사가 찾아가기
- 196 사가 MAP
- 198 사가 1일 추천 코스
- 199 SEE
- 213 EAT
- 217 BUY
- 218 SLEEP

04 다케오

- 222 다케오 미리보기
- 223 다케오 1일 추천 코스
- 224 다케오 MAP
- 225 SEE
- 231 EAT
- 233 BUY
- 234 SLEEP

05 기타 여행지

- 238 오기
- 256 이마리
- 269 아리타
- 278 가시마
- 286 다쿠
- 292 겐카이
- 296 도스
- 300 요시노가리 역사 공원

NAGASAKI BY AREA
나가사키 지역별 가이드

01 나가사키

- 308 나가사키 미리보기
- 309 나가사키 찾아가기
- 310 나가사키 2일 추천 코스
- 312 나가사키 MAP
- 316 SEE
- 334 EAT
- 338 BUY
- 339 SLEEP

02 사세보

- 344 사세보 미리보기
- 345 사세보 1일 추천 코스
- 346 사세보 MAP
- 347 SEE
- 351 EAT
- 354 BUY
- 355 SLEEP

03 하우스텐보스

- 358 하우스텐보스 미리보기
- 359 하우스텐보스 1일 추천 코스
- 360 하우스텐보스 MAP
- 361 SEE
- 364 EAT
- 365 SLEEP

04 운젠

- 368 운젠 미리보기
- 369 운젠 1일 추천 코스
- 370 운젠 MAP
- 371 SEE
- 379 EAT
- 380 BUY
- 382 SLEEP

05 히라도

- 386 히라도 미리보기
- 387 히라도 MAP
- 388 SEE
- 393 EAT
- 394 BUY
- 395 SLEEP

06 기타 여행지

- 398 시마바라
- 414 사이카이
- 420 고토
- 432 이키

- 442 여행 컨설팅
- 458 인덱스

Prologue

3년여의 길고 긴 기다림 끝에 코로나가 물러가고 드디어 여행의 시간이 찾아왔습니다. 어느 영화의 주제곡처럼 '바람처럼 자유롭기'를 얼마나 갈망했습니까. 마음만 먹으면 언제든 떠날 수 있다는 것이 얼마나 소중한지를 절실히 깨달았기에 이제부터 여행길은 아주 값질 것입니다.

〈후쿠오카 사가 나가사키 홀리데이〉는 일본 규슈 북서쪽 후쿠오카현, 사가현, 나가사키현의 여행 명소를 아우르는 안내서입니다. 이 책은 후쿠오카, 나가사키 같은 도시는 물론 여느 가이드북에서도 쉽게 찾아볼 수 없는 서규슈의 소도시 여행 정보도 세세히 담았습니다.

후쿠오카는 도쿄 오사카 나고야 삿포로와 함께 일본 5대 도시의 하나입니다. 또 한국 여행자가 가장 많이 찾는 일본의 3대 도시이자 규슈로 가는 관문이기도 합니다. 후쿠오카는 가깝습니다. 항공기 탑승 후 입국 서류를 쓰다 보면 바로 착륙 준비를 할 정도입니다. 여행자가 많은 만큼 항공편도 많습니다. 인천, 부산, 대구 등에서 후쿠오카로 가는 항공편이 있습니다. 운항 횟수가 많은 만큼 여행 일정 짜기도 편리합니다. 사계절 내내 날씨가 온화해 언제 찾아도 좋습니다.

사가현은 아날로그적 정서가 많이 남아있는 소도시 여행을 선사합니다. 과거부터 우리나라와 왕래했던 흔적도 곳곳에서 찾아볼 수 있습니다. 바다와 숲을 잇는 자연 그대로의 걷기 코스 올레길도 많이 들어서 있어 개성 있는 여행을 가능하게 합니다.

나가사키현은 규슈의 남서쪽에 위치해 남국의 정취가 물씬 풍깁니다. 일본 개항의 역사를 품은 곳이라 일본 내 유럽 같은 풍경을 자주 만나게 됩니다. 유명한 나가사키짬뽕을 맛본다면 그 맛의 추억은 아주 오래갈 것입니다.

〈후쿠오카 사가 나가사키 홀리데이〉는 〈서큐슈 홀리데이〉 타이틀로 출간한 후 여러 번 개정판을 펴냈습니다. 이번 개정판은 타이틀도 바꾸고, 코로나 이후 변화된 여행 정보를 담았습니다. 개정 작업을 하면서 확인한 결과 가이드북에 소개했던 명소와 맛집 대부분이 아직도 성업 중이라 감동이 차올랐습니다. 시간을 거슬러 올라가 가이드북 발간을 위해 현지 취재하면서 보았던 풍경과 먹었던 음식 하나하나가 생생하게 떠올랐습니다. 그간의 여행 부재를 겪으면서도 굳건히 살아 남아줘서 고마웠습니다.

이 책이 나오기까지 함께 취재하고, 같은 무게로 글을 써주신 신영철, 유연태 작가님께 감사드립니다.

독자님,
'여행은 오롯이 나의 것'입니다.
후쿠오카 사가 나가사키의 아름다운 여행지로 떠나기 전, 또는 여행 중 언제라도 이 책을 한 번 펼쳐보시기 바랍니다. 어느 곳 어느 대목에서든 분명 똑 부러지게 안내자 역할을 할 것입니다. 그리고 오래도록 간직하고 싶은 친구로 남을 것입니다.

감사합니다.

권현지·신영철·유연태

〈후쿠오카 사가 나가사키 홀리데이〉 100배 활용법

서규슈 여행 가이드로 〈후쿠오카 사가 나가사키 홀리데이〉를 선택하셨군요. '굿 초이스'입니다.
서규슈에서 뭘 보고, 뭘 먹고, 뭘 하고, 어디서 자야 할지 더 이상 고민하지 마세요. 친절하고 꼼꼼한 베테랑 〈후쿠오카 사가 나가사키 홀리데이〉와 함께라면 당신의 여행이 완벽해집니다.

01
후쿠오카 사가 나가사키를 꿈꾸다
STEP 01 » PREVIEW 를 먼저 펼쳐보세요. 여행을 위한 워밍업. 후쿠오카 사가 나가사키에서 놓치면 안 될 재미와 매력을 소개합니다. 꼭 봐야 할 것, 해야 할 것, 먹어야 할 것을 알려줍니다. 놓쳐서는 안 될 핵심요소들을 사진으로 정리했어요.

02
여행 스타일 정하기
STEP 02 » PLANNING 을 보면서 나의 여행 스타일을 정해 보세요. 후쿠오카 사가 나가사키 여행의 목적이 휴식인지, 단순 관광인지, 쇼핑인지, 또 누구와 함께 여행을 할 것인지에 따라 여행 일정과 스타일이 달라집니다.

03
할 것, 먹을 것, 살 것 고르기
여행의 밑그림을 다 그렸다면 구체적으로 여행을 알차게 채워갈 단계입니다. 지역별로 특색이 뚜렷한 후쿠오카 사가 나가사키는 짧은 일정이라도 코스만 잘 짠다면 팔색조같은 여행을 한 호흡에 즐길 수 있어요. 여행지별로 알차게 정리된 정보를 보면서 그곳에서 할 일을 하나씩 정합니다.

04
숙소 정하기
어디서 자느냐가 여행의 절반을 좌우합니다. 숙소가 어디냐에 따라 여행 일정이 달라집니다. 지역별 여행지에서 묵고 싶은 숙소를 찜합니다. 후쿠오카 사가 나가사키에는 날마다 색다른 숙박 경험을 할 수 있는 곳입니다. 럭셔리한 온천료칸부터 독특한 비지니스 호텔 등 여행의 피로를 말끔히 씻어 줄 숙소를 제시했습니다.

05
지역별 일정 짜기
여행의 콘셉트와 목적지를 정했다면 이제 도시별로 묶어 동선을 짜봅니다. FUKUOKA BY AREA, SAGA BY AREA, NAGASAKI BY AREA에 모아놓은 후쿠오카 사가 나가사키의 지역별 여행지와 쇼핑할 곳, 레스토랑을 보면 이동 경로를 짜는 것이 수월해집니다.

06
D-day 미션 클리어
여행 일정까지 완성했다면 책 마지막의 여행 준비 컨설팅을 보며 혹시 놓친 것은 없는지 챙겨보세요. 여행 50일 전부터 출발 당일까지 날짜별로 챙겨야 할 것들이 리스트 업 되어 있습니다.

07
홀리데이와 최고의 여행 즐기기
이제 모든 여행 준비가 끝났으니 〈후쿠오카 사가 나가사키 홀리데이〉가 필요 없어진 걸까요? 여행에서 돌아올 때까지 내려놓아서는 안 돼요. 여행 일정이 틀어지거나 계획하지 않은 모험을 즐기고 싶다면 언제라도 〈후쿠오카 사가 나가사키 홀리데이〉를 펼쳐야 하니까요. 〈후쿠오카 사가 나가사키 홀리데이〉는 당신의 여행을 끝까지 책임집니다.

후쿠오카 사가 나가사키 전도
FUKUOKA SAGA NAGASAKI

1:1,000,000

홋카이도

오사카

후쿠오카
사가
나가사키

도쿄

이키
壱岐

히라도시
平戸市

히라도시마
平戸島

오지카공항
小値賀空港

사이카이 국립공원
西海國立公園

구주쿠시마
九州九島

가미고토공항
上五島空港

오지마
大島

사이카이시
西海市

고토열도
五島列島

나가사키현 長崎縣

고토시
五島市

후쿠에섬
福江島

후쿠에공항
福江空港

Step 01
Preview

후쿠오카 사가 나가사키를
꿈꾸다

01 후쿠오카 사가 나가사키 MUST SEE
02 후쿠오카 사가 나가사키 MUST DO
03 후쿠오카 사가 나가사키 MUST EAT

PREVIEW 01
후쿠오카 사가 나가사키 MUST SEE

후쿠오카

규슈의 관문 후쿠오카는 다양한 얼굴을 지녔다. 21세기 첨단 도시의 직선미와 오랜 문화 역사의 곡선미가 공존한다. 그곳에서 불어오는 바람은 늘 여행자를 유혹한다. 결코 놓쳐서는 안 될 명소들이 여행의 묘미를 한껏 살려준다.

1 후쿠오카 성터

도쿄, 오사카처럼 후쿠오카에도 성터가 남아 있다. 봄에는 벚꽃, 가을은 단풍으로 물들어 현지인과 여행자로 붐빈다. → **P.110**

마린월드 우미노나카미치

자녀들과 함께 하는 여행이라면 반드시 들러봐야 한다. 규슈의 바다에 서식하는 어류들이 볼만하다. → **P.115**

후쿠오카타워

후쿠오카시를 상징하는 높이 234m의 타워. 바다와 하늘이 어울린 풍경과 야경 감상의 명소다. → **P.383**

아크로스 후쿠오카

건축물에 관심이 많다면 주목! 덴진중앙공원 옆에 자리한 아크로스 후쿠오카는 계단식 옥상정원이 인상적이다. → **P.103**

게고공원 일루미네이션

크리스마스가 다가오면 후쿠오카 시내 곳곳에 빛의 잔치가 벌어진다. 그 중에서도 덴진 게고공원의 일루미네이션이 가장 운치있다. → P.104

후쿠오카시박물관

후쿠오카의 역사를 이해하는데 최적의 장소. 계절에 따라 전시회와 이벤트가 번갈아 개최된다. → P.113

후쿠오카시미술관&
후쿠오카아시아미술관

후쿠오카 여행 중 예술의 향기에 취해 감성을 충전시키고 싶다면 바로 여기! 아트 카페에서 커피 향도 맡아보자. → P.108

노코노시마

10분 정도 배를 타면 만나는 꽃섬 노코노시마. 이 섬 북쪽에 자리한 유원지 아일랜드파크는 사계절 꽃이 피고 진다. → **P.114**

오호리공원

후쿠오카시의 오아시스로 각광받는 공원이다. 본래 성을 지키는 해자로 만들어진 것을 1929년 공원으로 조성해 개장했다. 산책과 보트놀이를 즐길 수 있다. → **P.109**

사가

사가는 고대부터 한반도와 일본 열도 간 디딤돌 역할을 해온 지역이라 한국 관련 유적이 많다. 고풍스러운 유적을 에두르는 건 기본. 온천과 다원, 주상절리와 갯벌을 품은 바다! 역사 산책과 더불어 열도 특유의 자연을 만끽할 수 있다.

1 가가미야 전망대

NHK 방송에서 '21세기에 남기고 싶은 일본의 풍경' 5위로 선정된 니지노마쓰바라와 대한해협이 한눈에! → P.154

2 가라쓰군치

일본 3대 군치로 손꼽히는 400년 역사의 축제. 하이라이트는 14대의 대형 수레 '하키야마' 행렬이다. → P.156

3 사가 인터내셔널 벌룬 페스타

아시아 최대의 열기구 축제. 아침 해를 향해 떠오르는 수백의 열기구는 격하게 몽환적이다. → P.209

4 다케오시립도서관

벼룩시장과 요가교실까지! 기존 서점의 한계를 뛰어넘은 종합 라이프스타일숍. → P.226

5 도잔 신사

정유재란 때 왜군에게 끌려간 '이삼평'을 모신 신사. 그는 일본 도자기의 시조(陶祖)로 추앙받고 있다. → P.272

6

다케오 온천
자줏빛 누문이 인상적인 1300년의 역사를 지닌 온천. 옛 영주가 사용했던 대리석 욕탕에 드는 순간 럭셔리한 휴休가 시작된다. → P.225

7

요시노가리역사유적
2천 년 전의 마을 모습이 고스란히 재현된 일본 최대의 고대 유적. 한반도의 영향을 받은 유물들도 눈길을 모은다.
→ P.300

8

미후네야마라쿠엔
에도시대 말기에 조성된 정원. 철쭉 만개한 봄과 단풍 든 가을에는 천상의 정원이 부럽지 않다.
→ P.227

가라쓰성

9

춤추는 학의 모습을 닮았다 해서 무학성이라고도 불리는 성. 봄 벚꽃, 초여름 등 꽃이 필 때 특히 아름답다.
→ P.153

나나쓰가마

10

용암이 급격히 식으며 육각, 팔각의 기둥 형태로 굳은 해안절벽.
7개의 해안 동굴과 어우러져 천혜절경을 이룬다. → P.161

나가사키

일본 속 유럽, 성당, 오페라 나비부인, 카스텔라, 짬뽕… 나가사키 하면 떠오르는 단상들이다. 개항시대 일본의 모습을 간직한 거리와 테마파크는 나가사키에서만 만날 수 있는 풍경이다. 여기에 이키, 고토 같은 아름다운 섬은 섬나라에서 다시 섬으로 여행을 부르는 파라다이스 같은 풍경을 간직했다.

1 유미하라다케 전망대

사이카이 국립공원에 떠있는 208개 섬을 바라보는 전망대. 서해 낙조는 물론 사세보항의 그림 같은 경치도 감상할 수 있다. → P.348

2 평화공원

2차 세계대전 당시 나가사키에 떨어진 원폭 희생자를 위로하는 공원. → P.322

3 하우스텐보스

일본 속 네덜란드가 펼쳐진 테마파크. 유럽의 감성이 물씬한 테마파크에서 개항 시대의 나가사키에 흠뻑 취한다. → P.356

4 오우라 천주당

무수한 박해 속에서도 신앙을 놓지 않았던 기독교인들의 요람. → P.318

5 이나사야마 공원 전망대

일본 개항의 상징 나가사키항 감상 명소. 르프웨이를 타고 올라가면 항구의 불빛이 화려한 나가사키 야경이 펼쳐진다. → P.323

6 이키

해안을 따라 개성 넘치는 해변이 곳곳에 자리한 섬. 조선통신사가 일본으로 갈 때 징검다리 삼은 섬이다. → **P.432**

7 데지마

포르투갈과 네덜란드 상인들이 머물던 개항장. 세월 묵은 건물 사이를 거닐며 500년 전 과거로 시간 여행을 떠나자. → **P.327**

쿠주쿠시마 펄 시 리조트

마치 바닷속을 거니는 듯한 착각이 들게 하는 환상적인 수족관. 돛을 높이 올린 해적선을 타고 바라보는 바다 풍경도 감동적이다. → P.349

군함도

강제 징용당한 조선인 탄광 노동자들의 아픈 역사가 스민 섬. 영화 '군함도'의 무대다.
→ P.331

시마바라성

250년 동안 시마마라 정치의 중심지이자 규슈 고관대작들0 비밀 회합 장소로 사용했던 성. 시마바라난의 무대이기도 하다.
→ P.401

PREVIEW 02
후쿠오카 사가 나가사키
MUST DO

후쿠오카

후쿠오카는 일본의 5대 도시답게 즐길 것도 많다. 가끔은 여행자도 현지인처럼 거리로 나가서 이것저것 몸으로 도전해보자. 눈으로만 만났던 것과 달리 또 다른 매력에 깊게 빠져들 것이다.

2 오픈톱버스 타고 후쿠오카 도시 탐험

한 시간 투자로 후쿠오카의 대표적 명소를 만나보고 싶다면 오픈톱버스를 타보자. 지붕이 없는 버스 2층에 앉아 후쿠오카의 향기를 만끽해보자.

1 야타이에서 후쿠오카 별미 먹기

후쿠오카는 먹방의 도시답게 어두워지면 덴진, 나카가와에 야타이(포장마차)가 나타난다.
야타이에서 먹는 닭꼬치와 생맥주 한잔은 별미 중에 별미다.

3 하카타 돈타쿠 축제 관람하기

매년 5월 3∞4일 메이지 거리에서는 화려한 축제가 펼쳐진다.
고후쿠초에서 덴진까지 1,2km에 이르는 거리에 축제 행렬이 이어진다.

5 관람차 스카이휠 타고 데이트하기

마리노아시티 후쿠오카의 상징은 높이 60m, 직경 50m의 대관람차 스카이휠. 관람차를 타고
하늘 높이 올라가 덴진, 하카타만의 섬들을 보며 밀어를 나눌 수 있어 데이트족에게 인기다.

4 신칸센 타고 규슈 곳곳으로 찾아가기
후쿠오카는 도쿄 오사카에서 오는 신간센과 규슈 각지로 가는 신간센의 관문.
JR하카타역에서 신간센을 타고 규슈의 이름난 여행지로 떠나보자.

6 명란젓 만들어 테이크아웃
후쿠오카의 명물 명란젓을 직접 만들어볼까? 하카타식문화박물관 하쿠하쿠에서
40분 간 명란젓 만들기 체험도 하고, 자신이 만든 명란젓도 테이크아웃 해오자.

사가

사가는 전원적인 분위기가 돋보인다. '빨리, 많이'라는 단어를 내려놓고 이 도시가 품은 자연과 느긋한 현지인들의 생활에 리듬을 맞춰보자. 체력 고갈이 아니라 생기 돋는 여행이 시작된다.

2 후루유에서 온천 순례

후루유는 역사 깊고 아름다운 온천 마을이다. 료칸에 여장을 풀고 개성 넘치는 온천탕을 순례하면 진정한 휴休가 시작된다.

1 사박사박 걸어보는 가라쓰 올레

히젠나고야성터에서 시작되는 길은 주상절리가 장관을 이룬 해안절벽을 지나 뿔소라가 자글자글 익어가는 하도곶에서 끝을 맺는다. 역사·자연·미식이 삼위일체를 이룬 길!

3 3,000년 묵은 녹나무 따라 파워 스폿 산책

다케오 시내에는 무려 3,000년 세월을 산 두 그루의 녹나무가 있다.
벼락을 맞고도 살아남, 이제는 목신이 된 나무 앞에 서면 강렬한 기운이 온몸으로 스민다.

5 행운의 신 '에비쓰'를 찾아라!

에비쓰는 '행운'을 준다'는 일본의 토속신. 사가시의 나가사키 가도에 숨어 있는
행운의 에비쓰상을 찾아보자.

4 요부코 아침시장에서 식도락!

요부코는 일본의 3대 아침시장이라는 명성답게 늘 풍성한 해산물 만찬을 보장한다.
시장 앞 선착장에서는 백제 무령왕이 탄생했다는 가카라섬을 오가는 배가 있다.

6 가라쓰에서 겐카이정까지 러블리 드라이브

굽이굽이 절경이 이어지는 해안도로다. 이 길 중간 하도곶과 끝 지점 하마노우라 계단식 논에는
연인 조형물이 있어 연인들의 드라이브 코스로 인기다.

나가사키

아름다운 풍광과 역사적 명소, 숨은 맛집이 많은 나가사키는 버킷 리스트 작성이 우선 과제다. 하고 싶은 것, 가야 할 곳이 차고 넘치기 때문. 서양문물이 제일 먼저 들어온 일본 개항의 역사와 나가사키 고유의 여행지를 하나하나 찾아가며 여행의 재미에 흠뻑 빠져보자.

2 메가네바시에서 하트 스톤 인증샷 하기

아치형 석교와 잔잔한 강물이 빚은 안경 모양의 메가네바시. 이곳에서 여행자는 미션이 주어진다. 바로 숨겨진 하트 스톤 찾아내 인증샷 찍기!

1 레트로 감성 뿜뿜 노면전차 타기

나가사키 시내를 실핏줄처럼 잇고 있는 노면전차는 나가사키 레트로 여행의 일번지.
노면전차 1일권으로 아날로그 감성 여행을 마음껏 즐겨보자.

3 일본 속 네덜란드 하우스텐보스에서 놀기

일본인들이 꿈꾸는 유럽의 낭만이 가득한 하우스텐보스는 화려한 여행을 선사한다.
튤립 꽃밭과 유럽 감성 물씬한 테마파크에서 온종일 놀아보자.

4 운젠 온천에서 지옥 탐험
부글부글 끓어오르는 진흙 구덩이에서 솟아오른 자욱한 수증기, 매캐한 유황 냄새가 코를 찌르면 정신이 아찔하다. 이곳이 바로 지옥이 아닐까? 상상해본다.

6 사이카이 음욕박물관 음악감상
음악으로 샤워해봤어? 사이카이 음욕박물관에서 향수 가득한 옛 음반을 틀고 음악에 취해보자.

5 시마바라 돌고래 투어
수족관은 가라! 수십 마리 돌고래가 파도를 가르는 리얼리티 자연 다큐!

7 히라도 올레길 거닐며 동서양문화 탐방
올레길을 걸으며 개항 후 네덜란드와 교류하던 역사의 현장과 기독교 유적지, 사이카이 국립공원의 아름다운 바다 풍경을 즐기자. 마무리는 히라도 온천에서 족욕으로!

PREVIEW 03
후쿠오카 사가 나가사키
MUST EAT

후쿠오카, 사가, 나가사키를 품은 서규슈 지역에는 일본인들이 좋아하는 전통의 향토음식이 많고, 여행객들 입맛에 맞는 음식도 풍부하다. 입맛이 까다로운 여행자라도 서규슈에서라면 걱정할 필요가 없다. 오히려 늘어만 가는 식욕을 억제해야 할 정도이다.

후쿠오카

치열한 맛의 전쟁이 벌어지는 먹방의 도시, 후쿠오카. 일주일을 머물러도 '삼시 세끼' 같은 메뉴를 먹을 일이 결코 없는 맛의 도시다. 어느 거리, 어느 골목을 들어가도 여행자는 맛의 포로가 될 수밖에 없다.

닭구이 야끼도리
가고시마의 토종닭과
제철 채소를 사용해
극상의 맛을 재현

내장전골 모쓰나베
도축장에서 직송한
신선한 소고기 내장으로 만든
풍미 넘치는 전골

생선회
플레이팅이 너무 아름다워
차마 먹을 수 없다

해산물덮밥 카이센동
밥 위에 광어, 도미, 전갱이,
고등어, 참치 등 해산물을
고루 얹어낸다

데쓰나베 교자
뜨겁게 달군 무쇠냄비에
물을 살짝 뿌려 구워내는
바삭바삭한 만두

하카타우동
밀가루와 물, 소금
세가지 재료를 이용해
장인의 기술로 탄생

돈코츠라멘
돼지뼈를 우려낸 육수와
비밀 소스로 만든
일본 3대 라멘의 하나

닭백숙 미즈타키
싱싱한 규슈산 닭을 넣어
맑고 담백하게 끓여낸다

사가

사가는 다채로운 음식 경험을 중요시하는 사람에게 잘 차려진 밥상이나 다름없다. 지역마다 그곳에서만 맛볼 수 있는 특색 있는 음식 하나 정도는 갖추고 있기 때문이다. 또 다른 기차역에 내릴 때마다 색다른 맛과 향이 여행자를 유혹한다.

오징어회
오징어를 본래 모양 그대로 전
광석화처럼 회로 떠낸다

양갱
옛날 전통 그대로 팥, 설탕,
한천으로 만든 스위트

이데짬뽕
돼지뼈 육수에 채소와 어묵을
탑 쌓듯이 얹어준다

온천두부
우레시노 온천수로 푹 끓여
입안에서 살살 녹는
부드러운 두부 전골

시시리안라이스
사가현 쌀로 지은 밥에 소고기와
갖은 채소를 풍성하게 플레이팅

다케오버거
아사히TV '규슈에서 가장 치명적인
햄버거 결정전'에서 우승한 버거

이마리 햄버그스테이크
마블링이 그물처럼 퍼진
이마리 소고기의 맛

사가규벤
JR규슈역 도시락 경연 대회에서 우승한
사가규 스키야키 도시락

하도곶 소라구이
달콤하고, 짭조름한 양념을 가미해
화롯불에 자글자글 익혀낸다

도미 소금구이
커다란 도미를 소금에 구워
비린 맛이 전혀 없다

나가사키

일본에 최초로 서양 문물이 전래된 나가사키. 서양에서 전해진 음식문화가 토착화되면서 나가사키만의 맛을 탄생시켰다. 짬뽕의 원조 나가사키짬뽕과 마블링이 넘치는 스테이크, 달달한 카스테라 디저트가 여행자의 입맛을 사로잡는다.

사세보버거
풍미 가득한 패티와
고소한 마요네즈의 절묘한 조화

나가사키짬뽕
뽀얗고 진한 국물 속에
풍성한 해산물과
쫄깃한 면발의 조화

히라도 스테이크
히라도 올레길 걸은 후 먹으면
입에서 살살 녹는다

카스텔라
카스텔라 본고장에서 맛보는
달콤한 맛과 부드러운 식감의
디저트 진수!

구조니
요것조것 담아낸 떡국
한 그릇에 영양 가득한
시마바라 향토 요리

운젠 온천 달걀
지옥 온천 순례의 단짝,
온천 달걀 까먹기. 바글바글
끓어오르는 온천물에서
건져 올린 신비의 맛

이키규
바닷바람을 머금은 목초를
먹고 자란 흑우의 선물,
자연 가득한 소고기의 풍미가
맛의 향연을 펼친다

사라 짬뽕
짬뽕의 변신은 무죄! 바삭바삭
한 식감과 고소한 튀김 맛을
거부할 수 없어~!

Step 02
Planning

후쿠오카 사가 나가사키를
그리다

01 후쿠오카 사가 나가사키를 말하는 **10가지 키워드**
02 이것이 바로 후쿠오카 사가 나가사키 **스타일 여행**
03 후쿠오카 사가 나가사키 **여행 포인트**
04 나만의 후쿠오카 사가 나가사키 **여행 레시피!**
05 후쿠오카 사가 나가사키 **음식 열전!**
06 후쿠오카 사가 나가사키를 떠나며 챙겨야 할 **기념품**

07 후쿠오카 사가 나가사키 **여행 체크 리스트**
08 후쿠오카 사가 나가사키로 **가기**
09 후쿠오카 사가 나가사키 **대중교통 완전정복**
10 후쿠오카 사가 나가사키에서 **렌터카 이용하기**
11 이때 가면 더 좋다! 후쿠오카 사가 나가사키 **축제 캘린더**

PLANNING 01
후쿠오카 사가 나가사키를 말하는 **10가지 키워드**

고민 없이 떠나는 패키지여행, 누구나 가는 뻔한 여행지. 이제 그런 식상한 여행은 목록에서 지워버리고 후쿠오카, 사가, 나가사키의 속살을 하나하나 짚어보는 감성여행으로 채워 넣자. 이 지역은 지리적으로 한반도와 가장 가까이 인접해 있어 예로부터 우리의 역사와 밀접한 관계를 맺어 왔다. 그래서 낯설기 보다는 더 친근한 곳이다.

1. 조선 도공들의 숨결을 따라가는 답사여행

일본 도자기의 역사는 임진왜란 때 건너간 조선의 도공들에 의해 크게 영향을 받았다. 일본에서 도조陶祖로 추앙받는 이삼평은 영주의 명을 받고 양질의 백토를 구하기 위해 사가현 곳곳을 헤집고 다녔다. 1616년 아리타에서 최상급의 자기를 만들 수 있는 백자광을 발견하고 마침내 일본 최초의 백자를 구워냈다. 이후 조선의 탁월한 백자기술에 일본 특유의 정교하고도 화려한 채색기법이 더해지면서 일본 도자기가 완성됐다. 이 도자기는 네덜란드 상인에 의해 유럽에 소개되어 선풍적인 인기를 모았다. 아리타와 이마리, 다케오, 가라쓰 등에는 지금도 일본 도자기의 맥을 잇고 있는 공방들이 밀집해 있다. 세계적인 명성을 얻고 있는 도자기 공방과 박물관은 서큐슈 여행의 필수코스다.

2. 레트로 여행 1번지, 서규슈

서규슈에는 고대부터 한국과 역사적으로 밀집한 관련을 맺어왔다. 선사시대 한반도에서 서규슈로 이주한 사람들은 '야요이시대'로 일컬어지는 일본의 청동기문화를 주도했다. 한반도에서 출토된 것과 똑같은 유물이 대량 출토된 '요시노가리유적'이 이를 증명한다. 백제의 무령왕은 사가현 가카쓰에 위치한 작은 섬 가카라시마에서 태어난 것으로 전해진다. 히젠나고야성은 임진왜란 당시 일본의 조선 침략의 거점이었다. 사가현 성주 나베시마 가문은 조선의 ㅁ·지막 황태자비인 이방자 여사의 외가이며 고종황제의 고명딸이었던 덕혜옹주는 쓰시마 영주의 후예와 결혼을 했다. 서규슈는 우리와 일본이 함께 걸어온 역사를 되돌아보는 답사여행 1번지다. 여행지마다 어김없이 한국어 이정표와 안내판이 있어 더욱 친근하게 다가온다.

3. 버라이어티 온천여행

규슈 여행의 즐거움 중 빼놓을 수 없는 것이 온천욕이다. 후쿠오카, 사가, 나가사키에는 일본 내에서도 명성이 자자한 온천들이 가득하다. 가장 대표적인 곳이 일본 최초의 국립공원으로 지정된 운젠온천. 지옥이라 불리는 독특한 화산지대를 산책한 후 병의 치료에 특효가 있다는 온천욕을 즐기자면 지옥과 천국을 오가는 기분. 일본에서 가장 뜨거운 온천수가 쏟아지는 오바마온천에서는 긴 노천 족탕에 발을 담그고 쪽빛 바다를 바라보는 낭만을 누릴 수 있다. 우레시노와 다케오는 규슈 올레를 걸은 후 온천욕을 즐길 수 있어 좋다. 우레시노에서는 피부가 좋아진다는 미인온천이 입소문을 타 여성들에게 인기 만점. 후루유온천은 진시황의 명을 받아 불로초를 찾아 나선 전설의 인물 '서복'이 발견했다 전한다. 청정한 자연 속에서 힐링하기에 안성맞춤이다.

4. 바다와 섬이 빚은 로맨틱 로드

발길 닿는 곳마다 섬과 바다가 마중하는 서규슈. 끝없이 이어지는 에메랄드빛 풍경은 여행자의 마음을 로맨틱 무드로 채워준다. 후쿠오카시에서 이토시마의 선셋 로드를 지나 가라쓰의 무지개송림까지 이어지는 길은 규슈 최고의 드라이브코스로 손꼽힌다. 사세보의 유미하리다케전망대와 나가사키의 이나사야마전망대에서는 바다와 도시가 어우러진 멋진 풍경이 압권이다! 특히 저녁 무렵 이나사야마전망대에 오르면 일본 3대 야경에 드는 나가사키시의 영롱한 불빛을 눈에 담을 수 있다. 고풍스러운 유적과 천혜의 자연이 어우러진 쓰시마와 고토, 지중해를 그대로 옮겨놓은 듯한 이키섬은 파라다이스! 시마바라 반도에서 만나는 돌고래들의 군무는 자연다큐의 현장이다. 일본 최대의 갯벌을 간직한 아리아케해에서 마주하는 노을은 세상 어디에도 없는 선물이다.

5. 힐링로드, 규슈올레

제주올레가 서규슈에도 닻을 내렸다. 사가현에는 규슈올레 12개 코스 중 다케오올레와 가라쓰올레, 우레시노올레가 있다. 다케오올레는 수령 3천년이 넘는 녹나무를 만나는 것만으로도 가슴 벅차다. 가라쓰올레는 대한해협을 마주한 절경과 더불어 임진왜란의 흔적을 따라 깊이 있는 역사 산책을 즐길 수 있다. 푸른 녹차 밭과 온천욕이 즐거운 우레시노올레를 걷자면 자연과 하나가 되는 느낌이다. 나가사키현의 히라도올레는 일본의 개항시대 흔적을 따라가는 여정이다. 동양과 서양이 공존하는 마을길을 지나 드넓은 초원으로 오르면 바다와 하늘이 하나 되어 360° 파노라마로 펼쳐진다. 광대한 대자연 앞에서는 순간 피로가 말끔히 가신다.

6. 양갱과 카스텔라가 있는 달콤한 간식여행

서구와의 교역을 통해 들어온 문물 중 설탕은 일본의 식생활에 큰 변화를 가져왔다. 나가사키 가도를 일명 '슈거 로드'라고 부르는 이유도 여기에 있다. 이 길을 따라 설탕과 서양식 빵을 만드는 비법이 전해지면서 새로운 형태의 과자와 빵이 유행했기 때문이다. 서큐슈 어디를 가든 맛볼 수 있는 양갱과 카스텔라는 피로를 풀어주는 간식거리자 여행의 동반자다. 사가현의 오기는 수백 년의 역사를 지닌 양갱 명소이다. 거리 곳곳에 양갱관이 들어서 있어 다양한 양갱을 맛볼 수 있다. 나가사키는 카스텔라의 본고장이다. 빵의 겉면에 달걀을 곱게 입힌 히라도의 가

스도스, 팥 앙금이 가득 들어간 쓰시마의 가스마끼, 우유와 함께 먹으면 더욱 부드러운 맛을 즐길 수 있는 사가의 마르보로 등도 카스텔라의 일종이라 할 수 있다.

7. 나가사키 가도 따라잡기

에도시대에 정권을 잡았던 막부는 쇄국정책을 폈다. 이 때 막부가 일본에서 해외 무역의 창구로 활용했던 유일한 항구가 나가사키다. 당시의 나가사키는 세계 각국에서 몰려온 상인과 물건은 물론이요, 고릴라와 코끼리 같은 이국의 동물까지 들어와 진풍경을 이루었다. 나가시키에 들어온 해외 문물은 사가현을 지나 후쿠오카현의 기타큐슈 지역까지 운반되어 일본 전역으로 퍼져나갔다. 이 길을 '나가사키 가도'라고 한다. 총 223.8km에 이르는 나가사키 가도에는 25개의 역참마을이 생겨나 오래도록 번영을 누렸다. '역참'이란 도쿠가와 이데야스가 처음 설립한 것으로 관리들이나 여행객들이 쉬어가면서 먹고 자는 장소를 뜻한다. 나가사키를 포함해 사가와 다케오, 우레시노 등은 나가사키 가도를 따라 번성했던 역참마을로 아직도 그 흔적이 고스란히 남아 있어 여행자들의 발길을 모은다.

8. 서규슈 인물열전

서규슈 하면 임진왜란의 주역 도요토미 히데요시가 가장 먼저 떠오른다. 임진왜란은 한국인에게 뼈저린 역사지만 당시 일본의 입장에서도 실패한 원정이었다. 임진왜란의 전초기지였던 가라쓰의 히젠나고야성이 해체된 것도 바로 그 때문. 폐허가 된 성터를 돌아보면 임진왜란을 승리로 이끌었던 주역인 이순신 장군도 함께 떠오른다. 아리타에서는 일본에서 도조로 추앙받고 있는 이삼평을 모신 신사와 무덤, 그리고 한국 드라마〈불의 여신 정이〉에서 주인공의 모델이 되었던 백파선의 이야기를 만날 수 있다. 나가사키에서는 일본의 개항을 이끈 사카모토 료마의 일대기가 펼쳐진다. 거리 곳곳에 그와 관련된 유적이 줄을 잇는다. 일본의 근대화를 선도하고 와세다대학을 세운 오오쿠마 시게노부도 빼놓을 수 없는 인물. 그의 생가와 기념관이 사가에 있다.

9. 원더풀 쇼핑천국

서규슈의 쇼핑은 기차역에서부터 시작된다. 기차역을 중심으로 대규모 쇼핑몰들이 들어서 있기 때문이다. 지역특산물이 가득한 국도휴게소道の駅도 빼놓을 수 없는 즐거움. 특히 서규슈의 중심인 후쿠오카는 쇼핑의 천국이다. 하카타역에서부터 시작된 쇼핑 로드는 세련미 넘치는 캐널시티로 이어진다. 후쿠오카의 최고 멋쟁이들로 붐비는 덴진에는 유명 백화점과 지하상가가 밀집해 있다. 톡톡 튀는 감각으로 채색된 다이묘 거리의 쇼윈도우 앞에 서보는 것만으로도 행복하다. 마리노아시티나 도스프리미엄아웃렛에서는 유명 브랜드 제품을 저렴하게 구입할 수 있으니 지갑단속을 잘하라고 조언을 하고 싶을 정도다.

10. 유럽풍 거리 산책

개항과 더불어 밀려든 포루투갈인과 네덜란드인, 영국인들은 나가사키 동쪽 오란다자카 일대에 모여살기 시작했다. 이곳에는 현재 서양인 주택들이 옛 모습 그대로 복원돼 있다. 푸치니의 오페라 〈나비부인〉의 배경지로 유명한 구라바공원에서는 서양의 복고풍 의상을 입고 공원을 산책할 수 있다. 네덜란드 상관이 제일 먼저 설치됐던 히라도 항 인근에는 서양식 건물들이 그대로 남아 있어 대서양의 항구를 그대로 옮겨 놓은 듯하다. 유럽적인 분위기는 하우스텐보스에서 절정에 이른다. 운하와 풍차, 건물 등 17세기 네덜란드의 거리를 완벽하게 재현한 테마파크에 들어서면 공간은 일본에서 유럽으로 바뀐다. 가라쓰와 사가에서는 유럽의 건축양식을 받아들인 근대식 건물들이 시선을 모은다. 구고가은행, 가라쓰은행 등이 대표적인 예다.

윤기 흐르는 피부, 최고의 힐링을 되찾자! 온천투어

백옥같은 피부 만들기와 관절염, 신경통 등에 특효가 있는 온천까지! 각기 다른 개성을 지닌 다양한 온천은 후쿠오카, 사가, 나가사키 여행에서 빼놓을 수 없는 즐거움이다. 온천에 몸을 담그자 마자 몸에 쌓인 피로가 스르르 녹아내린다. 온천욕이 끝나면 로컬푸드의 맛을 담은 가이세키 요리가 대기하고 있다. 오감이 만족, 활력 충전의 순간이다.

- 지옥 산책 끝에 천국! 운젠(**372p**)
- 풍성한 볼거리와 먹을거리에 온천이 더해지면? 우레시노(**179p**), 다케오 온천(**225p**)
- 일상의 시름을 떨치고 청정한 자연 속에서 힐링! 후루유온천(**210p**)

놀멍쉬멍 걷다, 규슈올레

제주에만 올레가 있는 것이 아니다. 규슈의 각 지자체는 (사)제주올레와 힘을 합해 이 지역을 즐길 수 있는 올레코스를 열었다. 잠시나마 아스팔트길에서 벗어나 자연과 역사유적, 지역 사람들의 삶의 현장을 두루 돌아보자. 온몸으로 서규슈를 만끽하고 싶다면 규슈올레가 정답이다.

- 수령 삼천 년이 넘는 녹나무와 온천이 손짓하는 다케오 코스(**230p**)
- 지중해 빛 바다와 어깨동무하며 유럽풍 거리를 걷다! 히라도 코스(**392p**)
- 매혹적인 대한해협의 절경과 역사가 한자리에! 가라쓰 코스(**162p**)
- 녹차 밭과 미인온천의 찰떡궁합! 우레시노 코스(**187p**)

동서양의 역사가 한곳에! 역사투어

서규슈는 일본 해외 교류의 교두보 역할을 해왔다. 일본 고유의 전통을 간직한 유적에서 한국과 중국, 멀게는 유럽까지 다양한 문화 스펙트럼을 지녔다. 서규슈 여행은 역사 교과서를 섭렵하는 시간이다

- 서규슈에 남아 있는 한국의 유적 돌아보기!
  가라쓰(146p), 요시노가리역사공원(300p), 아리타(269p), 이마리(256p)
- 지극히 일본적인 문화를 만나다.
  사가(192p), 오기(238p), 다쿠(286p)
- 일본 속의 유럽 같은 여행지, 나가사키(306p), 히라도(384p), 하우스텐보스(356p)

놓치면 후회할 개성만점의 쇼핑코스

서규슈는 한마디로 쇼핑천국이라 해도 과언이 아니다. 덴진지구 다이묘 거리는 규슈의 홍대를 방불케 할 정도로 예쁜 상점가가 즐비하다. 사세보나 나가사키에서는 개항 시대 문물 역사가 담긴 기념품을 만날 수 있다.

- 일본 특유의 섬세함이 돋보이는 쇼핑에 꽂히다!
  후쿠오카시 덴진상점가&마리노아시티(125p)
- 서규슈 최대의 아웃렛에서 쇼핑으로 하루를!
  도스프리미엄아웃렛(299p)
- 개항시대의 유물을 보물처럼 간직한 상점가,
  나가사키(338p), 사세보(354p)

후쿠오카 사가 나가사키 먹방투어

세계의 문화가 복합적으로 집합한 후쿠오카, 사가, 나가사키에는 일본의 전통문화를 바탕으로 다양한 요리들이 발달했다. 특히 지역마다 특색을 살린 면 요리는 먹방투어에서 빼놓을 수 없는 즐거움!

- 한국에서도 인기 절정인 원조 짬뽕의 맛!
  시카이루의 나가사키짬뽕(334p)
- 다양한 규슈의 라면이 한자리에!
  하카타 이푸도의 하카타라멘(120p)
- 동백기름의 윤기가 자르르 흐르는 일본 3대 우동 중 하나,
  오니다케시키노사토의 고토우동(428p)
- 놓치면 두고두고 후회할 서규슈의 면요리
  이토시마 본점의 이데 짬뽕(231p), 가슌의 오바마짬뽕(379p), 가후리 본점의 마키노 우동(141p)

PLANNING 03
후쿠오카 사가 나가사키 **여행 포인트**

서규슈는 지역별로 특색이 뚜렷하다. 후쿠오카는 도시에서 누릴 수 있는 온갖 즐거움이 가득하고 사가에는 한반도와 관련된 역사유적이 많다. 나가사키는 일본의 나폴리라는 애칭답게 유럽적인 매력을 발산한다. 자신의 취향과 개성에 맞는 여행코스를 선택해 보자. 짧은 여행이라도 코스만 잘 짠다면 팔색조처럼 다양한 여행을 한 호흡에 즐길 수 있다.

후쿠오카

후쿠오카는 명실상부 규슈 최고의 역사, 문화, 쇼핑의 중심지. 지하철과 투어 버스 등 시내교통이 편리하고 어디를 가든 한국어 표지판과 안내서가 잘 갖춰져 있어 마치 부산 어디쯤을 여행하는 느낌이 들 정도다. 이곳에서만 머무르며 역사유적과 쇼핑의 명소를 돌아보는 것만으로도 여행의 만족도는 100%. 사통팔달로 이어지는 교통 덕에 규슈를 여행하는 이들의 베이스캠프 역할을 하고 있으니 후쿠오카시에 인접한 명소를 함께 둘러본다면 금상첨화다. 후쿠오카 서쪽 외곽으로 나서면 이토시마 반도를 에두르는 길이 시작된다. 석양이 아름다워 선셋 로드라 불리는 이 해안도로는 후쿠오카시민들이 가장 사랑하는 드라이브코스. 쪽빛바다를 가르며 달리노라면 개성만점의 카페, 공방들이 흥을 돋운다.

사가

가라쓰는 임진왜란과 관련된 유적, 문화, 자연, 먹을거리 등 뭐 하나 빠지지 않는 여행지다. 가라쓰에서 켄카이에 이르는 해안도로는 규슈의 빼놓을 수 없는 드라이브코스이기도 하다. 사가는 일본 근대화를 이끌었던 역사유적과 사가 인터내셔널 벌룬 축제와 같은 다양한 축제가 걸음을 모은다. 오기와 다쿠, 가시마에서는 수백 년의 세월이 켜켜이 쌓여있는 일본의 전통문화와 고즈넉한 분위기가 돋보인다. 도자기의 고장 이마리와 아리타, 일본최대의 청동기시대 유적인 요시노가리는 한국인의 숨결이 언뜻언뜻 전해져서 각별한 느낌으로 다가선다. 우레시노, 다케오, 후류유 등의 온천에서 쉬었다가 한국으로 돌아가는 길에 도스프리미엄 아웃렛에서 쇼핑까지 겸한다면 더 바랄 게 없다.

사가현 지역별 여행 방법	
지역명	여행 방법
가라쓰	도보+드라이브
이마리	도보+버스
다쿠	도보
우레시노	도보
아리타	도보+자전거
요시노가리 역사공원	도보
사가	도보
가시마	도보+버스
도스	도보
다케오	도보+버스
겐카이	드라이브

나가사키

흔히 이것저것 섞였다는 표현으로 '짬뽕'이라는 말을 쓴다. 동서양의 문화가 공존하는 나가사키처럼 이 말에 잘 어울리는 곳이 또 있을까. 그렇다고 오해하지는 말자. 나가사키의 매력은 단순한 문화 모음이 아니라 이를 받아들여 그들만의 독특한 문화로 발전시킨 데서 비롯된다. 포르투갈의 항구도시를 그대로 옮겨온 듯한 나가사키시와 히라도의 거리에서 짬뽕이나 카스텔라와 같은 동서양이 조화된 음식을 맛보는 즐거움은 각별하다. 산과 바다를 두루 품은 운젠은 일본 내에서도 내로라하는 온천 명소다. 부산에서 당일치기 여행도 가능한 쓰시마, 고대 유적과 쪽빛 바다가 찬란한 이키, 청정한 자연과 오래된 성당이 매혹적인 고토는 보석 같은 섬 여행지다. 일본 속 네덜란드라 불리는 하우스텐보스는 일본인들도 가보기를 열망하는 로맨틱 테마파크. 사세보는 사이카이국립공원의 멋진 바다풍경과 사세보버거로 여행자의 발길이 끊이지 않는다. 일본인들이 휴식을 위해 많이 찾는 사이카이는 국가천연기념물로 지정된 종유동굴과 음욕박물관이 특히 흥미롭다. 시마바라는 내셔널지오그래픽에서나 봤음직한 돌고래 떼의 군무가 볼만하다.

나가사키 지역별 여행 방법	
지역명	여행 방법
나가사키	도보+전차
히라도	도보
사이카이	드라이브
사세보	도보+버스
시마바라, 미나미시마바라	도보+드라이브
하우스텐보스	도보

PLANNING 04

나만의 후쿠오카 사가 나가사키
여행 레시피!

나가사키 시내 관광 좀 하다 후쿠오카에서 쇼핑! 서큐슈를 여행하는 사람들의 보편적인 행보다. 남들과 똑같은 여행이 아니라 여운이 남는 여행을 하려면 옷가방보다는 '마음'부터 챙겨야 한다. 내 스타일에 맞는 여행지를 먼저 선택해 보자. 가장 마음에 닿는 곳을 결정했다면 그곳과 연계할 수 있는 여행지를 엮어 코스를 짜야 이동시간의 낭비 없이 효율적인 여행을 할 수 있다. 여행지 내에서와 여행지 간 이용할 주된 교통수단도 같이 함께 고려하자. 주된 교통수단에 따라 JR큐슈레일패스 또는 산큐패스 등을 선택한다면 교통비를 크게 절감할 수 있다. 여기까지 챙긴 후 거침없이 서큐슈를 내달려 보자.

쇼핑+식도락 | 후쿠오카 2박 3일

후쿠오카는 한국에서 가장 손쉽게 갈 수 있는 해외여행지. 시간이나 비용면에서 서울에서 부산으로 2박 3일의 여행을 다녀오는 것과 별반 다르지 않아 부담 없다. 특히 도시적인 분위기를 좋아하는 젊은이들의 데이트, 여성들의 쇼핑 코스로 최고의 여행지. 가장 기억해 둘 곳은 하카타역이다. 규슈 전역을 아우르는 교통의 중심지로 대형 백화점과 전자상가는 물론 유명한 하카타라멘과 회전초밥집들이 밀집해 있다. 오픈 톱 버스에 올라 후쿠오카타워나 모모치해변공원 등 주요 명소를 돌아보는 즐거움도 놓칠 수 없다. 버스에서 내리면 다시 쇼핑이다-. 규슈의 멋쟁이들이 모여드는 텐진 지하상가, 세계에서 가장 아름다운 쇼핑몰로 손꼽히는 캐널시티 하카타에서 식도락과 더불어 낭만적인 쇼핑을 즐길 수 있다. **후쿠오카 084p**

온천+규슈올레 | 다케오, 우레시노 2박 3일

놀멍쉬멍 걷는 제주올레의 매력을 규슈에서도 즐길 수 있다. 다케오와 우레시노는 대중적으로 인기 높은 온천 여행지. 두 도시 모두 규슈올레가 있어 도보여행 끝에 달한한 온천욕을 즐길 수 있다. 다케오올레는 수령 3천 년이 넘는 녹나무 군락과 세계적으로 유명한 다케오시립도서관 같은 문화적인 명소를 두루 즐길 수 있다. 우레시노는 일본에서 녹차 재배의 역사가 가장 깊은 곳. 올레를 따라 산, 계곡, 녹차 밭 속을 누비자면 그림 속을 거니는 느낌이 든다. 여성이라면 일본 3대 미인온천으로 손꼽히는 이곳으로의 유혹을 뿌리치기 힘들다. 2박 3일의 시간으로 두 곳의 올레를 모두 걷는 것은 벅차다. 다케오올레는 반나절 정도의

시간으로 녹나무와 주요 명소가 밀집해 있는 시내구간만 걸어볼 것을 권한다. 첫째 날 다케오올레, 둘째 날 우레시노올레를 걷고 마지막 날 공항으로 가며 인근여행지를 잠시 들르거나 쇼핑으로 마무리하면 된다. 다케오에서 우레시노까지는 버스로 30분 소요된다. **다케오 220p, 우레시노 172p**

식도락+온천+연인과의 낭만 데이트 | 나가사키, 운젠 2박 3일

나가사키는 특유의 유럽적인 풍경과 더불어 온천, 식도락 여행을 겸할 수 있어 연인들의 데이트코스로 제격이다. 나가사키의 명물인 노면전차를 타고 오페라 〈나비부인〉의 배경지였던 구라바공원, 천주교 성지인 오우라성당 등을 돌아보자면 분위기는 절로 로맨틱해진다. 저녁 무렵 이나사야마전망대에 오르면 일본에서 가장 아름답다는 나가사키의 야경을 눈에 담을 수 있다. 원조 나가사키짬뽕과 카스텔라의 맛은 절대 놓칠 수 없는 먹을거리! 운젠은 일본 최초의 국립공원으로 지정된 운젠다케의 위용이 대단하다. 독특한 화산지형을 걸어보는 지옥산책, 일본에서 가장 긴 노천족탕인 훗토훗토105 등 개성 만점의 온천욕을 즐길 수 있다. 운젠다마고와 라무네, 직접 만들어 즐기는 온천 찜 요리 등 온천의 기운이 스민 음식을 곁들이면 금상첨화다. 나가사키에서 운젠까지 기차가 없어 버스로 이동해야한다는 점에 유의할 것. **나가사키 306p, 운젠 366p**

일본 속 유럽+규슈올레 |
하우스텐보스, 사세보, 히라도, 나가사키 3박 4일

히라도는 에도시대에 나가사키 항과 더불어 유럽과의 교역이 허락되었던 유일한 개항지였다. 한국에 많이 알려지지 않았지만 지중해의 어느 도시를 옮겨놓은 듯한 아름다움은 나가사키 이상이다. 히라도올레를 따라 걸으면 쪽빛 바다와 동서양이 공존하는 이색적인 거리를 두루 만끽할 수 있다. 사세보에서 사이카이국립공원의 절경을 만끽하고 유명한 사세보의 빅버거를 맛보았다면 하우스텐보스를 즐길 차례. 17세기 네덜란드 거리를 완벽하게 재현한 하우스텐보스는 잠시 머물다 가기엔 아까운 곳이다. 튤립정원과 운하를 산책하고 다양한 테마관을 즐긴 후 이곳의 유럽풍 숙소에 여장을 풀면 유럽의 전원마을에 온 듯하다. 히라도올레의 경우 하루 종일이 소요된다. 올레를 걷는 이쪽저쪽 날의 자투리 시간에 나가사키의 주요 명소를 돌아보고 사세보를 잠시 들러본 후 하우스텐보스로 가는 여정을 추천하다.

나가사키 306p, 히라도 384p, 사세보 342p, 하우스텐보스 356p

시크릿 규슈+일본전통문화+소읍기행 | 오기, 다쿠, 가시마 3박 4일

남들이 모르는 비밀스러운 서규슈 여행지. 번잡한 여행은 싫다, 남들이 다 하는 여행도 싫다, 오롯이 일본적인 분위기에 젖어 나만의 여행을 하고 싶은 사람이라면? 오기, 다쿠, 가시마로의 소읍 기행이 제격이다. 오기는 양갱의 고장. 벚꽃이 아름답기로 소문난 오기공원, 오백나한이 미소를 전하는 고즈넉한 산사, 청정한 폭포는 사색에 젖어 산책하기 좋다. 다쿠에서는 다쿠성묘, 다쿠 신사, 세이케이공원 등 각기 다른 매력의 역사유적을 한 호흡의 도보여행으로 즐길 수 있다. 가시마는 국가지정 중요전통건조물군 보존지구로 보존된 히젠 하마슈쿠만 둘러봐도 만족스럽다. 색 바랜 거리에 늘어선 술도가마다 술 익는 냄새가 향기롭다. 단, 이들 도시는 숙소 선택의 폭이 좁으니 교통이 편하고 저녁나절 마실 나가기에도 좋은 사가 시내에 숙소를 정하는 것이 좋다.

오기 238p, 다쿠 286p, 가시마278p

시크릿 규슈+바다+낭만 드라이브 |
이토시마, 가라쓰, 겐카이, 사세보, 사이카이 3박 4일

남들이 가보지 못한 규슈의 바다를 렌터카로 달려보자! 해외여행을 하다보면 대중교통으로 쉽게 갈 수 없어 아쉽게 놓칠 수밖에 없는 여행지가 생기기 마련이다. 후쿠오카시에서 시작해서 사이카이에 이르는 해안도로가 바로 그런 곳. 이 길에 한번 들어서면 에메랄드빛 바다가 달리는 내내 어깨동무를 한다. 진주알을 엮은 듯 줄줄이 이어지는 백사장은 눈을 시리게 할 정도. 특히 이토시마 반도를 에두른 후 가라쓰에 이르는 선셋 로드는 규슈 최고의 노을자리이자 드라이브코스다. 겐카이와 사세보에서는 사이카이국립공원의 절경을 만끽할 수 있다. 드넓은 바다를 가르는 사이카이교를 지나면 잠시 내륙으로 들어가 보자. 국가천연기념물로 지정된 나나츠가마 종유동굴과 음욕박물관이 기다리고 있다. 특히 음욕박물관은 수십만 장의 LP에서 나오는 아날로그적인 선율이 온 몸으로 스며들 정도. 이토시마의 굴요리, 가라쓰의 오징어회, 겐카이의 도미정식, 사세보의 빅버거, 사이카이의 해산물덮밥은 바다가 주는 선물이다.

이토시마 132p, 가라쓰 146p, 겐카이 292p, 사세보 342p, 사이카이 414p

섬+섬+쇼핑 | 쓰시마, 이키, 후쿠오카 3박 4일

그 옛날 조선통신사들이 일본으로 향할 때 이용하던 해상 로드를 따라 여행을 떠나보자. 섬에서 섬, 다시 섬나라로 향하는 여정만으로도 특별한 감흥을 준다. 부산 항에서 쓰시마의 이즈하라 항에 도착한 후 도보여행하기 좋은 이즈하라의 유적들을 돌아본다. 그 다음날 아침 배로 이키로 가서 하루를 묵으며 여행한 후 마지막 배로 규슈본토인 가라쓰 혹은 후쿠오카시로 가서 쇼핑을 즐기는 여정이다. 규슈 본토에서는 하카타 항에서 배를 타고 부산으로 돌아오거나 비행기로 한국으로 돌아오면 된다. 이키는 규슈사람들에게 최고의 섬 여행지로 각광을 받는 곳이다. 한국의 우도와 마라도를 합쳐놓은 듯한 해안절경과 경주의 고분군을 연상케 하는 고대 유적은 경이롭기까지 하다. 이 여정의 경우 미리 기상상황을 체크한다. 섬에 묶이게 되었을 때의 대비도 미리해두자.

이키 432p, 후쿠오카 084p

규슈 속 한국+규슈올레+쇼핑 |
가라쓰, 이마리, 아리타, 사가, 요시노가리, 도스 4박 5일

규슈 속 한국의 흔적을 따라 떠나는 여정이다. 가라쓰는 백제의 무령왕이 탄생한 것으로 알려진 가카라시마 섬을 품은 곳. 가라쓰성, 히키야마전시관 등 지역적 특색이 가득한 역사유적과 더불어 일본 3대 송림으로 손꼽히는 니지노마쓰바라가 여행자의 혼을 빼놓는다. 가라쓰 외곽을 에두르는 올레에서는 임진왜란 때 일본군의 거점이었던 히젠나고야 성터를 만날 수 있다. 명물로 소문난 오징어회 외에도 어떤 식당에서 무엇을 주문해도 맛있는 이곳의 메뉴는 '규슈의 전주'라 해도 손색없다. 사가는 에도시대에서 메이지유신시대에 걸쳐 일본 근대화를 이끌었던 나베시마 가문의 유적이 눈에 띈다. 거리 곳곳에 숨어 있는 에비스를 찾아 소원을 빌어보는 에비스투어도 놓치지 말 것. 요시노가리는 움집, 저장구덩이, 독무덤, 청동기제조소 등이 발굴된 야요이시대 유적. 이곳에서 조금만 더 가면 규슈 최대의 쇼핑아울렛 도스프리미엄아웃렛이다. 가라쓰의 경우 명소탐방과 규슈올레에 2일 정도의 시간이 필요하다. 부지런히 움직인다면 이마리와 아리타는 하루 여정으로 모두 돌아볼 수 있다. 사가를 여행한 후 자투리 시간, 혹은 마지막 날 공항으로 향하면서 요시노가리와 도스를 돌아보는 여정이 효율적이다.

가라쓰 146p, 이마리 256p, 아리타 269p, 사가 192p, 요시노가리역사공원 300p, 도스 296p

기독교 성지순례+일본 속 유럽+온천+규슈올레
나가사키, 고토, 운젠, 시마바라 5박 6일

프란치스코 교황도 모범으로 치켜세운 일본의 기독교 역사를 따라 가는 여행이다. 일본의 기독교 박해는 1597년 외국인 신부와 일본인 26명을 십자가에 매달아 처형하고 금교령을 내리면서 시작되었다. 1637년 시마바라에서는 종교 박해와 노역으로 고통 받았던 민중들이 봉기했다가 3만7천에 이르는 사람들이 일시에 처형당하기도 했다. 이후 일본에서 기독교는 자취를 감춘 듯 보였다. 1873년 기독교 금교령이 해제되었을 때 놀라운 일이 일어났다. 성직자도 없이 신앙을 지켜오던 기독교인들이 250년 만에 모습을 드러내었던 것. 그들은 각자의 마을에 성당을 짓기 시작한다. 유네스코 세계유산 잠정목록에 오른 나가사키현의 성당들은 그렇게 탄생했다. 100℃가 넘는 온천수가 기독교인의 고문용으로 사용되었다는 운젠지옥, 수만의 사람들이 처형되었던 시마바라 성터, 잠복기독교인들이 숨어 살던 고토로의 순례는 종교를 떠나 마음을 숙연케 한다. 바닷가를 따라 줄을 잇는 이국적인 성당, 운젠온천, 나가사키시의 카스텔라 같은 이국적인 음식, 시마바라의 바다에서 보는 돌고래의 군무는 성지순례 중 누릴 수 있는 특별한 즐거움이다. 외딴 섬 고토부터 들러본 후 나가사키현을 돌아보는 게 좋다. 나가사키는 노면전차, 운젠은 버스, 고토섬과 시마바라는 드라이브 코스로 제격이다. **나가사키 306p, 고토 420p, 운젠 366p, 시마바라 398p**

PLANNING 05
후쿠오카 사가 나가사키
음식열전

보기에도 좋은 음식이 맛까지 살아 있다. 서규슈의 별미를 그렇게 정의할 수 있다. 제아무리 입맛 까다로운 여행자라도 서규슈에서는 다이어트 계획을 버려야 한다. 각 지방마다 내놓는 고유의 별미들이 제각각. 한 가지라도 놓치기 아깝다.

> **TIP** 맛집에서 쓰면 유익한 일본어 한 마디
> - 잘 먹겠습니다. いただきます(이타다키마스)
> - 이것은 맛있어요. これはおいしいわよ(고레와 오이시이와요)
> - 무척 달콤하네요. とても甘あまいですよ(도테모 아마이데쓰요)
> - 매운 맛으로 주세요. 辛味でください(카라미떼 구다사이)
> - 물 좀 주세요. 水をください(오미즈오 구다사이)
> - 최고로 맛있습니다. 最高においしいです(사이코우니 오이시이데스)
> - 모두 얼마입니까? 皆いくらですか?(미나 이쿠라데스까?)
> - 잘 먹었습니다. ごちそうさまでした(고치소우사마데시다)

두부

구조니

녹차해물덮밥

하카타라멘

해물덮밥

하카타라멘 | 후쿠오카

후쿠오카의 가장 대중적인 음식 하카타라멘. 삿포로, 기타카타라멘과 더불어 일본 3대 라멘으로 손꼽힌다. 돼지 뼈와 사골을 우려낸 국물을 육수로 쓰기 때문에 하카타라멘으로도 부른다. 하카타라멘의 발상지는 후쿠오카현 남서부의 구루메시久留米市 또는 구마모토현의 다마나시玉名市로 알려져 온다. 태평양전쟁이 끝난 후 후쿠오카 시내 중심부를 관통하는 나카 강 주변으로 야타이(포장마차)가 대거 등장했고, 각 야타이마다 자신만의 개성이 담긴 라멘을 팔기 시작하면서 후쿠오카시의 정서를 담은 음식으로 자리 잡았다. 가늘고 탄탄한 식감의 면에 차슈 돼지고기를 간장에 졸인 것 몇 쪽, 파, 김, 삶은 달걀 등을 얹어준다. 인기 라멘점은 하카타역, 텐진역, 나카쓰역 주변에 몰려 있으며 하카타역 10층 식당가의 이푸도一風堂에 가면 손님들이 하카타라멘 한 그릇을 먹기 위해 늘 줄을 선 모습을 목격할 수 있다. 아카사카역에서 접근하기 좋은 하카타 항 인근의 나가하마 지역에도 간소나가하마야元朝長浜屋 같은 유명 라멘집이 영업 중이다.

짬뽕 | 나가사키, 히라도, 오바마, 다케오

16세기 중반부터 번영을 누린 나가사키에는 스페인, 포르투갈, 네덜란드 상인 외에도 많은 중국인들이 몰려들었다. 17세기에는 당인촌이라 하여 중국인 집단 거주지가 생겼을 정도. 1899년 개업한 중국 음식점 시카이로四海樓에서 개발한 독특한 면 요리가 나가사키짬뽕. 닭과 돼지 뼈를 우린 육수에 독특한 식감을 지닌 면을 넣고 바다와 들에서 나는 식재료를 다양하게 섞어 만들었다. 이제 나가사키를 찾은 관광객이라면 누구나 한번 맛보는 명물로 자리 잡았다. 나가사키짬뽕은 인근지역으로도 퍼져나갔는데 세월이 흐르면서 지역 색을 띠기 시작했다. 기본은 비슷하되 해산물이 더 풍성하게 들어가는 오바마짬뽕과 히라도짬뽕, 채소의 식감이 돋보이는 이데짬뽕 등이 바로 그것이다.

구조니 | 시마바라

찹쌀떡에 어묵과 닭고기, 갖가지 채소를 넣고 끓인 국이다. 우리나라 떡국과 비슷해 보이지만 맛이 훨씬 담백하고 영양도 만점이다. 구조니는 시마바라의 난에서 유래됐다. 시마바라의 난이 일어났을 당시 성안으로 식량공급을 제때하지 못하자 남아있는 재료를 한데 섞어 끓여먹었던 것이 바로 구조니다. 그 이후 구조니는 시마바라의 향토음식으로 자리매김했다.

모쓰나베 | 후쿠오카

내장찌개로 보면 된다. 모쓰もつ는 소의 간을 제외한 여러 부위의 내장으로 철분이 풍부하다. 나베鍋는 철판냄비를 뜻한다. 된장이나 간장 국물에 모쓰를 얹고 그 위에 양배추, 부추, 두부 등을 올려 끓인다. 여기에 다카노쯔메 고추 종류를 더해 잡맛을 없앤다. 태평양전쟁이 끝나고 먹을 것이 부족할 때 소의 내장을 양은냄비에 끓여 간장으로 간을 맞춘 후 먹던 것이 이 음식의 시초라고. 후쿠오카 시민들의 '소울 푸드soul food'라는 평가를 받는다. 한국의 곱창전골보다 맛이 담백하고 부드러운 편이다.

사가규 | 사가현

사가현에서 생산되는 소고기를 '사가규'라 부른다. 육질이 부드러우면서도 단맛이 난다. 전문 식당 외에 고급 료칸에 숙박하면 이를 이용한 구이와 전골 등 다양한 요리를 즐길 수 있다. 사가현의 곳곳에는 시시리안라이스, 소고기카레와 같은 형식으로 사가규를 이용한 음식이 발달해 있다. 특히 이마리는 사가규를 이용한 햄버거스테이크로 유명하다. 풍성한 소스와 사가규의 달고 부드러운 맛을 살린 햄버거스테이크는 입에 들어가자 마자 살살 녹는다.

두부 | 가라쓰, 우레시노

가라쓰역에서 도보로 3분, 교마치 상점가내 가와시마카와시마가게에서는 두부 고유의 맛을 살려내고 있다. 에도시대에 창업, 가라쓰성 영주에게 두부를 만들어 바친 것이 시초로 현재 9대 째, 210년 넘게 전통을 이어오고 있다. 이 집에서 만든 두부는 가라쓰시의 요요카쿠 같은 료칸을 비롯해 일본 전국으로 팔려나간다. 우레시노 온천두부는 온천수로 끓여서 담백하고 깔끔한 맛을 낸다. 온천과 두부의 찰떡궁합을 보여주는 명물이다.

요부코 오징어회 | 가라쓰

오징어를 일본어로 '이카イカ'라고 한다. 가라쓰시 북쪽의 요부코에 오징어 전문식당이 여럿 모여 있다. 이곳에서 사용하는 오징어는 대한해협에서 잡는데 부드러우면서도 단맛이 강하게 돈다. 각 식당들마다 오징어 특유의 투명도를 살려 본 모습 그대로 회로 내놓는 놀라운 솜씨를 선보인다. 주문 후 수조에서 오징어를 꺼낸 후 회를 치는 시간은 그야말로 전광석화. 손님상에 내기까지 걸리는 시간이 불과 1분 30초밖에 걸리지 않는다.

해물덮밥 | 이토시마, 겐카이, 히라도

사발에 밥을 담고 그 위에 각종해산물을 도톰하게 얹어내는 요리. 해산물이 풍성한 서규슈에서 대중적인 음식 중 하나다. 밥 위에 올라가는 해산물은 계절과 지역에 따라 종류가 달라지는 게 보통. 농어가 맛있는 철에는 농어를, 성게가 유명한 고장에서는 성게를 올리는 식이다. 밥과 해산물이 어우러진다는 점에서는 초밥과 비슷하지만 식초를 사용하지 않는다는 게 특징. 지역, 식당, 개인의 취향에 따라 먹는 방법이 다양하다. 생선회만 따로 먹어도 좋고, 겨자와 간장을 넣어 해산물과 밥을 함께 비벼먹어도 좋다. 어느 집에서는 덮밥을 말아먹는 용도로 녹차 우린 물이나 특별히 만든 육수를 내놓기도 한다.

잉어회 | 오기, 가라쓰

잉어요리는 예부터 중국 약선에도 만병통치약이라 불릴 정도로 보양식으로 꼽혔다. 우리나라에서는 간장을 보호하고 부기를 제거하는 데 효과가 있어 출산한 여성들의 보양식으로 인기를 모아왔다. 일본에서도 타우린을 많이 함유하고 있는 잉어요리가 고급음식으로 대접받는다. 청정한 자연과 계곡에서 자란 잉어일수록 인기가 높다. 대표적인 곳이 오기에서 갓볼 수 있는 잉어요리. 덴잔 산 맑은 물에서 자란 이곳의 잉어는 민물고기 특유의 비린내가 없고 단단한 식감을 자랑해 미식가들의 찬사를 받고 있다.

햄버거 | 사세보

미국의 해군기지가 있는 사세보시에서는 사세보버거라는 햄버거가 이름을 날린다. 모두 수제 버거라는 것, 나가사키현에서 생산된 식재료를 사용한다는 것, 각 식당마다 내용물이 각각 다르다는 것이 특징이다. 식당마다 모양새나 맛도 각기 다르다. 주말이면 전국에서 모여든 버거 마니아들로 각각의 점포마다 문전 성시를 이룬다. 버거 한 개는 식사로도 충분하다.

닭요리 | 후쿠오카, 사가

여행 중 저녁 식사를 마친 후에 간단히 술 한 잔 하고 싶어질 때가 있다. 그럴 때 현지 사람들과 어울려 부담 없이 즐기기 좋은 음식이 닭꼬치다. 각 부위별로 알맞은 소스를 선택해 육즙을 적당히 살려 구운 닭꼬치는 사케나 맥주 한잔과 함께 즐길 수 있는 최고의 야식이다. 제대로 격식을 갖춘 닭요리를 원한다면 후쿠오카의 토종닭 하나미도리로 만들어 내는 일본식 닭백숙 미즈타키를 추천!

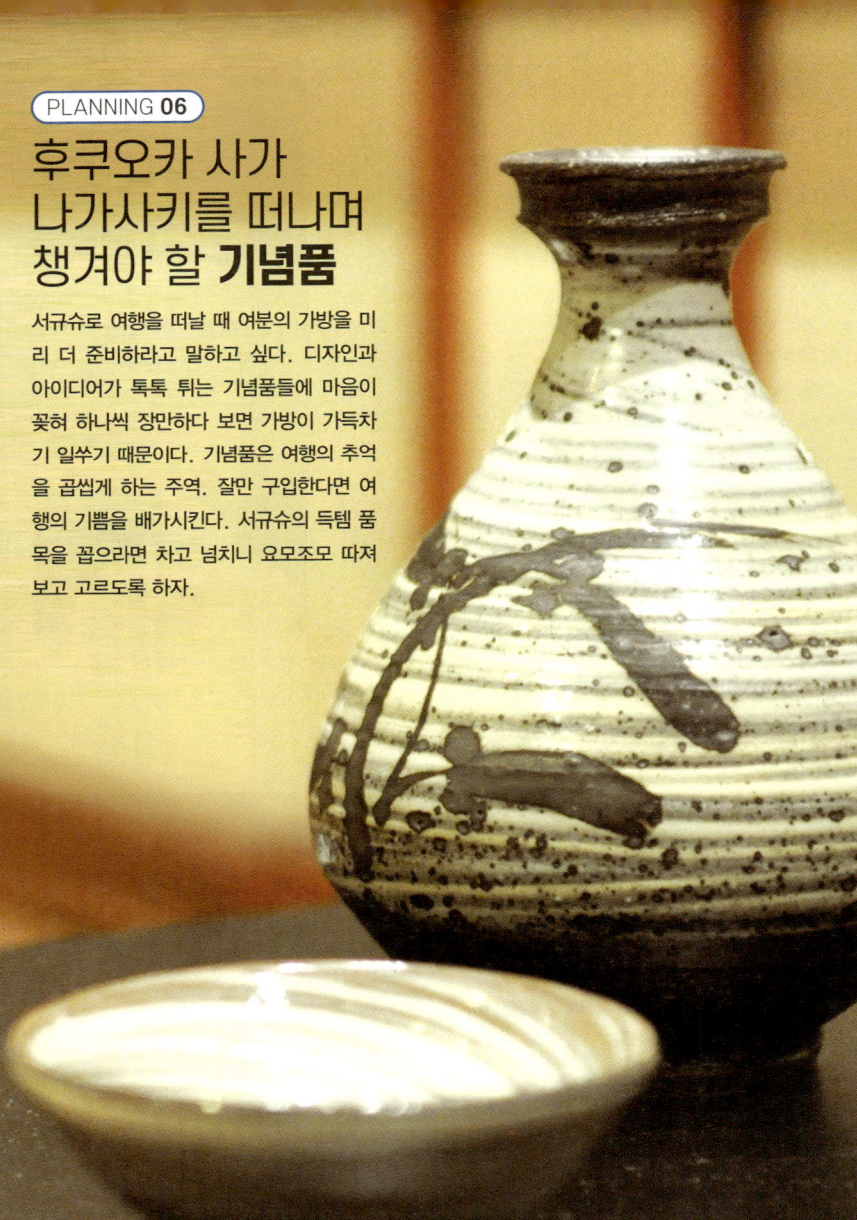

PLANNING 06
후쿠오카 사가 나가사키를 떠나며 챙겨야 할 **기념품**

서규슈로 여행을 떠날 때 여분의 가방을 미리 더 준비하라고 말하고 싶다. 디자인과 아이디어가 톡톡 튀는 기념품들에 마음이 꽂혀 하나씩 장만하다 보면 가방이 가득차기 일쑤기 때문이다. 기념품은 여행의 추억을 곱씹게 하는 주역. 잘만 구입한다면 여행의 기쁨을 배가시킨다. 서규슈의 득템 품목을 꼽으라면 차고 넘치니 요모조모 따져보고 고르도록 하자.

**하나 쯤 곁에 두고 싶은
아리타 도자기 찻잔**
기념품 숍, 1세트 5,000엔

**투박함이 정겨운
가라쓰 도자기 다완**
기념품 숍, 2,000엔

**가라쓰군치 히키야마를
본뜬 캐릭터 인형**
기념품 숍, 1,000엔

**연인과 함께 먹으면 더욱
달달해지는 오기 양갱**
오기 양갱자료관 800엔

**휴식이 필요할 때 마실 수
있는 우레시노 녹차세트**
기념품 숍, 600엔

**다정한 친구에게 주는 우정의
선물, 나가사키 카스텔라**
기념품 숍 및 백화점, 1,980엔

**예쁜 여자 친구에게
주고 싶은 히나 인형**
기념품 숍, 2,000엔

**매운맛과 감칠맛이 어우러져 입맛을
돋우는 하카타 명물 명란젓**
백화점, 270g 3,000엔

**부모님에게 드리는
효도선물, 샤론파스**
약국, 800엔

**액운을 막고 행운을
가져다준다는 노고미 인형**
가시마역 관광안내소 1,500엔

**매혹적인 빛깔의 유리공예품,
나가사키비로도**
나가사키 기념품 숍 800엔

**바움쿠헨에 팥 양갱이 들어가
있는 하카타의 대표적인 명과,
하카타노 히토**
하카타 백화점 10개 505엔

**하카타 전통공예품으로
꼽히는 하카타 인형**
하카타의 기념품 숍
2,000〜30,000엔

**사가규로 만들어 맛이
더욱 풍미로운 카레**
백화점, 500엔

**규슈 귀족문화의 결정판,
사가 비단으로 만든 지갑과 인형**
사가시 역사민속관 구후쿠다가 2,000엔〜

PLANNING 07
후쿠오카 사가 나가사키 **여행 체크 리스트**

여행시기는 언제가 좋을까?

서규슈의 기후와 자연은 제주도와 비슷하다 생각하면 된다. 제주도가 언제가도 좋듯 서규슈 역시 계절마다 팔색조 같은 변신으로 여행자의 마음을 사로잡는다. 언제 가야 좋을까를 고민하기보다는 계절에 적합한 여행지를 선택하는 것이 중요하다.
봄, 가을 서규슈 어느 곳을 여행해도 좋은 시절. 봄이면 벚꽃을 비롯해 갖가지 꽃들이 피어나 온 들녘이 화사하게 꽃물 든다. 가을 단풍도 고혹적이다. 봄, 가을마다 각 지역의 유명한 공원에서는 조명을 밝히고 야간개장을 하니 이를 놓치지 말 것.
여름 쓰시마와 이키 섬은 캠핑의 천국. 후쿠오카시에서 이토시마를 거쳐 가라쓰에 이르는 해안은 한국의 동해안 못지않은 해수욕의 명소다. 후루유온천은 시원한 계곡과 더불어 반딧불이의 향연을 볼 수 있다. 여름날의 온천도 몸을 꽤 개운하게 해준다. 단, 한반도보다 남쪽에 위치해서 아리타, 이마리, 다케오 같은 분지는 숨이 턱턱 막힐 정도로 더우니 되도록 피할 것.
겨울 발길 닿는 곳마다 온천이 있으니 서규슈의 겨울은 여행자에게 오히려 반가운 계절이다. 운젠, 우레시노, 다케오, 후루유 어느 곳으로 가더라도 최고의 힐링여행을 만끽할 수 있다. 기온이 영하로 떨어지는 일이 거의 없으니 겨울에 한두 번 찾아오는 한파만 피한다면 도보여행에 무리가 없다.

일본 화폐와 여행예산

화폐 공식 화폐의 이름은 엔円. 동전은 1, 5, 10, 50, 100, 500엔, 지폐는 1,000, 2,000, 5,000, 10,000엔이 있다. 1엔과 5엔은 실생활에서 거스름돈 정도로 활용되지만 자판기에서는 사용할 수 없는 경우가 대부분이다. 모아두었다 여행 말미 공항 등에서 한꺼번에 사용하는 게 편하다. 환율은 2023년 4월 기준 100엔에 995원 선.
환전 한국의 대부분의 시중은행에서 엔화로 환전이 가능하다. 일본에는 신용카드 결제가 불가한 곳도 많으니 되도록 넉넉하게 환전을 해가는 것이 좋다. 일본에서 현금이 떨어졌을 경우 원화를 엔화로 환전하는 일은 절대 피하자. 환전수수료가 매우 비싸다. 이 경우 신용카드 결제가 가능한 곳을 이용하는 게 좋다. 가장 좋은 방법은 달러화가 있다면 이를 가져갔다 환전하는 것이다.
신용카드 편의점이나 소규모상점 및 일부 숙소 등에서 신용카드가 불가능한 곳도 많으니 유의할 것. 대형 매장 등에서는 대부분 가능하다. 단, 체크카드가 되지 않거나 비자VISA 또는 마스터MASTER 카드 중 하나만 결제되는 곳도 있으니 카드를 다양하게 갖춰가는 게 좋다.

1일 여행비용은 얼마? 서규슈는 도쿄나 교토 같은 대도시에 비해서 물가가 저렴한 편. 100엔에 995원 정도의 환율이면 제주도를 여행하는 정도의 경비를 예상하면 된다. 하루 여행(장거리 왕복 교통비, 식사 2끼, 조식 포함 비즈니스호텔 숙박, 입장료 2곳)을 1인 기준으로 넉넉히 예상하면 15,000엔(15만원) 정도 예상하면 된다. 물론 일본은 교통비가 비싸니 할인혜택이 큰 교통패스를 이용하고 2인 이상이 같이 여행하는 경우 여행경비는 훨씬 저렴해 진다. 게스트하우스를 이용하는 등 알뜰히 여행하면 10만~12만원 경비로도 가능하다. 점심 식사비용이 1,000엔 정도이니 음식 값은 그리 부담스럽지 않다.

PLANNING 08
후쿠오카 사가 나가사키로 **가기**

규슈의 관문 후쿠오카국제공항을 통하면 후쿠오카현, 사가현, 나가사키현으로 여행하기가 편리하다. 그밖에 오이타현, 구마모토현, 가고시마현, 미야자키현 등 규슈 각지로 여행하고자 할 때도 후쿠오카국제공항이 관문 역할을 한다. 선편을 이용하는 여행객들이라면 부산항에서 하카타항까지 뉴카멜리아호와 퀸비틀호를 타고 이동한다.

비행기로 드나들기

인천, 부산, 대구에서 후쿠오카국제공항까지 대한항공, 아시아나항공, 진에어, 제주에어, 에어서울, 티웨이항공이 취항하고 있다. 후쿠오카는 코로나 이후 규슈에서 가장 먼저 열린 공항이다. 그만큼 후쿠오카를 찾는 여행자가 많다는 증거다. 아직 코로나 이전만큼 항공 편수가 많이 회복 되지는 않았지만, 일본 여행이 정상화 되면 운항 횟수가 더욱 많아질 것으로 보인다. 코로나 이전에는 사가현과 나가사키현에도 저가 항공이 취항했었다. 그러나 두 도시는 아직(2023년 4월 현재) 운항이 재개되지 않고 있다. 따라서 사가현과 나가사키현으로 가려면 후쿠오카공항을 이용해야 한다. 하지만 사가현과 나가사키현도 여행 수요가 늘어나면 운항을 재개할 것으로 보인다. 따라서 자신의 여행 시점에 맞춰 가고자 하는 도시의 항공 노선을 검색해보고 편리한 스케줄을 예약하자.

여객선으로 드나들기

부산항에서 후쿠오카시 하카타항 국제터미널까지 여객선으로 입국할 수 있다. 뉴카멜리아호와 퀸비틀호가 부산~후쿠오카를 이어준다. 터미널 1층에 종합안내소, 니시니혼시티은행 ATM 기계, 코인 로커, 한국음식점 코팬이 있다. 3층으로 올라가면 양식 메뉴를 파는 레스토랑 하버 빌리지가 있다.

카멜리아라인 www.camellia-line.co.jp
퀸비틀 www.jrbeetle.com/ko

후쿠오카공항

공항의 관곽 안내소에서 친절한 한국어 안내를 받을 수 있다. 북규슈레일패스나 북규슈산큐패스도 이곳에서 구입할 수 있다. 가장 큰 매력은 규슈의 게이트웨이라 할 만큼 편리한 교통. 여행자들의 보편적인 경로는 후쿠오카공항 국제선→(무료 셔틀버스 이용)→국내선 후쿠오카공항역→(지하철 이용)→하카타역으로 이동한

후 하카타역 또는 하카타 버스센터에서 기차나 버스를 타고 자신이 계획한 여행지로 떠난다. 하지만 북규슈레일패스를 이용하지 않을 사람이라면 캐리어를 끌고 하카타역까지 이동할 것 없이 공항에서 각 도시로 출발하는 리무진 버스를 이용하면 더 편하다. 공항 버스정류장에서 나가사키시, 사가시, 가라쓰 등 서규슈의 주요 도시로 직행하는 버스가 운행된다.

Data 후쿠오카공항 홈페이지
www.fukuoka-airport.jp

후쿠오카공항에서 주요 도시로 이동하기	
도시	운항 정보(평일 기준)
후쿠오카 시내(하카타역)	48회(08:00~20:00)
하우스텐보스	2회
시모노세키역	3회
구마모토 (사쿠라마치 버스터미널)	12회
구로카와온천	4회
사가역 버스센터	13회
사세보	9회(아리타 경유)
고쿠라역	7회
마쓰우라초 국제거리	2회(아리타 경유)
니시테쓰 다자이후역	19회
오이타	6회
나가사키역	19회(우레시노 경유)
벳푸(기타하마)	9회
유후인역	8회

사가공항

사가공항에서 사가역 버스센터까지 비행기 출발과 도착 시간에 맞춰 사가공항접속버스가 1일 5~6회 운행된다. 35분 소요. 요금 600엔. 중간에 박물관, 현청사 앞에서 하차(요금은 각각 550엔, 570엔)할 수 있다. 사가공항접속버스 좌석 예약은 필요없다. 버스 내에서 무료로 와이파이를 이용할 수 있다. 사가역에서 서규 각 지역으로 가는 기차나 버스를 이용할 수 있다.

Data 사가공항 홈페이지 saga-ab.jp
사가공항접속버스 www.bus.saga.saga.jp/info/2023/01/5113.html

• **리무진 택시**
목적지가 사가시가 아니라 사가현 내 다른 도시라면 리무진 택시를 이용하는 것이 편리하다. 리무진 택시는 이용 하루 전 오후 4시까지 인터넷으로 예약 하면 된다. 요금은 거리와 소요시간에 따라 1,500~3,000엔 정도 한다. 어린이 운임은 어른의 50%다.

Data 리무진 택시 예약
sagaap-limousinetaxi.com/index.php

리무진 택시 비용	
목적지	요금
사가시 남부 에리어 佐賀市南エリア	2,000엔(35분)
다케오시 武雄市	3,000엔(60분)
가시마시 鹿島市	3,000엔(50분)
오기시 小城市	2,000엔(35분)
우레시노온천 嬉野温泉	3,000엔(60분)
아리타초 有田町	3,000엔(80분)
오무타시 大牟田市	3,000엔(45분)
구루메시 久留米市	2,500엔(60분)
야나가와시 柳川市	1,500엔(25분)
도스시 鳥栖市	3,000엔(80분)

렌터카 공항 카운터 문의
· 도요타렌터카 トヨタレンタカー
0952-46-0120
· 닛폰렌터카 ニッポンレンタカー
0952-46-0919
· 오릭스렌터카 オリックスレンタカー
0952-46-0543

- 닛산렌터카 日産レンタカー
0952-46-0123
- 아비스/버젯렌터카 エイビス/バジェットレンタカ
0952-46-2088

Data 사가공항 홈페이지 saga-ab.jp

나가사키공항

나가사키공항에서 나가사키시로 가는 버스가 30분 간격으로 운행된다. 버스정류장에 따라 목적지가 다르다(표 참조). 나가사키역과 육교 건너편에 있는 나가사키버스터미널에서 서규슈 각 지역으로 가는 기차나 버스를 탈 수 있다. 사세보나 하우스텐보스, 시마바라, 이사하야 등은 나가사키공항에서 출발하는 장거리 버스를 타고 목적지로 곧바로 이동할 수 있다. 특히, 사세보는 사세보합승점보택시를 주목하자. 출발 30분까지 인터넷(www.jumbotaxi.info)으로 예약하면 이용할 수 있다.

Data 나가사키공항 홈페이지 nagasaki-airport.jp

나가사키공항 버스 탑승장 안내		
버스정류장	목적지	소요시간
5번 버스정류장	나가사키역 (논스톱)	43분
4번 버스정류장	나가사키역 (쇼와마치 昭和町, 우라카미 浦上 경유)	55분
3번 버스정류장	이사하야 諫早 시내	47분
2번 버스정류장	하우스텐보스 ハウステンボス, 사세보 佐世保	89분
7번 버스정류장	사세보역 佐世保駅 (사세보합승점보택시)	55분

2023년 4월 현재 한국에서 서규슈로 가는 항공노선은 후쿠오카공항만 운항한다. 사가공항과 나가사키공항은 아직 운휴 중이다. 여행 수요 증가에 맞춰 순차적으로 개항할 예정이다. 여행 시기에 맞춰 항공노선 운항 여부를 검색하자.

부산에서 페리가 오가는 후쿠오카항

 PLANNING 09

후쿠오카 사가 나가사키
대중교통 완전정복

일본여행에서 가장 부담되는 것이 비싼 교통비. 장거리 이동할 때는 JR규슈레일패스와 산큐패스, 여행지 내에서 여행할 때에는 각 도시별 1일 프리패스 승차권을 이용하면 비용을 크게 절감할 수 있다. 자신이 향하는 여행지의 주된 이동수단을 고려하여 맞는 패스를 선택하면 된다.

교통수단

1 JR규슈레일패스 JR九州レールパス

JR규슈가 운영하는 모든 열차를 지정기간 내에 탑승횟수에 제한 없이 마음대로 이용할 수 있는 철도이용권이다. 규슈 전체, 북규슈, 남규슈 등 지역별로 있다. 후쿠오카, 사가, 나가사키 등 서규슈 지역만 여행할 경우 북규슈레일패스를 구입하면 된다.

Data JR규슈 홈페이지 www.jrkyushu.co.jp

구매하기

북규슈레일패스 3일권 10,000엔, 5일권 14,000엔이다. 사용 개시일로부터 반드시 연속으로 사용해야 한다는 점에 유의하자. 패스 구입은 여행을 떠나기 전 국내 여행사에서 교환권을 미리 사면 할인혜택을 받을 수 있다. 포털에서 JR규슈레일패스를 검색하면 이를 판매하는 온라인쇼핑몰 및 여행사를 확인할 수 있다. 서규슈에 입국한 후 발권처에서 교환증과 여권을 제시하면 패스를 발급해 준다. 패스 발권처는 후쿠오카, 사가, 나가사키공항, 하카타역 JR매표소와 각 지역의 JR규슈여행지점 등이다.

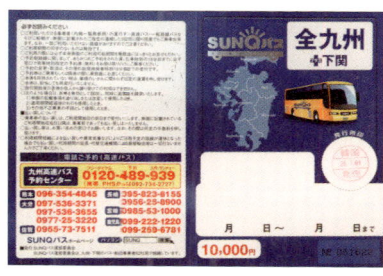

국내에서 사전 예약을 못해 교환권을 구입하지 못했더라도 일본 도착 후 하카타역, 사가역, 나가사키역 등에서 구입 가능하다. 구매는 구입신청서 작성→여권과 함께 제시→역원이 확인 후 승차권 수령 순이다.

이용하기

반드시 본인만 이용할 수 있으며 개찰구를 통과할 때 역무원에게 패스와 여권을 보여주면 된다. 열차의 좌석은 자유롭게 앉을 수 있는 자유석과 지정석이 있다. 지정석을 원하는 경우 JR역 창구에서 패스를 제시하고 탑승을 원하는 날짜와 출발시간 말하고 좌석을 지정받을 수 있다. JR규슈가 운영하는 모든 열차를 자유롭게 이용할 수 있으나 각 열차의 특실, 산요신칸센, 침대차, JR규슈버스, 크루즈열차 '일곱개의 별 in 큐슈' 등은 이용할 수 없다.

2 니마이킷뿌 2枚きっぷ

일본은 장거리 기차나 버스를 이용할 때 왕복으로 승차권을 끊으면 할인을 해주는 경우가 많다. 대표적인 예가 니마이킷뿌. 특정 구간을 왕복할 수 있는 기차 할인 승차권이다. 구간은 여행자가 가고 싶은 곳까지 마음대로 정할 수 있으며 이동거리에 따라 가격이 달라진다. 1인 왕복으로만 사용할 수 있는 것이 아니라 승차권 한 장을 두 명이 편도로 사용할 수 있어 더욱 매력적. 예를 들면 나가사키까지 가는 니마이킷뿌를 끊었을 경우 이 승차권 한 장으로 두 사람이 나가사키까지 편도로 이용해도 된다는 얘기.

JR규슈역 창구에서 구입할 수 있다. 장거리 여행지가 한곳이라면 JR규슈레일패스 3일권보다 니마이킷뿌를 이용하는 것이 저렴한 편. 3곳 이상이라면 JR규슈레일패스가 더 저렴한 경우가 대부분이다. 인원이 많을 경우 4명까지 이용 가능한 욘마이킷뿌4枚きっぷ도 있으니 참고할 것.

3 산큐패스 SUNQ パス

규슈 북부 2일권과 규슈 북부 3일권(후쿠오카, 사가, 나가사키, 오이타, 구마모토 총 5개 지역+시모노세키 고속버스, 시내 노선버스와 크루즈 5개 항로), 규슈 남부 3일권(구마모토, 미야자키, 가고시마 3개 지역의 고속버스, 시내 노선버스, 그리고 크루즈 1개 항로), 규슈 전역 3일권과 규슈 전역 4일권 등 5종이 있다. 대표적인 패스 가격은 규슈 북부 2일권 4,500엔, 규슈 북부 3일권 9,000엔(외국인 7,000엔), 규슈 전역 3일권 11,000엔(외국인 10,000엔). 사용 시간은 고객이 정한 연속 3일권(4일권)의 경우 03:00~26:59를 1일로 계산한다. 24:00~02:00 승하차 시 전날로 계산된다. 포털에서 '산큐패스'를 검색하면 판매하는 온라인 쇼핑몰이나 여행사를 찾을 수 있다.

Data 산큐패스 홈페이지 www.sunqpass.jp/korean

이용하기

산큐패스 스티커가 붙은 버스는 모두 탑승 가능하다. 스티커는 버스 정면과 출입문 옆에 붙어 있으니 확인하자. 버스 탑승 시에는 정리권을 뽑고 내릴 때는 정리권을 함에 넣으면서 승무원에게 패스를 보여주면 된다. 좌석 예약이 필요한 버스의 경우 버스센터 승차권 발매창구에 산큐패스를 제시하고 좌석권을 받으면 된다. 단, 만석일 때는 승차할 수 없는 경우도 생기니 규슈고속버스포털사이트(www.atbus-de.com)에서 사전 예약하는 것이 좋다. 한국어 서비스도 제공하니 이용에 불편이 없다.

후쿠오카 대중교통

1 지하철 地下鐵

후쿠오카 시내에는 구코센空港線(1호선), 하코자키센箱崎線(2호선), 나나쿠마센七隈線(3호선) 등 3개의 지하철 노선이 있다. 각 역마다 K08, H01, N16 식으로 고유번호가 매겨져 있으므로 이를 잘 알고 여행하면 길을 잃어버릴 염려가 줄어든다. 기본요금은 210엔, 1일 승차권(판매 당일만 유효)은 어른 640엔, 어린이 320엔이다.

2 니시테쓰버스 西鐵バス

후쿠오카 도심 곳곳을 이어주는 버스이다. 1일 승차권은 어른 1,000엔, 어린이 500엔으로 후쿠오카 전 노선을 무제한 승하차 할 수 있다. 승차권 구입은 시내버스 차 내, 하카타버스터미널, 덴진버스센터 등에서 가능하다. 스크래치식이므로 사용 직전 그 날짜에 해당하는 '월, 일'을 긁어준다. 후쿠오카 시내버스 외에 추가로 다자이후太宰府 라이너 버스 타비토(하카타역, 후쿠오카공항~다자이후 지역)를 하루 동안 자유롭게 이용할 수 있는 승차권은 어른 1,600엔, 어린이 800엔이다.

3 150엔 버스 100円バス

하카타역에서 덴진역 사이의 후쿠오카 도심만 돌아다니는 여행이라면 150엔 순환버스를 이용하자. 버스에 150엔 버스라는 표시가 여기저

기 붙어 있다. 하카타역을 출발해 스미요시 신사 → 캐널시티 하카타 → 코쿠다이도로 → 나카가와 → 텐진 미나미역 → 덴진버스센터 → 덴진코어 → 아크로스 후쿠오카 → 나카스카와바타역 → 고후쿠마치역 → 기온역 등에 정차한 후 다시 하카타역으로 돌아온다. 후쿠오카 도심 1일 프리승차권, 후쿠오카 시티루프버스 그린 패스, 산큐패스, 후쿠오카 원데이 패스를 가진 여행객들도 자유롭게 150엔 버스를 이용할 수 있다.

4 후쿠오카 오픈 톱 버스
福岡 OPEN TOP バス

오픈카 형태로 지붕이 없이 2층에 앉아 온 몸으로 후쿠오카시내를 관광할 수 있는 버스. 오호리공원, 후쿠오카 성터 등 도심 주요명소를 돌아보는 빨간색 버스, 모모치해변공원, 후쿠오카타워 등 해안풍경을 감상할 수 있는 파란색 버스, 후쿠오카의 주요 야경을 돌아보는 주황색 버스가 있으며 소요시간은 1시간 정도. 1코스 당 요금은 어른 1,570엔, 어린이 790엔. 후쿠오카시청 1층 카운터에서 티켓을 판매하며 후쿠오카시청 앞에서 승차한다. 4세 미만의 유아는 탑승할 수 없다. 추운 날씨나 비가 내릴 때는 버스회사 측에서 방한복이나 우비를 무료로 대여해준다.

Data 오픈 톱 버스 예약 전용 전화 092-734-2727

오픈 톱 버스 코스

파란색버스
A 시사이드 모모치 코스 シーサイドももちコース
덴진天神, 후쿠오카시청 앞福岡市役所前(출발) → 후쿠오카타워福岡タワー → 오호리공원 앞大濠公園前 → 오호리공원大濠公園, 후쿠오카 성터福岡城址 → 덴진天神(출발점)

빨강색버스
B 하카타 중심 코스 博多街なかコース
덴진天神, 후쿠오카 시청 앞福岡市役所前(출발) → 하카타역 A탑승장博多駅Aのりば → 구시다 신사櫛田神社 → 오호리공원大濠公園・후쿠오카 성터福岡城址 → 덴진天神(출발점)

주황색버스
C 후쿠오카 타워 야경코스 福岡タワーコース
덴진天神, 후쿠오카시청 앞福岡市役所前(출발) → 하카타역 A탑승장博多駅Aのりば → 후쿠오카타워福岡タワー → 오호리공원大濠公園 → 덴진天神(출발점)

> **TIP** **후쿠오카 원데이 패스 1DAY PASS**
> 니시테츠 전철과 버스를 하루 동안 자유롭게 이용할 수 있는 승차권이다. 전철은 니시테츠 덴진오무E-선 덴진~야나가와, 다자이후선, 아마기선을 이용할 수 있다. 버스는 후쿠오카, 구루메, 사가, 지쿠호지구에서 이용할 수 있다. 단, 고속버스와 특급버스, 커뮤니티버스는 이용할 수 없다. 요금은 어른 2,670엔, 어린이 1,340엔. 덴진역, 야쿠인역, 오하시역, 가스가바루역, 니시테츠구루메역, 니시테츠야나가와역, 나사테츠덴진고속버스터미널, 하카타버스터미널, 후쿠오카공항버스터미널 등에서 구매할 수 있다. 이용 전에 이용권의 해당 날짜를 동전으로 긁어 역 직원이나 버스 승무원에게 보여주면 된다. 다자이후덴만궁, 후쿠오카타워, 후쿠오카아시아미술관, 후쿠오카시박물관 등 제휴시설에 티켓을 제시하면 선물을 받거나 할인 혜택이 있다.

PLANNING 10

후쿠오카 사가 나가사키 **렌터카 이용하기**

규슈 여행의 새로운 트렌드는 렌터카여행이다. 대중교통의 제약 없이 자유로이 자신의 스타일이 맞는 여행을 할 수 있기 때문이다. 국제면허증만 있으면 일본에서도 자동차 여행이 가능하며 렌트 비용도 한국과 비슷하다. 대부분의 공항과 역마다 렌터카 회사가 있어 필요할 때마다 렌트할 수 있다는 것도 장점. 인터넷 검색을 통하여 렌터카 회사를 결정하고 회사의 홈페이지를 통해 사전예약하면 더욱 편리하다.

렌터카여행 준비

국제면허증 발급

운전면허시험장 또는 경찰서 민원실에서 발급받을 수 있다. 여권, 운전면허증, 반명함판 또는 여권사진 1장, 수수료 8,500원을 준비해 가면 보통 30분 이내에 발급받을 수 있다. 발급 후 여권의 이름과 국제면허증의 이름 철자가 똑같은지 꼭 확인할 것. 철자가 틀릴 경우 외국에서 무면허로 적발될 수 있다. 또한 해외에서 운전할 경우 국제면허증과 더불어 국내면허증과 여권을 함께 소지해야 한다.

렌터카 계약

인터넷으로 사전 예약하거나 현지에서 직접 렌탈을 할 경우 차종 선택→보험 선택→옵션 선택→계약서 작성→차량 상태 확인→차량 인도로 이어지는 렌탈 과정이 한국과 크게 다르지 않다. 대부분 회사가 영어계약서를 갖추고 있고 한국어계약서를 갖춘 곳도 있으니 일본어를 전혀

몰라도 걱정하지 말자. 여행기간 동안 원하는 차종, 한국어내비게이션 등의 옵션을 선택하고 싶다면 인터넷홈페이지를 통해 사전 예약하는 것이 현명하다. 인터넷에서 '해외 렌터카'를 검색해보자. 검색 결과에 나오는 사이트에 접속하면 원하는 장소에서 렌탈 가능한 회사의 차종과 금액 등을 비교, 선택할 수 있다.

렌터카 인도

사전 예약했을 경우 여권, 국제운전면허증과 더불어 예약확인서를 제출하면 더욱 빨리 차량을 인도받을 수 있다. 국내에서와 마찬가지로 차량 내외관의 상태 확인 후 차량을 인도받게 된다. 운전조작에 자신이 없다면 직원에게 상세한 설명을 요청할 것. 사전 예약했더라도 현지에서 추가적인 보험 변경이 가능하니 기억해 두자.

내비게이션 작동

한국어내비게이션 옵션이 있는 회사를 선택해 사전 예약하는 것이 가장 편하다. 한국어내비게이션이 있더라도 가고자 하는 목적지는 전화번호를 입력해야 검색가능하다. 전화번호가 없는 지역일 경우 맵 코드를 이용해 보자. 구글이나 야후지도에서 가고자하는 여행지를 검색하면 숫자 형식으로 쓰인 코드도 함께 표시된다. 그 숫자를 입력해 찾아가면 된다. 여행일정에 따라 전화번호와 맵 코드를 미리 준비해 가면 훨씬 수월하게 다닐 수 있다. 로밍이나 현지 유심을 이용한

다면 스마트폰에서 구글을 이용해 찾아가는 것이 편리하다.

ETC카드
한국의 하이패스와 같다고 생각하면 된다. 고속도로를 이용할 경우 한국의 하이패스 전용통행로처럼 ETC 전용통행로를 이용하면 된다. 외국인의 경우 파격적인 고속도로 통행료 할인서비스가 한시적으로 이뤄지기도 하며, 충전한 금액이 남았을 경우 환불받을 수 있다. 단, ETC가 되지 않는 곳도 종종 있어 현금을 지급해야할 때가 있으니 현금도 준비해갈 것. 대부분의 렌터카 회사에서 사전 예약할 경우 ECT카드를 대여 받을 수 있다.

렌터카 운전 시 유의사항

좌(左)는 작게, 우(右)는 크게!
일본에서 차량은 한국과는 반대로 왼쪽통행이다. 당연히 일본에서는 좌회전 시 안쪽으로 작게 돌고 우회전 시 바깥쪽으로 크게 돌게 된다. 한국 여행자들의 실수가 가장 잦은 부분이지만, 이 점만 유의해서 운전한다면 큰 문제없이 여행할 수 있다.

좌회전과 건널목
일본에서의 좌회전은 무조건 파란 불일 때만 가능하다. 한국이 적신호에도 우회전할 수 있는 것과는 다르니 유의할 것.

운전석과 진행 방향
일본의 차는 운전석이 오른쪽에 있다. 당연히 변속기는 왼손으로 조작해야 한다. 와이퍼 레버는 왼쪽, 깜빡이 레버는 오른쪽이다. 또 한국과는 반대로 오른쪽에 중앙선이 있다는 점을 명심하자.

신호등
한국과 마찬가지로 기본적으로 녹색, 황색, 적색 신호등을 사용한다. 그러나 한국에서와는 달리 삼색신호등 아래 따로 화살표 표시를 하는 신호등이 붙어 있는 경우도 있다. 이 경우 화살표가 청색등을 대신하기 때문에 화살표 방향을 따라 이동하면 된다.

주유
일본의 렌터카는 일반 휘발유 차량이 대부분이다. 주유할 때 반드시 레규라レギュラー를 넣어 달라 말할 것. 셀프주유소에는 레규라レギュラー라 쓰인 글씨를 찾아 주유하면 된다.

사전 지도 숙지
아무래도 한국과 통행방향이 다르니 내비게이션 안내만으로는 헛갈릴 수도 있다. 사전에 가고자 하는 곳의 지도상의 도로를 숙지해 두면 큰 도움이 된다.

평균적인 차량 대여가격

차종	1일
경차	4,500엔~
소형	5,000엔~
중형차	8,500엔~
대형차	9,000엔~

* 참고: 일본의 연료비는 대략 리터당 약 160엔 정도.

후쿠오카공항 입주 렌터카 회사
㈜도요타 렌터리스 후쿠오카, ㈜닛산카 렌탈 솔루션, 닛폰 렌터카 규슈㈜, 타임즈 모빌리티 네트웍스㈜, 야마에 렌터 리스㈜, 오릭스 렌터카, ㈜이덱스 오토 재팬, 스카이 렌터카, 니코 니코 렌터카

PLANNING 11

이때 가면 더 좋다!
후쿠오카 사가 나가사키 **축제 캘린더**

일본은 축제의 나라라 해도 좋을 정도로 365일 다채로운 축제가 이어진다. 그만그만한 축제가 아니라 그 지역에서만 볼 수 있는 특색 있는 문화가 곁들여져 더욱 즐겁다. 이국의 음식과 음악과 공연으로 더욱 특별한 추억을 남겨보자.

후쿠오카

1월 3일

다마세세리 玉せせり
구슬玉을 씻는 의식으로 행운을 얻으려는 축제. 하코자키구 신사에서 열린다. 샅바만 걸친 남정네들이 나쁜 기운을 몰아내고 행운을 가져다준다는 신령스런 나무 공을 차지하려고 전쟁을 벌인다. 겨울에 추위를 이겨내려는 전통이기도 하다.

2월 초

세쓰분마츠리 節分祭
2월부터 매화가 피어나기 시작하면 입춘(대개 2월 4일) 전날 시내 중심가의 도초지東長寺에서는 세쓰분마츠리가 열린다. 이 축제는 콩을 던져서 악귀를 몰아낸다는 의미를 담고 있다. 하카타역에서 지하철로 1정거장 떨어진 기온역 1번 출구로 나가면 쉽게 접근할 수 있다.

7월 1~15일

하카타 기온야마카사 博多祇園山笠
국가 지정 중요무형민속문화재로 770년 전인 카마쿠라시대에 시작됐다. 무게가 1톤에 달하는 가마를 20여 명의 남자들이 짊어지고 이동하는 모습은 호방하고 진취적이다. 축제의 절정은 축제 마지막 날인 15일 새벽에 시작되는 '오이야마카사'이다. 새벽 4시 59분에 큰 북이 신호를 울리면 1번 야마가 구시다 신사櫛田神社에서 '세이도이리(신사 들어가기)'를 하고 하카타 축하 노래를 부른 다음 거리로 달려 나온다.

사가

1월 25일~2월 16일

우레시노앗타카마츠리 嬉野あったかまつり
약 한 달 우레시노 온천지구가 등불로 물들여지는 축제가 열린다. 이 기간 동안 온천공원과 토요타마히메 신사, 우유광장 등 4개의 장소에 등불이 내걸리고 해질녘이면 불이 켜져 환상적인 밤을 연출한다. 특히 도요타마히메 신사에는 연인들이 소원 성취를 기원하는 사랑의 등불을 밝히느라 여념이 없다.

3월

사가 히나마츠리 佐賀懸雛祭り
일본에서는 3월 3일이면 각 가정에서 단을 세우고 히나 인형과 함께 꽃, 과자, 술 등을 올려놓고 여자아이들의 행복과 무병장수를 기원한다. 봄날 처음으로 열리는 축제니 일본의 봄은 히나마츠리와 함께 시작한다 해도 과언이 아니다. 사가시의 히나마츠리는 그 화려함과 한 달에 가까운 긴 축제기간으로 유명하다. 각각의 집과 상점마다 꽃과 히나 인형으로 넘쳐나는 사가시의 거리를 걷자면 도화꽃 사이를 걷는 것처럼 기분이 화사해진다.

4월 29일~5월 5일

아리타 도자기마츠리 有田陶器祝祭

사가현을 대표하는 축제 중 하나로 일본 도자기의 본고장 아리타에서 열린다. 매년 4월 말부터 축제장으로 아리타 도자기를 구매하기 위한 방문객이 몰려든다. JR아리타역에서 가미아리타역 사이로 약 4km 구간에 걸친 축제장 도로변에 5백여 개의 점포가 들어선다. 진귀하고 다양한 문양의 아리타 도자기를 평소보다 싼 가격에 살 수 있다. 이 축제는 가을에도 열린다.

11월 3일

우레시노 온천두부페스타
嬉野温泉豆腐フェスタ

매년 11월 3일에 개최되는 우레시노 온천의 축제. 큰 냄비에 우레시노 온천두부를 만들어 시식행사도 하고 판매도 한다. 사가규 시식 판매, 우레시노 게이샤의 춤도 선보인다. 이 기간에는 현지의 신선한 특산물을 한 자리에 모아놓기 때문에 우레시노 특산품을 쇼핑할 수 있는 절호의 기회가 된다.

10~11월

사가 인터내셔널 벌룬 페스타
佐賀 インターナショナルバルーンフェスタ

사가시의 가세가와 하천 부지 일대에서 벌어지는 아시아 최대 규모를 자랑하는 열기구 축제이다. 세계 각국에서 참가하는 열기구의 숫자는 평균 100기 이상으로 가을 하늘을 수놓는 모습이 장관이다.

11월

가라쓰군치 唐津 くんち

가라쓰에서 행해지는 가라쓰군치는 에도시대부터 시작된 토속축제로 190여 년의 역사를 자랑한다. 바다생선인 도미, 사자, 용 등을 움직일 수 있도록 만든 14대의 히키야마(전통 종이 200장 이상을 겹쳐 바른 후 옻칠을 해 만든 초대형 탈)가 시내를 행진한다.

나가사키

1~2월

나가사키 란탄 페스티벌
長崎ランタンフェスティバル

중국의 정월을 축하하기 위해 나가사키의 화교들이 '춘절제표기'를 연 것이 시초이다. 전국에서 90만 명 이상의 화교가 모여드는 대행사로 용, 궁전, 배 등 1만5천 개의 등불을 밝혀 장관을 이룬다. 해를 거듭할수록 예술적인 작품들이 증가하고 청조시대의 황제 퍼레이드 등 볼거리가 풍성하다.

10월 7~9일

나가사키군치 長崎くんち

에도시대부터 이어져온 나가사키군치는 '일본 3대 마츠리'의 하나로 손꼽힌다. 나가사키의 향토 신을 모신 스와 신사의 춘계대제이기도 하다. 1634년 두 명의 기성이 스와 신사 앞 신전에 '고마이'라는 곡을 올린 것이 시초라고 전해진다. 나가사키시의 59개 마을 중 매년 5~7개의 마을이 돌아가며 춤을 바치는 행사인 다시모노를 공연한다. 그 외 용춤, 네덜란드 배 등의 퍼레이드가 눈길을 끈다.

Fukuoka
By Area

후쿠오카현
지역별 가이드

01 후쿠오카
02 이토시마

Fukuoka by Area

01

후쿠오카
福岡

규슈의 관문도시 후쿠오카는 일찍이 조선, 중국, 서양과 문물교류를 통해 국제도시, 상업도시로 번창했다. 도심 곳곳에 오랜 역사와 수준 높은 문화가 녹아있어 규슈 최대의 도시로 손색이 없다. 다양한 쇼핑가는 물론 맛있는 먹거리가 많아 식도락가들에게도 인기가 높다. 한국 여행객들에게는 비행시간이 짧고 항공료도 저렴하기 때문에 가장 매력적인 여행지 중 하나로 손꼽힌다.

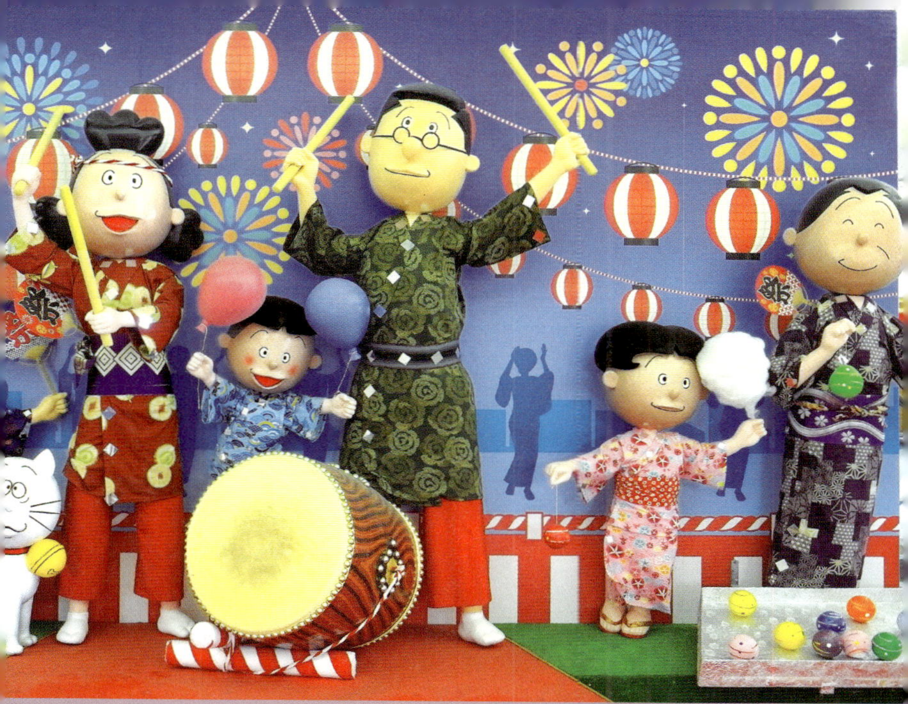

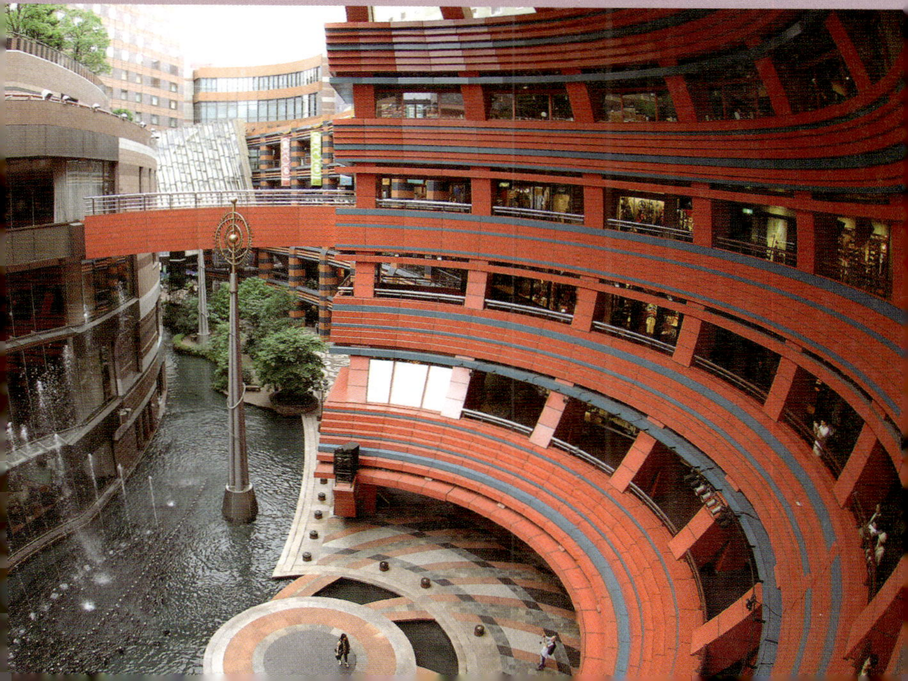

후쿠오카
미리보기

후쿠오카공항에서부터 시내 곳곳에 한글 안내판이 있어 여행하기 편리하다. 버스와 지하철, 기차 같은 대중교통이 발달해 초행자라도 시내여행이 어렵지 않다. 하카타역, 기온역, 덴진역 등 지하철역 주변으로 맛집도 많아 취향에 따라 골라 먹을 수 있다.

SEE

후쿠오카는 일 년 내내 축제와 엔터테인먼트 행사가 끊이지 않는다. 거리마다 한국어 안내판이 아주 잘 설치돼 있어 길 찾기가 쉽고 도보여행이 편리하다. 최고의 번화가 하카타역 주변과 덴진상점가를 돌아보는데도 하루가 꼬박 걸린다. 저녁은 캐널시티나 나카강을 따라 이어진 야타이 탐방으로 이색적인 즐거움을 발견한다. 밤이면 오픈 톱 버스를 타고 후쿠오카의 화려한 야경을 만끽해보자.

EAT

후쿠오카에 왔다면 꼭 라멘을 먹어보자. 하카타라멘은 돼지사골 육수에 쫄깃한 면을 넣는 것이 특징이다. 차슈(얇게 저민 돼지고기)까지 들어가 다소 느끼하게 여겨질 수 있으나 잘게 썬 대파나 생강절임 등을 넣어 먹으면 느끼함이 다소 가신다. 내장과 부추, 양배추 등으로 어우러진 모쓰나베도 후쿠오카 사람들이 즐겨먹는 메뉴. 생소한 맛이라도 도전정신을 발휘해 보자. 한국의 곱창보다 깔끔하다. 후식은 전통을 자랑하는 케이크와 녹차로 즐긴다.

BUY

쇼핑할 품목이 너무 많아 고민스러운 곳이다. 개성 넘치는 패션에서부터 맛있는 간식거리, 선물하기 좋은 기념품들이 차고 넘친다. 시내 전체가 쇼핑거리라 해도 과언이 아닐 정도로 눈이 부시다. 특히 규슈 최대의 쇼핑도시로 백화점이나 쇼핑센터가 밀집한 덴진이나 나카스가와바타, 하카타역 근방에서는 세계 유명 브랜드와 일본의 토속제품들이 넘쳐난다. 간직할 만한 기념품으로는 하카타 직물로 만들어진 하카타 인형을 들 수 있다. 고추가 들어가 매콤한 명란젓이나 각종 화과자는 선물용으로 구입해 두면 좋다.

SLEEP

후쿠오카 여행의 중심지인 하카타역 주변과 덴진, 나카스 지역에 숙소들이 많이 들어서 있다. 후쿠오카의 바다 전망과 야경을 즐기고 싶다면 힐튼호텔 같은 럭셔리한 숙소도 찾아볼 일이다.

후쿠오카 찾아가기

어떻게 갈까?

인천, 대구, 부산에서 대한항공, 아시아나항공, 제주항공, 티웨이항공, 에어부산, 진에어 등 항공편을 이용해 후쿠오카공항으로 갈 수 있다. 공항에서 후쿠오카 시내까지는 지하철과 버스로 갈 수 있다. 지하철은 국제선 터미널 1번 버스승강장에서 국내선 터미널로 가는 무료 셔틀버스(약 10분 소요)를 타고 국내선 여객터미널 빌딩 남쪽 버스승강장에 내리면 후쿠오카공항역 1A·1B 출입구가 있다. 후쿠오카공항역에서 시영지하철 하코자키선을 타고 하카타역(약 5분 소요)이나 덴진역(약 11분 소요)에서 내려 지상으로 올라가면 후쿠오카 시내가 펼쳐진다. 버스는 후쿠오카공항 국내선 터미널 1층 노선버스 정류장에서 하카타역, 덴진역 방면 버스를 이용한다. 부산에서 배를 타고 하카타항국제터미널에 도착했을 경우 하카타역 방면으로 가려면 쾌속 BRT나 88번 버스, 덴진으로 가려면 쾌속 BRT나 80번 버스를 탑승한다.

어떻게 다닐까?

후쿠오카시는 도보만으로도 여행이 가능한 구역과 버스나 지하철을 이용해서 접근해야 하는 구역으로 나눌 수 있다. 하카타역, 나카스, 덴진 지역은 도보로 돌아다녀도 좋다. 후쿠오카타워, 마리노아시티, 오호리공원 등 시내 중심가에서 다소 거리가 떨어진 지역은 지하철, 버스, 택시 등 대중교통을 이용한다. 지하철 요금은 210엔부터 시작하며, 거리에 따라 달라진다. 하루에 여러 차례 지하철을 타려면 1일 승차권(어른 640엔, 어린이 320엔)을 구입하는 것이 경제적이다. 1일 승차권은 1일 동안 무제한 지하철 전 노선(공항선, 하코자키선, 나나쿠마선)을 이용 할 수 있으며, 구입 당일에 한해 유효하다. 버스는 후쿠오카 시내버스를 하루 동안 무제한 이용할 수 있는 자유승차권(어른 1,000엔, 어린이 500엔)을 구입한다. 승차권의 이용 날짜 부분을 동전으로 긁어 사용한다.

> **TIP 일본의 버스, 이렇게 이용하자!**
>
> 일본에서는 버스 이용 시 뒷문으로 타고 앞문으로 내린다. 버스어 탑승하면 반드시 정리권을 뽑자. 버스는 구간별로 요금이 달라지기 때문에 정리권을 갖고 있어야 하차 시 요금을 확인할 수 있다. 버스가 정류장에 도착할 때마다 버스 내부 전면 상단부에 설치된 전광판에 정리권 번호와 그에 해당하는 버스요금이 뜬다. 하차하기 전에 지불할 요금을 미리 준비하자. 버스 요금계기에서 거스름돈이 나오지 않기 때문에 잔돈이 없을 경우 요금기 옆에 설치된 환전기에서 잔돈으로 바꾼 후 정확한 금액을 요금기에 넣는다.

후쿠오카
📍 2일 추천 코스 📍

후쿠오카여행의 출발점은 하카타역. 이곳에서 교통편과 숙박, 여행관련 가이드북을 꼼꼼히 챙기면 알찬여행을 누릴 수 있다. 하카타의 복합쇼핑몰 캐널시티는 쇼핑 마니아와 미식가에게 빼놓을 수 없는 명소. 도시의 재충전소 덴진중앙공원과 오호리공원을 산책하며 여행자의 여유로움도 만끽해보자. 생기발랄한 덴진의 백화점과 젊음이 넘치는 다이묘를 두루 섭렵했다면 후쿠오카 야경의 진면목을 감상할 수 있는 후쿠오카타워로 향해보자.

후쿠오카 1일차

규슈 여행의 중심지인
하카타역과 주변 탐색하기

→ 도보 10분

하카타의 명소이면서
복합쇼핑문화공간인
캐널시티에서 쇼핑과 휴식하기

↓ 도보 10분

덴진 지구의 백화점과
쇼핑타운에서
기념품 챙기기

← 도보 10분

패션거리 다이묘의 패션 감각
따라잡기, 이마이즈미 카페에서
애프터눈 티 한 잔으로 휴식하기

← 도보 10분

하카타 라멘으로 점심을 먹은
후 나카강변과 덴진중앙공원
산책하기

↓ 지하철 10분

베이사이드 플레이스 하카타
둘러본 후 하카타포트타워에서
전망 즐기기

→ 지하철 10분

하카타 명물 라멘이나
미즈타키로 저녁식사한 후
숙소로 이동

후쿠오카 2일차

후쿠오카의 오아시스 오호리공원과 마이즈루 공원, 후쿠오카 성터 돌아보기

→ 도보 10분

고로칸 유적지 탐방한 후 전시관 관람하기

↓ 버스+지하철 20분

 ← 도보 10분 ←  ← 버스+지하철 20분 ←

씨사이드 모모치해변공원 산책 후 후쿠오카 돔 투어 나서기 / 후쿠오카시박물관에서 후쿠오카의 역사와 문화 엿보기 / 마리노아시티에서 알뜰 쇼핑, 바다전망 즐기며 점심식사

↓ 도보 20분

 → 도보 10분 →

복합쇼핑몰 씨호크 타운에서 간단한 쇼핑과 점심 식사하기 / 후쿠오카타워에서 후쿠오카 야경 감상하기

후쿠오카 덴진지구
Fukuoka Tenjin

1:10,000 0–100m

- 패밀리마트 후쿠오카덴진 / FamilyMart Fukuokatenjin
- 후쿠오카중앙우체국 / 福岡中央郵便局
- 쇼와길 昭和通り
- 후쿠오카 센터빌딩 / 福岡センタービル
- 아카렌카 문화관 / あかレンカ文化館
- 후쿠오카 덴진센터빌딩 / 福岡天神センタービル
- 후쿠오카은행 본점 / 福岡銀行本店
- 스이쿄 신사 / 水鏡神社
- 덴진역 / 天神驛
- 니시테츠 그랜드 호텔 / 西鉄グランドホテル
- 신텐초 / 新天町
- 파르코 후쿠오카점 / パルコ福岡
- 후쿠오카덴진 코어 / Fukuokatenjin Core
- 메이지길 明治通り
- 니시테쓰후쿠오카 / 西鉄福岡
- 아크로스 후쿠오카 / アクロス福岡
- 이와타야 신관 / 岩田屋新館
- 모쓰나베 라쿠텐치덴진점 / もつ鍋 樂天地天神店
- 카르티에 / CARTIER
- 에르메스 / HERMEES
- 솔라리아 스테이지 / Solaria Stage
- 이무즈 / IMS
- 이와타야 본관 / 岩田屋本店
- 덴진지하상가 / 天神地下商店街
- 솔라리아 니시테쓰 호텔 / ソラリア西鉄ホテル
- 솔라리아 / ソラリア
- 덴진 / 天神
- 덴진중 / 天神中
- 다이묘 / 大名
- 관광안내소
- 바니스뉴욕 후쿠오카점 / バーニーズニューヨーク 福岡店
- JR니시테쓰후쿠오카 西鉄福岡
- 덴진버스센터 天神バスセンター
- 후쿠오카시청 / 福岡市役所
- 프리미어 프라자 호텔 덴진 / Premier Plaza Hotel 天神
- 후쿠오카 미쓰코시 / 福岡三越
- 게고공원 / 警固公園
- 다이마루 후쿠오카 덴진점 / 大丸 福岡天神
- 마시코 / 益子
- 빅카메라 2호점 / ビックカメラ天神2号館
- 게고 신사 / 警固神社
- 덴진미나미역 / 天神南驛
- 고쿠타이 도로 國體
- 가마키리우동 / 釜喜利うどん
- 빅카메라 1호관 / ビックカメラ天神1号館
- 맨리 / Manly
- 하카타로바타 피쉬맨 / 博多炉端 FISH MAN
- 이마이즈미 / 今泉
- 이마이즈미공원 / 今泉公園
- 와타나베길 / 渡辺通

후쿠오카 지하철 노선도

후쿠오카 오픈 톱 버스 노선도

서울이나 부산의 시티 투어 버스처럼 후쿠오카 시내 인기 관광명소를 안내하는 지붕이 없는 2층 버스. 코스는 시사이드 모모치 코스, 하카타 도심 코스, 후쿠오카 야경 코스 등 3가지. 한국어 음성 가이드도 준비되어 있다. 요금은 1코스에 어른 1,570엔, 어린이 790엔. 홈페이지에서 예약 가능하며, 승차 당일 후쿠오카시청 1층 승차권 카운터에서 후쿠오카 오픈 톱 버스 승차권과 교환한다. 중간에 승차할 경우 버스 안에서도 승차권을 구입할 수 있다.

| 하카타 |

시내버스, 고속버스를 타려면 여기로
하카타버스터미널 博多バスターミナル

JR하카타역에서 하카타구치로 나오면 오른쪽에 하카타버스터미널이 있다. 지하 1층, 지상 9층 규모이며 지하 1층은 지하철역과 곧바로 연계된다. 규슈 각지나 후쿠오카 시내를 버스로 돌아보려면 한두 번쯤은 이 터미널을 이용해야 한다. 이곳 역시 버스 매표소·승하차장, 쇼핑센터, 서점, 식당가 등이 모두 모인 복합시설이다. 하카타역에서 횡단보도를 건너 버스터미널 1층으로 들어서자마자 오른쪽에 종합안내소가 있다. 건물 바닥에 행선지별로 색깔이 각기 다른 화살표가 그려져 있어 후쿠오카를 처음 찾은 여행자라도 헷갈릴 염려가 없다. 매표소에서 직접 표를 구입해도 되고 자동발권기를 이용해도 된다. 1층은 시내버스 승강장이 모인 곳으로 각 행선지마다 1~14번 번호가 매겨져 있다. 1층 승차홈 별 행선지 | 1번 현청·유메타운하카타·아일랜드시티, 2번 하카타리버레인·텐진·후쿠오카대학, 3번 텐진·오호리공원, 4번 캐널시티·롯폰마쓰, 5번 하시모토역·텐진(미쓰코시 앞)·후쿠오카타워, 6번 후쿠오카돔·힐튼후쿠오카·후쿠오카타워, 11번 후쿠오카공항 국제선·다자이후 방면. 3층은 고속버스 승차장이 모여 있다. 31번 기타큐슈·사세보·하우스텐보스·사가공항·시마바라·시모노세키, 32번 가라쓰·이마리, 34번 히타·유후인·벳푸·오이타·구로카와온천, 35번 나고야·돗토리·오카야마·다카마쓰, 36번 도쿄·가고시마, 37번 구마모토

Data 지도 091G
가는 법 지하철 구코선空港線
하카타博多역에서 도보 1분
주소 福岡市博多區中央街2-1
전화 092-431-1441

쇼핑가와 식당가 고루 갖춘 여행테마파크
JR하카타역 博多驛

규슈에서 모든 길은 하카타역으로 통한다. JR하카타역은 규슈지방 여행의 핵심이다. 도쿄를 출발한 산요신칸센의 종착역이면서 가고시마중앙역까지 가는 규슈신칸센의 출발역이기도 하다. 고속버스터미널, 지하철, 시내버스와 곧장 연결돼 규슈의 게이트웨이 역할을 충실히 해낸다. 본관 건물 내에는 숙박시설만 없을 뿐 기차 탑승, 쇼핑가, 식당가, 극장가, 옥상정원, 신사, 관광안내소 등이 골고루 들어서 있다. 이런 까닭에 하카타역은 '하카타시티'라고도 불린다. 2011년 3월 신축 건물이 완공되고 하카타한큐, 핸즈 등 각종 대형 쇼핑업체가 들어선 이후 일본 최대 규모의 기차역으로 기록됐다. 가로로 긴 모습을 한 직사각형 형태의 하카타역 건물 외곽은 수직선이 촘촘히 배치돼 안정감을 주고 벽면 중앙에는 대형 시계가 설치돼 눈길을 끈다. 하카타역 하카타구치 앞 역전광장은 이벤트행사장, 포토 존 등으로 활용된다. 또 수많은 택시들이 질서를 잘 지켜가며 주차한 주차장은 이곳이 일본 땅임을 실감나게 만든다. 후쿠오카 시민들의 쇼핑과 생활문화의 중심지인 하카타역은 특히 규슈 여행 마지막 날이면 여행객들이 남은 스트레스를 몽땅 털어내고 올 수 있는 곳이다.

Data 지도 091G 가는 법 후쿠오카공항에서 지하철 구코선空港線으로 5분
주소 福岡市博多區中央街1-1 전화 하카타역 092-431-0202, 하카타역 종합안내소 092-431-3003, 아뮤프라자 하카타 종합인포메이션 092-431-8484 홈페이지 www.jrhakatacity.com

❖ JR하카타역 층별 가이드 ❖

JR하카타역은 교통과 쇼핑, 먹거리가 총집합된 곳이다. 규슈의 어느 도시를 여행하든 이곳을 거쳐야 하기 때문에 반드시 들르게 된다. 역 구내에는 한큐백화점과 핸즈, 편의점 등이 들어서 있어 쇼핑천국을 이룬다. 하카타라멘을 선보이는 식당가도 2층에 자리한다.

1층 하카타구치 안으로 들어가면 중앙엘리베이터를 중심으로 왼쪽에 핸즈 하카타점과 아뮤프라자, 오른쪽에 하카타 한큐가 자리를 잡고 있다. 여행 정보가 필요하다면 1층 중앙의 관광안내소를 들러보도록 하자. 핸즈hands 하카타점은 아이디어 상품들이 많아서 '힌트 마켓'이라는 별명이 붙은 대형잡화점이다. 핸즈 매장은 1층부터 5층까지 이어진다. 영업시간 10:00~20:00.

지하 1층 '하카타 1번가'라는 이름의 식당가이다. 입구의 바닥이 포크, 스푼, 나이프 그림을 담은 타일로 장식돼 이곳이 맛집임을 알려준다. 예전의 하카타 역 건물이 존재했을 당시부터 사랑받은 음식점으로 우동집부터 초밥집까지 14개의 노포들이 현재까지 영업 중이라 맛은 보증된 셈이라 하겠다. 오전 7시부터 오후 11시까지 연중무휴로 문을 연다.

9~10층 40여 개의 식당이 모여 '시티 다이닝 쿠텐'이라고 불린다. 후쿠오카 소울 푸드부터 규슈 각지 별미까지 다양하다.
9층 식당 : 텐 하카타(天 博多, 데판야끼), 리큐(利久, 규탄(우설)야끼), 가고시마 구로가쓰테이(鹿児島 黒かつ亭, 흑돈돈가스), 37파스타(파스타) 등.
10층 식당 : 쇼라쿠(笑楽, 모쓰나베), 하카타잇푸도(博多一風堂, 돈코츠라멘), 우마야(うまや, 야끼도리), 바리톤(バリトン, 한식), 무겐교자(無限餃子, 교자) 등.

옥상정원 하카타역 옥상정원은 '쓰바메 노 모리 히로바'라고 부른다. 철도신사, 신사참도, 열차전망공간, 천공광장, 미니트레인(일주 거리 100m), 전망테라스 등으로 구성되어 어른은 물론 어린이를 동반한 가족여행객들도 이곳을 들른다. 전망테라스에서는 하카타만, 후쿠오카타워, 항공기가 이착륙하는 후쿠오카공항, 후쿠오카 시가지 등이 두루 보인다.

| 덴진 |

건축물 답사, 문학기행 겸하는
아카렌가문화관 赤煉瓦文化館

메이지시대의 대표적 건축가 다쓰노 긴고가 설계, 1909년에 준공됐다. 다쓰노 긴고는 우리나라 한국은행 화폐박물관을 설계한 인물이기도 하다. 붉은 벽돌로 지어졌으며 일본생명 규슈지점 사옥으로 사용되다가 후쿠오카시 역사자료관으로 쓰였다. 현재는 후쿠오카시 아카렌가문화관으로 정비돼 1층이 일본의 유명 문인들을 소개하는 전시실로 활용되고 있다.

Data 지도 092B 가는 법 지하철 구코선空港線 덴진天神역에서 도보 5분 주소 福岡市中央區天神1-15-30
전화 092-722-4666 운영시간 09:00~21:00 요금 무료

학문의 신을 받드는 신사
스이쿄 신사 水鏡神社

아카렌가문화관 바로 뒤에 있는 신사로 학문의 신을 숭상한다. 901년 규슈의 다자이후로 부임한 스가와라노 미치자네라는 스님이 나카강 강물에 자신의 모습을 비춰보고 그 자리에 세운 신사이다. 도시의 소음과 단절된 경내를 거닐며 잠시 명상에 젖어보기에 좋다. 후쿠오카 최고의 번화가인 덴진 주변에 이처럼 조용한 공간이 있다는 것이 놀라울 정도이다.

Data 지도 092B 가는 법 지하철 구코선空港線 덴진天神역에서 도보 5분 주소 福岡市中央區天神1-15-4 전화 092-741-8754
운영시간 06:00~20:00 요금 무료

TIP 후쿠오카시 관광안내소

하카타역 종합안내소
가는 법 JR하카타역 구내 1층
전화 092-431-3003 운영시간 08:00~19:00

덴진관광안내소
가는 법 미쓰코시백화점 라이온광장 내
전화 092-431-3003 운영시간 09:30~19:00

하카타항국제터미널 종합안내소
가는 법 하카타항국제터미널 내
전화 092-282-4871 운영시간 07:30~17:00

후쿠오카 공항 장애인·노인 관광 안내소(후쿠오카·규슈 UD 정보센터)
장애인의 관광지, 장애인 객실이 있는 숙박 시설, 유니버설 택시, 휠체어 대응 화장실 등 안내. 휠체어 이용자, 시각·청각·지적 장애가있는 여행자, 고령으로 보행에 자신이 없는 여행자 등 지원.
가는 법 후쿠오카 공항 국내선 터미널 빌딩 도착 후 북쪽 바로 옆 전화 098-929-1140
운영시간 10:00~18:00

워킹투어 즐기다 편히 쉬는 곳
덴진중앙공원 天神中央公園

덴진중앙공원은 후쿠오카시청, 아크로스 후쿠오카, 나카강, 코쿠타이 길 가운데에 널찍하게 자리 잡았다. 사방으로 나무가 울창하고 녹색의 잔디밭이 깔려서 도심의 오아시스 역할을 톡톡히 하며 시민들의 쉼터로 사랑받고 있다. 덴진에서 쇼핑을 즐기거나 맛집 탐방을 즐긴 개별 여행객들도 이 공원에 와서 편하게 쉬어간다. 이 일대는 과거 후쿠오카현청이 있던 곳이다. 1877년 지어진 현청 건물이 1981년 후쿠오카동공원福岡東公園으로 이전하면서 그 자리가 덴진중앙공원으로 조성됐다. 공원에서 다리 하나를 건너 나카강 방면으로 가면 옛날 후쿠오카현의 공회당 귀빈관이 나온다. 일본의 근대상을 알 수 있는 이 건물도 후쿠오카시의 중요문화재로 등록되어 있다. 오전 9시부터 오후 5시까지 개관한다.

Data 지도 092D 가는 법 지하철 구코선空港線 덴진天神역에서 도보 5분 주소 福岡市中央區天神1-1

TIP 후쿠오카와 하카타 지명 유래

후쿠오카 시내 중심부를 관통해 흐르는 나카강을 경계로 동쪽은 하카타, 서쪽은 후쿠오카로 나뉜다. 하카타라는 에도막부가 쇄국정책을 펴기 전까지 일본과 아시아를 잇는 무역항으로 발전해 상업중심지였던 반면, 후쿠오카는 에도시대 구로다 나가무사라는 인물이 후쿠오카 성을 쌓은 이래 후쿠오카번의 중심지로 성장했다. 1889년 하카타와 후쿠오카는 '후쿠오카시'라는 이름으로 통합됐다. 시의 명칭은 '후쿠오카'지만 항구와 철도역의 명칭은 '하카타'로 불린다.

쇼핑이 즐거운 운하 도시
캐널시티 하카타 Canal City Hakata, キャナルシティ博多

캐널시티 하카타는 270여 개의 숍, 2개의 호텔(그랜드 하얏트 호텔 후쿠오카, 워싱턴호텔), 60여 개의 식당, 영화관 등이 모여 있는 복합쇼핑몰이자 하카타의 랜드마크이다. 붉은색의 반원형 건물인 센터워크빌딩을 중심으로 이스트빌딩, 노스빌딩, 사우스빌딩이 에워싸는 구조에 인공 운하까지 갖춰져 있어 하나의 '운하도시'라 할 수 있다. 수많은 숍들을 효율적으로 돌아보기 위해서는 센터워크빌딩 1층에 자리한 인포메이션센터에서 팸플릿을 챙기자. 지하 1층에 자리한 선플라자 스테이지에서는 오전 10시부터 오후 10시까지 매시 정각에 음악분수쇼가 펼쳐진다. '도시의 극장'을 콘셉트로 삼은 캐널시티 하카타는 분수쇼 외에도 스테이지 이벤트, 퍼블릭 아트 등을 자랑한다. 특히, 이곳에는 비디오 아티스트 백남준의 작품이 설치되어 있다. 총 180대의 모니터로 만들어진 이 작품은 일본 내 최대 규모의 작품이다.

Data **지도** 091G **가는 법** 하카타역 앞 A 정류장에서 캐널시티라인 버스탑승 7분(150엔), 덴진 다이마루 앞 4A 정류장에서 캐널시티라인 버스 탑승 8분(150엔), JR하카타역 하카타 입구에서 도보 약 10분, 지하철 덴진미나미역 6번 출구에서 도보 약 10분 **주소** 福岡市博多區住吉1-2-25 **전화** 092-282-2525 **운영시간** 숍 10:00~21:00, 식당가 11:00~23:00 **홈페이지** canalcity.co.jp

빌딩별 가이드

센터워크빌딩
길이 180m의 운하를 사이에 두고 그랜드 하얏트 후쿠오카호텔과 마주 보는 빌딩이다. 1~2층에 디젤DIESEL, 아디다스, 타미힐피거TOMMY HILFIGER, 게스GUESS, 디즈니 스토어, 리바이스, 립 서비스LIP SERVICE, 필라, 라코스테, ABC마트, 노스페이스, 리복REEBOK 등 남녀패션, 잡화숍들이 입점해 있다.

사우스빌딩
1층은 베네통Beneton, 갭GAP, 갭키즈GAPKIDS, 몽벨Montbell, 맥도널드, 켄터키프라이드치킨, 잡화점 니코 엔드niko and 등이 입점해 있어 젊은 층에게 인기를 끈다.

노스빌딩
1층에 양식당 이키나리 스테이크, 사이제리아가 있다. 3~4층은 패션, 패션잡화, 가방, 신발, 인테리어, 생활잡화, 문구, 화장품 등을 판매하는 무지MUJI가 독차지. 특히 3만권 가까운 책을 전시판매하는 '무지북스'가 사랑스럽다. 식품매장에서는 매일 오후 3시 무렵에 시식 행사를 갖는다. 4층은 가구, 수납용품, 침구 매장이다.

이스트빌딩
자라ZARA, 에이치 앤 엠H&M, 유니클로UNIQLO와 탈리스커피가 영업 중.

> **TIP 라멘스타디움** ラーメンスタジアム
>
> 센터워크빌딩 5층에는 일본의 유명 라멘집이 모여 있는 라멘스타디움이 있다. 라멘 애호가라면 꼭 한 번 방문해야 하는 곳이다. 2001년 등장한 라멘스타디움은 미디어에 자주 등장하는 집, 인기가 식을 줄 모르는 집 등 일본의 라멘 강호들이 한자리에 모여 치열한 경쟁을 벌인다. 지금까지 90개 정도의 라멘집이 이곳 무대를 밟았다. 입점 후 오래 되었거나 경쟁에서 탈락하면 이곳을 떠나고 신흥 강자가 뒤따라 들어온다. 현재 하카타의 나가하마 남바완長浜ナンバーワン, 원조 토마토라멘 산미三味, 돈코츠 츠케멘 안도あんど, 교토의 신후쿠사이칸新福菜館, 삿포로의 미소노 이치고이치에みその 一期一會 등 8개 라멘집이 영업 중이다.

후쿠오카시를 색다르게 여행하는 방법
나카강 리버크루즈 那珂川 River Cruise

후쿠오카시를 색다르게 여행하는 방법 중 하나가 나카강에서 유람선을 타보는 일이다. 나카강은 사가현과 후쿠오카현 경계에서 발원, 나카가와마치시를 거쳐 후쿠오카 시내를 관통해 하카타만으로 흘러간다. 덴진중앙공원 후쿠하카데아이바시 옆에 리버 크루즈 선착장이 있다. 유람선은 나카스 크루즈, 하카타만 크루즈, BBQ 크루즈 등 세 가지 형태로 운영된다. 나카스 크루즈는 활기찬 후쿠오카 시내의 풍경, 아름다운 나카스 강변 야경을 보기에 좋다. 선착장-스사키공원 앞-후쿠오카 경정장 앞-하카타만-하카타 포트타워-캐널시티하카타 앞-선착장을 돈다. 오전 11시부터 오후 9시까지 1시간 간격으로 출항하며, 소요 시간은 30분이다. 하카타만 크루즈는 후쿠오카타워가 있는 시사이드모모치해변공원 앞까지 갔다 온다. 45분 소요. BBQ 크루즈는 예약제로만 운영한다.

Data **지도** 091G **가는 법** 지하철 하코자키선箱岐線 나카스가와바타中洲川端역에서 도보 5분
주소 福岡市中央區西中洲 6 −29(福博であい橋 선착장) **전화** 080-5215-6555 **운영시간** 11:00~22:00
요금 나카스 크루즈 어른 1,000엔, 어린이 500엔, 하카타만 크루즈 어른 1,500엔, 어린이 800엔, BBQ 크루즈 어른 6,500엔, 어린이 3,000엔 **홈페이지** river-cruise.jp

환경친화적 건물의 대명사
아크로스 후쿠오카 アクロス福岡

건물 외관부터 매우 개성적이다. 아르헨티나 출신 건축가 에밀리오 암바즈가 설계했다. 지상 14층 지하 4층 규모로 2005년 3월 준공됐다. 메이지길에서 보면 주변 고층 건물과 다를 바 없으나 덴진중앙공원에서 보면 계단형 옥상정원(스텝 가든)으로 조성돼 있다. 이 정원에는 120종 5만여 그루의 나무가 자라는 중이다. 도시의 열섬현상 완화, 건물의 CO_2 배출 삭감 등에 효과가 좋다고 해서 세계 여러 나라의 학자들도 많이 방문한다. 이처럼 아크로스 후쿠오카는 초록의 나무와 풀로 뒤덮여 에콜로지 건축의 대표작으로 사랑받는다. 건물 안에서는 스텝 가든으로 접근할 수 없지만 건물 밖에서는 중앙공원 쪽의 2군데 입구를 통해 올라갈 수 있다. 건물 내에는 후쿠오카 심포니홀, 교류갤러리 등이 입주해 있는데, 특히 여행객들이 찾아가면 좋은 곳은 2층의 문화관광 정보광장(통역자원봉사안내소 092-725-9100)이다. 규슈 내 각 현과 야마구치현의 관광과 이벤트, 전시회 정보로 가득 찼다. 한글로 된 각 현의 지도나 안내자료도 구비돼 있다. 2층의 아크로스 후쿠오카 티켓센터에서는 각종 공연 티켓을 판매한다. 다쿠미갤러리는 하카타 인형과 직물 등 전통공예품을 상설 전시하고 제작 과정을 영상물로도 보여준다.

Data **지도** 091G **가는 법** 지하철 덴진역 16번 출구에서 도보 5분 **주소** 福岡市中央區天神1-1-1 **전화** 092-725-9111 **운영시간** 08:00~22:00(1층 아트리움) **요금** 무료 **홈페이지** www.acros.or.jp

빌딩 숲에 둘러싸인 휴식처
게고공원 警固公園

니시테츠 후쿠오카 덴진역과 미쓰코시백화점 뒤편, 솔라리아 플라자 옆에 자리한 공원이다. 빅카메라, 덴진로프트, 돈키호테, 이와타야백화점도 공원에서 가깝다. 덴진 지역에서 도보여행이나 쇼핑을 즐기다가 예술품도 감상하고 바깥 공기를 마시고 싶을 때 찾기 좋다. 만남의 장소이기도 하다. 점심 시간이면 직장인들이 인근 편의점에서 샌드위치나 삼각김밥 등을 사와 끼니를 해결하는 모습도 눈에 띈다. 계절에 따라 규슈 먹거리 대축제 등 이벤트가 열린다. 겨울에는 아이스링크가 설치돼 스케이트 타는 모습도 볼 수 있다. 공중화장실과 흡연소도 있다. 공원 남쪽에는 게고신사가 있는데, 역대 후쿠오카 번주들의 신망이 두터웠던 곳이다. 상업 번성을 기원하는 시민들이 찾아와서 기도를 드린다. 신사 내의 족탕은 무료. 많이 걸어서 발이 아프고 피곤할 때 이용하면 피로가 시원하게 가신다. 족탕 이용시간은 09:00~15:30. 신사 사무소에서 타월을 판다.

Data 지도 092E 가는 법 지하철 덴진역에서 도보 3분 주소 中央区天神2丁目2 전화 092-718-1085 운영시간 24시간

인정 넘치는 전통시장
가와바타 상점가 川端商店街

하카타에서 벌어지는 축제 중에 하카타돈다쿠, 기온야마카사가 있다. 이들 축제 발상지가 바로 가와바타 지역이다. 가와바타 상점가는 나카스가와바타역에서 시작해 구시다 신사 방면으로 약 400m 정도 이어진다. 하카타 강변을 따라 직선으로 뻗어 있으며 덴진역과 하카타역 중간쯤에 위치, 옛날부터 상업 지구로 발전해왔다. 당연히 하카타에서 가장 오래된 상점가이다. 지하철 나카스가와바타역과 곧장 이어지고 기온역과는 10분 이내의 거리. 주변에 캐널시티, 구시다 신사, 레이센 공원, 하카타좌, 미술관 등 여행 명소와 호텔이 많다. 이 상점가 닻은편에는 고급 쇼핑몰인 하카타 리버레인이 자리잡고 있다. 고급스럽지는 않지만 서민 냄새가 물씬 나는 장터 구경이 취미라면 가와바타 상점가를 강력 추천한다. 거리의 양 옆으로 불교용품점, 기모노, 양품점, 화장품, 세탁소, 단팥죽(젠자이), 라멘집, 교자집, 일본음식점, 이발소, 미장원, 카페, 신발, 선물가게, 이자카야, 복권판매소, 댄스교습소 등 약 150개의 가게가 손님들을 반겨준다. 중앙 통로는 투명한 지붕으로 덮여 있어 눈이나 비가 와도 쇼핑과 산책이 불편하지 않다.

Data **지도** 091G **가는 법** 지하철 나카스가와바타역에서 도보 1분, 하카타역에서 도보로 15분
주소 福岡市博多区上川端町1 **전화** 092-281-6223(가와바타젠자이 川端ぜんざい)

일본 근대 생활상을 담은 역사관
하카타마치야 후루사토관 博多町家 ふるさと館

일본 근대기인 메이지시대(1868~1912)와 다이쇼시대(1912~1926)의 하카타 지역 생활과 문화를 소개하는 전시관으로 1관은 무료, 2관은 유료다. 하카타의 역사 연표 패널을 지나면 다양한 모형과 유물 등으로 재미있게 시대상을 재현해놓았다. 야마카사 영상실(오전 10시 5분부터 하루 16회 상영)도 지나칠 수 없다. 2관은 전통공예 실연관이다. 실제 인물이 매일 출퇴근하면서 여행객들을 상대로 천을 짜는 모습을 보여준다. 특히 이 목조건물은 메이지시대 중기에 지어진 것으로서 후쿠오카시 지정문화재로 등록되어 있다.

Data 지도 091G 가는 법 지하철 구코선空港線 기온祇園역 또는 하코자키선箱岐線 나카스가와바타 中州川端역 하차 후 도보 5분 주소 福岡市博多區冷泉町6-10 전화 092-281-7761 운영시간 10:00~18:00 요금 어른 200엔, 어린이 무료 홈페이지 www.hakatamachiya.com

후쿠오카시 신사 중 가장 오랜 역사를 가진
구시다 신사 櫛田神社

나라시대(710~794)에 창건된 신사. 상업 번창과 불로장수를 기원하는 참배객들이 많이 찾는다. 후쿠오카의 여름 축제인 '하카타 기온 야마카사'의 폐막 장소이기도 하다. 경내에는 수령 1천 년을 넘는 '구시다 은행나무'가 아직도 건재해 눈길을 끈다. 신사 옆 하카타역사관에는 축제 때 사용된 자료들이 전시되어 있다.

Data 지도 091G 가는 법 지하철 구코선空港線 기온祇園역 또는 하코자키선箱岐線 나카스가와바타 中州川端역 하차 후 도보 5분 주소 福岡市博多區上川端町1-41 전화 092-291-2951 운영시간 04:00~22:00

뮤지엄과 미술관 갖춘 고급 쇼핑몰
하카타 리버레인 博多リバレイン

앙팡맨뮤지엄, 후쿠오카 아시아미술관, 레스토랑과 카페, 패션샵을 갖춘 복합 쇼핑몰이다. 호텔 오쿠라 후쿠오카, 가부키 극장 하카타자博多座, 하카타강이 건물 주변을 에워싸고 있다. 도로 건너편은 가와바타 상점가다. 어린이 동반 여행자라면 놓칠 수 없는 앙팡맨뮤지엄은 쇼핑몰 5~6층에 있다. 20014년 규슈에서 첫 번째로 문을 연 이 뮤지엄에는 앙팡맨(호빵맨)을 비롯, 미니맨(세균맨), 머스타드맨(카레빵맨), 브레드헤드맨(식빵맨), 스파크(짤랑이) 등의 캐릭터가 어린이들의 친구가 되어 함께 놀아주고 사진 모델도 되어준다. 패션샵으로는 부도우노타네ぶどうのたね, 베이스멘트ベースメント, 파하리토パハリト, 미노토루ミノトール 등이 있다. 3층에는 오츠카가구 쇼룸이 있다. 지하 2층의 티샵 호지야ほうじ屋, 감미처 타키무라たきむら, 차 매장 디자인위드티살롱デザインウィズティーサロン, 커피원두점 토카도코히豆香洞コーヒー 등도 인상적인 매장이다.

Data **지도** 091G **가는 법** 지하철 하코자키선箱崎線 나카스가와바타中州川端역에서 리버레인센터빌딩 입구로 연결 **주소** 福岡市博多區下川端町2-1, 3-1, 3-2 **전화** 092-271-5050
홈페이지 www.hakata-riverainmall.jp

아시아의 근대와 현대미술을 한번에
후쿠오카 아시아 미술관 Fukuoka Asian Art Museum 福岡アジア美術館

리버레인센터빌딩의 7층과 8층이 후쿠오카 아시아 미술관으로 쓰인다. 1999년 개관해 7층에는 기획갤러리, 아시아 갤러리 뮤지엄 숍, 조각라운지, FAAM카페, 어린이코너, 문화예술정보관이 들어섰다. 8층은 문화교류 갤러리와 스튜디오, 도서관, 다목적홀로 짜여졌다. 이 미술관은 아시아의 근현대 미술작품 2,700점 이상을 소장, 18세기 말에서 현대에 이르기까지 아시아 23개국의 흐름과 예술 정신을 보여준다. 소장 작품을 테마 별로 나누어 연간 8회 정도씩 교체 전시하며 3년마다 '후쿠오카 아시아 미술 트리엔날레'를 개최하기도 한다. 7층 뮤지엄 카페 이에나커피IENA COFFEE에서는 커피, 차, 맥주, 하이볼, 계절과실주 등 드링크류와 미트볼, 계절 야채 등으로 구성된 플레이트 런치, 스콘, 쿠키, 과일 머핀, 샌드위치 등을 판매한다. 이용 시간은 11:00~18:00.

Data **지도** 091G **가는 법** 지하철 하코자키선箱岐線 나카스가와바타中州川端역 하차, 리버레인센터빌딩 입구로 연결 **주소** 福岡市博多區下川端町3-1 リバレインセンタ"[ビル 7~8F **전화** 092-263-1100 **운영시간** 09:30~19:30 **요금** 무료(단, 아시아 갤러리 유료, 어른 200엔, 고등학생과 대학생 150엔, 중학생 이하 무료) **홈페이지** faam.city.fukuoka.lg.jp/

| 오호리공원 주변 |

도심 속 오아시스가 바로 여기!
오호리공원 大濠公園

오호리공원은 덴진 지구 서쪽에 있는 인공호수이다. 호수 둘레의 길이는 약 2km. 산책 나온 시민들이나 조깅족에게 사랑받는 호수다. 여행객에게도 편안한 휴식처가 되어준다. 이 공원은 1601년 후쿠오카성을 건축할 때 하카타만이 육지와 맞닿은 지점으로 성을 방어하는 해자로 조성됐다. 그 후 1927년 후쿠오카에서 동아권업박람회가 열릴 때 조경 공사를 벌여 오호리공원로 개장했다. 오호리공원은 남북으로 긴 타원형 형태의 호수에 3개의 인공섬이 있다. 이 섬은 서로 다리로 연결되어 있다. 호수 주변에 보트하우스를 기점으로 스타벅스, 후쿠오카시미술관, 일본정원, 후쿠오카무도관, 미국영사관, 노가쿠도 공연장이 있다. 산책로 바닥에는 친절하게 앞으로 걸어가야 할 거리가 표시되어 있기도 하다. 시간 여유가 된다면 호수에서 보트도 한 번 타보자. 보트는 3월부터 11월까지 탈 수 있다.

Data **지도** 090F **가는 법** 지하철 오호리공원역 3번, 6번 출구에서 도보로 5분, 시내버스 아라토 잇초메나 오호리공원 정류장에서 하차, 도보로 접근 **주소** 福岡市中央区大濠公園1-2 **전화** 092-741-2004 (오호리공원관리사무소), 092-716-9077(보트하우스) **운영시간** 07:00~23:00 **요금** 무료 **홈페이지** 오호리공원 www.ohorikouen.jp 보트하우스 www.oohoriboathouse.jp

TIP 후쿠오카시미술관 Fukuoka City Art Museum

오호리공원 내에 들어선 미술관. 20세기 세계적인 미술 걸작품과 에도시대 후쿠오카 영주에 관한 자료, 지역 유명 인사들의 기증품으로 이루어진 고미술 전시를 감상할 수 있다. 중요 문화재 48점을 포함한 불상 전시도 관람객의 주목을 끈다.

Data **가는 법** 지하철 구코선空港線 오호리공원大濠公園역 하차 **주소** 福岡市中央區大濠公園1-6 **전화** 092-714-6051 **운영시간** 09:30~17:30, 매주 월요일, 12월 28일~1월 4일 휴관 **요금** 어른 200엔, 고등학생과 대학생 150엔, 초등학생과 중학생 이하 무료 **홈페이지** www.fukuoka-art-museum.jp

꽃과 역사가 어우러진 휴식처
마이즈루공원 舞鶴公園

마이즈루공원은 역사 깊은 휴식처다. 봄이면 벚꽃, 여름이면 연꽃, 가을이면 단풍, 겨울이면 설화가 피어나 운치를 더한다. 이곳에서 꼭 거닐어봐야할 곳은 후쿠오카 성터와 고로칸鴻臚館 유적전시관이다. 후쿠오카 성터는 헤이와다이경기장과 고코쿠신사 입구, 고로칸 유적전시관 사이에 남아 있다. 후쿠오카성은 후쿠오카 영주였던 구로다 나가마사가 1601년부터 7년 간 쌓은 성으로 오늘날 천수대 터와 성벽 등이 남아 과거의 이야기를 들려준다. 천수대 터에서는 후쿠오카 타워, 하카타항, 후쿠오카 시가지 등이 조망된다. 성터 곳곳에 매화나무와 벚나무가 많아 봄이면 후쿠오카 시민들이 벚꽃놀이를 하러 찾는다. 허니무너들의 웨딩사진 촬영장소로도 인기다. 헤이와다이 이야구장은 니시테츠 라이온즈, 후쿠오카 다이에 호크스(소프트뱅크 호크스의 전신) 등 프로야구 구단의 본거지였다. 본래 야구장 자리는 7~11세기 외국 사신을 맞이하는 영빈관 고로칸이 있었다. 1987년 야구장 외야석 개수 공사를 하다가 고로칸의 유구가 발견되어 지금도 발굴 작업이 진행 중이다. 고로칸 유적전시관에는 중국, 한반도, 서아시아계의 도기와 페르시아 계통 유리 용기 등 출토품들이 전시되어 있다.

Data 지도 090F 가는 법 지하철 아카사카역이나 오호리공원역에서 하차 후 도보로 8분 주소 福岡市中央区城内1 전화 092-781-2153 운영시간 09:00~17:00(고로칸유적전시관) 요금 무료

| 베이사이드 |

전망타워, 노천탕, 슈퍼마켓, 식당 총집합
베이사이드 플레이스 하카타 Bayside Place Hakata

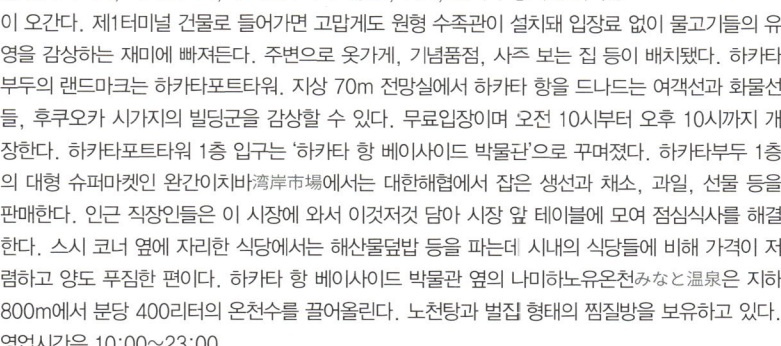

베이사이드 플레이스 하카타는 하카타부두 일대를 지칭한다. 하카타부두에서는 겐카이시마, 시카노시마, 우미노나카미치공원, 이키, 쓰시마 등지로 여객선이 오간다. 제1터미널 건물로 들어가면 고맙게도 원형 수족관이 설치돼 입장료 없이 물고기들의 유영을 감상하는 재미에 빠져든다. 주변으로 옷가게, 기념품점, 사주 보는 집 등이 배치됐다. 하카타부두의 랜드마크는 하카타포트타워. 지상 70m 전망실에서 하카타 항을 드나드는 여객선과 화물선들, 후쿠오카 시가지의 빌딩군을 감상할 수 있다. 무료입장이며 오전 10시부터 오후 10시까지 개장한다. 하카타포트타워 1층 입구는 '하카타 항 베이사이드 박물관'으로 꾸며졌다. 하카타부두 1층의 대형 슈퍼마켓인 완간이치바湾岸市場에서는 대한해협에서 잡은 생선과 채소, 과일, 선물 등을 판매한다. 인근 직장인들은 이 시장에 와서 이것저것 담아 시장 앞 테이블에 모여 점심식사를 해결한다. 스시 코너 옆에 자리한 식당에서는 해산물덮밥 등을 파는데 시내의 식당들에 비해 가격이 저렴하고 양도 푸짐한 편이다. 하카타 항 베이사이드 박물관 옆의 나미하노유온천みなと温泉은 지하 800m에서 분당 400리터의 온천수를 끌어올린다. 노천탕과 벌집 형태의 찜질방을 보유하고 있다. 영업시간은 10:00~23:00.

Data **지도** 091G **가는 법** 하카타역 앞 F정류장에서 하카타부두행 99번 버스 탑승 후 종점에서 하차, 덴진솔라리아스테이지 2A 정류장에서 하카타부두행 90번 버스 탑승 후 종점에서 하차 **주소** 福岡市博多区築港本町1-3-6 **전화** 092-281-7701 **운영시간** 06:30~23:00 **홈페이지** www.baysideplace.jp

| 모모치해변~노코노시마 |

연인들의 데이트 코스
후쿠오카타워 福岡タワ-

후쿠오카를 대표하는 워터프론트 지구에 들어선 전망타워. 8,000장의 하프 미러로 둘러싸인 234m 높이의 후쿠오카타워는 후쿠오카 최고의 전망대임을 자부한다. 지상 123m에 위치한 전망대에서는 후쿠오카 전체와 하늘과 바다를 잇는 해변 풍경을 360°로 즐길 수 있다. 전망대 3층에 들어선 '연인의 성지'는 연인들이 즐겨 찾는 데이트 명소로 인기가 높다. 꼭대기 층까지 약 70초 동안 탑승하는 엘리베이터에서는 시시각각 변하는 주변 풍경이 파노라마처럼 흐른다. 후쿠오카만의 야경을 즐기고 싶을 때 반드시 찾아가야할 명소.

Data **지도** 090E **가는 법** 하카타버스터미널에서 306번 버스 이용, 덴진버스센터 앞 1A정류장에서 W1, 302번 버스 이용, 지하철 니시진역에서 하차 후 도보로 20분 **주소** 福岡市早良区百道浜2丁目3-26 **전화** 092-823-0234 **운영시간** 09:30~22:00 **요금** 어른 800엔, 초중학생 500엔, 유아 200엔 **홈페이지** www.fukuokatower.co.jp

그림동화 속 풍경을 닮은 해변리조트
모모치해변공원 シーサイドももち海浜公園

후쿠오카타워의 북쪽에 위치한 해변공원이다. 1989년에 아시아 태평양박람회를 개최하면서 시사이드 모모치에 조성됐다. 흰 모래해변을 따라 둥근 호를 그리는 해안선의 전경이 가슴을 탁 트이게 할 정도로 광활하다. 해변 중앙에 위치한 마리존에는 레스토랑이나 결혼식장, 해양 스포츠 숍 등이 들어서 있어 사람들의 발길이 이어진다. 특히 이곳의 결혼식장은 독특하게도 바다 위에 세워져 있어 결혼을 앞둔 연인들이 가장 선망하는 예식장으로 꼽힌다.

Data **지도** 090E **가는 법** 하카타버스터미널에서 306번 버스 이용, 덴진버스센터 앞 1A정류장에서 W1, 302번 버스 이용, 지하철 니시진역에서 하차 후 도보로 20분 **주소** 福岡市早良区百道浜2丁目902-1 **운영시간** 24시간 **홈페이지** www.marizon.jp

하카타 인형의 기원이 궁금하다면
하카타전통공예관 はかた伝統工芸館

후쿠오카와 하카타의 뛰어난 전통 공예품을 전시 소개하는 곳이다. 직물, 인형, 목기, 팽이, 가위 등 호기심을 자극하는 공예품이 전시되어 있다. 하카타 직물은 1200년대 하카타 상인이 송나라에서 기법을 배운 것으로 후쿠오카 영주에게 진상하면서 '하카타오리'라는 이름이 생겼다. 인형은 1600년대 하카타에 모인 장인들의 손에서 밑바탕이 만들어졌다. 메이지시대 열린 파리국제박람회에서 높은 평가를 받아 일본을 대표하는 인형이 됐다.

Data 지도 091G 가는 법 하카타버스터미널에서 312, 306번 버스 탑승 후 후쿠오카박물관 북구 하차, 덴진에서 302, W1, W2,300, 301, 303번 버스 탑승 후 후쿠오카박물관 북구 하차 주소 福岡市早良区百道浜3丁目1-1 福岡市博物館内 2F 전화 092-409-5450 운영시간 09:30~17:30 요금 무료 홈페이지 hakata-dentou-kougeikan.jp

후쿠오카의 역사도 배워볼까
후쿠오카시박물관 福岡市博物館

후쿠오카의 과거와 오늘을 돌아볼 수 있는 박물관. 상설전시관에서는 고대부터 현대에 이르는 후쿠오카의 문화와 역사를 11개의 코너로 나누어 전시한다. 1754년 시카노 섬에서 발견된 금으로 제작된 금 도장, 금인金印이 특히 주목을 받는다. 후쿠오카 최초의 영주인 구로다 나가마사가 새로운 성과 성시를 건설하고 이곳을 '후쿠오카'라고 명명한 유래에서부터 19세기 말에 밀려든 근대화의 물결, 후쿠오카와 하카타 사람들의 생활방식에 대한 전시도 재미있다. 박물관 앞에는 아시아 각국의 귀중한 영화 필름을 소장하고 있는 후쿠오카시종합도서관이 자리한다.

Data 지도 090E 가는 법 하카타버스터미널에서 312, 306번 버스 탑승 후 후쿠오카박물관 북구 하차, 덴진에서 302, W1, W2,300, 301, 303번 버스 탑승 후 후쿠오카박물관 북구 하차 주소 福岡市早良区百道浜3丁目1-1 전화 092-845-5011 운영시간 09:30~17:30 요금 어른 200엔, 고·대학생 150엔 홈페이지 museum.city.fukuoka.jp

| 시사이드 |

꽃과 바다를 함께 즐기는 피크닉 명소
노코노시마 아일랜드파크 のこのしまアイランドパーク

마리노아시티 후쿠오카 앞에 노코노시마라는 섬이 있다. 이 섬의 북쪽에 자리잡은 아일랜드파크는 아름다운 대형 유원지이다. 오르락내리락 꽃길과 찻집, 우동집 등이 모인 추억의 길을 지나면 파노라마꽃밭이라는 이름의 감상포인트에 도달한다. 하카타만이 마주 보이는 이 구릉지대는 유채꽃, 코스모스 등이 철따라 피고지는 꽃밭으로 조성됐다. 또 아일랜드파크 내에는 찻집과 식당도 여러 군데이다. 후쿠오카 출신 화가 니시지마 이사오의 작품을 전시한 갤러리 와라베관わらべ館, 메이지시대의 건축물을 이전시켜 재현한 잡화점 시마야しまや, 추억의 그 장소 오모히데야思ひ出や 등도 한 번쯤은 구경할 만하다. 노코우동면이나 노코하치 벌꿀, 소주 등 기념품은 아일랜드파크 입구의 매점에서 구입한다. 노코노선착장~전망대 입구~교회 앞~아일랜드파크 입구를 운행하는 버스도 배의 출발과 도착 시간에 맞춰 운행된다.

Data 지도 090E 가는 법 후쿠오카 시영 지하철 공항선 메이노하마역 하차→메이노하마역 기타구치에서 버스 탑승 후 노코노행 페리선착장 하차. 하카타역 앞 A에서 301, 302, 9번 버스 이용, 노코노행 선착장 하차. 덴진고속버스터미널 앞에서 301, 302번 버스 이용, 노코노행 선착장 하차. 메이노하마 선착장에서 30분~1시간 간격(05:15~23:00)으로 페리 운항 주소 福岡市西区能古島 전화 092-881-2494 운영시간 09:00~17:30(평일), 09:00~18:30(일요일, 축일) 요금 도선료 어른 230엔, 어린이 120엔, 섬 내 버스 어른 240엔, 어린이 120엔, 아일랜드파크 입장료 어른 1,200엔, 초중생 600엔 홈페이지 nokonoshima.com

자전거로 달리며 바다와 호수를 즐기자
우미노나카미치해변공원 海の中道公園

모모치해변공원이나 하카타 항에서 쾌속선을 이용해 20~30분이면 멋진 풍경과 놀이 시설이 펼쳐지는 우미노나카미치해변공원에 도착한다. 한 때 일본 해군 비항장이 들어서 있었다가 태평양전쟁이 끝나자 미군기지로 잠시 이용한 역사를 지녔다. 약 538만㎡이 달하는 드넓은 공원은 봄부터 겨울까지 갖가지 꽃들이 만발한다. 공원 내에 들어선 동물원에서는 사람과 동물이 한데 어우러져 소통하는 공간이다. 대형 관람차와 선샤인 풀장, 마린월드 우미노나카비치 등이 들어서 있고 계절별로 각종 이벤트가 넘쳐나기 때문에 이곳의 하루가 시간이 어떻게 흘러가는지 모를 정도다. 바다와 호수가 펼쳐지는 공원 주변을 자전거로 달리기도 하고, 배드민턴 등 스포츠나 캠핑을 즐길 수 있다. 여름이면 야외극장에서 영화상영도 한다.

Data **지도** 090A **가는 법** 덴진중앙우체국 앞에서 21A, 21B 버스 이용, 하카타부두에서 사이토자키 행 후쿠오카 시영도선 이용, 모모치 마리존에서 우미노나카미치행 우미나카 고속선 이용 **주소** 福岡市東区西戸崎18-25 **전화** 092-603-1111 **운영시간** 09:30~17:00 **요금** 어른 450엔, 중학생 이하 무료 **홈페이지** uminaka-park.jp

TIP **마린월드 우미노나카미치** マリンワールド海の中道

돌고래, 해달, 상어 등 450여 종의 신비로운 해양생물들이 살고 있는 수족관이다. 70여 개의 수조 중에서 관람객들에게 가장 인기 있는 곳은 수심 7m의 거대한 파노라마 수조이다. 이곳에서 펼쳐지는 돌고래와 강치의 쇼가 인기 만점. 백상어와 귀상어 등 다양한 상어류가 유영하는 모습에 넋을 잃어버리기 일쑤다. 1층에 레스토랑 라일리가 있다. 철판 함바그 그릴 세트, 우동, 버거, 크림 스파게티, 파르페 등을 판매한다.

Data **가는 법** 우미노나카미치해변공원과 동일 **주소** 福岡市東区西戸崎18-28 **전화** 092-603-0400 **운영시간** 평일 09:30~17:30, 하계·골든 위크 09:30~21:00, 12~2월 10:00~17:00 **요금** 어른 2,500엔, 초중생 1,200엔 **홈페이지** marine-world.jp

푸짐한 채소와 함께 먹는 모쓰나베
모쓰나베 라쿠텐치 もつ鍋 樂天地

우리나라 음식으로 곱창전골과 비슷한 모쓰나베는 후쿠오카의 명물이다. 모쓰나베의 건더기는 주로 소장을 중심으로 여러 종류의 부위를 섞고 부추와 양배추를 넣어 끓인다. 국물은 간장과 미소된장으로 한다. 담백하면서도 콜라겐이 듬뿍 들어있어 맛이 진하다. 기호에 따라 유자와 고춧가루, 후추로 만든 유즈코쇼를 넣어 먹으면 더욱 매콤한 맛을 즐길 수 있다. 이 가게는 후쿠오카에서 가장 유명한 모쓰나베 식당 중 하나. 40여 년 간 지켜온 육수의 비법을 그대로 고수하는 식당이다. 옛날 소유(간장)를 사용하는 것이 특징이어서 모쓰나베 국물이 아주 맛있다. 모쓰로는 구로카와규(일본 흑소)의 소장과 대장, 위, 간, 등 6가지 종류의 부위를 사용하고 국물의 진한 맛을 끌어내기 위해 남은 모쓰 부분을 잘라내 사용하는 것이 특징이다.

Data 지도 092D 가는 법 지하철 덴진역에서 도보 5분 주소 福岡市中央区天神1丁目1-1 아크로스후쿠오카 B2F(덴진 본점) 전화 092-741-2746 운영시간 11:00~22:00 가격 모쓰나베 런치 한정 메뉴 1인분 1,848엔 홈페이지 rakutenti.com

후쿠오카 토종닭의 맛

미즈타키본 水炊き凡

나카스 오도리에 위치한 후쿠오카의 명물 미즈타키 명가. 미즈타키의 맛을 좌우하는 닭고기는 후쿠오카의 토종닭 하나미도리를 사용한다. 육수 안에는 뼈가 붙은 닭고기가 들어있어 콜라겐이 많을 뿐만 아니라 화학조미료를 전혀 사용하지 않아 건강에도 좋다. 닭 육수가 끓으면 제일 먼저 잘게 썬 파가 담긴 컵에 국물을 조금 넣고 소금으로 간을 한 후 한 모금 마신다. 육수가 끓으면 배추, 양배추, 표고버섯, 두부, 양파, 쑥갓, 당면, 찹쌀떡, 대파를 넣고 채소가 익는 순간 건져서 소스에 찍어 먹는다. 채소를 다 건져먹은 후에는 육수에 밥과 달걀을 넣어 죽을 만들어 먹는다. 이때 유자와 고추를 갈아 만든 유즈코쇼를 넣어 먹으면 매콤하고 산뜻한 맛이 입맛을 좋게 한다. 양이 적을 경우에는 닭튀김 같은 단품을 추가해 먹어보자.

Data **지도** 091G **가는 법** 지하철 하코자키선箱岐線 나카스가와바타中州川端역 하차, 도보 10분
주소 福岡市博多区中洲4丁目2-15 메인스트리트빌딩 2F **전화** 092-281-1177 **운영시간** 18:00~25:00
가격 미즈타키 세트 3,000엔, 미즈타키 세트 나카스 코스 4,000엔 **홈페이지** mizutaki-bon.com

심플한 소재와 장인의 기술로 탄생
노코우동제조소 能古うどん製造所

후쿠오카는 라멘과 더불어 우동도 유명한데, 노코우동제조소를 적극 추천한다. 밀가루, 물, 소금이 면을 만드는 재료의 전부. 심플한 소재와 장인의 기술이 맛있는 우동으로 탄생한다. 반질반질 하게 윤이 나는 면발은 탄력이 좋으면서 목을 넘어갈 때에는 부드럽기 짝이 없다. 식당 입구에는 먹음직스러운 모형 음식이 전시되어 있다. 상단에 사진과 함께 '주문하는 방법'도 한글로 표기되어 있다. 먼저 주문 창구에서 주문과 계산한 다음 좌석에 앉는다. 붓가케우동, 다시지루우동, 세트 메뉴 등 선택이 다양하다. 캐널시티 하카타점 외에 덴진 비루점, 레이리아 오하시점, 조난구 나가오점, 유메타운 하카타점 등이 있다.

Data 지도 091G
가는 법 지하철 기온역 도보 7분, 나카스카와바타역 도보 9분 (캐널시티 하카타점)
주소 福岡市博多区住吉1-2-1 캐널시티 노스빌딩 B1F
전화 050-5488-8921
운영시간 11:00~21:00
가격 점심 650엔~ 저녁 700엔~
홈페이지 www.noko-udon.com/apps/note

다이묘의 인기 있는 우동점
가마키리우동 釜喜利うどん

덴진의 다이묘 지역에서 젊은이들에게 인기를 끌고 있는 우동집. 우동 면은 수타면으로 면발이 탱글탱글하다. 얇게 저민 소고기와 파를 잘게 썰어 넣어 그 맛이 일품인 도쿠죠니쿠우동은 고기 맛이 입에 살살 녹으면서 국물 맛은 개운하다. 바지락을 듬뿍 넣은 아사리우동도 인기. 우리나라 바지락칼국수와 비슷한 맛을 낸다. 새우튀김 3개를 곁들여내는 에비탱우동은 국물 맛과 더불어 막 튀긴 새우 맛이 어우러져 젊은이들에게 인기. 우동 외에도 오야코동, 와규동, 운젠햄카츠 등을 메뉴에 추가했다. 저녁시간이면 퇴근길 샐러리맨들이 들러서 맥주 한잔을 하기도 하는 곳.

Data 지도 092E **가는 법** 지하철 구코선空港線 덴진天神역 남쪽출구에서 도보 10분 **주소** 福岡市中央區大名 1-7-8 **전화** 092-726-6163 **운영시간** 11:30~22:00 **가격** 우동벤또 690엔, 크램챠우더우동 980엔

신선한 생선회를 재미있게 먹는
하카타 로바타 피시맨 博多炉端 FISH MAN

이마이즈미에 들어서 있는 인기 맛집이다. 나카하마 지역의 어시장에서 가장 싱싱하고 질 좋은 생선을 구입하는 것이 주인장의 철칙이다. 회부터 찌개, 구이, 튀김까지 싱싱함이 고스란히 묻어있다. 다양한 요리법을 구사해 맛도 다양하게 즐길 수 있는데 그중에서도 그날그날 준비된 생선으로 계단식 나무접시에 회를 담아내는 모둠계단회가 인기 최고. 계단형 스시 용기에 담긴 스시를 하나씩 먹는 재미를 함께 할 수 있다. 제일 먼저 먹어야 하는 스시를 가장 아래 칸에 놓는다. 식당 내에는 반찬류를 셀프로 먹을 수 있도록 준비돼 있고, 신선함을 잃지 않도록 주방장은 물론 종업원들이 바삐 움직인다.

Data **지도** 092E **가는 법** 지하철 나나쿠마선七隈線 야쿠인薬院역 하차, 도보 5분
주소 福岡市中央区今泉1-4-23 **전화** 080-4358-3875 **운영시간** 11:00~14:30(점심), 17:00~23:00(저녁)
가격 하카타동 2,980엔, 훈제마구로동 2,680엔, 연어이쿠라동 2,680엔 **홈페이지** sakanaotoko.com

하카타 라멘의 진수
하카타 이푸도 다이묘 본점 一風堂 大名本店

일본 전역은 물론 해외까지 진출한 라멘 체인 이푸도의 본점. 여성들이 좋아할만한 세련된 인테리어와 돼지 뼈 특유의 잡내를 없앤 육수로 일본 전역에 선풍적인 인기를 모으고 있다. 테이블에 절인 채소를 다양하게 갖춰놓아 취향에 따라 라멘을 즐길 수 있다는 점도 매력적. 간장과 된장으로 맛을 낸 라멘 등 종류도 다양하다. 체인점이니 오사카나 도쿄에서도 맛이 똑같을 거라 생각하면 오산이다. 하카타의 본점에서 내놓는 라멘은 육수의 진함과 맛의 깊이에서 여느 체인과 비교할 수 없다는 것이 손님들의 주된 평이다.

Data **지도** 091K **가는 법** JR텐진天神역 하차, 도보 7분
주소 福岡市中央区大名1丁目13-14
전화 092-771-0880 **운영시간** 11:00~22:00
가격 하카타돈코츠라멘 820엔, 하카타쇼유라멘 860엔
홈페이지 stores.ippudo.com

닭꼬치 맛있는 집
마시코 益子

후쿠오카 시민들에 사이에 입소문이 자자한 닭꼬치 전문점. 맛의 만족도를 순위로 매긴다면 다섯 손가락 안에 드는 집이라 생각하면 된다. 주인장은 필요한 재료를 부위별로 구입하는 쉬운 방법 대신 싱싱한 닭을 통째로 사서 직접 손질한다. 이렇게 손질한 부위별 재료에 양념을 입히고 채소를 곁들여 꿴 후 숯불에 구우면 마시코표 닭꼬치 완성! 각 부위별 식감에 딱 맞는 양념과 숯향이 배인 닭꼬치를 입에 무는 순간 적당한 육즙과 부드러운 식감에 감탄하지 않을 수 없다. 마음에 드는 부위를 선택해 주문할 수도 있지만 이 집의 맛을 제대로 느끼려면 코스로 주문하는 게 좋다. 워낙 인기가 높은 집이니 주말 등에는 미리 예약을 하고 찾아가는 것도 잊지 말 것.

Data 지도 092E
가는 법 지하철 구코선空港線 아카사카赤坂역 하차, 도보 8분
주소 福岡市中央区大名1-8-33 大名エイトビル 1F
전화 092-713-1239
운영시간 8:00~21:00, 일요일 휴무
가격 닭꼬치구이 부위별 1개 300엔~, 코스 2,900엔~

오호리공원에 갔다면 바로 이 식당!

로열 가든 카페 Royal Garden Cafe

오호리공원 보트하우스에 들어선 레스토랑 겸 카페이다. 런치 메뉴가 훌륭하기로 정평이 나있다. 후쿠오카 여행 중 라멘이나 교자, 초밥 등의 메뉴 외에 양식이 그리워졌다면 오호리공원 산책도 즐길 겸 이 식당을 찾아야 한다. 메뉴로는 샐러드런치(스프, 포카치아, 음료 포함), 파스타런치(스프, 샐러드, 포카치아, 음료 포함), 피자런치(스프, 샐러드, 음료 포함), 함바그스테이크(스프, 샐러드, 밥 또는 포카치아, 음료 포함) 등. 모차렐라치즈, 바질, 토마토소스로 만든 피자만 주문해도 된다. 가격 대비 만족도가 높다. 식후 음료는 커피, 홍차, 우롱차, 오렌지주스, 기린레몬 중에서 선택하면 된다. 도쿄의 아오야마, 시부야, 이이다바시, 메지로에도 지점이 있다.

Data **지도** 090F **가는 법** 지하철 구코선空港線 오호리공원大濠公園역에서 도보 5분 **주소** 福岡市中央区大濠公園 1-3 ボートハウス1F **전화** 092-406-4271 **운영시간** 평일 11:00~21:00, 토·일·공휴일 09:00~21:00 **가격** 등심 스테이크 런치 2,180엔, 샐러드 런치 1,230엔, 파스타 런치 1,330엔, 함바그 스테이크 런치 1,580엔, 셰프 런치 1680엔, 런치 디저트 300엔 **홈페이지** royal-gardencafe.com/ohoripark

사르르 녹는 팬케이크 맛이 일품!
맨리 Manly

호주 스타일의 카페&바. 카페 이름도 호주를 대표하는 해변인 '만리'에서 따왔으며 가게에는 코알라 같은 호주풍의 소품으로 가득하다. 피시 앤 칩스 같은 익숙한 메뉴도 눈에 띄지만 호주하면 떠오르는 캥거루나 악어로 만든 요리도 내놓고 있어 호기심을 자극한다. 그러나 이 집의 명성은 리코타치즈를 넣어 굽는 팬케이크에서 비롯되었다. 바닐라 아이스크림과 함께 나온 팬케이크에 메이플 시럽을 흠뻑 뿌린 후 입에 넣으면 케이크가 아니라 온 몸이 녹아내리는 느낌! 햄버거 스타일의 음식을 원하는 사람이라면 호주식의 고기파이를 추천한다. 단, 팬케이크와 파이 등의 메뉴는 런치 타임 때만 가능하다는 것을 염두에 둘 것. 맨리가 위치한 이마이즈미今泉 거리는 젊은이들의 취향에 어울리는 이색 카페와 개성만점의 옷가게들이 밀집해 있다. 후쿠오카의 명물로 소문난 맨리의 팬케이크와 더불어 이 거리에서만 손에 넣을 수 있는 옷가지 하나를 백에 담는다면 여행은 더욱 달달해진다.

Data **지도** 092E **가는 법** 이마이즈미 돈키호테에서 도보 2분 **주소** 福岡市中央区今泉1-18-55 ロイヤルハイツ1 **전화** 092-791-7738 **운영시간** 평일 11:00~23:00, 금·토 11:00~24:00 **가격** 캥거루 가르파쵸 1,000엔, 타조다다키 1,000엔, 악어가라아게 1,000엔, 피시앤칩스 770엔 **홈페이지** manlyfukuoka.owst.jp

THEME

❖ 한밤의 낭만, 후쿠오카 야타이 屋台, やたい ❖

후쿠오카의 저녁 하늘이 붉은 노을로 물들고 이내 어둠이 찾아오면 나카 강변이나 빌딩 사이 골목에서는 '밤거리의 별'이라는 야타이가 하나둘씩 등장한다. 야타이는 한국의 포장마차에 해당한다. 일본 서민들의 삶이 스며든 현장이라 여행객들도 호기심 삼아 찾아간다. 밤이 깊어갈수록 야타이에서 새어나오는 불빛, 안주를 굽는 냄새, 사람들의 웃음소리는 도시의 밤에 활력을 불어넣는다. 이 풍경이 후쿠오카의 낭만으로 여겨져 관광객들로서는 호텔 방에만 머물 수 없어 야타이의 포장 속으로 빨려들어가고야 만다. 야타이 3대 밀집 지역은 덴진, 나카스, 나가하마. 덴진 지역에는 와타나베길, 메이지길, 쇼와길을 따라 늘어서 있다. 다이마루 후쿠오카 덴진점 앞의 뿅기치ぴょんきち가 한국 요리와 막걸리를 내놓는다. 지하철 덴진역 이용. 나카스 지역의 나카 강변에는 벚나무가 줄을 잇고 유람선 등이 지나다녀 풍경이 좋다. 하루요시교 인근의 다케짱武ちゃん은 수제교자로 소문났다. 지하철 나카스가와바타역 이용. 나가하마 어시장 옆에도 야타이가 많다. 야마짱やまちゃん의 경우 나카하마라멘으로 인기를 끈다. 니시테쓰버스를 타고 미나토 1초메港1丁目에서 내리면 된다.

후쿠오카 최대의 번화가
덴진지하상가 天神地下商店街

덴진역을 중심으로 남북으로 뻗은 590m의 지하상가로 총 150여 곳의 점포가 들어서 있어 쇼핑천국을 방불케 한다. 여성의류가 주를 이루고 있으며 가격도 비싸지 않다. 지하철 덴진역과 덴진미나미역으로 연결되는 넓은 통로 좌우로 개성 넘치는 패션가게에서부터 화장품 숍, 선물가게, 카페, 맛집까지 없는 게 없을 정도로 다양하다. 다이마루, 파르코, 솔라리아 스테이지 등 덴진 지역 주요 백화점과는 지하로 연결돼 있어 드나들기 편하고 주변에는 덴진 코아, 이무즈 등 복합쇼핑센터나 니시테쓰버스센터까지 연결돼 장거리 여행을 떠나기 전 짬을 내어 들러보기 좋다. 백화점마다 특별한 이벤트를 일 년 내내 실시하기 때문에 연인이나 커플들의 데이트 코스로 더할 나위 없이 좋다.

Data 지도 092D 가는 법 지하철 구코선空港線덴진天神역, 지하철 나나쿠마선七隈線 덴진미나미天神南역 지하도에서 바로 연결 주소 福岡市中央區天神 운영시간 각 점포마다 다름

메르헨차임이 쇼핑타임을 알려줘

신텐초 新天町

덴진역 인근에 위치한 신텐초는 1946년에 창업해 지금껏 이어오고 있는 쇼핑상가이다. 전통시장을 들어선 듯 고풍스러운 판매점과 젊은 층에게 어필할 수 있는 매장이 상점가 내에 빽빽하게 들어차 있다. 덴진 미나미도리, 기타도리와 교차되는 신텐초 썬돔은 높이 24m, 길이 60m의 거대한 돔형 아케이드이다. 태양과 바람을 콘셉트로 설계된 돔형 천장은 도시 경관상을 수상한 바 있을 정도로 멋스럽다. 대형시계탑 메르헨 차임은 아케이드의 명물로 인기를 누린다. 메르헨차임은 일본 최초로 설치된 대형 태엽시계로 매시 정각마다 다양한 멜로디로 시각을 알려준다. 오전 9시에는 '기쁨의 노래'로 아침을 활기차게 열고 오후 8시에는 '홈 스위트 홈'을 들려주면서 귀가길 발걸음을 가볍게 해준다.

Data **지도** 092C **가는 법** 지하철 구코선空港線 덴진天神역 하차, 도보 3분 **주소** 福岡市中央區天神2-9
홈페이지 www.shintencho.or.jp

덴진 3대 백화점 중 하나
다이마루 후쿠오카 덴진점 大丸 福岡天神

덴진의 중심가 와타나베길에 위치한 백화점. 전통을 자랑하는 이 백화점에는 화과자와 양과자, 일본인들에게 인기를 끄는 디저트가 총망라돼 있다. 한국어가 가능한 직원이 상주하고 있어 쇼핑 및 택스 환불 등을 도와준다. 덴진지하상가동 9번 출구를 이용하면 책화점 지하식품부로 곧장 연결돼 더욱 편리하다. 이곳에는 일본 식탁에 오르는 반찬인 쓰게모노 전문점이 많고 식당으로 도시락 판매점, 사천탕면점, 만주점, 스시집 등이 다양하게 들어서 있다. 저녁시간이면 할인행사를 자주해 편의점보다 저렴하고 맛있게 한끼를 해결 할 수 있다.

Data 지도 092F 가는 법 지하철 나나쿠마선七隈線 덴진미나미天神南역과 연결 주소 福岡市中央區天神1-4-1 전화 092-712-8181 운영시간 10:00~20:00, 부정기 휴무 홈페이지 www.daimaru.co.jp

쇼핑은 필수, 휴식은 덤
이와타야 본점 岩田屋 本店

후쿠오카의 향토백화점으로 후쿠오카 시민들에 사랑받는 백화점이다. 고급백화점이라는 인식을 불어넣어 세일을 절대하지 않는 것으로 유명하다. 백화점은 신관과 본관으로 나뉘어져 있어 쾌적한 공간을 선사한다. 본관 지하 2층은 화양과자, 일본주와 와인, 건강식품, 베이커리 매장, 지하 1층에는 유명한 명란젓 매장이 모여 있다. 1층은 패션과 화장품 매장으로 구성됐다. 2~5층은 여성복, 여성잡화, 남성복 매장, 6층은 베이비, 어린이, 스포츠골프, 여행용품 매장 등이 영업 중, 신관 7층은 레스토랑가다. 신관 지하 2층에는 스타벅스가 반갑게 맞아준다.

Data 지도 092C 가는 법 지하철 구코선空港線 덴진天神역 하차, 도보 3분 주소 福岡市中央區天神2-5-35 전화 092-721-1111 운영시간 10:00~20:00, 부정기 휴무 홈페이지 www.iwataya-mitsukoshi.co.jp

후쿠오카의 대표 아웃렛
마리노아시티 후쿠오카 マリノアシティ福岡

약 120여 개의 아웃렛 점포가 모인 규슈 최대의 쇼핑몰이다. 넓은 공간과 즐거운 쇼핑루트가 재미나게 이어지고 명품할인점에서부터 디자인이 독특한 브랜드숍이 즐비하다. 쇼핑 투어는 마치 갤러리를 관람하듯 쾌적하다. 쇼핑 도중 휴식할 수 있는 공간과 카페도 있다. 패션에서부터 액세서리, 화장품, 향수, 잡화제품을 정상가격보다 훨씬 저렴하게 살 수 있어 젊은 여성들은 비록 짧은 여행 일정일지라도 반드시 찾는 곳이다.

Data **지도** 090E **가는 법** 지하철 구코선空港線 메이노하마姪浜역 남쪽 출구에서 쇼와버스로 약 15분, 하카타 텐진에서 니시테쓰버스로 마리노아시티 후쿠오카マリノアシティ福岡 정류장 하차 **주소** 福岡市西區小戶2-12-30 **전화** 092-892-8700 **운영시간** 10:00~20:00 **홈페이지** www.marinoacity.com

라디오 스튜디오가 들어서 있어 즐거운
솔라리아 플라자 Solaria Plaza

쇼핑을 좋아하는 젊은 여성들이 많이 몰리는 곳으로 패션용품과 카페, 미용실, 영화관 등 복합쇼핑몰이라 할 수 있다. 게고공원으로 이어지는 출입구에는 라디오방송 스튜디오가 들어서 있어서 생방송으로 진행되는 방송을 직접 보고 들고 할 수 있는 곳이다. 1층에는 휴식할 수 있는 공간도 마련돼 있기 때문에 약속장소로도 많이 이용된다.

Data **지도** 092C **가는 법** 지하철 구코선空港線 덴진天神역 하차 도보 1분
주소 福岡市中央區天神2丁目2-43 **전화** 0570-01-7733
운영시간 일반 매장 11:00~20:00, 음식점 11:00~22:00 **홈페이지** www.solariaplaza.com

후쿠오카의 쇼핑중심
파르코 후쿠오카점 パルコ福岡

개성을 중시하는 젊은 여성들에게 인기 있는 백화점이다. 독창적인 아이디어 제품을 속속 내놓는 바람에 멋쟁이들이 많이 찾는다. 지하 1층에서 지상 8층 규모의 백화점으로 입점 업체만 해도 150여 개에 이른다. 지하매장에는 규슈의 맛있는 식재료를 총동원한 맛집들이 모인 '오이치카オイチカ'가 자리해 식도락가의 발길이 이어진다. '파르코 프리 와이파이'를 이용해 각 매장과 시설 정보를 쉽게 검색해 볼 수 있다

Data 지도 092C 가는 법 지하철 구코선空港線 덴진天神역과 바로 연결 주소 福岡市中央區天神2-11-1 전화 092-235-7000 운영시간 10:00~20:30 홈페이지 fukuoka.parco.jp

버스센터와 연결돼 접근성 최고!
미쓰코시백화점 후쿠오카점 福岡三越

후쿠오카 3대 백화점 중 한 곳으로 패션 매장은 국내외의 고품격 상품만을 판매한다. 백화점 윗층으로 덴진역과 덴진버스센터가 연결되어 있어 편리성이 돋보이는 백화점이다. 후쿠오카의 맛있는 디저트는 다 갖췄다고 할 수 있을 정도로 도쿄, 오사카, 나고야 등 일본 각지의 명산품 쇼핑이 가능하다. 5층의 키하치キハチ 카페 창가 자리는 커피를 마시면서 덴진오무타선 열차와 규슈의 각종 고속버스 행렬을 감상하기에 좋다.

Data 지도 092C 가는 법 지하철 구코선空港線 덴진天神역에서 도보 1분 주소 福岡市中央區天神2-1-1 전화 092-724-3111 운영시간 10:00~20:00, 부정기 휴무 홈페이지 www.m.iwataya-mitsukoshi.co.jp

쇼핑도 즐기기 좋은
솔라리아 니시테쓰 호텔 ソラリア西鉄 ホテル

후쿠오카 중심부인 덴진 지역에 위치한 호텔. 니시테쓰 후쿠오카 덴진역과 덴진버스센터에서 곧바로 이어지기 때문에 관광과 쇼핑이 편리하다. 최고의 입지조건을 갖춘 호텔이면서 각 객실마다 개성 있게 꾸며져 있다. 편안한 부대시설도 만족감을 선사한다.

Data **지도** 092C **가는 법** 지하철 구코선空港線 덴진天神역 하차 도보 1분 **주소** 福岡市中央區天神 2-2-43 **전화** 092-752-5555 **요금** 슈페리어 더블 38,720엔~ **홈페이지** nnr-h.com/solaria/fukuoka

다이묘의 밤을 마음껏 즐기자
프라자 호텔 덴진
プラザ ホテル天神

'후쿠오카의 홍대'로 불릴 정도로 예쁜 거리 다이묘 중심에 들어선 부티크 호텔. 실내 분위기는 세련미가 흐른다. 객실 또한 깔끔하게 꾸며져 있다. 닭꼬치가 맛있는 이자카야와 예쁜 카페에서 후쿠오카의 밤 시간을 즐기고 싶을 때 추천하고 싶은 숙소. 가격도 그다지 비싸지 않은 편이다. 뷔페식당의 조식 또한 고급스럽다.

Data **지도** 092C **가는 법** 지하철 아카사카역 5번 출구에서 도보 4분, 덴진역 2번 출구에서 도보 8분 **전화** 0570-056633 **운영시간** 체크인 15:00, 체크아웃 10:00 **요금** 세미 더블 8,000엔~ **홈페이지** www.hakatahotels.co.jp/plazahoteltenjin

환상의 조식뷔페
호텔 니코 후쿠오카
Hotel Nikko 福岡

하카타역에서도 가깝고 지하철 하카타역과 연결돼 있어서 편리한 호텔이다. 일본의 전형적인 호텔과는 달리 객실이 넓고 쾌적하다. 깔끔하고 푸짐한 음식을 제공하는 아침 뷔페식당은 2층에 위치한다. 이곳에서는 창밖으로 활기찬 아침거리가 내려다볼 수 있다. 피트니스클럽 이용은 무료. 꼭대기 층에 자리한 와인 바에서는 후쿠오카의 야경을 즐길 수 있다.

Data **지도** 091G **가는 법** 지하철 하카타역에서 도보 3분 **운영시간** 체크인 14:00, 체크아웃 12:00 **요금** 비즈니스 싱글 16,000엔~ **홈페이지** hotelnikko-fukuoka.com

해변과 야후 돔 최고의 전망
힐튼 후쿠오카 시호크 ヒルトン福岡シーホーク

후쿠오카 최고의 전망을 자랑한다. 수영장을 비롯한 부대시설이 잘 갖춰져 있고 넓고 쾌적한 공간을 갖춘 객실에서는 모모치해변공원과 후쿠오카 돔 야구장을 전망하기에 최고로 꼽힌다. 발 아래로 펼쳐지는 바다와 도시고속도로 위를 달리는 자동차들을 바라보면서 도시의 맥박을 체험하는 곳이다. 조식 뷔페도 다양하다. 짧지만 럭셔리한 여행을 테마로 잡았다면 강추.

Data 지도 090F
가는 법 지하철 니시진역이나 도진마치역에서 택시로 6분, 후쿠오카공항 국내선 터미널에서 139번 버스 이용
운영시간 체크인 16:00, 체크아웃 11:00 **요금** 트윈 베드 35,280엔~
홈페이지 www.hilton.com/en/hotels/fukhihi-hilton-fukuoka-sea-hawk/?SEO_id=GMB-APAC-HI-FUKHIHI

후쿠오카의 응접실이라 불리는
니시테쓰 그랜드 호텔 西鉄 グランドホテル

덴진의 중심부 다이묘에 들어선 호텔이다. 다이묘는 디자인이 독특한 숍과 예쁜 카페들이 즐비한 관광 요지. 그 중심에 호텔이 자리해 있어 세계 각국의 관광객들이 선호하는 숙소이다. '후쿠오카의 응접실'이라 불릴 정도로 전통과 격식을 갖춘 객실 분위기가 매력적이다. 후쿠오카를 깊이 음미하고 싶을 때 추천하는 곳이다.

Data 지도 092C **가는 법** 지하철 구코선空港線 덴진天神역 하차, 도보 5분 **주소** 福岡市中央区大名2丁目6-60 **전화** 092-771-7171 **요금** 비즈니스 싱글 14,500엔, 스탠다드 트윈 28,700엔
홈페이지 nnr-h.com/grandhotel

품격 높은 공간, 아시안풍 인테리어 자랑
호텔 오쿠라후쿠오카 ホテルオークラ福岡

하카타리버레인몰 쇼와도리 방면에 있다. 객실은 총 264실. 실내 인테리어는 하카타 전통과 서양의 향기를 혼합했다. 6층 회원 전용 헬스클럽에는 실내풀, 체육관, 사우나와 자쿠지 등이 있으며, 투숙객도 특별요금으로 이용 가능하다. 스시, 화, 중식, 프랑스, 데판야끼 등 8개의 식당이 있다. 12:00 체크아웃 타임도 매력적이다.

Data 지도 092A **가는 법** 지하철 나카스・카와바타역에서 직결 **주소** 福岡市博多区下川端町3-2
전화 092-262-1111 **운영시간** 체크인 15:00, 체크아웃 11:00 **요금** 슈페리어 트윈 22,000엔~
홈페이지 www.fuk.hotelokura.co.jp

Fukuoka by Area
02

이토시마
糸島

후쿠오카시와 가라쓰시 사이에 위치한 이토시마는 대한해협으로 툭 튀어나온 반도 지형을 이루고 있다. 반도를 에두르는 해안도로를 달리는 내내 쪽빛 바다가 어깨동무를 한다. 눈부신 백사장과 서핑을 즐기는 사람들의 모습은 이곳의 일상적인 풍경. 길 따라 늘어선 개성 넘치는 카페와 공방들이 여행자의 흥을 돋운다. 노을이 특히 아름다워 '선셋 로드'라 불리기도 하는 이 길은 후쿠오카 시민들이 가장 사랑하는 드라이브코스이기도 하다.

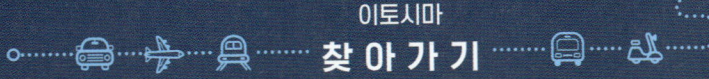

이토시마 찾아가기

어떻게 갈까?

이토시마를 여행하는 가장 대중적인 방법은 자동차를 이용한 드라이브다. 후쿠오카시에서 국도 202호를 타고 서쪽 방향으로 계속 달려 국도 202호와 후쿠오카 현도54호가 갈리는 교차로까지 간다. 이곳에서부터 후쿠오카 현도54호를 타고 달리면 이토시마 반도를 일주할 수 있다. 길이 후쿠오카시 외곽에서 곧바로 이토시마로 연결되니 자동차 렌트는 후쿠오카시에서 할 것. 자전거 여행을 하려는 사람은 JR하카타역에서 지하철 쿠코空港선을 이용하여 메이노하마姪浜역까지 간 후 지쿠히선筑肥線선로 갈아타면 이토시마의 중심가인 JR지쿠젠마에바루筑前前原역까지 갈 수 있다. 소요시간은 약 40분. 역 북쪽 출구에 이토시마관광안내소가 있고 이곳에서 자전거를 대여할 수 있다.

TIP 자전거를 대여할 수 있는 이토시마시관광협회 糸島市観光協会

Data 가는 법 지쿠젠마에바루역筑前前原駅 하차, 도보 2분 **주소** 糸島市前原中央 1丁目1-10
전화 092-322-2098 **운영** 09:00~17:00 **요금** 2시간 600엔, 4시간 1,000엔, 1일(8시간) 1,500엔
홈페이지 kanko-itoshima.jp

어떻게 다닐까?

자동차로 여행한다면 후쿠오카 현도54호만 따라가면 이토시마의 관광명소들을 두루 돌아볼 수 있다. 일단 반도를 에두르는 해안도로에 들어서면 길은 외길이어서 헛갈릴 일이 없다. 교통량도 적은 편이어서 일본에서의 운전이 서투른 사람도 부담 없이 드라이브를 즐길 수 있다. 자전거 마니아라면 이토시마관광협회에서 대여하는 자전거로 이토시마 반도를 일주해보자. 단, 사쿠라이 신사에서 해안도로를 따라 기타이 간장까지 둘러본 후 다시 이토시마관광협회로 돌아오는 코스는 하루 정도의 시간이 소요되는 강행군 코스라는 점에 유의할 것. 체력이 약한 사람이라면 이토시마 관광버스를 이용하자. 정기적인 노선이 있는 것은 아니니 사전에 이토시마관광협회 홈페이지(kanko-itoshima.sakura.ne.jp/ja2)를 참조해 예약할 것. 때로는 1박 2일 코스로 가라쓰까지 경유하는 여행상품이 운영되기도 한다.

TIP 이토시마 하루 일정 추천 드라이브 코스

사쿠라이 신사→후타미가우라 해변→게야노오토→소금공방 돗탄→굴구이 집→기타이 간장→하코지마 신사→시라이토 폭포→가모유라린코 다리→아네고 해변

SEE

400년의 세월이 고스란히 남아 있는
사쿠라이 신사 桜井神社

이토시마를 대표하는 신사로 1632년 창건되었다. 신사로 들어서는 돌다리부터 시작해 누문 등은 창건 당시의 모습 그대로다. 신사 안에는 일본의 3대 신궁으로 손꼽히는 이세신궁을 본 떠 지었다는 사쿠라이 대신궁桜井大神宮도 있다. 거대한 밑뿌리를 반쯤 드러낸 고목들과 고풍스러운 건물이 신화적인 분위기를 자아낸다. 흥미로운 점은 이곳을 창건한 구로다 다다유키의 할아버지와 아버지가 모두 기독교인이었다는 것. 할아버지는 2014년 NHK방송의 대하드라마 〈군사 간베에〉의 주인공이었던 '요시타카'다. 막부에 의해 기독교 금교령이 내려진 것이 1614년의 일이니 다다유키가 집안의 종교적 가풍을 거슬러 신사를 지었던 이유를 짐작할 만하다. 시대적 배경을 미리 알고 가면 더욱 재미있는 곳이 사쿠라이 신사다.

Data **지도** 135B **가는 법** JR지쿠젠마에바루역에서 자동차 이용 시 25분 **주소** 糸島市志摩桜井4227 **전화** 092-327-0317 **운영시간** 09:00~17:00 **홈페이지** sakuraijinja.com

선셋 로드 최고의 명승지
사쿠라이 후타미가우라 桜井二見ヶ浦

'일본의 바닷가 100선', '일본의 석양 100선'에 선정되기도 한 해변으로 선셋 로드를 대표하는 풍경이기도 하다. 해변에서 약 150m 떨어진 바다 위에는 부부바위라 불리는 두 개의 바위섬이 금술 좋게 서 있다. 전설에서는 이곳이 용궁으로 들어가는 입구라 전하며 옛날부터 인근의 사쿠라이 신사의 성역으로 숭상 받아온 곳이기도 하다. 해마다 5월이면 바닷물이 가장 많이 빠지는 날 부부바위를 연결한 30m 길이의 금줄을 새로 교환하는데 그 무게가 무려 1톤에 달한다고. 해변에 서 있는 하얀색 도리이와 파도를 모으는 부부바위가 어우러진 정취는 사람의 마음을 묘하게 붙들어 맨다. 특히 금줄을 연결한 부부바위 사이로 지는 저녁노을은 이토시마 최고의 풍경으로 손꼽힌다.

Data 지도 135B
가는 법 JR지쿠젠마에바루역에서 자동차 이용 시 20분
주소 糸島市志摩桜井
전화 092-322-2098 (이토시마시관광협회), 092-327-0317(사쿠라이신사)

끝없이 이어지는 순백의 해변
니기노하마 해변 幣の浜

'일본의 백사청송 100선'에 선정된 해변. 바닷가를 따라 소나무 숲과 백사장이 6km에 걸쳐 이어진다. 순백의 해변과 파란 바다의 극명한 대비가 숨 막힐 정도로 아름답다. 바다에서는 사람들이 파도타기에 여념이 없다. 직접 서핑을 체험해 볼 공간은 없지만 수십 명의 서퍼들이 거대한 파도 끝에서 곡예를 하는 모습은 그대로 장관! 그 모습을 바라보자면 호주의 해변에 온 듯한 착각이 들 정도다. 후타미가우라에서 니기노하마 해변을 따라 이어지는 해안도로 주변에는 이색 카페들이 많으니 식사나 음료 한잔 하는 것도 잊지 말 것.

Data 지도 135D **가는 법** JR지쿠젠마에바루역에서 자동차 이용 시 20분 **주소** 糸島市志摩芥屋

모래가 부르는 노래에 취하다
아네고 해변 姉子の浜

모래가 노래를 한다는 해변. 백사장을 걸으며 귀를 기울이면 모래가 사각사각 은은한 소리를 낸다. 발자국 소리가 나는 건 당연한 일이지만 이곳의 소리는 유독 맑고 청아하다. 소리의 비밀은 모래입자에 함유된 석영이 마찰하면서 비롯된다. 아름다운 해변에서만 이런 소리가 난다는 속설처럼 밀가루처럼 고운 백사장과 파란 바다가 그림 같다.

Data 지도 135E
가는 법 JR지쿠젠마에바루역에서 자동차 이용 시 25분
주소 糸島市二丈鹿家

거센 파도가 깎은 천혜 절경
게야노오토 芥屋の大門

국가천연기념물로 지정된 곳으로 벌집 모양의 절벽과 해식 동굴이 장관을 이룬다. 이곳의 진면목을 보려면 게야노오토 유람선을 타고 바다로 나가는 것을 추천한다. 쿨론 땅 위에서 보는 풍경도 환호성을 자아낼 만하다. 거센 바람에 길들여져 바람결로 자란 상록수림과 그 안으로 이어진 비밀스러운 나무터널, 우뚝 솟은 해안절벽이 신비롭다.

Data 지도 135C 가는 법 JR지쿠젠마에바루역에서 자동차 이용 시 30분 주소 糸島市志摩芥屋, 유람선 승선장 糸島市志摩芥屋677 전화 092-328-2012 운영시간 게야노오토관광사가 3월 중순부터 11월까지 게야항에서 관광유람선 운항. 1회 왕복 25분 소요 요금 유람선 성인 700엔, 어린이 350엔

신선들이 머물만한 선경
시라이토 폭포 白糸の滝

후쿠오카 지정 명승지. 하얀 실을 수만 가닥 늘여놓은 듯 떨어지는 폭포수가 곱디곱다. 특히 산수국이 피어나는 여름날의 시라이토 폭포는 말 그대로 선경이라 할 만하다. 이곳에서는 즐길거리와 먹을거리도 멋스럽다. 일본에서는 산천어를 야마메山女라 부르는게 이는 산의 여인이라는 뜻. 폭포 옆 상점에서 낚시도구세트(2,000엔)를 대여해서 푸른 자연을 벗 삼아 산천어 낚시를 즐길 수 있다. 여름에는 긴 수로에 면을 흘려보내 그릇에 담아 먹는 나가시 소면이 별미다. 근심걱정 잊고 신선놀음으로 한 때를 보내기 제격인 곳.

Data 지도 135E 가는 법 JR지쿠젠마에바루역에서 자동차 이용 시 25분 주소 糸島市白糸

비밀선물처럼 숲속에 숨어있는 현수교
가모 유라린코 다리
加茂ゆらりんこ橋

가모가와 계곡을 가로지르는 도보전용 현수교로 길이가 100m에 달한다. 상당히 큰 다리지만 한 마리 학을 닮은 모양새 때문에 의외로 청초한 느낌이 든다. 다리 위에 서면 산자락 너머로 바다가 살포시 얼굴을 내밀고 다리를 건너면 깜짝 선물처럼 폭포수가 쏟아진다. 산그늘 아래서 새와 계곡의 노래에 젖어보기 좋은 곳이다.

Data **지도** 135E **가는 법** JR지쿠젠마에바루역에서 자동차 이용 시 30분 **주소** 糸島市二丈福井

고즈넉한 분위기가 돋보이는
하코지마 신사 箱島神社

작은 섬 속에 숨은 듯 안겨있는 신사. 소박한 신사의 분위기와 고즈넉한 바다 풍경이 정겨워 한없이 머물고 싶어지는 곳이다. 신사에 봉납된 구멍 뚫린 대나무에 귀를 대면 귓병이 낫는다는 전설이 전해진다. 전설이 사실인지 아닌지는 모르겠지만 신사를 둘러싼 솔숲의 바람소리와 파도소리가 기계음에 길들여진 귀에 청량한 기운을 불어넣는다.

Data **지도** 135F **가는 법** JR지쿠젠마에바루역에서 자동차 이용 시 10분 **주소** 糸島市二丈浜窪86

아무리 먹어도 줄지 않는 마법의 우동
마키노 우동 가후리본점 牧のうどん加布里本店

규슈에서 인기를 모으고 있는 마키노 우동의 본점. 마키노 우동의 가장 큰 특징은 면이 국물을 급속히 빨아들인다는 점. 국물을 흡수하는 만큼 면이 계속 불어나니 아무리 먹어도 면이 줄지 않는 것처럼 보인다. '마법의 우동'이라는 애칭도 그래서 생겼다. 국물이 줄어들어 면만 남게 되면 주전자에 담긴 육수를 더 부어 먹으면 된다. 두 번째 육수를 부어도 면은 국물을 계속 빨아들인다. 다시마와 가다랭이포로 우린 육수 덕분인지 면은 시간이 지날수록 감칠맛이 진해진다. 육수를 그렇게 많이 빨아들였음에도 부드러우면서도 쫀듯함을 유지하는 면발이 신기로울 따름이다. 급속히 부는 면이 싫다면 주문할 때 불지 않는 면을 선택할 수도 있으니 기억해 둘 것.

Data 지도 135F 가는 법 가후리역에서 도보 10분 운영시간 09:00~24:00 가격 우엉튀김우동 430엔, 가라아게우동 500엔, 김치우동 550엔, 카레우동 590엔 홈페이지 www.makinoudon.jp

밥 한 그릇에 담긴 생선 만찬
시마 해물덮밥집 志摩の海鮮丼屋

이토시마를 대표하는 해산물 직매장인 시마노시키志摩の四季 나에 자리 잡은 식당. 신선한 해산물들이 모이는 곳이니만큼 이 집에서 사용하는 생선의 질은 보장된 셈. 식당 입구에 걸려있는 메뉴판에는 그날 사용하는 생선의 이름이 적혀 있다. 해물덮밥의 형식은 같지만 덮밥에 오르는 생선은 시기와 날짜에 따라 달라진다. 저렴한 가격에 비해 싱싱한 생선회가 푸짐하게 올라간 해물덮밥은 보기만 해도 흐뭇하다. 덮밥에 올라간 꽤 두툼한 생선회는 따로 먹어도 좋지만 간장을 뿌려 해초, 밥과 함께 먹으면 더욱 맛있다. 탄력 있는 생선과 아삭한 해초의 식감이 입에 착 감긴다.

Data 지도 135D
가는 법 JR지쿠젠마에바루역에서 자동차 이용 시 10분
주소 糸島市志摩津和崎 33-1 志摩の四季 전화 092-327-4033
운영시간 11:00~14:30
가격 이토시마산 해물덮밥 1,610엔, 해물텐동 1,320엔

입에 넣자 살살 녹는 카이덴야키
가도야 식당 角屋食堂

100년의 전통을 지닌 식당. 어릴 적 어머니의 손을 잡고 가서 즐겼던 맛을 그대로 간직하고 있다 하여 이 지역 사람들에게 인기가 높다. 가이텐야키는 이 집에서만 맛 볼 수 있는 빵. 카스텔라 풍의 부드러운 빵 안에 성긴 팥 앙금이 듬뿍 들어가 있다. 입 안에서 스르르 녹는 달달한 맛에 자꾸 손이 가지 않을 수 없다. 여행 중 간식거리로 챙겨가기 제격이다.

Data 지도 135D 가는 법 지쿠젠마에바루역 북구에서 도보 4분 주소 糸島市前原中央3丁目20-1 전화 092-322-2214 운영시간 10:00~20:00, 월 2회 일요일 부정기 휴무

싱싱한 굴 구이의 유혹
가키고야 カキ小屋

이토시마의 굴은 유독 알이 크고 탱글탱글한 것으로 유명하다. 겨울이면 이토시마 곳곳의 어항에는 가키고야라하여 포장마차식 굴구이 집들이 문을 연다. 그중 기시신마치어항岐志新町漁港의 가키고야는 규모도 가장 크고 주변 풍경도 아름답다. 가게마다 운영방식이 조금씩 다르지만 굴 가격은 동일하다. 해마다 가격이 달라지긴 하지만 보통 1kg당 800엔 정도니 부담 없이 즐길만하다. 차가운 날씨에 불로 구워 먹는 이토시마의 굴은 그야말로 진미! 가리비, 새우 등의 해산물과 주먹밥을 추가주문하면 근사한 해산물 만찬을 즐길 수 있다.

Data 지도 135C 가는 법 지쿠젠마에바루역에서 자동차 이용 시 20분 주소 糸島市志摩岐志778-5 전화 이토어업협동조합 092-328-2311 운영시간 매년 10월 하순~4월

인생에 대한 단상을 부르는 소금푸딩
공방 돗탄 工房とったん

바닷가로 난 비포장 길을 덜컥거리며 달려야 만날 수 있는 소금 공방. 내해와 외해가 만나는 바다에서 끌어올린 해수는 대나무 가지를 매단 여과기를 거치며 농축된다. 이 물을 커다란 철 솥에 넣고 장작불로 한참을 끓여야 한 동이의 미네랄 함량이 높은 소금이 만들어진다. 소금의 제조과정도 독특하거니와 사색적인 조형물들이 서 있는 공방의 바닷가 자리는 참 운치 있다. 그곳에 앉아 맛보는 소금도, 그 소금으로 만든 푸딩의 맛도 각별하다. 달고 짜고 쓴 인생이 모두 담긴 맛이랄까. 그곳에서만 허락된 분위기와 맛은 여행에 긴 여운을 남긴다.

Data **지도** 135C **가는 법** 지쿠젠마에바루역에서 자동차 이용 시 35분 **주소** 糸島市志摩芥屋3757 **전화** 092-330-8732 **운영시간** 10:00~17:00, 악천후 시 휴무 **요금** 꽃소금 플레인 푸딩 세트 2,800~2,900엔, 소금(50그램) 486엔

초콜릿 맛이 나는 달달한 간장푸딩
기타이 간장 北伊醬油

전통방식을 고집하고 있는 오래된 간장 공장. 100년 넘게 사용하고 있는 거대한 삼나무 통에서 수년 간 숙성시킨 간장을 내놓는다. 이 집 간장을 이용하는 주된 고객이 전문 요리사들이라니 그 맛과 질은 이미 보증된 셈. 이집을 들른 여행자들은 약속이나 한 듯 간장과 더불어 간장푸딩을 사들고 가게 앞 바다에서 뚜껑을 연다. 오래 묵은 간장 일수록 짜거나 쓰지 않고 달달해 지는 법. 푸딩에도 오래된 간장의 맛이 그대로 배어있다. 간장향이 은근히 밴 푸딩의 맨 마지막 캐러멜 층은 초콜릿 이상으로 달달해 여행자의 넋을 놓게 한다.

Data **지도** 135D **가는 법** 지쿠젠마에바루역에서 자동차 이용 시 17분 **주소** 糸島市志摩船越84 **전화** 092-328-2204 **운영시간** 08:00~17:00, 토, 일 휴무 **요금** 기타이간장(900ml) 1,050~1,400엔, 쇼유프린(6개 세트) 2,460엔

이토시마

Saga
By Area
························
사가현
지역별 가이드

01 가라쓰
02 우레시노
03 사가
04 다케오
05 오기·이마리·아리타·가시마·다쿠·겐카이도스·요시노가리

Saga by Area

01

가라쓰

唐津

사가현 북서부에 위치한 가라쓰는 한반도와 관련된 역사 유적이 많고, 해안 절경이 아름답기로 유명하다. 청정 해역에서 잡아 올린 오징어로 유명한 요부코는 규슈 내에서도 미식가들이 즐겨 찾는 명소. 해변을 따라 100만 그루의 해송이 우거진 니지노마쓰바라는 '일본의 3대 송림' 중 하나로 꼽히는 힐링 숲이다. 도요토미 히데요시가 조선 침략의 전초 기지로 삼았던 히젠나고야 성터와 무령왕의 탄생 설화가 깃든 가카라섬 등이 오롯이 남아 있는 여행지이다.

가라쓰
미리보기

가라쓰는 한반도 관련 역사를 되돌아보기 좋은 여행지이다. 바다로 둘러싸여 있어 해산물 요리도 독특하고 맛있다. 역사 유적지와 아름다운 바닷길을 따라 걷는 규슈 올레 가라쓰 코스는 심신을 충전시키는 길이다.

SEE

해안을 따라 펼쳐지는 무지개 송림 니지노마쓰바라는 한 번쯤 꼭 걸어봐야 한다. 학이 춤추는 모습을 닮았다는 가라쓰성에서는 가라쓰 시내를 한눈에 조망할 수 있으니 반드시 올라가 보자. 가라쓰역 인근에 들어선 히키야마 전시장에서 출발해 가라쓰 신사와 구 다카토리 주택, 도자기거리 등을 돌아본 후 가가미산에 올라 전망을 즐겨보자. 규슈 올레 가라쓰 코스도 놀멍쉬멍 걸어본다.

EAT

가라쓰는 산해진미가 넘치는 고장. 시내 중심에서 약 30분 거리에 있는 요부코는 한치회로 유명하다. 신기하리만큼 투명한 한치회는 눈으로 즐기고 입으로 먹는다고 표현해야 할 정도. 잘게 썬 오징어를 만두소로 넣은 이카슈마이는 입에서 살살 녹는다. 가라쓰 시장 안에 위치한 식당 가와시마에서는 두부의 색다른 변신을 기대할 수 있다. 올레 코스 종착점 하도곶의 소라구이와 오징어구이는 올레꾼들에게만 허락된 진미다.

BUY

사가규로 만든 카레 한 봉지쯤은 장바구니에 꼭 담아보자. 우리나라에서 파는 레토르트 카레와는 다르다. 1인분 포장에 700엔 정도로 싸지만 한 끼 식사로 충분할 정도의 영양과 맛이 담겨 있다. 가라쓰역에서 팔고 있는 에키벤은 가라쓰를 떠나며 간식으로 챙길 만하다. 요부코 아침시장에 들렀다면 성게젓갈이나 오징어젓갈 같은 해산물 조리 식품을 사보자. 가라쓰의 전통 축제 '가라쓰군치'에 등장하는 히키야마를 본뜬 캐릭터는 기념품으로 인기가 많다.

SLEEP

오랜 전통을 이어온 료칸에 머물거나 니지노마쓰바라 주변 호텔을 이용하자. 일본의 전통과 문화를 제대로 체험하는 동시에 정성이 가득한 가이세키 요리를 체험하는 료칸은 그야말로 색다른 여행을 선사한다. 비용이 다소 들더라도 한 번쯤 이용할 것을 제안한다. 가라쓰는 그리 큰 도시가 아니기 때문에 호텔 가격이 부담스럽지 않다. 해변에서 가까운 호텔은 아침에 해변과 송림 주변으로 산책할 수 있어 만족스럽다.

가라쓰 찾아가기

어떻게 갈까?

후쿠오카공항 국제선 터미널에 도착하면 5~8분 간격으로 운행되는 무료 셔틀버스를 타고 국내선 터미널로 이동한다. 고속버스 매표소는 셔틀버스 국내선 터미널 정류장 바로 앞에 위치한다. 가라쓰행 고속버스는 매표소 바로 앞 승강장에서 탑승한다. 승강장 입구에 한글 안내판이 잘 적혀 있어 불편함이 없다. 후쿠오카공항에서 가라쓰 버스센터까지 약 1시간 20분 소요. 열차를 이용할 경우 국내선 터미널 지하에 위치한 지하철역에서 출발하는 JR지쿠히선 열차를 탑승한다. JR지쿠히선 후쿠오카공항과 가라쓰행은 통근 시간대에는 20분마다, 낮 시간은 30분마다 있다. 쾌속열차는 아침 3회, 저녁 2회 운행한다. 보통 열차를 탈 경우 JR가라쓰역까지 약 1시간 30분 정도 걸린다(편도 요금 1,200엔). 사가공항을 이용할 경우 공항 셔틀버스를 이용해 JR사가역까지 이동, JR사가역에서 가라쓰행 기차를 타면 된다. 자동차로 이동할 경우 사가공항에서 가라쓰까지 1시간 20분 정도 소요된다. 후쿠오카에서 버스로 가라쓰로 이동하려면 후쿠오카공항 국내선 정류장, 하카타 버스센터, 텐진 버스센터에서 탑승하면 된다.

어떻게 다닐까?

가라쓰 명소는 도보로 다녀도 무리가 없는 시내 중심부와 요부코처럼 시내에서 멀리 떨어진 외곽 코스로 나뉜다. JR 가라쓰역에 도착하면 곧바로 역 구내에 자리한 관광 안내소를 찾아가자. 그곳에는 한글판 여행 지도와 여행지 안내책자, 버스 시간표까지 다양하게 비치되어 있다. 규슈 올레 가라쓰 코스에 관한 안내서도 있으니 반드시 챙기자. 가라쓰역에서 출발해 거리와 골목 사이에 들어선 근대문화유산, 가라쓰 도자기거리에는 한글 안내판이 있어 쉽게 찾아갈 수 있다. 가라쓰 시내에서 시 외곽으로 가려면 가라쓰 시청 바로 옆의 가라쓰 버스센터에서 버스를 타면 된다. 요부코행 버스는 잦은 편이다. 규슈 올레 가라쓰 코스의 시작인 사가현립 나고야성 박물관과 하도곶으로 가는 버스의 경우 직통과 요부코 환승 노선이 있다. 직통 노선이 편하지만 매우 드문 편이니 버스센터에서 목적지에 가장 빨리 도착할 수 있는 노선을 문의한 후 해당 버스를 이용하는 것이 좋다. 올레를 걷지 않을 경우에는 택시를 이용해 찾아가고 돌아올 때 버스를 이용하는 것도 방법이다.

가라쓰
📍 1일 추천 코스 📍

가라쓰는 고풍스러운 시가지 골목 사이로 역사 유적과 맛집이 가득하다. 시가지 외곽은 니지노 마쓰바라! 백사청송에 드는 순간 힐링 타임이 시작 된다.

가라쓰역 관광 안내 센터에서 여행 정보와 에키벤 챙기기

→ 도보 6분

나카자토 다로에몬 도방에 들러 도자기 관람하기

→ 도보 14분

히키야마 전시장에 들러 히키야마 관람하기

↓ 도보 7분

니지노마쓰바라를 걸으며 힐링하는 시간 갖기

← 도보 20분

가라쓰성에서 풍경 조망하기

← 도보 11분

일본의 근대식 건물 구 다카토리 주택 감상하기

| 가라쓰 시내 |

소나무 숲 트레킹 제대로 해볼까?
니지노마쓰바라 虹の松原

니지노마쓰바라는 푸른 바다와 흰 모래 해변, 초록의 소나무 숲이 마치 무지개를 연상시킨다 하여 지어진 이름이다. 400여 년 전 가라쓰 영주가 방풍림으로 조성한 것으로 현재 5km에 걸쳐 100만 그루의 해송이 빽빽하게 들어차 있다. 일본에서는 '아름다운 풍경 50선'에 들 정도로 명성이 자자하다. 시즈오카현의 미호노마쓰바라三保の松原, 후쿠이현의 쓰루가시의 게히노마쓰바라氣比の松原와 함께 일본의 3대 송원으로 꼽힌다. 국가의 특별 명승으로 지정되었을 뿐만 아니라 NHK 방송 투표를 통해 '21세기에 남기고 싶은 일본의 풍경' 5위에 등극할 정도로 사랑받는 곳이다. 해마다 일본 내에서도 많은 관광객들이 이 숲을 걷기 위해 찾아온다. 송림 사이로 나있는 트레킹 코스를 따라 걸으면 심신의 피로가 한방에 가신다. 해안과 가까이 인접해 있는 송림에서는 해안 풍경까지 즐길 수 있다.

Data 지도 151F 가는 법 JR니지노마쓰바라역 바로 앞. JR가라쓰역에서 도보 20분 주소 唐津市鏡

춤추는 학의 모습을 닮은
가라쓰성 唐津城

소나무 숲이 활시위처럼 펼쳐진 니지노마쓰바라 서쪽에 우뚝 솟은 가라쓰성은 춤추는 학의 모습을 닮았다 하여 '무학성'이라 불리기도 한다. 이 성은 임진왜란과 정류재란에 패망한 후 히젠나고야성을 허물면서 그 돌을 이용해 지은 것으로 알려진다. 입구에서 성까지는 경사형 엘리베이터를 이용하거나 계단을 따라 걸어 오르는 방법이 있다. 성의 맨 꼭대기에 위치한 천수각에는 층별로 디지털 영상 기술을 접목해 가라쓰의 역사와 도자기 등을 흥미진진하게 보여준다. 5층 전망대에 오르면 도시 전체와 대한해협 풍경이 파노라마로 펼쳐진다. 봄이면 벚꽃이 만발해 나들이객으로 붐빈다. 가라쓰성 뷰 포인트는 성 아래 위치한 마이즈루 다리. 이곳에서 바라보는 성의 야경은 한 폭의 그림처럼 아름답다.

Data 지도 151B 가는 법 JR가라쓰역에서 도보 10분 주소 唐津市東城内8-1 전화 0955-72-5697 운영시간 09:00~17:00(12월 29~31일 휴일) 요금 천수각 입장료 어른 500엔, 어린이 250엔, 엘리베이터 사용료 100엔, 망원경 사용료 100엔

전망도 즐기고 슬픈 설화도 듣는
가가미산 鏡山

284m의 가가미산은 옛날 진구 황후가 산 정상에 거울을 모셨다는 전설에서 유래한 산으로 가라쓰 시내 중심부에서 가장 높다. 산 정상에 위치한 전망대에 오르면 푸른 바다와 수많은 섬들, 니지노마 쓰바라, 가라쓰 경정장(보트장) 등을 두루 조망할 수 있다. 맑은 날이면 나가사키현 이키섬까지 바라 볼 수 있을 정도로 전망이 좋다. 전망대 입구에는 마쓰우라 사요히메의 동상이 세워져 있고, 동상 아래에 그녀의 슬픈 사연이 간략하게 적혀 있다. 전망대 아래 공원에는 잉어 떼가 유영하는 연못과 그 주변으로 꽃길이 조성된 산책로가 있다. 도로 입구에서 산 정상까지는 자동차 도로 외에 3개의 산책 로가 이어진다. 등산로 입구에서 산 정상까지는 자동차로 10분, 걸어서는 30~60분 정도 소요된 다. 가라쓰 시내에서는 택시로 이동하는 것이 편하다.

Data 지도 150B 가는 법 JR니지노마쓰바라역에서 도보 30분. JR가라쓰역에서 택시로 10분
주소 唐津市鏡山 전화 0955-72-9127 운영시간 24시간

TIP 전설의 여인, 마쓰우라 사요히메

마쓰우라 사요히메松浦佐用姬는 '일본 3대 슬픈 전설'에 등장하는 여주인공이다. 전설에 따르면 백제 가 멸망하기 직전 일본에 원군을 요청했다. 백제를 돕고자 한반도로 출정하기 위해 가라쓰에 당도한 원정군에는 오토모노 사데히코라는 청년이 있었다. 그를 사랑하게 된 사요히메는 연인을 전쟁터로 떠 나보내야 하는 슬픔을 이기지 못해 가가미산에 올라 걸치고 있던 옷을 흔들었다. 그녀는 대한해협을 건너는 연인을 따라 요부코의 가베섬까지 쫓아가지만 연인의 모습이 시야에서 멀어지자 울다 지쳐 망 부석이 됐다. 요부코의 다지마 신사에 전설의 망부석이 모셔져 있다.

석탄왕이 물려준 문화유산
구 다카토리 주택 旧高取邸

메이지 시대에 활약한 사가 번 출신 탄광 기술자 다카토리 고레요시高取伊好의 옛 저택으로 1998년 근대 일본식 건축물로 국가 중요문화재로 지정됐다. 다카토리 후손이 가라쓰에 기증 후 복원 과정을 거쳐 일반인에게 공개되었다. 옛 주인의 명성을 기억하며 건축물과 정원의 아름다움에 취해볼 수 있는 명소로 가라쓰 여행의 필수 코스이다. 건물 내부의 장식과 유리창 밖으로 펼쳐지는 정원, 오히로마동에 있는 노能 무대에는 가문의 옛 명성이 고스란히 배어 있다. 일본에서 가장 오래된 가면극인 노는 노래와 춤으로 엮어진다. 1910년부터 1930년대까지 일본의 대저택에서는 노 무대가 종종 설치되곤 했었는데, 지금까지 남아 있는 곳은 구 다카토리 주택이 유일하다. 곳간과 목욕탕, 와인 저장소 등 옛 모습을 고스란히 간직하고 있다.

Data 지도 151B 가는 법 JR가라쓰역에서 도보 10분 주소 唐津市 北城内5-40 전화 0955-75-0289 운영시간 09:30~17:00(16:30 입장 마감).월요일 휴관 12월 29~1월 3일 휴관 요금 어른 520엔, 어린이 260엔

메이지 시대의 명품 주택
구 오오시마 주택 旧大島邸

가라쓰에서 구 다카토리 주택과 쌍벽을 이루는 명치 시대의 가옥. 다카토리가 석탄왕이었다면 이 집의 주인인 오시마는 금융왕이었다. 사가현을 여행하다 보면 종종 '사가 은행'을 볼 수 있는데, 오시마는 바로 사가 은행의 전신인 가라쓰 은행의 설립자다. 오시마는 금융뿐만 아니라 철도와 도로 건설, 항만 정비, 전기 부설 등에 힘을 쏟아 가라쓰 근대화에 많은 기여를 했다. 1893년 완성된 주택은 메이지 시대 중기에 지어진 고급 저택 중에서도 일본 전통 양식을 따른 정원과 건물 구성이 뛰어난 것으로 평가받는다. 건물에서 가장 눈에 띄는 것은 건물 곳곳을 장식한 그림과 섬세한 장식이다. 황금빛 바탕에 그린

제비나 나무판 위에 부조한 나뭇잎 장식 등은 그대로 한편의 훌륭한 회화다. 저택 전체를 돌아보면 미술관을 산책한 느낌이 든다.

Data 지도 151A 가는 법 가라쓰역에서 도보 10분 주소 唐津市南城内4番23号 전화 0955-73-0423 운영시간 09:00~17:00(매주 수요일, 수요일이 공휴일인 경우 목요일, 12월 29일~1월 3일 휴관) 요금 100엔

가라쓰 군치 캐릭터를 만나다
히키야마 전시장 曳山展示場

가라쓰 최고의 축제 '가라쓰 군치'에 등장하는 14대의 히키야마를 전시하는 곳이다. 히키야마는 사자, 용 등 상상의 동물을 움직일 수 있는 수레로 제작한 것. 일본의 전통 종이 200장 이상을 겹쳐 바른 후 옻칠을 해 완성시킨 귀한 문화재다. 1819년부터 약 50년에 걸쳐 각 마을별로 15대가 제작되었는데, 지금은 14대의 히키야마만 전해지고 있다. 축제 때 주민들은 가라쓰 신사에 봉납할 봉물을 히키야마에 실어 거리 곳곳을 행진한다. 전시장에서는 각각의 히키야마에 대한 설명과 더불어 가라쓰 군치를 영상으로 관람할 수 있다. 이곳에서 판매하는 히키야마 캐릭터 상품은 여행자들에게 단연 인기!

Data 지도 151A 가는 법 JR가라쓰역에서 도보 5분 주소 唐津市西城内6-33 전화 0955-73-4361
운영시간 09:00~17:00(입장 마감 16:40), 11월 2~4일, 12월 29~31일 휴일
요금 어른 310엔, 4~14세 150엔 홈페이지 www.karatsu-bunka.or.jp

TIP 규슈의 최고 축제, 가라쓰 군치 唐津くんち

매년 11월이면 전시장 속의 히키야마들이 거리로 뛰쳐나온다. 일본 3대 군치(축제) 중 하나인 가라쓰 군치가 열리는 것! 신에게 봉납할 봉물을 실은 14대의 히키야마가 가라쓰 곳곳을 행진하는데, 징, 북, 피리 등의 흥겨운 장단에 맞춰 히키야마를 끄는 청년들의 뜨거운 구호가 가라쓰를 열광의 도가니로 몰아넣는다. 이 장관을 구경하기 위해 모여든 주민들과 관광객들 때문에 걸음을 걷기 힘들 정도다. 인산인해를 이루는 거리에는 갖가지 노점상이 들어서 먹을거리도 풍년! 참고로 '군치'는 한국어의 '큰 잔치'에서 어원이 비롯되었다는 설이 있다. 축제 기간은 매년 11월 2일부터 4일까지 3일간. 그러나 소중한 문화재인 히키야마를 보호하기 위해 비가 오면 축제는 취소된다.

가라쓰 도자기 명가

나카자토 다로에몬 도방 中里太郎右衛門陶房

가라쓰에는 60채의 가마가 가라쓰 도자기의 전통을 이어가고 있다. 나카자토 다로에몬은 14대째 내려오는 도자기 명가. 도방을 들어서면 마당 한 쪽에 세워진 11대 나카자토의 작품 '달마상'을 만날 수 있다. 세계적인 도예가 나카자토의 다로에몬 도방 안에는 2거의 도자기 갤러리가 있다. 제1전시장 안으로 들어가면 이 가문에서 제작된 생활용 도자기들을 하나하나 관람하게 된다. 회랑 건너편에 들어선 제2전시장에서는 이 가문의 진귀한 작품들을 만나볼 수 있다. 작품 앞에 명기된 가격표를 보면 절로 입이 벌어지지만 대작을 무료로 관람한다는 것만으로도 유쾌하다. 전시장에서 나와 도자기 거리를 따라 올라가다가 왼편으로 들어서면 국가 지정 사적인 나카자토 다로에몬의 노보리 가마(등요) 유적이 있다.

Data **지도** 151D **가는 법** JR가라쓰역에서 도보 5분 **주소** 唐津市町田3-6-29 **전화** 0955-72-8171
운영시간 09:00~17:30(수 · 목요일, 연말연시 휴무) **요금** 무료

TIP 가라쓰 도자기는 일본의 3대 도자기 중 하나로 400여 년의 역사를 간직하고 있다. 가라쓰 기시다케 산자락에 남아 있는 가마터는 가라쓰 도자기의 시초라고 알려진다. 가라쓰 도자기는 아리타 도자기와는 달리 질박하고 무채색을 띠는 것이 특징. 임진왜란 당시 조선의 도공들이 이곳으로 잡혀와 도자기 기술을 전파하면서 가라쓰 도자기 발전에 크게 기여했다고 한다. 다도 문화가 융성했던 히젠나고야성 다이묘들이 가라쓰 도자기 찻잔을 애용해 다도를 즐겼기 때문에 가라쓰 도자기가 유명해졌다고 한다.

가라쓰 근대문화유산
구 가라쓰 은행 旧唐津銀行

1912년에 준공된 건물로 빅토리아풍 건축 양식이 돋보인다. 객실마다 벽난로가 비치되어 있어 석탄을 연료로 사용하던 시절을 되새겨 준다. 메이지 시대 중기 이후 석탄 산업 발달과 철도의 보급으로 번성을 누렸던 가라쓰. 시에 재정 지원을 해주던 구 가라쓰 은행은 1997년까지 그 임무를 수행했다. 지금은 건축사와 역사 자료를 전시하는 전시실로 사용된다. 가라쓰의 근대화를 상징하는 이 건물은 가라쓰 출신 유명 건축가 다쓰노 긴고辰野金吾가 감수하고, 그의 제자 다나카 미노루田中寬가 설계했다. '메이지 시대의 건축왕'으로 손꼽히는 다쓰노 긴고는 가라쓰 번의 하급 번사의 아들로 태어나 성공한 입지전적인 인물. 그는 도쿄역과 일본 은행, 조선 은행 본점(현 한국 화폐금융 박물관), 구 부산역 등을 설계한 것으로 유명하다.

Data 지도 151A 가는 법 JR가라쓰역에서 도보 5분 주소 唐津市本町1513-15 운영시간 09:00~18:00 (12월 29~31일 휴관) 요금 무료 전화 0955-70-1717 홈페이지 www.karatsu-bank.jp

가라쓰 군치의 출발점
가라쓰 신사 唐津神社

히키야마 전시장 바로 앞에 위치한 신사로 나라 시대에 창건되었다고 전해진다. 매년 11월 2일부터 3일간 열리는 가라쓰 최대의 축제 '가라쓰 군치'가 이곳에서 시작된다. 고목으로 에워싼 경내 일각에는 소원을 적어 걸어놓은 에마繪馬가 가득하다. 가라쓰 시내 중심가에 자리한 신사를 들어서는 순간 우뚝 솟은 하얀 도리가 경건함을 더해준다. 일본에서는 입시 철마다 신사를 찾아 합격을 기원하는 발원문을 적은 에마를 신에게 바치는 풍습이 전해 내려온다.

Data 지도 151A 가는 법 JR가라쓰역에서 도보 5분 주소 唐津市南城内3-13

| 가라쓰 시외 |

일본 3대 아침시장
요부코 아침시장 呼子朝市

요부코는 과거 고래잡이로 번창했던 항구로 근래에는 한치와 오징어로 명성이 자자하다. 포구 뒤쪽 거리에서 열리는 아침시장은 일본의 3대 아침시장으로 손꼽힌다. 노점의 바구니와 매대 위에는 신선한 바다 향이 배인 해산물로 풍년이다. 한국의 양식 전복보다 저렴한 자연산 전복 앞에서는 깜짝 놀랄 수밖에 없다. 말린 오징어와 전갱이는 최고 인기 상품. 가게마다 맛이 다르니 시식 후 입맛에 맞는 것을 구입하는 게 요령이다. 시장거리 끝의 고래 조주 나카오가鯨組主中尾家에는 포경이 한창이던 시절의 유물들이 가득하다. 요부코항에서 자동차로 15분 달려 가베섬加部島으로 가면 도요토미 히데요시가 전승을 기원하며 세운 다지마 신사田島神社가 있다. 사요히메 공주의 슬픈 전설이 깃든 망부석도 이곳에서 만날 수 있다.

Data 지도 150A
가는 법 가라쓰 버스센터에서 요부코행 버스 탑승(30분 소요)
운영시간 07:30~12:00
(1월 1일 외 연중무휴)
주소 唐津市大字呼子朝市通り

임진왜란의 역사를 되짚어 보는
히젠나고야 성터 肥前名護屋城跡

히젠나고야 성터는 약 400년 전 일본을 통일한 도요토미 히데요시가 한반도를 비롯한 대륙 침략의 전초 기지로 삼기 위해 축조한 성이다. 이 성은 오사카에 있던 도요토미성에 비유될 만큼 거대하고 웅장했던 것으로 알려졌다. 도요토미는 전국의 다이묘를 불러 모아 조선 침략을 위한 군사 거점으로 삼았으나 정유재란 후 조선과의 평화 관계 회복을 위해 성을 허물었다. 성을 쌓았던 돌을 이용해 지금의 가라쓰성을 축성했다고 전해진다. 현재 성터에서는 성의 정문과 망루, 혼마루와 니노마루, 산노마루, 야마자토마루 등에서 옛 흔적을 찾아볼 수 있다. 성터 주변으로 당시에 집결했던 다이묘들의 진영터가 속속 발견되어 국가 특별사적으로 지정됐다. 성터에서 바라보면 백제 제25대 무령왕의 탄생 설화가 깃든 가카라섬이 떠 있다.

Data 지도 150A 가는 법 사가현립 나고야성박물관에서 도보 5분 주소 唐津市松浦郡鎮西町大字名護屋
운영시간 09:00~17:00(연말연시 휴무) 요금 무료

한반도의 역사를 새롭게 인식하는
사가현립 나고야성 박물관 佐賀県立名護屋城博物館

히젠나고야 성터 입구에 들어선 박물관. 한국의 박물관에 들어선 것으로 착각할 만큼 한반도 역사를 총괄적으로 전시하고 있다. 일본어와 한국어가 둘 다 병기돼 있어 관람이 편리하다. 전시관 중앙으로 이순신 장군의 상징인 거북선 모형이 보이고, 임진왜란과 정유재란을 통해 대거 일본으로 붙잡혀온 도공들의 이야기까지 자세히 적어놓았다. 고대부터 현대에 이르기까지 일본과 한반도의 교류사를 제법 균형 있게 다루고 있어 한국 관광객들에게 우호적이라는 인상을 준다. 이곳에는 고려 불화 '수월관음도水月觀音圖' 복사본이 전시돼 있다. 이 작품은 고려 불화 중 유일하게 높이가 4m에 이르는 대작으로 미술사적 가치가 높다. 진본은 가가미산 정상 가가미 신사에 소장돼 있다.

Data **지도** 150A **가는 법** 가라쓰 버스센터에서 하도곶행 버스 이용, 사가현립나고야성 박물관 입구 하차
주소 唐津市鎮西町名護屋1931-3 **전화** 0955-82-4905 **운영시간** 09:00~17:00 (월요일, 월요일이 공휴일이면 화요일, 12월 29~1월 3일) **요금** 무료 **홈페이지** saga-museum.jp/nagoya

TIP 모모야마 시대의 다도를 즐기는 찻집, 가이게쓰海月

400년 전 나고야 성 일각에 세워진 찻집에서는 무사들이 모모야마 시대의 전통 문화를 한껏 즐겼다고 전해진다. 매화를 비롯한 각종 식물들이 찻집 정원의 분위기를 돋운다. 찻집은 사가현립 나고야성 박물관에서 히젠나고야 성터를 들어서면 왼편 언덕 아래에 있다. 다다미방에서 녹차를 마시며 고요하기 짝이 없는 정원을 관조하는 시간은 몸과 마음이 한없이 편안하게 한다.

Data **요금** 1인 510엔 **운영시간** 09:00~17:00(마지막 입장 16:30), 수요일·12월29일~1월 3일 휴무
전화 0955-82-4384

용암과 파도가 일궈낸 해안 절경
나나쓰가마 七ツ釜

화산에서 솟구친 용암이 급격히 식으며 수 킬로미터에 걸쳐 육각, 팔각의 기둥으로 굳었다. 이렇게 형성된 수십 미터 높이의 주상절리에 드센 파도가 동굴을 깎았다. 나나쓰가마라는 이름도 주상절리로 파고든 7개의 해식 동굴이 가마를 닮았다 하여 붙여졌다. 코발트빛 바다를 마주한 절벽 속 동굴에서는 여의주를 물고 있는 용이 금방이라도 튀어나올 것 같다. 대자연의 긴장감과 아름다움이 절묘한 조화를 이룬 이곳은 국가 천연기념물로 지정되어 있다. 자동차로 여행할 경우 가라쓰 시내에서 30여 분 달리면 나나쓰가마에 닿는다. 7개의 동굴 중 5개만 볼 수 있지만 거북 등처럼 쩍쩍 갈라진 주상절리의 아름다움을 두발로 만끽할 수 있다. 도보 여행자는 버스가 드물고, 정류장에서도 30여 분 넘게 걸어야 하니 요부코항에서 유람선을 타는 게 현명하다. 마린파르 요부코에서 운영하는 유람선에 오르면 나나쓰가마의 신비로운 동굴 속까지 탐험할 수 있다.

Data 지도 150A 가는 법 가라쓰 버스센터에서 미나토湊 경유 요부코呼子행 버스(35분 소요) 탑승. 나나쓰가마 입구七ツ釜入口 정류장 하차 후 도보 30분. 요부코에서는 버스로 20분 또는 요부코항에서 유람선 승선 주소 唐津市横野 전화 마린파르 요부코マリンパル呼子 0955-82-3001 운영시간 3~11월 요금 유람선 어른 2,000엔, 어린이 1,000엔

✤ 역사도 알고 풍경도 즐기는, 규슈 올레 가라쓰 코스 ✤

2013년 12월 규슈 올레 가라쓰 코스가 개장했다. 총 길이 11.2km 코스로 약 4~5시간이 소요된다. 임진왜란과 관련된 히젠나고야 성터의 역사와 바다의 풍경을 두루 감상할 수 있다.

| 코스 소개 |

❶ 모모야마 천하시장 道の駅桃山天下市
도로 휴게소道の驛 모모야마 천하시장은 올레 코스의 시작점으로 지역 특산물 집합소다. 매장 안에서 걷는 도중에 먹을 수 있는 간식과 생수를 준비하자.

❷ 마에다 도시이에 진영터 前田利家陣跡 (0.2km)
도요토미 히데요시 정권의 중심. 진영터에는 돌층계와 깃대를 세운 돌이 남아 있다.

❸ 후루타 오리베 진영터 古田織部陣跡 (1.0km)
일본 다도 역사에서 독보적인 위치에 오른 다인이기도 했으며, 무사라기보다는 도예가로 더 알려진 영주 후루타 오베이의 진영터였던 곳으로 전해진다.

❹ 호리 히데하루 진영터 堀秀治陣跡 (2.1km)
16세의 어린 나이에도 불구하고 6천 명의 가신을 거느렸던 영주 호리 히데하루 진영터로 전해진다. 그는 한반도에 출정하지 않았던 것으로 기록된다.

❺ 구시미치 串道 (2.9km)
400년이 넘게 이 길을 통해 사람들이 오갔다고 한다. 임진왜란과 정유재란을 묘사한 그림에도 이 길이 등장할 정도로 유서 깊은 곳이다.

❻ 가이게쓰 茶苑海月 (3.7km)
16세기 후반에 완성된 다도 문화를 체험할 수 있는 곳으로, 모모야마 문화가 남아 있는 찻집이다. 입장료 500엔을 내면 정원을 바라보며 말차와 화과자를 맛볼 수 있다.

❼ 히젠나고야 성터 肥前名護屋城跡天守台 (4.5km)
국가 지정 특별사적. 도요토미 히데요시가 1592년에 쌓은 성으로 현재 돌담과 성터만 남아 있다. 이곳에서 바라보는 대한해협 풍광이 압권이다.

❽ 무기하라 촌락 麦原集落 (5.8km)
도요토미 히데요시 정권기의 농가 모습을 그대로 보여주는 곳. 도요토미 히데요시 정권기의 그림에도 묘사되었다.

❾ 히나타가마 唐津焼窯元炎向窯 (5.9km)
다인들로부터 사랑을 받았던 가라쓰 도자기를 굽던 마을. 조선의 도공들이 도자기를 굽던 가마와 갤러리를 둘러볼 수 있다.

❿ 사가현립 하도곶 소년자연의 집 波戸岬少年自然の家 (7.0km)
올레 코스를 종주한 후 쉬어갈 수 있는 휴식처이자 주변에 들어선 숲이 아름다운 숙소로 꼽힌다.

⓫ 우에스키 가게카쓰 진영터 上杉景勝陣跡 (8.5km)
한겨울에서 봄으로 넘어가는 시기에 수선화가 피어 향기로운 길을 안내하는 곳이다.

⓬ 하도곶 산책길 波戸岬遊歩道 (9.5km)
대한해협 최고의 전망 숲. 화산 폭발로 생긴 주상절리와 푸른 바다가 절경을 이루는 산책로.

⓭ 시마즈 요시히로 진영터 島津義弘陣跡 (10.1km)
숲이 울창해서 임진왜란과 정유재란 당시에도 조선군과 명군들이 가장 두려워했던 숲이라고 전해진다.

⓮ 하도곶 해변 波戸岬海辺 (11km)
규모는 크지 않으나 일본 환경성이 지정한 일본 100대 해변 중 하나로 꼽힐 정도로 청정 지역. 해변에 해수욕장이 들어서 있다.

⓯ 올레 코스 종착점 (11.2km)
소라구이 가게가 줄지어 있다. 서민 냄새 물씬 풍기는 해산물을 맛보면서 가라쓰 코스를 마무리 지어보자.

규슈 올레 가라쓰 코스

TIP 하도곶 波戸岬

하도곶은 대한해협을 사이에 두고 한반도와 가장 가까운 거리에 있는 곶岬이다. '하도'라는 말은 하트heart에서 왔다. 곶의 지형이 하트를 닮았기 때문이다. 곶 끄트머리에 '연인의 성지' 기념물이 세워져 있어 젊은 연인들도 이벤트를 위해 많이 찾는다. 근처에 들어선 겐카나다 해중 전망탑은 40여 년 전에 세워진 것. 전망탑 내부의 계단을 따라 내려가면 하도곶에서 서식하는 수중 물고기들의 신비로운 유영을 감상할 수 있다.

THEME

재미와 신비를 찾아 섬으로!

❖ 다카시마 & 가카라시마 高島&加唐島 ❖

가라쓰에는 이색적인 사연과 신비한 전설이 숨어 있는 섬들이 곳곳에 있다. 그중 주목할 곳은 복권 당첨의 행운을 준다는 다카시마와 백제의 무령왕이 탄생한 것으로 알려진 가카라시마다. 쪽빛 물결을 가르며 그 섬으로 향해 보자.

  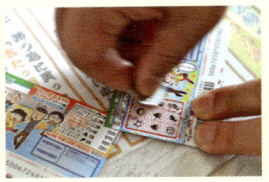

호토 신사에서 행운을 잡아 볼까?
다카시마 高島

어업을 생계로 살아가는 작은 섬마을이 유명해지게 된 것은 바로 호토 신사宝当神社 때문이다. 1990년대에 주민들이 복권을 구입하고, 이곳에서 당첨을 기원했는데 고액에 당첨되었다. 신사의 효험이 소문나면서 전국적으로 사람들이 찾게 되었다. 신사 안에는 이곳에서 기도를 한 후 복권에 당첨되었다는 편지가 무수히 전시되어 있다. 요즘엔 아예 복권 신사라는 애칭으로 불릴 정도. 뱃길 따라 한적한 섬 여행 겸 행운을 시험하기 위해 둘러보면 좋을 곳.

Data 지도 150B 가는 법 가가라쓰성 앞 목교 건너편에 있는 호토 부두宝当桟橋에서 배 타고 20분. 07:50부터 하루 6편 운항 주소 唐津市高島 요금 성인 편도 220엔

백제의 무령왕이 탄생한
가카라시마 加唐島

고구려 장수왕의 공격을 받던 개로왕이 구원병을 요청하러 동생을 일본에 보냈다. 이때 동행한 개로왕의 부인이 산기가 생겨 이 섬에서 무령왕을 출산했다고 전해진다. 이 전설 같은 이야기는 무령왕릉에서 발견된 유물들과 정황이 맞아떨어져 사실로 받아들여지고 있다. 섬에는 주민들이 신성시하고 있는 무령왕의 탄생지가 있으며, 무령왕이 탄생 후 첫 목욕을 했다는 샘물에서는 아직도 맑은 물이 솟는다. 1,500년 전의 타임캡슐을 앞에 두고 있자면 가슴이 뛴다.

Data 지도 150A
가는 법 요부코 아침시장 바닷가 거리의 끝 선착장에서 배를 타고 30분. 08:00부터 하루 4편 운항
주소 唐津市加唐島
요금 성인 편도 520엔

수백 년 전통의 두부 요리
가와시마 두부점 川島豆腐店

가라쓰 시장통에 200년 전통의 두부 요리집 가와시마가 자리한다. 공간은 비록 작지만 명성은 대단하다. 이 가게에서 선보이는 두부는 유럽의 치즈처럼 쫀득하다. 두부 정식을 주문하면 마시는 차부터 두부튀김, 된장국까지 온통 두부를 이용한 요리가 등장해 감탄을 자아낸다. 대바구니에 담아내는 두부는 원하는 만큼 더 먹을 수 있다. 마지막에 나오는 두부푸딩마저도 담백하고 깔끔해 탄성을 지르게 한다. 식당 앞에는 두유와 두부를 살 수 있는 매장도 있다. 가라쓰 유명 료칸 요요카쿠에서도 이곳 두부를 이용하는 것을 내세울 만큼 가라쓰의 자부심이 깃든 곳이다.

Data 지도 151D 가는 법 JR가라쓰역에서 도보 5분
주소 唐津市京町1775 전화 0955-72-2423 운영시간 08:00~18:30
가격 두부 정식 2,200엔 홈페이지 www.zarudoufu.co.jp

침샘을 자극하는 꼬치구이의 신세계
마타베 又兵衛

꼬치구이 전문점. 식당 안으로 들어서자마자 직화로 구워내는 꼬치구이 냄새가 침샘을 자극한다. 시쳇말로 육·해·공을 망라하는 다양한 꼬치구이가 구비되어 있어서 골라먹는 재미가 쏠쏠하다. 일본어가 서툴거나 꼬치구이 집 방문이 처음이라면 여러 종류의 꼬치구이를 우선 하나씩만 주문하자. 그 후 입맛에 맞는 꼬치구이를 추가 주문해 먹으면 된다. 평소 족발을 좋아하는 사람이라면 족발구이를 놓치지 말자. 겉은 바삭하고 속은 촉촉한 족발구이에 레몬즙을 뿌려주는데, 입에 가져가는 순간 '크레이지'라는 탄성이 절로 나온다.

Data 지도 152B 가는 법 JR가라쓰역에서 도보 10분 주소 唐津市材木町2106-36 전화 0955-72-3231
운영시간 17:00~23:00 가격 꼬치구이 200엔부터~

가라쓰 사람들은 어디서 밤을 즐길까?
덴구자야 天狗茶屋

창업한지 30년 이상 된 선술집으로 가라쓰 시민들이 즐겨 찾는 곳이다. 옛날 건물을 그대로 이용해 높은 천장과 대들보가 고스란히 드러나 선술집의 운치를 돋보이게 한다. 가라쓰 지역의 신선한 해산물과 제철 재료를 사용해 평범한 요리도 맛깔스럽게 내놓는다. 싱싱함을 기본으로 하는 회는 물론 안주용 쓰케모노(소금에 절인 채소) 하나에도 정성스러움이 가득 배어 있다. 훈훈한 인심과 활기찬 술집 분위기도 기분을 업 시킨다. 가격대도 비교적 저렴한 편. 사가의 명주를 골고루 담아내는 술잔 세트도 재미있다. 주방장 추천 코스 오마카세 코스도 추천한다.

Data 지도 151D
가는 법 JR가라쓰역에서 도보 2분
주소 唐津市紺屋町1670
전화 0955-74-4955
운영시간 17:30~22:00
(마지막 주문 22:00), 일요일 휴무
가격 오마카세 코스 2,500엔
홈페이지 people-i.ne.jp/~tengu

근대 건축을 감상하며 즐기는 식사
하나하나야 hanaはな家

지어진 지 90년 넘는 일본 가옥을 개조하여 카페와 식당으로 사용해 가게의 분위기가 남다르다. 활달한 주인 덕에 식사 시간이 밝고 쾌활하다. 건물 안쪽으로 들어가면 정원이 아름다운 방이 나온다. 꽃을 얹은 밥과 탕수육, 소의 혀를 요리한 단품 요리를 맛볼 수 있다. 싱싱한 생선과 제철 채소를 사용하는 일본식 가정 요리를 판매한다. 예스럽고 소박한 멋이 있는 실내 분위기와 가라쓰 도자기에 정성껏 담아내는 주인장의 센스도 고품격이다. 가격이 비교적 저렴하다는 것도 큰 장점. 식당 내부에는 카페 공간도 있고, 제빵을 비롯해 오감으로 맛보는 요리를 테마로 한 요리 교실이 개최되기도 한다.

Data 지도 151D 가는 법 JR가라쓰역에서 도보 3분 주소 唐津市中町1868 1F 전화 0955-74-2454 운영시간 카페 10:00~14:00, 런치 11:30~14:00, 저녁 17:00~23:00 가격 커피 500엔, 브런치 세트 1,000엔~, 단품 요리 700엔~ 홈페이지 www.nakamachicasa.com/hana

바다향 물씬한 뿔소라를 맛볼 수 있는

하도곶 소라구이집 サザエのつぼ焼き

규슈 올레 가라쓰 코스 종착점 하도곶 해변과 마주하고 있는 소라구이 포장마차. 오독오독한 식감과 상큼한 바다향이 나는 뿔소라를 특제 양념을 가미해 화롯불에 구워낸다. 가라쓰의 명물인 오징어구이도 빼놓을 수 없다. 시치미를 듬뿍 뿌린 마요네즈에 찍어먹는 오징어구이의 풍미는 각별하다. 포장마차마다 시식 가능한 다양한 젓갈도 판매하는데, 의외로 한국인의 입맛에도 딱 맞는다.

Data 지도 151A **가는 법** 하도미사키 입구에 위치 **주소** 唐津市鎮西町波戶1616-1 **전화** 0955-82-4774
운영시간 3월 중순~10월 09:00~18:00, 11월~3월 중순 09:30~17:00, 1월 1일 휴무
가격 소라구이 한 접시 800엔~, 오징어구이 1마리 500엔~1

여기는 수중 식당

만보 萬坊

가라쓰는 일본에서도 손꼽히는 한치와 오징어의 고장. 특히 한치잡이의 전초 기지인 요부코항에는 최고의 한치회를 즐기려는 미식가들이 몰려든다. 회를 뜨는 시간은 길어야 2~3분. 전광석화처럼 회를 떠낸 후 한치의 본래 모양 그대로 그릇에 담아낸다. 회를 다 먹은 후 다리 부위는 소금구이 또는 튀김으로 선택해 맛볼 수 있다. 요부코의 많은 식당 중 만보는 가장 싱싱한 한치와 수중 식당이라는 이색적인 분위기로 최고의 인기를 누리고 있다. 다만 요부코항에서도 외딴곳에 있어서 도보 여행자가 찾아가기에는 힘들

다. 만보는 드물지만 준비된 한치와 오징어가 모두 소진되면 일찍 문을 닫기도 한다. 수중 레스토랑이라 날씨가 나쁘면 임시 휴점할 수도 있다. 바람이 세고 폭우가 내리면 전화 문의 후 방문할 것.

Data 지도 150A **가는 법** 요부코항에서 쇼와버스 타고 요부코 대교呼子大橋 정류장 하차, 도보 3분
주소 唐津市呼子町殿ノ浦1946-1 **전화** 0955-82-5333 **운영시간** 평일 11:00~16:00, 토·일요일 10:30~17:00, 일 휴무 **가격** 한치회 코스 3,300엔(세금 포함) **홈페이지** www.manbou.co.jp

붕어빵? 도미소금구이!
나가사키소 長崎莊

100년 전통의 료칸. 예약을 해야 식사를 할 수 있는 번거로움이 있지만, 그럼에도 사람들이 이 집을 찾는 이유는 가라쓰에서 명물로 소문난 도미소금구이 때문이다! 커다란 도미 한 마리에 소금을 뿌려 구워낸 모양새가 한국의 붕어빵과 비슷하다. 도미의 흰 속살을 먹기 위해서는 겉을 둘러싼 단단한 소금을 나무망치로 탕탕 깨야 하는데, 그 과정이 특히 재미있다. 소금에 구워낸 도미는 전혀 비리지 않고 담백하다. 도미소금구이 외에도 제철 식재료로 내는 음식들도 맛있다.

Data **지도** 151A **가는 법** 가라쓰 신사 맞은편
주소 唐津市西城内唐津神社前 **전화** 0955-72-2254
운영시간 11:00~21:00(연중무휴) **가격** 도미소금구이 5,500엔, 제철 식재료로 차려내는 런치 3,850엔

가라쓰 시내에서 즐기는 오징어회
겐요 玄洋

일본에서 가라쓰하면 가장 먼저 오징어를 떠올린다. 쪽빛 바다를 굽이돌며 드라이브를 즐기다 요부코에 이르러 맛보는 오징어는 달달하면서도 입에 착 달라붙는다. 하지만 도보 여행자들에게 요부코까지의 여정은 부담스럽다. 가라쓰 시내만 여행하는 사람들이라면 겐요를 기억해두자. 제 모양 그대로 뜬 오징어회를 맵시 곱게 한 상 차려낸다. 몸통 부분의 회를 다 먹고 나면 오징어 다리는 손님의 취향에 따라 튀김 혹은 소금구이로 요리해준다. 오징어회에 곁들여 나오는 오징어만두도 가라쓰의 별미다. 사람들은 고소한 맛이 나는 만두피가 오징어인 줄 아는데, 사실 만두피는 밀가루 반죽이고 만두 속을 오징어로 만들었다.

Data **지도** 151A
가는 법 JR가라쓰역에서 도보 6분
주소 唐津市北城内1-16
전화 0955-70-1500
운영시간 11:30~14:00, 17:00~20:30, 연중 무휴 **가격** 오징어회 3,800엔, 가이세키 요리 5,500엔~

BUY

가라쓰 에키벤 꼭 챙기기
만보 가라쓰역점 萬坊JR唐津驛店

JR가라쓰역 구내에 들어선 에키벤 가게. 요코카의 유명한 한치회 전문점 만보의 가라쓰역 지점이다. 가라쓰산 해산물과 재료를 이용해 도시락을 만든다. 규슈의 유수 에키벤 대회에서 수상했을 정도로 맛을 자부한다. 가라쓰의 신선한 맛이 제대로 살아있는 데키벤에는 주먹밥 세트와 이카슈마이가 판매된다. 간식용으로도 챙기기 좋은 이카슈마이를 주문하면 즉석에서 맛볼 수 있도록 찜기에 쪄주기도 한다. 6개 단위로 포장된 이카슈마이는 눈 깜짝할 사이에 먹어치울 수 있으니 넉넉히 구입하는 게 좋다.

Data 지도 151D
가는 법 JR가라쓰역 구내
주소 唐津市新興町2935-1
전화 0955-75-1088
운영시간 09:00~18:30
가격 에키벤 1,150엔~
홈페이지 www.manbou.co.jp

가라쓰 특산품이 모두 여기에
가라쓰 고향관 아르피노 唐津市ふるさと会館 アルピノ

가라쓰역 근처에 들어선 대규모 가라쓰 특산품 매장. 스페인어 무지개ARCOIRIS와 소나무PINO를 합성한 아르피노는 가라쓰를 대표하는 니지노마쓰바라를 뜻한다. 1층에는 천안 호두과자를 연상시키는 송로松露만주를 비롯해 마쓰우라즈케松浦漬, 이카슈마이 등 가라쓰의 입맛을 간직한 특산물과 대한해협의 해산물로 가득하다. 2층 가라쓰 야키 종합 전시장에서는 가라쓰 도자기를 감상할 수 있다. 찻잔으로 사용하기 좋은 도자기류가 많으니 잘 돌아보고 쓸만한 것으로 구입하자. 3층 레스토랑에서는 대한해협에서 잡은 해산물을 맛볼 수 있는 일식당이 영업 중이다. 시식 코너에서 음식을 맛본 후 1층으로 내려와 입맛에 맞는 양념류나 장아찌류 등을 구입해도 좋겠다.

Data 지도 151D
가는 법 JR가라쓰역에서 도보 1분
주소 唐津市新興町2881-1
　　　ふるさと アルピノ2F
전화 0955-75-5155
운영시간 09:00~18:00

SLEEP

최고의 명성을 자부하는 료칸
요요카쿠 洋々閣

100년이 넘는 전통을 이어온 가라쓰 대표 료칸. 1,800평의 부지에 1893년에 세워진 일본식 목조 가옥으로, 정원에 들어선 수령 200년의 소나무들이 한 폭의 그림을 연상시킨다. 일본 내에서도 최고급 료칸으로 손꼽혀 프랑스의 영화감독 장 르노와 우리나라의 유명 배우들이 자주 찾는다고 한다. 전통이 배어 있는 다다미 방과 현대식 부대 시설이 잘 어우러져 있다. 무엇보다 손님을 맞이하는 주인장의 예의와 정성에 감동받기 일쑤이다. 주인 부부는 한국어와 영어에 능통해 손님들과 잘 소통한다. 나오는 소고기 샤부샤부는 안주인의 특별한 소스가 곁들여져 잊지 못할 별미를 선사한다. 관내에 가라쓰 도자기 명인 나카자토 다카시의 전시관이 자리해 여유로운 감상 시간을 가질 수 있다.

Data 지도 151C
가는 법 JR가라쓰역에서 도보 20분
주소 唐津市東唐津2-4-4-0
전화 0955-72-7181
운영시간 체크인 15:00, 체크아웃 11:00 **요금** 2인 1실 (조식 포함) 28,600엔
홈페이지 www.yoyokaku.com

송림과 해변으로 둘러싸인 휴식처
니지노마쓰바라 호텔 虹の松原ホテル

무지개 송림 사이에 위치한 호텔. 가격 또한 저렴해서 부담이 없다. 건물 정면으로는 대한해협이 시원하게 펼쳐지고, 몇 개의 섬들이 둥실 떠있는 풍경도 한가롭게 다가온다. 아침이면 송림 사이로 산책을 하거나 조깅하기 좋다. 조식은 뷔페 코스로 이어지는데 가라쓰 해산물과 정성스럽게 차린 반찬으로 입맛을 살려준다. 무엇보다 바다를 바라보며 아침 식사를 할 수 있다는 것이 매력적이다. 로비에서는 가라쓰 토산품을 판매하며, 체크인과 체크아웃을 기다리는 동안 휴식을 취할 수 있는 휴게공간이 넓어 더욱 여유롭다.

Data 지도 151C **가는 법** JR가라쓰역에서 택시로 10분 **주소** 唐津市東唐津4丁目 **전화** 0955-73-9111
운영시간 체크인 15:00, 체크아웃 11:00 **요금** 1인 6,600엔~ **홈페이지** www.karatsu-niji.jp

가라쓰 온천욕
와타야 綿屋

1876년 일본 요리집으로 창업한 이래 현재 가라쓰 온천 여관으로 이용되고 있는 전통 료칸. 가라쓰만唐津灣 가까운 곳에 자리 잡아 가라쓰성 야경을 전망하기 좋다. 13개의 객실이 갖춰진 내부에는 아름다운 정원과 노천 온천, 도자기탕, 노송탕 등 천연 온천탕이 들어서 있다. 일본식 다다미방뿐만 아니라 고풍스러운 양식룸도 갖추고 있다. 관내에는 가라쓰 전통 민예품을 파는 매점이 있다. 가라쓰산 도자기만을 사용하며, 가라쓰 지역의 산해진미로 신선하게 차린 조식과 석식이 즐거운 미각 여행을 선사한다. 여행 중 온천욕도 즐기고 점심도 먹을 수 있는 당일치기 플랜도 운영된다. 이 플랜은 예약 필수.

Data 지도 151B 가는 법 JR가라쓰역에서 도보 10분 주소 唐津市大名小路 5-10 전화 0955-72-4181 운영시간 체크인 15:00, 체크아웃 11:00, 온천 입장 11:00~21:00 요금 1인 1실(조식 포함) 13,000엔 홈페이지 www.e-wataya.com/

무지개 송림의 기운이 온몸으로 스며드는
우오한 魚半

가라쓰의 명물인 무지개 송림에 자리한 우오한은 창업 200년의 전통을 지닌 료칸. 1960년에 지어진 2층 목조 건물과 소나무 숲이 어우러져 정겨운 운치까지 감돈다. 건물 옥상에 들어선 바다 전망 노천탕은 비록 천연 온천은 아니지만 바다와 송림, 대자연의 정기를 고스란히 안겨준다. 저녁 식사로 제공되는 가이세키는 대한해협에서 갓 잡아 올린 신선한 해산물이 주를 이룬다. 아침 식사에 나오는 '오하기'라는 모찌떡은 이곳에서 직접 빚은 것으로 오래도록 이곳을 추억하게 한다.

Data 지도 151B 가는 법 JR가라쓰하마사키浜崎역 하차, 도보 8분(송경 서비스 이용 가능) 주소 唐津市浜玉町浜崎 1669-55 전화 0955-56-6234 운영시간 체크인 16:00, 체크아웃 10:00 요금 2인 1실(조식 포함) 16,000엔 홈페이지 www.uohan.co.jp/

Saga by Area

02

우레시노
嬉野

맑은 물이 전사들의 병을 낫게 해 황후가 '우레시아~!'라고 외쳤다는 전설이 내려오는 우레시노. 이곳은 온천과 녹차의 고장으로 일본 내에서도 인기 있는 여행지로 손꼽힌다. 도시 중심부를 흐르는 우레시노강을 따라 온천마을이 옹기종기 모여 있다. 도심에서 조금만 벗어나면 언덕배기와 산비탈 사이로 초록빛 녹차 밭이 조각보처럼 이어진다. 싱그러운 그 풍경이 한 폭의 그림을 연상시킨다. 맛과 향이 탁월한 녹차와 함께 하는 시간은 진정한 힐링 타임을 안겨준다.

우레시노
미리보기

온천과 녹차의 고장 우레시노는 초록빛 녹차 밭 사이로 걸을 수 있는 규슈 올레 코스로 각광받고 있다. 오랜 역사를 간직한 족탕 체험과 온천 두부를 맛보는 즐거움도 빼놓을 수 없다. 아름다운 피부도 얻고 디톡스 시간까지 누릴 수 있는 여행지다.

SEE

우레시노는 에도 시대 나가사키 가도의 역참마을로 번성을 누렸다. 일본의 3대 미인 온천 중 하나로 손꼽혀 일본 국내 여행객은 물론 한국과 중국 등 해외로부터 찾아오는 관광객이 사계절 줄을 잇는다. 질병 치료에도 탁월한 효능을 보이는 우레시노 온천욕은 필수 코스. 규슈 올레 우레시노 코스도 걸어보자.

EAT

우레시노의 명물은 온천 두부탕. 온천수를 이용한 두부 요리는 두부 특유의 냄새가 없고, 뽀얗게 우러난 국물 맛이 담백하다. 깔끔한 맛과 입에서 살살 녹는 두부에 반해 온천 두부 예찬론자가 되는 것은 시간문제다. 온천두부탕을 하는 식당이 시내 곳곳에 있다. 온천 두부로 든든히 배를 채웠다면 후식은 맛 좋은 우레시노 녹차로 마무리. 녹차를 마실 때 달콤한 과자를 곁들여 먹는 것이 일본 다도 문화의 일면이라는 것도 참고하자.

BUY

우레시노 녹차는 반드시 구입하자. 우레시노 녹차는 차광막을 씌워 재배하기 때문에 품질 좋은 차로 손꼽힌다. 제조 방법에 따라 녹차의 종류도 다양하다. 봄이면 4~6월 사이에 갓 채취한 찻잎으로 제조한 차들이 속속 출시된다. 판매장에서 직접 시음한 후 취향에 맞는 녹차와 홍차를 고를 수 있다. 녹차를 이용한 과자, 보디 케어 제품 등도 골고루 체험하자.

SLEEP

우레시노강 주변에 약 30여 개의 온천 료칸들이 들어서 있다. 이곳을 찾은 여행객들은 날이 저물면 일찌감치 숙소로 찾아 든다. 저녁 식사를 하기 전에 온천욕으로 원기를 되찾은 후 료칸의 가이세키를 먹으면 절로 행복감에 젖는다. 잠들기 전에 온천욕을 한 차례 더 하는 것도 잊지 말자. 온천욕은 수차례 반복할수록 효과가 높다.

우레시노 찾아가기

어떻게 갈까?

버스 후쿠오카공항 국제선 터미널에서 나가사키행 고속버스에 탑승하여 80분 후 우레시노IC에 하차. 이곳에서 우레시노 온천마을까지 약 2km, 도보 20분이 소요된다. 대중교통이 없기 때문에 걷거나 대기 중인 택시나 콜택시를 이용해야 한다. 버스정류장 바로 앞에 위치한 안내소에 들어가면 시내로 가는 방법이 자세히 적혀 있다. 호텔을 예약한 경우 숙소로 전화하면 픽업 서비스를 받을 수 있다. 나가사키공항에서는 사이히버스를 타고 소노기혼마치彼杵本町バス停 버스정류장 하차(20분 소요). 이곳에서 JR버스로 환승하면 25분 정도 후에 우레시노 온천마을에 도착한다. 사가공항에서는 리무진 택시를 예약해서 우레시노로 가는 것이 편하다.

기차 후쿠오카국제공항에서는 무료 셔틀버스를 타고 국내선에 하차하여 지하철로 하카타역까지, 사가공항에서는 버스로 사가역까지 이동한다. 기차역에서 JR다케오온센행 열차에 탑승하여 다케오온천역武雄温泉駅 하차. 다케오온천역 남쪽 출구에서 우레시노온천행 버스에 탑승하면 30분 후 우레시노버스센터에 도착한다. 다케오온천역에서 우레시노 버스센터까지는 약 30분 소요된다.

어떻게 다닐까?

우레시노 버스센터에 도착하면 시내 지도와 팸플릿, 우레시노 캐릭터 '윳쓰라ゆっつら 군'이 추천하는 런치&카페 맵을 챙기자. 도시 중심부가 그리 크지 않고 대부분의 볼거리가 온천 광장 주변 대로변에 몰려 있어 길 찾기가 수월하다. 시볼트 족탕 체험과 메기 신사 등을 방문한 후 우레시노 강변을 따라 도도로키 폭포 공원까지 산책을 나서보자. 400년 전통의 우레시노 도자기마을에서 시작되는 규슈 올레 우레시노 코스도 놓치면 아쉽다.

우레시노
📍 1일 추천 코스 📍

우레시노 온천 지구는 걸어서 역사 유적과 명소를 하나하나 찾아다닐 수 있다. 온천 공원에서부터 도도로키 폭포 공원까지 이어지는 강변 산책로는 우레시노강의 역사를 되새기며 걸으면 더욱 운치가 있다. 에도 시대 문화를 재현하는 히젠유메카이도는 이국적인 흥미를 부른다.

800년 수령의 고목과 연못이 함께 어우러진 즈이코지에서 휴식하기

→ 도보 5분 →

도요타마히메 신사에서 백옥의 피부 미인이 되기를 소원하기

→ 도보 5분 →

시볼트 족탕에서 무료로 족탕을 즐기면서 여행객들과 정보나누기

↓ 도보 10분

히젠유메카이도에서 에도 시대의 문화를 재현하는 체험관 관람하기

← 도보 10분 ←

온천 공원에서부터 도도로키 폭포 공원까지 우레시노 강변 산책로 풍경 즐기기

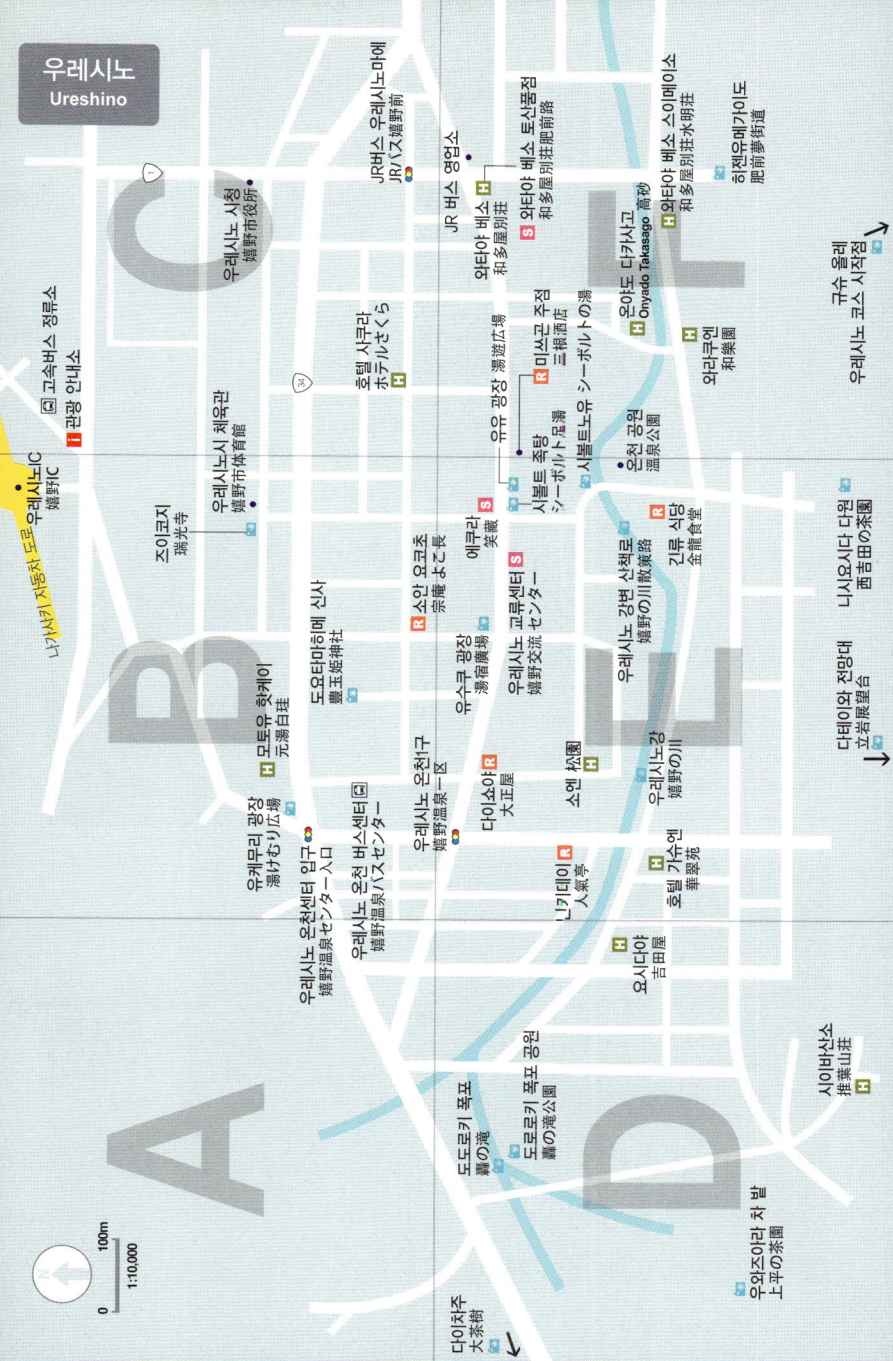

기쁨의 강을 따라 걷다

우레시노 강변 산책로 嬉野の川散策路

1,300년 전에 쓰인 히젠 풍토기에는 '동쪽 변방에 온천이 있는데 사람의 병을 치유하는 데 효험이 있다.'는 기록이 전해진다. 옛날 진구 황후가 전쟁을 마치고 귀환하던 중 우레시노강에 머물렀을 때 지친 두루미 한 마리가 강에 몸을 담근 후 힘차게 날아오르는 것을 목격했다. 이를 본 부상병들이 너도나도 강물로 뛰어들어 상처를 치유했고, 황후는 기쁨에 젖어 '우레시이!(기쁘구나)'라고 외쳤다고 한다. 우레시노라는 지명은 바로 그 전설에서 유래된 것. 강 주변으로 50여 곳의 온천탕이 들어섰다. 나트륨을 함유한 중조천으로 피부 미용에 탁월한 효과가 있는 우레시노 온천수는 요통, 신경통, 류머티즘, 부인병에도 특효. 예스럽고 소박한 정취가 서린 강변 산책로를 따라 벚나무 숲이 우거져 있다. 봄이면 화사한 꽃등을 밝히고, 여름에는 시원한 그늘을 만들어준다. 강물 속에서는 물고기 떼가 한가로이 유영하고, 물 위로는 학이 날아다니는 풍경이다. 풀숲에서 풍겨오는 갖가지 풀 향기를 맡으며 약 2km 정도 걸으면 두 개의 폭포수가 시원스레 쏟아지는 도도로키 폭포轟の滝의 장관을 마주하게 된다. 청둥소리를 낸다는 폭포의 소리에도 아랑곳하지 않고 천둥오리는 평화롭게 물놀이를 한다. 폭포 아래에는 화산 폭발로 인해 빨래판 모양의 주름이 형성된 바위가 넓게 펼쳐져 신비로움을 자아낸다.

Data 지도 177E
가는 법 우레시노 버스센터에서 우레시노 강변 방향으로 도보 7분
주소 嬉野市嬉野川遊歩道

우레시노 온천 공중 목욕탕
시볼트노유 シーボルトの湯

가정마다 목욕 시설이 없던 시절, 지역 주민들이 이용했던 공중목욕탕이다. 1924년 독일 건축가가 설계한 것으로 알려진 이 건물은 한동안 노후화로 사용되지 않다가 2010년 4월 원래의 모습 그대로 복원해 재개장했다. 주황색의 뾰족한 지붕과 중세 유럽풍의 건물이 온천마을 풍경과 조화를 이루어 푸근한 이미지를 선사한다. 우레시노 온천의 역사를 되살렸다는 의미가 깊어 주민들에게 사랑받는 명소다. 그래서인지 여행객들은 물론 주민들까지 온천을 하기 위해 이곳을 즐겨 찾는다. 대욕장에는 전세로 빌릴 수 있는 욕탕과 시민 갤러리, 최신식 마사지기 등이 고루 갖춰져 있어 온천욕과 휴식을 마음껏 취할 수 있다.

Data 지도 177E 가는 법 우레시노 버스센터에서 우레시노 강변 방향으로 도보 7분 주소 嬉野市嬉野町下宿乙818-2 전화 0954-43-1426 운영시간 06:00~22:00(입장 마감 21:30), 매달 셋째 주 수요일 휴업 요금 어른 420엔, 어린이(초등학생) 210엔, 전세 온천 50분 2,100엔(어른 5명), 매년 4월 1일 개관 기념일은 무료 입장 홈페이지 http://spa-ureshino.com/Siebold

피부 미인을 염원하는
도요타마히메 신사 豊玉姫神社

도요타마히메는 일본의 유명한 설화에 등장하는 용왕의 딸 오토히메 공주를 말한다. 바다의 신, 물의 신으로 숭배받았던 그녀는 수호신 '메기' 덕분에 하얗고 아름다운 피부를 가진 신이 됐다. 신사 내에는 공주의 수호신 메기를 모신 '나마즈 신사なまず神社'도 자리한다. 여성 참배객들은 길이가 약 60cm 정도의 백자 메기상을 즐겨 찾는다. 도요타마히메 공주가 우레시노를 방문했을 때 상처를 입어 더러워진 메기 몸에 물을 뿌리자 메기의 피부가 몰라보게 희고 반들반들해졌다는 전설이 전해지는 곳이다. 방문객들은 메기처럼 백옥의 피부 미인이 되기를 소원하며 흰색 도자기로 빚은 메기상에 정성껏 물을 뿌리곤 한다. 믿거나 말거나 그러한 의식도 즐거운 희망을 심어준다.

Data 지도 177B 가는 법 유유 광장에서 우레시노 교류센터를 지나 도보 3분 주소 嬉野市嬉野町2231-2 전화 0954-43-0137

Data 지도 177E
가는 법 규슈 올레 우레시노 코스 세 번째 지점에 위치
주소 嬉野市嬉野町大字吉田丁3230 전화 0954-43-8368

인간과 자연이 만들어낸 패치워크

니시요시다 다원 西吉田の茶園

우레시노 산자락에 안개가 짙게 깔리는 새벽의 녹차 밭 풍광은 매우 신비로워 신선이 사는 마을로 여겨질 정도. 안개가 걷히고 햇살에 반짝이면 초록의 찻잎이 신선한 기운을 뿜어낸다. 산자락에서부터 언덕 아래로 이어지는 차 밭 풍경은 마치 여러 개의 조각보를 펼친 듯하다. 질서 정연하게 휘어진 밭고랑의 초록빛 물결이 너무도 잔잔하게 흘러 넋을 잃기 일쑤. 싱그러운 휴식이 깃드는 시간이다. 차 밭을 따라 걸으며 맑은 공기를 들여 마시자. 어린 찻잎을 함부로 따거나 밭고랑 사이로 들어가 인증샷을 찍는 행위는 절대 금물.

유구한 역사와 웅장함이 서린 녹차나무

다이차주 大茶樹

녹차는 지금으로부터 약 550년 전 명나라에서 온 중국인이 일본에 전래했다고 한다. 우레시노 녹차나무의 상징, 다이차주는 높이 4.6m, 폭 80㎡에 이른다. 오랜 세월 동안 버텨온 생명력이 아직도 그 빛을 잃지 않은 듯 위용이 드높다. 이 나무는 1600년대에 우레시노 차의 원조로 알려진 요시무라 신헤이 吉村新兵衛가 녹차 재배를 시작할 때 심은 것 중 하나로 알려진다. 당시에 심은 나무 중 유일하게 살아남은 것으로 수령이 무려 340살이나 된다. 살아 있는 화석에 견줄 정도로 생명력과 웅장함에 놀란다. 현재는 국립지정 문화재로 지정돼 있으며 '사가현 명목 100선'에 드는 나무다. 나무 둘레를 한 바퀴 돌아보며 녹차나무의 기운을 마음껏 느껴보자.

Data 지도 177D 가는 법 우레시노 버스센터에서 후도야마不動山행 버스 승차 후 다이차주 입구大茶樹入口 정류장 하차 주소 嬉野市嬉野町大字不動山乙2488-2
전화 우레시노 상공관광과 0954-42-3310, 우레시노 온천 관광 안내소 0954-42-0336

맛과 향이 제일! 우레시노 녹차

우레시노는 차의 명산지답게 수백 년 이상의 역사를 지닌다. 커다란 찻잔 모양으로 분지를 이루는 지형과 새벽이면 산으로부터 짙은 안개가 내려오는 기후가 좋은 녹차를 생산하는데 일조를 한다.

우레시노 녹차가 유명한 이유

우레시노 녹차는 맛도 좋지만 치료 효과까지 뛰어나다. 예부터 우레시노 사람들은 중국에서 차를 수입해 약으로 사용하거나 온천수에 넣어 건강을 유지해 왔다. 우레시노의 차는 차광막을 덮어 씌워 자라게 하고, 어린 싹을 채취한 후 저온으로 추출해 달고 부드러운 고급차로 탄생된다. 이곳에서는 녹찻잎을 가마에 볶는 옛날 방식을 재현한다. 말차와 홍차를 만드는 등 새로운 녹차 제조법도 시도하고 있다. 녹차를 이용한 온천탕도 있어 우레시노의 녹차 활용법은 발상이 기발하고 슬기롭다.

알고 마시면 더욱 즐거운 일본의 녹차

일본인들은 커피 대신 녹차를 많이 마신다. 특히 녹차가루를 물에 타 마시는 말차를 애용한다. 차를 마시는 동안 건강뿐만 아니라 다도 문화까지 함께 즐긴다. 15세기 일본의 무로마치 시대 때부터 형성된 다도 문화는 최고급 계층이 누린 특권이었다. 다도에는 몇 가지 규칙이 있다. 말차를 솔로 저어야 하기 때문에 넓고 깊은 다완이 필요하다. 다완에 차를 떠 넣은 다음 뜨거운 물을 붓고 차시라고 불리는 솔로 차를 젓는다. 이때 거품이 일도록 젓는 게 포인트. 약간 씁쓸한 맛을 가진 말차를 마시기 전에 달콤한 화과자를 먹는다. '와가시和菓子'라 불리는 과자는 수분 함량이 20% 이하인 히가시와 40% 이상인 오모가시로 나뉜다. 차를 다 마신 후에는 다완 감상도 잊지 않는다. 이러한 다도 문화 덕분에 일본이 도자기 국가로 발돋움할 수 있는 계기가 됐다고 해도 과언이 아니다. 다도 체험 중 '일기일회一期一会'라는 명언을 마음에 새기기도 한다. '이 순간은 일생에 단 한 번. 그 순간에 최선을 다하라.'는 의미를 지닌 격언이다. 차 한 잔을 마시는 순간 함께 하는 사람에게도 정성과 예의를 갖추라는 뜻이기도 하다.

우레시노 추천 녹차

일반 엽차 증류에 속하는 차로 찻잎을 고온에서 찌고 주물러서 건조한 우레시오 증제 녹차(증제 옥록차)나 약 400℃로 달궈진 가마솥에 찻잎을 직접 볶은 우레시노 녹차가 좋다.

고목의 운치를 감상하다
즈이코지 瑞光寺

약 620년 전에 건립된 남선사파의 선종 사원으로 우레시노에서는 유서 깊은 곳이다. 에도 시대 때 우레시노는 나가사키로 이어지는 역참마을 중 하나였다. 당시 즈이코지는 우레시노의 유명한 여관으로 인정받았으며, 현재는 사찰로 사용 중이다. 산문을 들어서면 돌다리 끝에 돌계단이 이어진다. 안쪽 다리 옆으로는 연못과 대나무 숲이 있어 풍경이 고즈넉하다. 3,000평에 가까운 경내에는 고목이 우거져 역사의 숨결이 그대로 느껴진다. 고목 틈에는 800년 수령의 커다란 느티나무가 서 있어 장엄한 분위기를 자아낸다. 이 고목은 '사가명목 100선'에도 뽑힌 나무이다. 작은 정원 같은 분위기가 느껴지는 곳이다.

Data 지도 177B
가는 법 온천 광장에서 북쪽으로 도보 10분, 우레시노 체육관 앞에 위치 주소 嬉野市下宿大字下宿乙 1560
전화 우레시노시 관광상공과 0954-42-3310

족탕 체험은 우레시노 여행의 보너스
시볼트 족탕 シーボルト足湯

시볼트 족탕은 일본 서양의학에 공헌한 독일인 의사 시볼트가 우레시노 온천에 들렸던 것을 기념하기 위해 세워진 노천 족탕이다. 유서 깊은 온천의 역사를 음미하며 족욕을 즐기는 명소로 여행객들의 발걸음이 이어진다. 무료로 이용할 수 있는 곳이어서 부담 없이 발을 담글 수 있다. 때때로 지역 주민들까지 가세해 여행객들과 대화를 나누며 여행 정보를 전해주기도 한다. 족탕을 한 후에 발을 닦을 수 있는 수건이 따로 준비되어 있지 않으니 반드시 개인이 챙겨야 한다. 족탕 앞에는 원유로 만든 아이스크림 가게 링쿠Link가 있어 족욕을 마친 후 달콤한 휴식을 연장시킬 수 있다. 시볼트 족탕에서 대로를 따라 2~3분 정도 걸어가면 우측에 위치한 유슈쿠 광장에 발 찜질탕도 있다. 와이파이Wi-fi를 무제한으로 사용할 수 있는 구역이다.

Data 지도 177E
가는 법 우레시노 버스센터에서 도보 5분. 유유 광장 내에 위치
주소 嬉野市嬉野町大字下宿乙 882-1 요금 무료

수증기가 뿜어지는 광장
유케무리 광장 湯けむり広場

우레시노 온천마을 입구 우레시노 버스센터 근처에 들어선 수증기 광장. 90℃의 원천으로부터 수증기가 끊임없이 뿜어지면 비로소 온천마을에 당도했다는 사실을 깨닫게 된다. 여행자들은 물론 주민들도 수시로 증기탕을 즐긴다. 새하얗게 뿜어지는 수증기를 이용해 증기욕을 해보는 것도 짜릿하다. 수증기는 오전 6시부터 오후 10시까지 발생시킨다. 해가 저물면 조명이 환하게 밝혀져 온천마을의 분위기가 한층 고조된다. 온천마을의 환상을 선사하는 서비스 지역이라 하겠다. 온몸으로 증기탕을 느낀 후 양말을 벗고 온천탕에 발을 담가보자. 여행이 끝난 후에 들러서 피로를 풀어도 좋다. 일본 온천마을에서는 어디서나 족욕이 무료. 하지만 족탕 체험 후에 발을 닦을 수 있는 수건을 미리 챙기는 센스도 필요하다.

Data **지도** 177B **가는 법** 우레시노 버스센터에서 도보 5분 **주소** 嬉野市嬉野町大字下宿乙2202-98

닌자와의 한판 승부
히젠유메카이도 肥前夢街道

우레시노는 한때 나가사키와 고쿠라를 잇는 나가사키 가도의 역참마을로 번성을 누렸다. 히젠유메카이도는 17세기 에도 시대의 나가사키 가도 마을 풍경을 고스란히 재현해 놓은 역사 체험 테마파크이다. 에도 시대는 상업의 발달로 예술에 대한 후원이 성행하면서 가부키 같은 예술극이 유행했다. 관문에 들어서면 에도 시대의 상인과 사무라이, 공주로 분장한 인물들이 마중을 나온다. 그들의 행렬을 보고 있으면 마치 타임머신을 타고 옛날로 다시 돌아간 듯한 분위기에 사로잡힌다. 이곳에서 가장 흥미로운 체험은 박력 넘치는 닌자쇼. 닌자의 계략을 체험할 수 있는 '계략 몽환 저택'과 닌자 공연장인 '하가쿠레 닌자 저택'이 크게 인기를 끈다.

Data **지도** 177F **가는 법** 온천 료칸 와타야 베소에서 우레시노강 건너 언덕 방향으로 도보 5분 **주소** 嬉野市嬉野町大字下野甲716-1 **전화** 0954-43-1990 **운영시간** 09:30~16:00(토·일·축제일 ~17:00) **요금** 대인 1,100엔, 소인 600엔 **홈페이지** www.hizenyumekaidou.info

우레시노 풍경을 한눈에
다테이와 전망대 立岩展望台

다테이와 전망대는 우레시노 온천마을 남동쪽 해발 345m 지점에 자리한다. 전망대 동남쪽으로는 다라타케산을 마주하고 북으로는 덴잔산, 동으로는 아리아케해를 두루 조망할 수 있어 우레시노 최고의 전망 포인트로 꼽힌다. 우레시노강을 따라 옹기종기 들어선 온천마을과 조각보를 연상시키는 녹차 밭이 어우러진 풍경을 파노라마처럼 즐길 수 있다. 이곳은 야경 명소로도 손꼽혀 젊은 연인들의 데이트 장소로도 널리 알려져 있다. 밤에는 우레시노의 맑은 하늘에서 별이 총총 빛나는 광경이 감탄을 부른다. 자동차로 여행 중이라면 반드시 들러보길 권한다. 택시를 이용해도 15분 정도 소요되는 거리여서 요금 부담이 적다.

Data 지도 177E 가는 법 온천 광장에서 남쪽 언덕길을 따라 도보 50분, 택시 이용 시 15분
주소 嬉野市井手川内

귀가 번쩍 뜨이고 눈까지 즐거운
도도로키 폭포 轟の滝

높이가 11m에 이르는 삼단 폭포에서 떨어지는 물소리가 마치 천둥처럼 울린다고 하여 '굉음 폭포'라고도 불린다. 우레시노 온천가에서 나가사키 방면으로 1km 정도 떨어진 우레시노강 상류에 자리하는 이 폭포는 시오타강塩田川과 이와야가와치강岩屋川內川이 합류하는 지점에 위치한다. 폭포 하류에 세워진 다리, 타키미교滝見橋는 폭포를 가장 잘 감상할 수 있는 포인트. 이 다리를 건너 폭포의 상류 방향으로 다가가면 도도로키 폭포 공원轟の滝公園으로 이어진다. 봄이면 공원 일대에 겹벚꽃이 피고, 5월이면 보랏빛 수국이 만발한다. 큰 소리를 내는 폭포 아래에서 오리 떼가 평화롭게 노니는 광경도 놓치지 말자. 여름이면 동네 개구쟁이들의 물놀이 장소로 이용된다.

Data 지도 177D 가는 법 온천 공원에서 우레시노 강변 산책로 따라 2km 거리
주소 嬉野市嬉野町大字下宿丙163-1

THEME

❖ 언제 찾아가면 더 좋을까? ❖

녹차와 온천으로 유명한 고장 우레시노는 사계절 언제 찾아도 즐거운 여행지다. 그중에서도 갓 채취한 녹차를 맛볼 수 있는 봄이면 차 축제를 즐길 수 있다. 늦가을에서 겨울로 이어지는 계절에는 따뜻한 온천욕으로 매끈한 피부를 되찾고, 흥겨운 온천 축제에 동참할 수 있다.

우레시노 축제 BEST 4

봄

'우레시노 차 축제'는 4월 새로운 차 출시와 더불어 즐길 수 있는 축제. 드넓은 우레시노 녹차밭에서 채취한 녹차를 가마에서 볶는 시범 등 각종 행사가 펼쳐진다.

여름

'우레시노 온천 토요일 풍령의 밤(7~8월)'은 온천의 고장인 우레시노 시가지에서 온천욕을 즐기러 몰려든 관광객들에게 온천욕과 더불어 즐거움을 나눠주는 행사.

가을

우레시노 '온천 두부 페스타'는 매년 11월 3일에 개최된다. 큰 냄비에 우레시노 온천 두부를 만들어 시식 행사와 판매를 한다. 사가규 시식 판매와 우레시노 게이샤의 춤도 선보인다. 더욱이 현지의 신선한 특산물을 한자리에 모아 놓기 때문에 절호의 쇼핑 기회.

겨울

등불로 둘들여지는 '우레시노 앗타카마츠리 あったかまつり'는 1월 25일부터 2월 16일까지 약 한 달간 개최된다. 우레시노 온천 공원과 토요타마히메 신사, 유유 광장 등 4개의 장소에 등불이 내걸리고 해 질 녘이면 불이 켜져 환상적인 밤을 연출한다.

THEME

우레시노의 속살을 그대로 호흡하는 시간,

❖ 규슈 올레 우레시노 코스 ❖

2014년 3월 규슈 올레 우레시노 코스가 개장했다. 이 코스는 도자기마을 요시다사라야마를 출발해 광대하게 펼쳐지는 녹차 밭과 22세기 아시아의 숲을 지나 우레시노 온천마을 중심부로 돌아오는 여정이다. 총 거리는 12.5km로 약 4~5시간이 소요된다.

❶ 히젠요시다 도자기 가마모토 회관 肥前吉田 燒窯元会館

올레 출발점. 히젠요시다 도자기마을이 들어선 지구. 이곳에서는 1577년 자광석의 발견으로 시작된 히젠요시다 도자기 체험을 할 수 있다. 올레 출발 전 가마모토 회관 맞은편에 자리한 '요시다 만족관吉田まんぞく館'에 들러 향토 식재료를 이용한 수제 도시락을 구입해도 좋다.

❷ 다이죠지, 요시우라 신사 大定寺, 吉浦神社 (0.2km)

신선한 기운이 감도는 사원. 도자기의 고향인 요시다사라야마의 도자기 사업 번창을 기원하는 사찰이다.

❸ 니시요시다 다원 西吉田茶園 (1.8km)

풍경 감상을 하며 쉬어가기 좋은 곳. 산비탈을 따라 조각보를 넓게 펼친 듯한 우레시노 녹차 밭 풍광이 올레 코스 최고의 절경을 이룬다.

❹ 니시요시다 곤겐신과 13불상 西吉田権現さんと十三仏 (3km)

물의 신으로 통하는 곤겐신과 13불상이 깎아지른 듯한 바위틈에 모셔져 있어 신비스러움이 감돈다. 올레를 무사히 마칠 수 있도록 참배를 드려보자.

❺ 보즈바루 파일럿 다원 坊主原パイロット茶園 (4km)

이보다 더 좋을 수 없는 전망. 드넓은 다원 너머로 사가의 광대한 평야와 아리아케해가 펼쳐지는 전망을 함께 즐길 수 있다.

❻ 22세기 아시아의 숲 22世紀アジアの森 (5.5km)

한여름에도 에어컨이 필요 없는 숲. 약 400그루의 메타세쿼이아가 울창하게 들어서 있어 장엄함이 깃든 숲. 숲 속에는 우리나라 국화인 무궁화나무도 심어져 있다.

❼ 우와즈아라 차 밭 上平の茶園 (8.7km)

사방이 삼나무 숲으로 둘러싸인 산자락에 녹차 밭이 펼쳐지는 풍광을 감상하자. 차 밭 아래로 내려가면 맑은 계곡 옆에 온천 료칸 '시이바산소椎葉山荘'가 자리한다. 더 걸을 수 없을 경우 료칸의 컨시어즈에게 택시를 불러 달라고 요청할 수 있다. 시내 중심부까지 요금은 1천 엔 정도.

❽ 도도로키 폭포 공원 轟の滝公園 (10.2km)

시원한 폭포 소리를 들으며 공원을 산책할 수 있는 곳. 여름에는 물놀이 장소로도 인기가 높다.

❾ 시볼트 족탕 シーボルトの足湯 (12.5km)

올레 종착지인 무료 족탕 시설. 온천마을 중심에 위치해 여행객들과 만나 스스럼 없는 대화를 나눌 수 있는 장소로 통한다. 올레 길의 피로를 풀어보자.

| 올레 코스 Info |

교통편 자가용을 이용할 경우 히젠요시다 도자기 가마모토 회관 주차장에 주차를 하자. 버스를 이용할 경우 우레시노 버스센터에서 가시마나카가와 鹿島中川행(요시다吉田 경유) 버스를 타고 '가미사라야上皿屋' 정류장에서 하차하면 그곳이 올레 시작점.

우레시노 올레를 즐기는 방법 자연의 경치를 눈과 마음으로 즐기는 것이 올레의 의미다. 옛 정취를 그대로 간직한 골목길에서 잠시 쉬어가거나 드넓은 녹차 밭을 바라보며 크게 심호흡을 하는 것만으로도 피로가 가신다. 힘겨운 코스에서는 인내와 끈기로 힘차게 도전하자. 목표점에 이른 후에는 감흥이 남다를 터.

규슈 올레 주의 사항 규슈 올레 우레시노 코스에서는 제주 올레처럼 올레 표식인 '간세'와 리본 표시를 만날 수 있다. 올레 코스임을 알려주는 리본의 파란색 화살표는 올레 정방향을, 빨간색 화살표는 올레 역방향을 나타낸다. 규슈 올레 우레시노 코스는 산길을 걷는 코스도 있다. 길을 잃지 않으려면 이 표시를 잘 인식하면서 걸어야 한다.

소박한 분위기에 진실한 맛
닌키테이 人氣亭

온천마을 우레시노의 분위기를 그대로 닮은 식당. 소박한 실내 분위기나 서민적인 메뉴에 비해 음식 맛은 수준급. 고슬고슬한 밥과 간장소스, 달걀이 잘 어우러진 가츠동과 국물 맛이 입맛을 돋우는 짬뽕과 우동도 인기 메뉴. 일본에서 맛보는 카레우동도 강추. 한국어 메뉴판도 구비되어 있어 주문이 더욱 편리하다.

Data 지도 177E
가는 법 도요타마히메 신사에서 우레시노 강변 방향으로 도보 5분 주소 嬉野市嬉野町大字下宿乙 2307 전화 0954-43-1137
운영시간 11:00~21:00
(목요일 휴무) 가격 카레우동 650엔, 짬뽕 700엔, 튀김덮밥 950엔

우레시노산 콩으로 맛을 낸
소안 요코쵸 宗庵 よこ長

우레시노의 온천 두부탕은 온천수로 끓여내는 것이 특징이다. 온천수로 두부를 끓이면 국물이 두유색으로 변하고, 절묘한 비율의 온천수 성분이 두부의 단백질을 분해해 입안에서 살살 녹는다. 소안 요코쵸는 원조 온천 두부 정식을 판매하는 식당으로 2대째 대를 잇는 온천 두부집이다. 최고의 품질을 자부하며 내놓는 온천 두부의 맛은 그야말로 일품. 우레시노가 아니면 결코 맛볼 수 없는 맛이라 고개가 절로 끄떡여진다.

Data 지도 177B
가는 법 우레시노 버스센터에서 도보 3분 주소
嬉野市嬉野町下宿乙2190
전화 0954-42-0563
운영시간 10:30~15:30, 17:00~21:00, 수요일 휴무
가격 : 950엔~

BUY

우레시노 특산품이 모두 여기에
우레시노 교류센터 嬉野交流センター

유유 광장 근처에 위치한 우레시노 교류센터에서는 우레시노 특산품이 골고루 진열되어 있다. 가마솥에서 볶아 향기가 좋고, 부드러운 맛을 지닌 증제 녹차부터 홍차까지 종류도 다양하다. 우레시노 증제 녹차(증제 옥록차)는 찻잎이 곡옥처럼 구부러져 있고 윤기가 흐르며 담백한 맛이 일품. 4월부터 우레시노 녹차 밭에서 채취한 신차가 출시되어 더욱 신선한 녹차맛을 즐길 수 있다. 우레시노 홍차는 스트레이트로 마셔도 단맛이 나 일본산 홍차로 주목받고 있다. 유럽 홍차보다 가격도 저렴해 선물용으로 부담이 없다. 이 밖에도 우레시노 차를 이용한 보디 케어 제품, 차 원액을 이용한 비누와 샴푸, 온천수를 이용한 스킨, 콜라겐 비누 등도 추천 품목. 녹차향이 은근하게 풍기는 과자도 함께 구매하자. 쌉쌀한 녹차와 더불어 티타임을 장식하는 간식으로 제격이다.

Data 지도 177E
가는 법 우레시노 버스센터에서 도보 5분 주소 嬉野市 嬉野町大字下宿乙908 전화 0954-43-1860 운영시간 10:00~17:00(일요일은 ~14:00), 수요일 휴무
가격 증제 녹차 600엔~, 홍차 500엔~, 녹차 비누 324엔, 온천 화장수 1,296엔

시볼트 족탕 앞에 위치한 선물점
에쿠라 笑藏

우레시노 녹차와 홍차, 맛있는 과자류까지 우레시노 토산품이 골고루 갖춰져 있는 상점. 시볼트 족탕 바로 앞에 있어서 거리를 오가다가 쉽게 들르는 가게다. 우레시노 기념품을 다양하게 갖추고 있어 규슈 올레 우레시노 코스를 마친 후 선물을 사기 좋다. 우레시노 녹차 시음과 각종 과자류 시식을 충분히 할 수 있고, 가격도 비교적 저렴하다.

Data 지도 177E
가는 법 온천 광장 시볼트 족탕 건너편에 위치 주소 嬉野市嬉野町大字下宿乙918-1
전화 0954-43-3500 운영시간 09:00~18:00

장바구니가 무거워
와타야 베소 토산품점
和多屋別荘肥前路

온천 료칸 와타야 베소 1층에 들어선 토산품점. 사가현의 모든 특산품을 팔고 있는 대규모 쇼핑 코너이다. 우레시노 차와 과자를 비롯한 유명 제품부터 오기 양갱, 아리아케해의 해산물 건조 제품까지 없는 게 없을 정도. 고급스럽게 포장되어 있는 녹차 제품도 선물용으로 구입하기 좋다.

Data 지도 177F 가는 법 온천 광장에서 온천거리를 따라가면 우측에 온천 여관 와타야 베소가 나온다. 토산품점은 본관 1층 주소 嬉野市嬉野町大字下宿乙738 1F 전화 0954-42-0210 운영시간 07:00~20:00 홈페이지 www.wataya.co.jp

SLEEP

천황이 머무는 온천 여관
와타야 베소 和多屋別荘

우레시노에서 가장 규모가 큰 온천 료칸이다. 와타야 베소의 별장형 숙소 시메이소水明荘는 일본 천황이 우레시노를 방문했을 때 묵었던 곳으로 유명하다. 일본의 유명 건축가 구로카와 키쇼黑川紀章의 설계로 지어진 12층 건물의 타워관에서는 우레시노강과 산자락의 녹차 밭을 한눈에 조망할 수 있다. 야경 감상을 하기에 특히 좋다. 가이세키 요리로 온천 두부와 사가규 샤부샤부가 나오는데 특별히 주문을 하면 사가규 구이도 맛볼 수도 있다. 온천탕은 우레시노강 건너편에 자리한다. 숙박동에서 나와 편백나무향이 그윽한 통로를 따라가면 정원이 예쁜 곳에 온천탕이 있다. 매끈거리는 온천수는 피부를 부드럽게 하고 피로까지 말끔히 씻어준다. 일본 온천의 남탕과 여탕은 매일 바뀌니 참고하자. 한국인 스태프가 있어서 언어 소통의 어려움에 처할 때 도움받을 수 있다.

Data **지도** 177F **가는 법** 유유 광장에서 히젠유메이카이도 방향으로 걷다 보면 우측에 위치. 도보 5분 **주소** 嬉野市嬉野町大字下宿乙738 **전화** 0954-42-0210 **운영시간** 체크인 15:00, 체크아웃 10:00 **요금** 1인 1실(조식 포함) 17,000엔 **홈페이지** www.wataya.co.jp

녹차 온천으로 힐링
와라쿠엔 和樂園

녹차 온천으로 유명한 여관이다. 노천탕 주변에는 돌 주전자가 하나 비스듬히 놓여 있고, 주전자 입구를 통해 녹차 진액이 탕으로 흘러든다. 녹차 온천은 피부의 독소를 제거하고 심신을 맑게 하는 작용을 한다. 노천탕의 자연경관과 김이 모락모락 피어오르는 몽환적인 분위기에 휩싸이면 디톡스 여행의 진수를 체험하게 된다. 삼나무 숲으로 둘러싸인 개별 로칸도 이용할 수 있다. 녹차 온천탕은 숙박을 하지 않아도 이용이 가능하다. 숙박이 아닌 경우 이용시간은 11:30~20:00, 어른 1,000엔, 13세까지 500엔, 유아는 무료. 저녁 식사로 제공되는 가이세키 요리에는 버터로 구운 사가규 요리가 특히 구미를 당긴다. 식사를 마친 후 료칸 내 조성된 삼나무 숲 정원을 산책하자.

Data **지도** 177F **가는 법** 시볼트노유에서 우레시노강 건너편에 위치 **주소** 嬉野市嬉野町下野甲33 **전화** 0954-43-3181 **운영시간** 체크인 15:00, 체크아웃 10:00 **요금** 2인 1실(조식 포함) 44,000엔 **홈페이지** www.warakuen.co.jp

계곡의 물소리와 반딧불이 감상이 명물
시이바산소 推葉山莊

깊은 산속에 들어선 산장형 료칸이다. 규슈 올레 우레시노 코스 중에 만나는 녹차 밭 아래에 위치한다. 깊은 계곡을 따라 흘러내리는 물소리가 청아하게 울려 퍼지는 곳에 자리해 묻지 않은 자연과 더불어 노천탕을 즐길 수 있다. 아무것도 하지 않은 채 유유자적 천상의 시간을 선물받은 듯하다. 5월 하순에서 6월 중순이면 노천 온천을 하면서 반딧불이를 감상할 수도 있다. 2014년 '미슐랭 가이드 후쿠오카 사가 스페셜 에디션'에 온천형 숙박시설 부문에서 높은 평점을 받아 더욱 명성을 쌓게 됐다. 숙박 예약을 하기 위해서는 적어도 6개월 전부터 서둘러야 한다는 입소문이 돌기도 한다. 전화를 걸면 시내 어디에서든 차량으로 픽업 서비스를 해준다.

Data **지도** 177D **가는 법** 규슈 올레 우레시노 코스 내 위치. 우레시노 버스센터에서 택시 이용 시 10분 **주소** 嬉野市嬉野町岩屋川内 **전화** 0954-42-3600 **운영시간** 체크인 15:00, 체크아웃 11:00 **요금** 2인 1실(조식 포함) 44,000엔 **홈페이지** www.shiibasanso.com

소박하고 시골스럽지만 분위기는 최고!
쇼엔 松園

시골스러운 운치와 전통 료칸의 분위기가 잔잔하게 흐르는 숙소. 각 방에서 바라다보이는 정원이 아담하고 운치 있다. 대욕장에서 전면 유리창을 통해 우레시노 강변 풍경을 시원스레 감상할 수 있다. 봄이면 벚꽃이 활짝 핀 풍경이 마음을 밝게 하고, 가을 단풍과 겨울 설경도 온천에서의 휴식을 풍요롭게 한다. 젊은 조리장이 내놓은 정성스러운 가이세키 요리에는 센스까지 가득 담겨 있다. 우레시노 지역의 식재료를 이용해 신선한 맛이 감돌고 눈까지 즐거워진다. 가이세키 메뉴는 두 달마다 바뀌지만 사가규를 이용한 샤부샤부 요리가 그중 별미. 정원에 자리한 노천탕은 자연 속에서 휴식하는 기분을 안겨준다.

Data **지도** 177E **가는 법** 시볼트노유에서 도보 5분 **주소** 嬉野市嬉野町大字下宿乙855-2 **전화** 0954-43-0153 **운영시간** 체크인 15:00, 체크아웃 10:00 **요금** 1인 1실(조식 포함) 16,000엔 **홈페이지** www.ureshino-shoen.com

Saga by Area

03

사가

佐賀

사가현의 현청 소재지가 있는 사가시는 한국과 관련이 깊다. 이곳의 영주였던 나베시마 가문은 임진왜란 이후 조선에서 받아들인 도자기 기술과 풍요로운 땅을 바탕으로 대대로 번영을 누렸다. 또 조선의 마지막 황태자비였던 이방자 여사의 외가이기도 하다. 역사의 부침 속에서 영주가 살았던 사가성은 피폐해졌지만 성내 거리 곳곳에는 번화했던 시절의 추억이 화석처럼 남아 있다. 일본 전통의 목조 건물과 서양식 벽돌 건물 사이를 누비노라면 시간은 1800년도 후반의 어느 날로 되돌아간다.

사가
미리보기

사가는 면적이 꽤 넓다. 자동차로 여행한다면 수려한 풍광을 자랑하는 도시 외곽의 명소들까지 두루 누빌 수 있다. 도보 여행자라면 시내 중심가인 사가성 주변과 나가사키 가도를 따라 걷는 게 좋다. 이곳에 사가시의 주요 명소들이 밀집되어 있다.

SEE

풍요로운 농업 생산, 도자기 산업, 상업 활동으로 번성했던 사가현의 중심지답게 사가시에는 역사적인 명소들이 많다. 특히 나가사키 가도에는 사가시의 명소와 개성만점의 상점, 식당들이 밀집해 있다. 이 거리에서 놓칠 수 없는 재미는 곳곳에 숨어 있는 에비스 석상을 찾아보는 것. 에비스는 상업 번창과 행운을 가져다주는 신으로 일본인들의 많은 사랑을 받고 있다. 에비스마다 출산, 사랑, 공부 등 효험이 다르니 각자에 맞는 에비스를 찾아 소망을 빌어보자.

EAT

산, 들, 바다를 품고 있는 사가현의 음식은 다채롭다. 일본 최대의 갯벌 지대인 아리아케해에서 건져 올린 짱뚱어나 키조개, 관자 등을 이용해 내놓는 해산물 요리는 매우 신선하다. 일본에서 세 손가락 안에 드는 명품 소고기 사가규로 만든 스테이크는 입에 넣자마자 살살 녹는다. 시시리안라이스는 사가에서만 맛볼 수 있는 향토 음식. 밥 위에 신선한 채소와 더불어 사가규를 얹어 내놓으니 맛과 영양을 동시에 챙길 수 있다.

BUY

사가시의 비단, 사가니시키로 만든 지갑 또는 가방 등에 주목하자. 그 정교함이나 화려함은 눈을 황홀하게 한다. 커피를 좋아하는 이들이라면 대를 이어오고 있는 커피공방 이주미야도 들르자. 한국보다 저렴한 원두 가격에 깜짝 놀라게 된다. 길을 걷다 사가의 전통과자 마르보로가 보이면 우선 사두자. 선물용으로도 좋고, 문득 출출할 때 우유와 함께 먹으면 부드럽고 달달한 맛에 기분까지 좋아진다.

SLEEP

대부분의 비즈니스호텔들이 사가역 주변에 모여 있다. 교통도 좋고 식당, 상점 등 편의 시설이 밀집되어 있을뿐더러 주요 여행지와도 가까우니 이곳에 숙소를 잡는 것이 여러모로 편하다. 여행의 목적을 쉼과 온천에 둔 사람이라면 후루유 온천을 적극 추천한다. 여느 온천들에 비해 번잡하지 않고 오로지 자연과 벗하며 여유로운 휴식을 만끽할 수 있다. 여관의 서비스도 온천 휴양지로 유명한 유후인이나 구로카와 못지않다.

사가 찾아가기

어떻게 갈까?

후쿠오카공항에서 하카타역까지 간 후 JR카모메를 타면 JR사가역까지 40분 정도면 도착한다. 바로 가는 기차가 없는 경우 도스역까지 간 후 사가역까지 가는 기차를 이용해도 한 시간 정도면 사가시에 도착할 수 있다. 후쿠오카공항에서 출발하는 버스를 이용한다면 환승하면서 무거운 짐을 들 필요가 없으니 더욱 편하다. 공항에서 사가역 버스센터까지 약 1시간 간격으로 고속버스가 운행된다. 소요시간은 1시간 15분. 덴진 버스센터에서도 고속버스가 운행되며, 1시간 10분 정도면 사가에 도착한다. 코로나 이후 한국에서 사가공항을 오가는 항공편은 중단된 상태다. 항공편 운항이 재개되면 사가현 여행이 더욱 편해진다. 사가공항에서 시가 시내까지는 약 30분 거리다. 자세한 교통편은 한국어 서비스가 제공되는 사가공항 홈페이지(saga-ab.jp)를 참조할 것.

어떻게 다닐까?

JR사가역에 도착하면 역 입구에 위치한 관광 안내소부터 들르자. 시내 관광 안내 지도와 더불어 챙겨야 할 것은 에비스 투어 가이드 맵. 근래 사가 여행에서 인기를 모으고 있는 것이 에비스 투어다. 시내의 명소들을 여행하면서 그 근처에 있는 에비스를 찾아보고 소원을 빌어보자. 역에서부터 도보 여행이 시작되니 무거운 짐은 호텔 또는 코인 라커에 맡겨두는 것이 좋다. 가장 먼저 찾아볼 곳은 사가성의 역사를 한눈에 돌아볼 수 있는 혼마루 역사관. 그곳에서부터 도보 5~15분 이내에 사가 현청 전망홀, 사가 신사, 나가사키 가도 등 사가시의 명소들이 밀집되어 있다. 2~3시간 정도의 짧은 여행을 계획했다면 나가사키 가도 주변 또는 혼마루 역사관에서 사가 신사에 이르는 길을 선택하도록 하자. 후루유에 숙박을 할 예정이라면 계절별로 버스 운행 시간이 바뀌기도 하니 여행 시작 전에 관광 안내소에서 버스 운행 시간을 꼭 체크하자. 여행 중 버스를 이용할 경우 1일 프리패스(1,000엔)를 구입해 이용하는 게 좋다. 사가 시영버스에 한해 하루 종일 무제한 이용할 수 있다.

사가
♀ 1일 추천 코스 ♀

옛 사가 성터와 나가사키 가도를 중심으로 사가시를 돌아보는 여정이다. 사가시의 주요 명소와 개성 있는 음식점이 빽빽이 밀집해 있어 지루할 틈이 없다. 거리 곳곳에 숨어 있는 에비스도 놓칠 수 없다. 친구와 함께 에비스 먼저 찾기 시합을 하며 소원까지 빌어본다면 여행은 더 흥미진진해진다.

일본 최대의 목조 건축
혼마루 역사관 둘러보기

→ 도보 7분

예술 작품과 함께 하는
사가 성터로의 물빛 산책

→ 도보 7분

사가시 최고층 빌딩
사가 현청 전망홀에 올라
사가시 한눈에 바라보기

↓ 도보 9분

사가를 대표하는 사가 신사
둘러보고 매혹적인 수로
산책하기

← 도보 9분

나가사키 가도 따라 에비스
찾아보며 행운 빌기

← 도보 13분

사가현 최고의 고건축
요카 신사와 수령
1,400년 된 녹나무 관람

↓ 도보 5분

구 후쿠다가에서
수공예로 만든
사가 비단 작품 감상

→ 도보 10분

와세다 대학 창립자
오오쿠마 시게노부
기념관 및 고택 관람

일본 최대 규모의 목조 건물
혼마루 역사관 本丸歷史館

사가시를 상징하는 건물로 옛 사가 성터 중심부에 자리 잡고 있다. 사가 지역은 에도 시대 말기부터 메이지 유신에 이르는 격변의 시대에 일본 근대화를 이끌었다. 하지만 이에 대한 반발도 만만치 않아 사가의 난 때 사가성이 반란군의 거점으로 쓰이기도 했다. 성의 들머리인 샤치의 문에는 지금도 당시의 총알 자국이 선명하다. 10대 사가 번주 나베시마 나오마사가 건축한 혼마루 어전은 이후 현청과 학교 등으로 쓰이다 해체되고 만다. 옛 모습을 되찾은 건 2004년의 일. 일본 최대 규모의 목조 건물인 혼마루는 현재 사가현의 역사관으로 쓰이고 있다. 서양의 상선과 전함 기술을 받아들여 대형 군함을 축조한 자료 등이 전시되어 있다. 전통극이 공연되기도 한다. 성벽의 하트 모양 나무도 잊지 말고 찾아보자.

Data 지도 197K
가는 법 JR사가역에서 도보 25분, 택시 이용 시 10분. 사가역 버스센터에서 24, 25, 26번 버스 탑승 후 박물관 앞博物館前 정류장 하차 **주소** 佐賀市城內 2-18-1 **전화** 0952-41-7550
운영시간 09:30~18:00
(12월 29~1월 1일 휴관) **요금** 무료

문화적인 체취가 가득한 호반 산책
사가 현립 박물관, 미술관
佐賀縣立博物館, 美術館

옛 사가 성터 내에 자리 잡은 사가시의 대표적인 문화 공간. 일본의 전통 투구인 가부토를 닮은 건물 외관이 독특하다. 박물관과 미술관은 연이어져 있다. 박물관에서는 사가의 공예품과 민속 자료를 볼 수 있으며, 미술관에서는 이 지역에 연고가 있는 근현대 예술가들의 작품이 시선을 모은다. 더욱 매력적인 건 미술관 뒤쪽에서 시작되는 사가 성터를 에두르는 산책로. 사가성은 평지에 지어진 성이기 때문에 방어를 위해 주위에 겹겹이 해자를 둘렀다. 그래서 시즈미(잠수)성'이라는 별명으로 불리기도 했다. 사가 성터를 빙 돌아가는 산책로를 걷자면 파란 하늘을 담은 호수가 어깨동무를 한다. 여기에 운치 있는 가로수와 이 지역 출신의 조각가 고다 다다오의 작품이 어우러지니 산책로 자체가 그림이라 할만하다.

Data 지도 197K
가는 법 혼마루 역사관에서 도보 5분 **주소** 佐賀市城內 1-15-23 **전화** 0952-24-3947
운영시간 09:30~18:00(월요일, 월요일이 휴일일 경우 화요일, 12월 30~1월 1일 휴관)
요금 상설전시관 무료

사가시를 한눈에 볼 수 있는

사가 현청 전망홀 佐賀県庁展望ホール

사가 시내에서 가장 높은 건물인 사가 현청 최고층에 자리 잡고 있다. 가장 높다지만 12층에 불과하니 '전망'이라는 이름이 민망하게 느껴질 수도 있겠다. 하지만 사가시가 드넓은 평야 지대에 형성된 도시라서 100층 타워 못지않은 전망을 자랑한다. 전망홀에 들어서면 저 멀리 덴잔산에서 도스에 이르는 풍경이 360° 파노라마로 거침없이 펼쳐져 탄성이 절로 나온다. 날씨가 맑으면 바다 건너 나가사키현의 끝자락인 운젠까지 볼 수 있다. 밤늦게까지 개방하니 저녁나절의 데이트 코스로도 제격이다. 유리창 앞마다 놓인 의자에 앉아 있자면 저녁노을이 붉은 이별을 고하고 도시의 가로등 불빛이 밤하늘에 번져간다.

Data 지도 197G
가는 법 혼마루 역사관에서 도보 5분
주소 佐賀市城内1丁目1-59
전화 0952-26-6754
운영시간 10:00~21:00
(토·일·공휴일 08:30~22:00)
요금 무료

TIP 사가현청 전망홀에서 펼쳐지는 몽환적인 영상 쇼

사가현청 전망홀이 가장 아름다워지는 시간은 밤이다. 프로젝션 매핑 기술을 활용해 전망홀 전체에 환상적인 영상쇼가 펼쳐진다. 유리창에 투영되는 사가시 야경과 오버랩 되는 영상이 현실과 상상의 경계를 허문다. 쇼의 주제는 매년 한두 번씩 변경된다. 영상 쇼는 20:00(동절기는 18:30)에 시작된다.

일본 근대화의 선구자이자 와세다 대학의 창립자
오오쿠마 시게노부 기념관, 고택 大隈記念館, 大隈重信旧宅

일본 최고의 사학으로 손꼽히는 와세다 대학을 창설한 오오쿠마 시게노부의 기념관. 사가의 무가에서 태어난 그는 일본 근대화를 이끈 주역 중 한 명으로 총리대신을 두 번이나 역임했다. 유명 건축가 이마이 겐지가 설계한 기념관의 한쪽 벽면에는 구멍이 나있다. 오오쿠마가 극우 세력에게 폭탄 테러를 당해 오른쪽 다리를 잃었음에도 역경을 딛고 일어나 일본 근대화를 위해 노력했던 상징이라 한다. 기념관 왼쪽에는 그가 태어나 어린 시절을 보냈던 고풍스러운 생가가 있다. 2층의 작은 다다미방이 시게노부가 공부하던 곳이다. 1800년대의 초중반에 지어진 무가 주택의 전형을 보여주고 있어 국가사적으로 지정된 곳이기도 하다.

Data 지도 197L 가는 법 혼마루 역사관에서 도보 10분 주소 佐賀市水ヶ江2-11-11 전화 0952-23-2891 운영시간 09:00~17:00(월요일, 12월 29일~1월 3일 휴관) 요금 무료

주홍빛 누문이 매혹적인
요카 신사 與賀神社

주홍빛 누문이 걸음을 절로 멎게 하는 고혹적인 신사다. 무로마치 시대 후기에 지어진 것으로 추정되는 이 건물은 사가 지방에서 보기 드문 고건축. 이곳으로 들어가기 위해 거쳐야 하는 돌다리 '도리이'와 함께 국가 중요문화재로 지정되어 있다. 수백 년 세월을 부여잡고 있는 돌다리를 건너 누문 안으로 들어서면 더 오래된 시간이 기다리고 있다. 신사 마당에 수령 1,400년의 거대한 녹나무 두 그루가 서 있는 것. 신사 본전의 규모도 결코 작은 편이 아니지만 인간의 작품을 왜소하게 만들 정도로 녹나무의 위용은 대단하다. 나무 앞에는 신께 바치는 헌사인 양 시비가 세워져 있다. 깊고 고요한 신사에 머무르노라면 마음가짐도 절로 경건해진다.

Data 지도 196J 가는 법 혼마루 역사관에서 도보 15분 주소 佐賀市与賀町2-50 전화 0952-23-6091 운영시간 24시간 요금 무료

거대한 에비스가 미소 지으며 반기는

사가 신사 佐嘉神社

사가 번의 10대 번주였던 나베시마 나오마사와 11대 번주였던 나베시마 나오히로를 모신 신사. 이방자 여사의 외가이기도 한 이 가문은 일본 근대화에 주도적인 역할을 했다. 오오쿠마 시게노부와 같은 걸출한 인재를 양성했으며, 부국강병을 위해 서양의 선진 기술을 받아들여 근대적인 대포와 전함을 만드는 공장을 사가시에 세우기도 했다. 일본에서 존경받는 인물들인 만큼 지금도 사람들의 참배가 끊이질 않는다. 하지만 격변의 시대가 지난 지금 신사에서 가장 인기를 모으는 존재는 행운을 가져다준다는 거대한 에비스상惠比須像이다. 행운까지는 아니더라도 활짝 웃는 그 모습을 보면 덩달아 미소를 짓게 된다.

Data 지도 197G
가는 법 혼마루 역사관에서 도보 12분 **주소** 佐賀市松原 2-10-43 **전화** 0952-24-9195
운영시간 24시간 **요금** 무료

전설 속 물의 요정 갓파를 찾아라!
마쓰바라 갓파 신사 松原河童社

사가시는 전체적으로 볼 때 물의 도시처럼 느껴진다. 커다란 호수가 없음에도 곳곳에 강과 수로가 미로처럼 얽혀 있어 거리를 걸을 때 물 위를 걷는 것 같다. 물의 도시라는 이미지와 딱 맞아떨어지는 곳이 사가 신사 내에 자리 잡고 있는 마쓰바라 갓파 신사. 사가 신사 내에 자리 잡고 있는 또 다른 작은 신사다. 갓파는 일본의 강과 호수 등에 산다는 전설 속의 물의 요정이다. 장난치는 것을 좋아해서 물놀이하는 아이들의 다리를 잡아당기기도 하고 때로는 얼을 빼놓기도 한다고. 신사에는 230년 전 조각된 나무 갓파가 모셔져 있다. 수해와 사고로부터 아이들을 지켜주기로 약속했다는 전설을 간직하고 있다. 갓파는 정수리의 움푹 파인 곳에 물이 마르면 죽는다고 한다. 그리하여 이곳을 참배하는 사람마다 물을 계속 주어 갓파의 머리는 마를 날이 없다. 신사에서 다리를 건너면 수로를 따라 곳곳에 분수가 나오는 예쁜 가로수길이 이어진다. 화강암으로 단장한 산책로는 때로는 수로 한복판에 놓인 징검다리로 이어지기도 한다. 수로 곳곳에 갓파들이 귀여움을 떠니 산책은 더욱 즐거워진다.

Data 지도 197G 가는 법 사가 신사 내 주소 佐賀市松原2-10-43 운영시간 24시간 요금 무료

TIP 수로가 멋진 사가의 산책길
마쓰바라 갓파 신사에서 시작되는 수로 외에도 사가시에는 수로를 따라 이어진 아름다운 산책길이 많다. 빠른 길만 고집하지 말고 물 위를 맴도는 잠자리를 따라 물빛 산책을 즐겨보자.
사가성 둘레길 성을 빙 두른 해자에 하늘이 그대로 담긴다. 하늘 위에 떠 있는 성을 산책하는 기분이 들기도 한다.

나가사키 가도에서 오오쿠마 기념관 가는 길 정갈한 일본의 주택가를 가로지르는 수로. 번화가와 떨어져 있어 고요하며, 사람 사는 맛이 나서 정겨운 길이다.

1800년대 후반의 거리 속으로!
나가사키 가도 長崎街道

에도 시대의 쇄국정책 하에서 나가사키는 유일하게 외국과의 교역이 허용된 곳이었다. 나가사키에 들어온 해외 문물은 후쿠오카까지 이어진 나가사키 가도를 통해 일본 전국으로 퍼져 나갔다. 이국의 동물인 낙타와 코끼리 등도 이 길을 통해 전해졌다 한다. 그 중에서 가장 인기를 모은 품목 중 하나가 설탕이었다. 카스텔라와 양갱도 설탕이 들어오면서 탄생한 과자다. 그래서 이 길은 '슈거 로드'로도 불린다. 나가사키 가도의 역참마을 중 가장 번영을 누렸던 곳 중 하나가 사가성이었다. 사가시는 나가사키 가도에서 보존할만한 가치가 있는 건물들을 사가시 역사민속관으로 정해 보존하고 있다. 오래된 건물과 상점이 밀집된 거리를 걷노라면 타임머신을 타고 흑백사진 속으로 들어간 듯하다. 길의 시작은 구 고가 은행부터 시작하는 것이 좋다. 고가 은행의 1층에는 은행 자료, 도자기 등이 있고, 2층에는 나가사키 가도의 자료와 지역 예술가들의 전시회가 열린다. 고가 은행을 중심으로 작은 신사와 고택들이 모여 있는 골목에는 앤티크한 물건이나 기념품, 과자 등을 파는 상점들이 들어서 있다. 고택 중에서는 전통 비단이나 카펫을 짜는 집들도 있는데, 방문이 허락된 곳이라면 조용히 들어가 공예 하는 모습을 관람할 수도 있다.

Data 지도 197G
가는 법 혼마루 역사관에서 도보 15분 **주소** 구 고가 은행 佐賀市柳町2-9(다른 역사민속관도 이곳에서 모두 도보 5분 거리)
전화 0952-22-6849
운영시간 09:00~17:00
(월요일, 월요일이 공휴일인 경우 화요일 휴관)

TIP 나사사키 가도에서 놓치지 말아야 할 사가시 역사민속관 佐賀市歷史民俗館

1. 구 고가 은행 旧古賀銀行

벽돌과 타일을 이용한 독특한 2층 건물. 한때 규슈 5대 은행의 하나로 손꼽혔다. 지금은 나가시키 가도에 대한 자료가 전시되고 있다. 1층에는 레스토랑이 있어 커피 한잔의 여유를 부리기 좋다.

2. 구 고가가 旧古賀家

고가 은행의 총재가 거주했던 집으로 그 후 요정으로 사용되기도 했다. 상가가 아닌 무가 주택의 형태로 지어져 품격이 느껴진다.

3. 구 우시지마가 旧牛島家

사가의 옛 서민 마을에 남겨진 건물 중 가장 오래된 건물이다. 에도 시대 중기의 건축적 특징이 잘 남아 있다.

4. 그 외의 명소들

구 산쇼 은행 旧三省銀行, 구 후쿠다가 旧福田家, 구 나카무라가 旧中村家 등.

구 고가 은행

구 고가가

구 후쿠다가

THEME

나가사키 가도를 즐기는 또 다른 방법,
❖ 에비스 순례 恵比須 巡禮 ❖

에비스는 일본의 토속신으로 행운을 준다 하여 사람들의 사랑을 듬뿍 받고 있다. 사가시는 일본 전역에서도 에비스상이 가장 많은 곳으로 모양새나 효험이 제각각이다. 자신에게 어울리는 에비스를 찾아 소원을 빌어보자.

❶ 일본의 토속신 '에비스'

사가시를 여행하다 보면 옆구리에 물고기를 들고 있고, 한 손으로는 낚싯줄을 드리우고 있는 석물이 유독 눈에 많이 띈다. 일본에서 칠복신 중 하나로 사랑받는 에비스다. 이 신은 풍어와 사업 번창의 신으로 알려져 있다. 사가시 곳곳에는 8백여 개 이상의 에비스상이 모셔져 있다.

❷ 행운을 주는 '에비스 88곳 순례'

사가시의 수많은 에비스 중 개성 있는 에비스상을 돌아보는 '에비스 88곳 순례恵比須八十八ヶ所巡禮' 스탬프 투어가 최근 인기를 모으고 있다. 에비스의 위치와 설명이 곁들여진 스탬프 용지는 관광 안내소와 에비스 스테이션에서 무료로 받을 수 있다. 짧은 여행 시간에 모든 에비스를 돌아보는 것은 불가능하다. 예로부터 상업 활동이 활발했던 나가사키 가도에 에비스들이 많이 밀집되어 있어 투어를 즐기기 제격이다. 부부간의 금실을 좋게 한다, 공부를 잘하게 한다, 복권 당첨 가능성을 높여준다는 등 에비스마다 효험도 제각각이다. 자신에게 맞는 에비스를 찾아 소원을 빌어보자.

> **TIP** 에비스 투어의 모든 것은 이곳에서! 행운의 사가 에비스 스테이션 開運さが恵比須ステーション
>
> 나가사키 가도에 위치한 에비스 안내소다. 에비스에 대한 다양한 자료와 지도를 얻을 수 있다. 에비스를 캐릭터화한 부적이나 인형, 과자도 있어 소소한 즐거움을 느낄 수 있다. 자신이 원하는 에비스를 찾을 수 없을 경우 안내를 받을 수도 있다.
>
> **Data** **지도** 197G **가는 법** 혼마루 역사관에서 도보 15분 **주소** 佐賀市呉服元町7-39 **전화** 0952-40-7137 **운영시간** 10:00~17:00(월요일, 월요일이 공휴일인 경우 화요일 휴관)

전설의 불로초를 만나다
서복 장수관 徐福長寿館

진시황의 명으로 불로초를 찾아 동아시아 곳곳을 누빈 서복의 전설은 역사적 미스터리를 안고 있다. 고대에 어떻게 그 먼 거리를 항해했으며, 불로초를 찾긴 했을까 등에 대한 대답은 서복 장수관에 있다. 긴 항해 끝에 서복은 장수관이 위치한 긴류산에서 불로초를 찾았다. 후로후키フロフキ라 불리는 식물이 바로 그것. 서복은 진시황에게 돌아가지 않고 인근 고대 국가인 요시노가리에서 왕이 되었을 것으로 추측한다. 산책로에서는 세계적으로 희귀한 종류의 후로후키를 볼 수 있다.

Data 지도 197C 가는 법 사가역 버스센터에서 30번 긴류선金立線 버스 탑승 후 긴류이코이노히로바 金立いこいの広場 정류장 하차, 도로를 건너면 서복 장수관 소요시간 30분) 주소 佐賀市金立町金立 1197-166 전화 0952-98-0696 운영시간 09:00~17:00(월요일, 12월 29일~1월 3일 휴관) 요금 성인 300엔, 초·중학생 150엔

〈노다메 칸타빌레〉 촬영 장소
지쿠고강 승개교 筑後川昇開橋

1935년 지쿠고강에 세워진 약 507m의 승개교. 본래는 기차가 오가는 다리였지만 사가선이 운행을 멈춘 후 인도교로 활용되고 있다. 지금도 하루 8회 다리를 들어 올린다. 일본 드라마 〈노다메 칸타빌레〉에서 지아키가 메구미를 껴안았던 장면이 이곳 근처 제방에서 촬영되었다. 연인들끼리 사랑의 자물쇠를 걸 수도 있고, 노을을 보기에도 좋은 장소!

Data 지도 197L 가는 법 사가역 버스센터에서 20번 하야쓰가와선早津江線 버스 탑승 후 모로도미교諸富橋 정류장 하차 후 도보 10분(버스 소요시간 25분) 주소 佐賀市諸富町大字為重211-3

사람 냄새 물씬 나는
맛찬 マッちゃん

농가에서 생산된 채소와 음식 등을 저렴하게 판매하는 직판장. 수더분한 분위기가 매력적이다. 특히 로컬푸드를 엄선해 만든 음식들은 모양새는 투박하지 만 가격도 저렴하고 맛도 좋다. 사람 냄새 풀풀 나는 정취 속에서 맘에 드는 어묵으로 골라 처운 어묵탕 한 그릇이면 아무리 추운 겨울이라도 속이 따스해진다. 주변 경관이 수려해 드라이브 코스로도 인기가 높다.

Data 지도 197C
가는 법 JR역·가역에서 자동차로 35분
주소 佐賀市三瀬村杠246-1 전화 0952-56-2705
운영시간 4~9월 08:00~19:00, 10~3월 08:00~18:00

THEME

❖ 언제 찾아가면 더 좋을까? ❖

사가시는 철마다 개성 만점의 축제가 열려 여행자의 흥을 돋운다. 특히 세계적인 명성을 지닌 벌룬 축제, 봄의 미소처럼 화사한 히나마츠리, 더위를 잊게 하는 지쿠고강의 뱃놀이는 먼 길 마다하지 않고 달려가 즐길만하다. 사가의 축제와 함께 특별한 여행 추억을 남겨보자.

사가 축제 BEST 4

히나 인형이 넘쳐나는 거리!
사가성 히나마츠리 축제 佐賀城下ひなまつり

히나마츠리는 일본 전역에서 벌어지는 축제. 사가성 히나마츠리의 축제 기간은 보통 2월 중순에서 3월 하순까지로 길게 진행되며 화려하기로 유명하다. 민가와 상점마다 집안 대대로 내려오는 히나 인형을 전시한다. 거리 자체가 히나 인형 전시관으로 변모하는 때다. 애지중지하는 딸들을 위한 부모의 마음은 인형이 되어 사가 시가지를 수놓는다. 대부분 무료 관람할 수 있으며, 주요 전시장과 축제 행사는 나가사키 가도를 중심으로 이뤄진다. 자세한 사항은 히나마츠리 공식 홈페이지에서 확인하자.

Data 히나마츠리 홈페이지 hina.sagabai.com

아리아케해에서의 초여름 배 여행!
지쿠고강 유람과 조개잡이 初夏の小さな船旅 筑後川遊覧と潮干狩り

평소 고요하기만 하던 지쿠고강과 아리아케해는 초여름이 다가오면 설렘과 흥분으로 마을이 들썩인다. 5월 초순부터 6월 중순까지 초여름의 배 여행이 시작되기 때문이다. 여행자들은 유람선을 타고 지쿠고강을 유람하고, 배로 한 시간 정도 달려 만나는 갯벌에서 두 시간 정도 조개잡이를 즐길 수 있다. 아리아케해에 가득하던 물이 썰물 때에 갑자기 빠지며 드넓은 갯벌이 드러나는 장관은 아무리 보아도 신비롭다.

Data 지쿠고강 유람선
운항 기간 및 시간 5~7월 초, 10:00~15:00(매 정시)
승선 장소 모로도미항 부잔교諸富港浮桟橋
요금 성인 600엔, 어린이 300엔
유람선+조개잡이 체험
운영 기간 및 시간 매년 5~6월 중순(여행일 3일 전 예약 필수)
승선 장소 모로도미항 부잔교諸富港浮桟橋
요금 성인 4,000엔, 어린이 2,000엔, 성인 2명+어린이 2인 8,000엔

아시아 최고의 열기구 열전~!
사가 인터내셔널 벌룬 축제 Saga International Balloon Fiesta

매년 11월 초가 되면 사가의 하늘은 알록달록한 열기구로 가득 찬다. 아시아 최고의 열기구 축제인 사가 인터내셔널 벌룬 축제가 열리기 때문이다. 사가를 찾는 여행자의 1/4 정도가 이 기간에 집중될 정도로 열기가 뜨겁다. 어릴 적 창공을 날아보는 꿈을 한 번 정도는 꾸었을 터. 푸른 하늘을 나는 열기구를 바라보는 것만으로도 가슴이 뛴다. 열기구 축제 기간을 놓쳤다 해서 너무 아쉬워하지는 말자. 사가시는 열기구 동호회가 상당히 많아 겨울이면 수시로 열기구가 나는 모습을 볼 수 있다. 열기구를 체험할 수 있는 기회도 기억해두자. 사가시에서는 11~2월까지 한 달에 한 번 일요일에 날짜를 정해 선착순 200명까지 열기구를 체험할 수 있는 행사를 진행한다. 열기구 체험 행사장에는 간이 포장마차까지 등장해 축제의 분위기를 돋운다. 본 축제 기간만큼은 아니지만 수십 기의 열기구들이 하늘을 나는 모습은 흔히 볼 수 없는 진풍경이다. 단, 벌룬 축제는 날씨에 민감하기 때문에 축제 날짜와 열기구 체험 행사 날짜는 해마다 유동적으로 정해지며, 티켓 가격도 해마다 달라진다. 정확한 날짜와 축제 정보는 10월 초 공식 홈페이지에서 확인하자.

Data 벌룬 축제 공식 홈페이지 www.sibf.jp

서복이 발견했다는 비밀스러운 온천마을

후루유 온천 古湯温泉

덴잔 산자락을 타고 내려온 계곡을 따라 형성된 고요한 온천마을이다. 변변한 가게도 유흥 시설도 없이 오로지 청정한 자연만을 간직한 이곳에서 할 일이란 온천탕에 몸을 담그는 것. 밤에는 가로등 대신 반딧불이가 불빛을 밝히고, 아침에는 기계의 알람 대신 개구리의 노래가 아침을 연다. 후루유 온천의 온도는 약 37.5℃로 높지 않은 편이라 있는 그대로 온천을 즐기기 적당해 따로 찬물을 섞지 않고 사용한다. 효과는 즉각적이어서 온천 후 따로 로션을 바르지 않아도 매끈한 피부에 놀라게 된다. 피부 미용 외에도 관절염에도 효과가 좋다. 이 은밀한 온천은 진시황의 명으로 불로초를 찾아 사가까지 왔던 서복이 신의 계시를 받아 발견했다 전한다. 그 후 홍수 등으로 파묻혔으나 1791년 학이 다친 다리를 치유하고 있는 것을 본 마을 사람들에 의해 다시 발견되었다. 여느 상업화된 온천과 달리 때 묻지 않은 자연을 지닌 이곳은 여행의 목적을 '쉼'에 둔 여행자들에게 안성맞춤이다.

Data 지도 197C **가는 법** 사가역 버스센터에서 후루유 온천행 버스 타고 약 45분 소요
주소 佐賀市富士町古湯温泉

THEME

❖ 후루유의 추천할 만한 온천 여관 ❖

세상의 공해라고는 끼어들 틈이 없는 후루유의 이미지는 힐링! 자신에게 어울리는 료칸에서 근심 걱정 내려놓고 여유를 만끽하자.

후루유 온천의 원천에서 가장 가까운
가쿠레이센 鶴靈泉

고급스러운 인테리어와 슬리퍼 하나까지 세세하게 공을 들인 정성이 돋보이는 집. 일본에서 유일하게 모래가 깔린 온천탕은 빼놓을 수 없는 자랑거리다. 금잉어가 유영하는 아름다운 정원 족탕에 발을 담그고 있자면 신선이라도 된 듯하다.

Data **가는 법** 후루유 온천 정류장에서 도보 3분 **주소** 佐賀市富士町大字古湯875 **전화** 0952-58-2021 **운영시간** 체크인 15:00, 체크아웃 10:00 입욕료 1,000엔(11:00~15:00) 숙박료 18,000엔~ **홈페이지** www.kakureisen.com

나무와 커피, 장미 향으로 가득한
야마토야 大和屋

100년 넘는 전통을 간직한 료칸. 미리 예약하면 장미로 가득 채운 나무 온천탕에서 온천욕을 즐길 수 있다. 오래된 LP 선율이 흐르는 카페에서는 주인장이 직접 볶은 원두로 커피를 내려준다. 방마다 딸린 욕실이 각기 다르다는 점도 매력적이다.

Data **가는 법** 후루유 온천 정류장에서 도보 3분 **주소** 佐賀市富士町大字古湯860 **전화** 0952-58-2101 **운영시간** 체크인 15:00, 체크아웃 10:00 **요금** 입욕료 700엔(11:00~16:00), 숙박료 15,000엔~ **홈페이지** www.furuyu-yamatoya.jp

후루유를 한눈에 내려다보며 온천욕을!
스기노야 杉乃家

후루유에서 가장 높은 곳에 위치해 전망이 탁월하다. 마을 전체가 한눈에 내려다보이는 온천탕에 몸을 담그고 있노라면 최고급 호텔 VIP룸이 부럽지 않다. 제철 재료로 만드는 가이세키 요리 또한 정갈하기 이를 데 없다. 힐링하기에 최적의 장소.

Data **가는 법** 후루유 온천 정류장에서 도보 20분 **주소** 佐賀市富士町大字古湯小副川2635 **전화** 0952-58-2216 **운영시간** 체크인 15:30, 체크아웃 10:00 **요금** 숙박료 15,400엔~ **홈페이지** www.furuyu-suginoya.com

시인들이 사랑했던
오기야 扇屋

천재 화가 가오키 시게루와 시인 사이토 모키치가 묵었던 곳으로도 유명하다. 별관은 일본 애니메이션 <이웃집의 토토로>에 등장하는 숲 속의 집을 닮았다. 집 앞으로 흐르는 청아한 물소리에 젖어 무념무상의 시간을 보내기에 좋은 곳.

Data **가는 법** 후루유 온천 정류장에서 도보 2분 **주소** 佐賀市富士町古湯873 **전화** 0952-58-2121 **운영시간** 체크인 15:00, 체크아웃 10:00 **요금** 입욕료 700엔(11:00~16:00), 숙박료 8,850엔~ **홈페이지** www.furuyu-oogiya.com

열기구에 대한 궁금증 해소하고 조종 체험까지
사가 벌룬 뮤지엄 佐賀バルーンミュージアム

사가현 현청 소재지인 사가시는 아리아케해의 평야 지대에 터를 잡았다. 1980년 처음으로 열기구 대회가 개최되면서 사가시는 '벌룬(열기구)의 도시'로 이미지를 굳혔으며, 1989, 1997, 2016년에는 '사가 인터내셔널 벌룬 축제'가 개최되기도 했다. 2016년에는 일본 최초로 벌룬 뮤지엄이 들어서면서 사가 여행이 더욱 풍성해졌다. 사가 현청 인근, 사가 중앙 우체국 뒤에 위치한 사가 벌룬 뮤지엄에 가면 먼저 1층의 슈퍼 하이 비전 극장에서 280인치의 대형 화면을 통해 현장감 넘치는 벌룬의 세계를 감상하게 된다. 2층으로 이동하면 벌룬의 역사, 구조, 경기 종류 등에 대해 알 수 있으며, 비행 시뮬레이터로 열기구 조종 체험도 해볼 수 있다. 1969년 교토의 학생들로 구성된 이카로스 승천 그룹과 홋카이도 탐험부가 공동으로 제작, 일본 최초로 사람이 탄 채 비행에 성공했던 열기구 '이카로스 5호' 실물도 눈길을 끈다. 이 열기구는 홋카이도 하늘을 860m까지 상승한 후 약 20분간 날았다.

Data **지도** 196F **가는 법** JR사가역에서 사가 현청 방면 도보 17분. 사가역 버스센터에서 시영, 쇼와버스 타고 현청전县厅前 하차 후 도보 1분 **주소** 佐賀市松原2丁目 2-27 **전화** 0952-40-7114
운영시간 10:00~17:00(입장은 16:30까지) **요금** 어른 500엔, 초중고교생 200엔, 초등학생 미만 무료
홈페이지 www.sagabai.com/balloon-museum/

부담 없이 식사 겸 술 한잔!
구라 蔵

알록달록한 등을 무수히 달아놓은 독특한 식당 외관처럼 개성 강한 메뉴들이 많다. 주로 아리아케해에서 잡은 생선을 내놓는데 짱뚱어구이 정도는 애교다. 한국에서는 개소겡으로 부르는 와라스보ワラスボ를 회로 내놓는 집은 세계에서 이 집이 유일하다. 뱀장어를 닮은 으스스한 생김새와는 달리 맛은 의외로 깔끔하니 용기 있는 사람이라면 도전해 보자.

Data **지도** 197G **가는 법** JR사가역에서 도보 10분
주소 佐賀市大財1-3-19 **전화** 0952-24-3030
운영시간 15:00~24:00, 일요일 휴무 **가격** 와라스보회 400엔, 짱뚱어구이 700엔, 모둠회 도시락 2,500엔, 코스 4,000엔

길을 걷다 출출해질 땐
잇규켄 一休軒

저녁 늦게까지 문을 여니 식사는 물론이요, 야식을 먹기 위해 찾기 좋은 라멘집이다. 안으로 들어가는 순간 주방에서 모락모락 피어나는 김과 라멘 냄새에 멀쩡하던 배도 출출해진다. 국물은 산뜻하지도, 걸쭉하지도, 느끼하지도, 짜지도 않다. 이도 저도 아니라는 말이 아니라 중용을 잘 지킨 육수라는 얘기다. 누구나 부담 없이 맛있게 먹을 수 있는 라멘집이다.

Data **지도** 197G **가는 법** 혼마루 역사관에서 도보 13분 **주소** 佐賀市呉服元町1-8 **전화** 0952-27-2180
운영시간 11:00~14:30, 18:00~22:00(목 · 일요일은 11:00~15:00) **가격** 라멘 700엔~

사가시에서 가장 전망 좋은 레스토랑
시노 志乃

모던하면서도 품격 있는 레스토랑. 사가 현청 전망홀에 자리 잡고 있어 식당 자체가 전망대나 다름없다. 저녁 시간의 디너 가격은 부담스러운 편이니 런치 시간을 활용하자. 런치 메뉴는 매우 정갈하며, 특히 사가현의 향토 음식인 시시리안라이스를 추천한다.

Data 지도 197G
가는 법 혼마루 역사관에서 도보 5분
주소 佐賀市城内1丁目1-59
전화 0952-23-7511
운영시간 11:00~15:00, 17:00~21:00, 월요일 휴무
가격 시시리안라이스 1,100엔, 디너 1인 3,500엔~

돈육과 채소가 조화를 이룬 건강식
부부포루코 ぶぅぶぅポルコ

식당 입구에 닭 등에 얹은 돼지가 붙어 있는 것이 인상적이다. '부부'는 꿀꿀이라는 뜻을 지녔다. 상호에서 알 수 있듯 질 좋은 규슈산 돼지고기를 메인 식재료로 사용하며, 싱싱한 채소를 활용해 서너 가지의 런치 플레이트를 준비한다. 가격도 소프트드링크를 포함해서 1,000엔으로 만족도가 높다. 저녁 술안주로는 돼지 샤부샤부를, 식사로는 볶음밥을 추천한다.

Data 지도 197C
가는 법 JR사가역 기타구치 출구로 나와 정면 방향으로 이동 후 오른편에 위치
주소 佐賀市駅前中央1-13-21
전화 0952-24-3041
운영시간 11:00~22:00
가격 런치 플레이트 1,000엔

매일 아침 어시장에서 가져온 싱싱한 맛!
메구미 수산 恵水産

매일 아침 어시장으로 나가 제철에 맞는 싱싱한 생선을 골라 손님상에 내놓는 정직한 식당. 생선회는 여느 집보다 도톰하게 나와 생선 자체의 식감을 제대로 즐길 수 있다. 된장을 발라 구운 도미구이와 커다란 다랑어구이는 느끼하지 않으면서도 기름진 맛이 일품이다. 직화로 구워주는 바다 향 가득한 뿔소라도 놓치지 말 것.

Data 지도 197C
가는 법 JR사가역에서 도보 2분
주소 佐賀市駅前中央1-3-8
전화 0952-27-6030
운영시간 17:30~23:00
가격 생선회 1인분 1,250엔~, 도미구이 900엔, 다랑어구이 1,800엔, 튀김·반찬 300엔~

품격 있는 건물, 그에 맞는 식사
사가 레트로관 さがレトロ館

옛날 관공서로 사용하던 오래된 목조 건물에 들어선 레스토랑. 일본의 유명 음식 만화에도 등장할 정도로 관록 있는 집. 추천 메뉴는 사가시의 향토 음식인 시시리안라이스. 밥 위에 풍성한 채소와 더불어 달달한 소스로 볶은 고품질 사가규를 얹어 낸다. 흑미빵을 이용해 만든 빵에 사가규를 넣은 햄버그스테이크도 그냥 지나치기엔 아쉬운 맛이다.

Data 지도 197K
가는 법 혼마루 역사관에서 도보 3분
주소 佐賀市城内2-8-8
전화 0952-97-9300
운영시간 화~일 10:00~22:00
가격 시시리안라이스 1,300엔, 햄버그스테이크 1,300엔

부드럽고 달콤한 수제 빵집
마운텐 게스코지 mauntain gesukouji

수제 빵이 유명하다. 아리아케해에서 나온 해산물을 먹여 기른 닭이 낳은 달걀만을 사용해 빵을 만든다. 부드러우면서도 담백한 빵과 고명으로 사용한 크림 또는 아이스크림의 조화가 환상적이다. 고명은 다양하게 갖췄으니 취향대로 선택하면 된다. 대형 매장과는 달리 집에서 어머니가 만든 손맛이 느껴져서 더욱 정겹게 느껴진다.

Data 지도 197L
가는 법 혼마루 역사관에서 도보 13분
주소 佐賀市水ヶ江2-9-22
전화 0952-29-8760
운영시간 08:00~18:00
가격 캐러멜 빵 80엔, 머스터드 빵 80엔

전통 문화의 향이 가득한 찻집
히젠쓰센테이 肥前通仙亭

일본의 전통 다도를 체험할 수 있다. NPO단체에서 비영리적으로 운영하는 찻집이기에 찻값이 깜짝 놀랄 만큼 저렴하고, 분위기는 고급스럽다. 한국어로 쓰인 일본식 다도 설명서도 갖추고 있으니 의외로 까다롭지 않게 차를 즐길 수 있다. 종종 전통 공연도 열리며, 사전 예약을 하면 맷돌을 돌려 녹차가루를 만드는 전통 체험도 할 수 있다.

Data 지도 197G
가는 법 혼마루 역사관에서 도보 15분
주소 佐賀市松原 4-6-18
전화 0952-97-7377
운영시간 09:00~17:00(월요일 휴무)
가격 차와 다과 500엔, 차와 떡 600엔

BUY

화려함의 극치, 사가 비단을 만나다
구 후쿠다가 旧福田家

횡실에 비단실을, 날실에 금실과 은실을 넣어 기하학적 문양으로 짜낸 사가 비단은 섬세하고 화려하기로 유명하다. 하루 종일 매달려도 비단 10cm를 짜기도 버겁다 하니 얼마나 공이 드는 수공예품인지 짐작할 수 있다. 구 후쿠다가에서는 사가 비단으로 만든 제품과 비단 짜는 모습을 직접 볼 수 있다. 핸드백이나 지갑 등은 상당히 고가지만 작은 인형 등은 크게 부담되지 않는 가격에 구입할 수 있다. 일본 전통의 건축 기법과 근대의 건축 기술을 총 동원해 정교하게 지은 주택 자체도 큰 볼거리다.

Data 지도 197G
가는 법 혼마루 역사관에서 도보 15분 주소 佐賀市松原四丁目3-15
전화 0952-22-6849
운영시간 09:00~17:00
(월요일, 월요일이 공휴일인 경우 화요일, 연말연시 휴무)
요금 관람료 무료

커피 마니아라면 반할 만한 커피공방
이주미야 커피 いづみや珈琲

대를 물려 내려오고 있는 커피공방으로 한국의 커피 전문가들도 종종 방문하는 집이다. 근처에만 가도 커피 향이 진동한다. 한국에서는 드립 커피 한 잔에 1만 원이 넘는 비싼 블루 마운틴 원두 가격이 깜짝 놀랄 정도로 저렴하다. 이 집에서 로스팅한 원두는 단맛이 강한 게 특징. 커피 맛은 쓰다는 편견을 깨기 위해 주인장이 오랜 시간 동안 공을 들여 완성한 맛이다. 마시는 커피는 따로 판매하지 않지만 원두를 구매할 경우 커피 한 잔을 대접한다.

Data 지도 197D
가는 법 사가역 버스센터에서 택시 이용 시 9분. 도보 25분
주소 佐賀市兵庫南1丁目8-13
전화 0952-24-8162
운영시간 09:00~15:30(비정기적 휴무)
가격 블랜딩 커피 원두 100g 540엔~

SLEEP

도심에서의 고풍스러운 휴식
아케보노 あけぼの

일본의 천재 화가 아오키 시게루가 한동안 묵은 곳으로도 유명하다. 입구에 비치해 놓은 고풍스러운 외출용 우산, 전화기, 나무 계단 등 건물과 소품 하나하나에서 오래된 세월과 품격이 묻어난다. 객실은 전통 양식을 따르되 침대를 들여놓아 현대적 편리함을 도모했다. 노송나무로 만든 가족탕도 인기!

Data **지도** 197G **가는 법** 혼마루 역사관에서 도보 13분
주소 佐賀市中の小路3-10 **전화** 0952-24-8181
운영시간 체크인 16:00, 체크아웃 11:00 **요금** 1인(조식 포함) 9,800엔~
홈페이지 www.ake-s.com

청정한 자연 속에서 여유로운 휴식
호텔 류토엔 ホテル龍登園

가와카미 골짜기에 위치한 온천 호텔. 온천수는 피부에 자극적이지 않고 부드럽다. 노천탕에 앉아 바라보는 저녁노을은 최고의 호사를 선사한다. 이 집의 요리들은 일본 전통 방식으로 재배한 농산물을 산지 직송 방식으로 받아 만들어 더욱 믿을 만하다. 체크인, 체크아웃 시간에 맞춰 셔틀버스를 운행하는 친절함도 갖췄다.

Data **지도** 197C **가는 법** JR사가역에서 자동차로 15분
주소 佐賀市大和町大字梅野120 **전화** 0952-62-3111
운영시간 체크인 15:00, 체크아웃 11:00 **요금** 1인(조식 포함) 9,800엔
홈페이지 www.ryutouen.co.jp

캡슐룸은 어떻게 생겼을까?
사가 시티 호텔 サガシティホテル

한 번쯤 일본에서 유행한다는 캡슐룸에서 자보고 싶다는 생각을 해봤을 터. 사가 시티 호텔은 약 70여 개의 캡슐룸을 갖추고 있다. 룸은 비좁지만 TV까지 갖춰져 있고, 일단 누우면 어느 정도는 안락하다. 조식도 제공된다. 그러나 샤워실과 화장실 등은 공용 공간을 이용해야 한다. 혼자 떠난 여행이라면 비용도 절약할 겸 한번 묵어볼 만하다.

Data **지도** 196B **가는 법** JR사가역에서 도보 5분 **주소** 佐賀市駅前中央 1-7-3 1 **전화** 0952-40-0100 **운영시간** 체크인 15:00, 체크아웃 10:00 **요금** 캡슐룸 2,500엔~, 트윈룸 4,000엔~ **홈페이지** www.sagacity.jp

부담 없이 묵을 수 있는
토요코인 東横イン

일본 전역 주요 도시마다 지점이 있는 비즈니스호텔 체인. 가격도 저렴하고 간단하게나마 아침 식사도 제공되니 부담 없이 묵을 수 있다. 객실과 욕실이 비좁다는 점은 감안해야 한다. 전 객실에 인터넷이 연결되어 있으며 와이파이Wifi가 가능하고, 로비에는 손님용 컴퓨터도 갖췄다.

Data 지도 196B
가는 법 JR사가역 바로 앞 **주소** 佐賀市駅前中央1-10-36
전화 0952-23-1045 **운영시간** 체크인 16:00, 체크아웃 10:00
요금 1인 6,000엔~ **홈페이지** www.toyoko-inn.kr

온천욕과 삼나무 풍경으로 힐링 타임
온크리 ONCRI

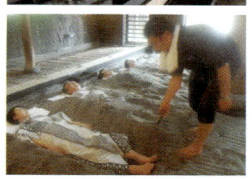

온크리는 후루유 온천 초입 언덕 위에 자리한 온천 료칸이다. 넓은 로비로 들어서면 확 트인 창문 너머로 삼나무 숲 풍경이 시원스리 펼쳐진다. 온천 내에는 다양한 테마의 노천탕과 모래찜질을 즐길 수 있는 시설이 갖춰져 있다. 모든 객실에서는 사철 푸른 산과 구름이 그리는 비경을 감상할 수 있다. 이 지역 특산물을 최대한 이용한 가이세키 요리는 정성과 솜씨가 깃들어 만족스럽다. 가이세키로 이탈리안 요리를 맛볼 수도 있다. 규슈에서도 소문난 이곳 셰프의 요리 솜씨는 두고두고 잊을 수 없는 감동을 부른다. 넓은 다다미방은 물론 트윈 침대와 리빙 공간을 갖추고 있다. 전화로 예약하면 JR사가역에서 숙소까지 왕복 송영이 가능하다(체크인 하루 전까지 예약 필수).

Data 지도 197C **가는 법** JR사가역에서 후루유 온천행 버스 이용, 후루유 온천 지구 하차(온크리 송영버스 예약 가능)
주소 佐賀市富士町古湯556 **전화** 0952-51-8111
운영시간 체크인 15:00, 체크아웃 11:00 **요금** 2인 1실(조식 포함) 32,000엔~ **홈페이지** www.oncri.com/room/index.html

---

TIP 온크리의 특별한 피자

후루유 온천 지구에서는 카레 요리 외 점심을 먹을 곳이 여의치 않다. 이럴 경우 온크리 료칸 로비층에 자리한 이탈리안 레스토랑 세브리SEBRI를 이용하자. 신선한 채소를 소스에 찍어 먹는 바냐 카우다 bagna càuda 세트 메뉴는 물론 김과 멸치가 들어간 재패니즈 피자, 유채 등 제철 채소를 이용한 스페셜 피자 등을 맛볼 수 있다. 바삭하면서도 쫄깃한 식감의 화덕피자 맛은 최고다!

Saga by Area

04

다케오
武雄

다케오는 1,300년 이상의 역사를 지닌 온천으로 유명하다. 약알칼리성인 온천은 물빛이 유독 투명하며, 미네랄 성분 함량이 높아 관절염이나 신경통에 효험이 있고 피부 미용에도 좋다. 도시의 한복판에는 3천 년 된 거대한 녹나무가 오래된 세월을 부여잡고 있다. 4백 년 전통을 이어오고 있는 도자기 산업도 빼놓을 수 없는 자랑거리. 여름에는 밤마다 반딧불이가 빛의 향연을 벌인다. 청정한 자연, 예술, 온천이 어우러진 이 도시가 바로 다케오다.

다케오
미리보기

다케오는 전원적인 분위기가 돋보이는 온천도시다. 고즈넉한 온천에 몸을 담그고 이곳 특산물 레몬그라스 차를 곁들이면 활력은 절로 충전된다.

SEE

온천욕은 기본이다! 수령 3천 년 이상의 거대한 녹나무를 차례로 순례하며 특별한 기까지 받는다면 금상첨화! 미후네야마라쿠엔과 게이슈엔에서는 일본 정원의 정수를 만끽할 수 있다. 한국에도 자주 소개된 다케오시립미술관과 중심가의 도자기 숍에서는 문화적 체취를 듬뿍 느낄 수 있다.

EAT

한국인에게 나가사키 짬뽕과 더불어 많은 인기를 얻고 있는 이데 짬뽕의 본점이 다케오 외곽에 있다. 로컬 식재료를 이용해 만드는 다케오 버거는 아사히 방송에서 진행한 콘테스트에서 1위를 차지했다. 에키벤 콘테스트에서 수차례 1위를 수상한 사가규를 얹은 도시락은 다케오온천역에서 기차 탈 때 챙겨야 할 필수 먹거리.

BUY

레몬그라스는 다케오를 대표하는 특산품 중 하나. 이를 이용한 차, 비누, 오일 등 다양한 제품을 온천 관광 안내소와 다케오온천역에서 만날 수 있다. 작은 비누 하나를 사서 여행 가방에 넣어 두면 방향제로도 그만이다. 그릇을 좋아하는 사람이라면 이마리와 아리타 못지않은 역사를 자랑하는 다케오자기를 놓칠 수 없다!

 어떻게 갈까?

규슈 어디에서든지 JR열차를 이용해 다케오로 갈 수 있다. 하카타역 혹은 사가역에서 1시간에 한 대 정도 운행되는 JR특급미도리를 이용하면 환승 없이 JR다케오온천역에 도착한다.

 어떻게 다닐까?

다케오온천역과 온천 근처에 관광 안내소가 있다. 관광 안내도와 더불어 올레를 걷지 않더라도 한국어로 안내된 다케오 올레 지도를 챙기자. 한국어로 주요 명소와 위치가 상세하게 표시되어 있고 여행 중 길이 헛갈릴 경우 올레 표시로 길을 가늠할 수 있다. 외곽을 돌아보고 싶을 경우 버스 시간과 탑승 장소도 꼼꼼히 챙겨야 한다. 시내 여행만 할 경우 온천욕 하는 시간을 제외하고 도보로 3시간 정도면 주요 명소들을 돌아볼 수 있다.

다케오
📍 1일 추천 코스 📍

도심 위주로 여행할까? 올레를 걸을까? 다케오 여행을 시작하기에 앞서 이 고민부터 해보자. 서규슈 최고의 정원으로 손꼽히는 미후네야마라쿠엔 또는 게이슈엔을 돌아보려면 도심 위주의 여행이 정답이다!

천상의 화원 미후네야마라쿠엔에서의 느림보 산책

→ 도보 10분 →

게이슈엔과 요코 미술관에서 도자기 감상과 녹차 밭 산책을 즐긴 후 다원에서 차 한잔의 여유 부리기

→ 버스 15분 →

세계적으로 유명한 다케오 시립 도서관에서 하루키의 소설 찾아보기

↓ 도보 6분

다케오 버거도 맛보고 시가지의 다양한 도자기 숍에서 그릇 쇼핑하기

← 도보 10분 ←

집채만 한 쓰카사키 녹나무 밑동 속에 들어가 보기

← 도보 5분 ←

3천 년의 세월이 묵은 다케오 녹나무 앞에서의 명상

↓ 도보 1분

관광 안내소 가바이에서 다케오의 특산품 구경 후 무료 레몬그라스차 한잔!

→ 도보 5분 →

명품 건축 다케오 온천 누문을 지나 온천에서 충전의 시간 갖기

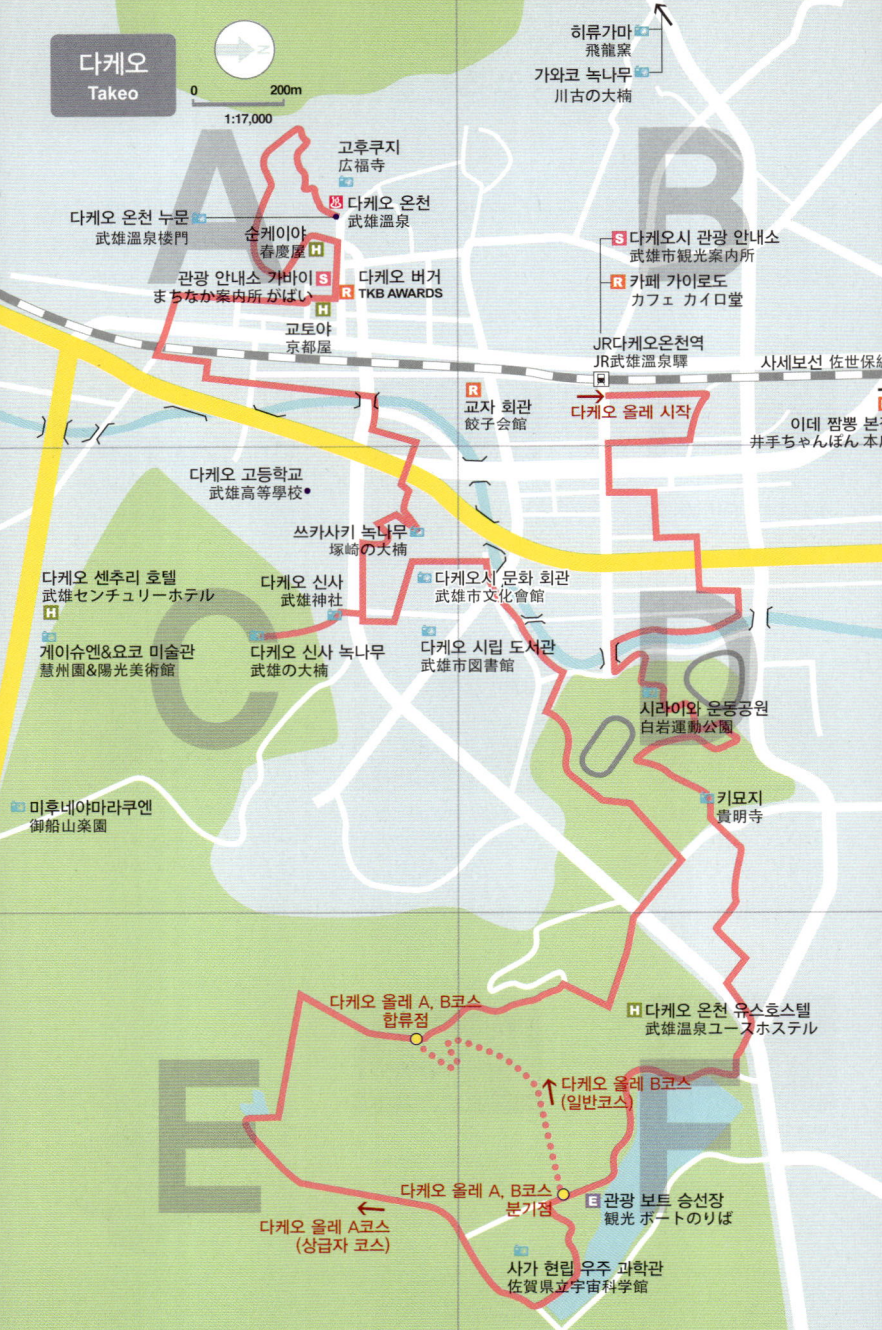

취향대로 온천욕을 즐기다

다케오 온천 武雄温泉

다케오 온천은 1,300년이라는 오랜 역사를 지닌 온천이다. 진구 황후, 미야모토 무사시, 다테 마사무네, 시볼트와 같은 수많은 명사들이 이곳에서 온천욕을 즐겼다고 한다. 명성에 걸맞게 온천의 입구에는 주홍칠을 한 거대한 누문이 위엄을 세우고 있다. 국가 중요문화재로 지정된 누문의 설계자는 다쓰노 긴고. 도쿄역과 서울의 한국 은행 본점도 그의 작품이다. 온천의 상징인 누문을 통과하면 본격적으로 온천욕을 즐길 차례다. 다케오 온천의 공동 욕탕은 하나가 아니라 여러 개의 탕으로 나뉘어 있다. 탕마다 물의 온도나 분위기도 제각각이니 취향대로 탕을 선택하면 된다. 연인끼리 혹은 가족끼리 고요한 시간을 즐기고 싶다면 가족탕을 선택해도 좋다. 가장 인상적인 곳은 에도 시대 중기에 영주가 사용했던 전용 욕실이다. 영주의 신변 보호를 위해서인지 탕으로 들어가는 복도의 구조가 은밀하다. 놀랍게도 욕실은 대리석이다. 목욕 후 고요한 전용 다실에 앉아 차 한잔을 기울이자면 그 옛날의 영주가 된 기분이다.

Data 지도 225A
가는 법 JR다케오온천역에서 도보 10분 **주소** 武雄市武雄町大字武雄 7425 **전화** 0954-23-2001 **운영시간** 대중탕 06:30~24:00, 가족탕 및 영주탕 10:00~23:00 **요금** 대중탕 500~700엔, 가족탕 및 영주탕 평일 3,000엔(토요일 3,500엔)

TIP 즐길거리가 다양한 다케오 온천

- **다케오 온천 신관**: 다케오 온천 내에 있는 도자기 체험 공방이다. 전문가의 지도하에 찻잔이나 접시에 나만의 문양을 새겨보는 재미가 쏠쏠하다. 가격은 1,000엔~.
- **고후쿠지**廣福寺: 온천에서 100m 거리에 있는 고즈넉한 절집 안에는 국가 중요문화재인 '목조 사천왕 입상'이 모셔져 있다. 가을에는 단풍으로도 유명하다. 입장료 300엔.
- **누문 아침 시장**: 매주 일요일 아침 7시에서 9시 30분 사이에 누문 앞에서 장이 열린다. 저렴한 음식이나 물건도 매력적이지만 무엇보다 마음을 끄는 건 시장에 흐르는 따스한 정서다.

책을 읽지 않아도 즐거운
다케오 시립 도서관 武雄市図書館

평범한 시립 도서관이었지만 민간에게 경영을 위탁하면서 파격적인 변모를 거듭했다. 20만 권에 이르는 서적을 자유롭게 열람할 수 있고, 전문 잡지 서점과 뮤직 숍, DVD 대여점이 입점해 있다. 여기에 스타벅스 매장까지! 뜻은 몰라도 일본어로 인쇄된 하루키의 소설을 펼쳐 놓는다. 그윽한 종이 향에 묻혀 커피를 마시노라면 1만 권의 책을 읽은 느낌이다. 다케오의 인구는 5만 명이지만 도서관의 연간 이용자는 100만 명. 절반 정도의 이용자는 다른 지역 사람이다. 한국에도 한 번은 가봐야 할 곳으로 많이 소개된 이색 도서관이다.

Data 지도 225C
가는 법 JR다케오온천역에서 도보 15분 주소 武雄市武雄町大字武雄5304-1
전화 0954-20-0222
운영시간 09:00~21:00

다케오 도자기 문화의 결정판
히류가마 飛龍窯

세계에서 가장 큰 규모를 자랑하는 가마. 대형 버스 1대 규모의 가마가 4개 이어져 있다. 전체 길이가 23m로 한 번에 12만 개의 찻잔을 구울 수 있다. 가마 앞에는 작은 도자기 전시관이 있으며 도자기 체험도 가능하다. 매년 2월 중순에는 '다케오 세계 제일의 히류가마 등롱 축제'가 개최된다. 수천 개의 등롱이 불을 밝히는 환상적인 빛 축제다.

Data 지도 225B
가는 법 JR다케오온천역에서 택시 이용 시 13분
주소 武内町大字真手野24001-1
전화 0954-27-3383 운영시간 08:30~17:30 (화요일 휴무) 요금 도예 체험비 800엔~

은하계로 떠나는 여행
사가 현립 우주 과학관
佐賀県立宇宙科学館

규슈에서 가장 큰 자연 과학 박물관으로 사업비만 약 80억 엔을 들였다. 5개의 전시 영역 중에서 가장 흥미를 모으는 건 우주 공간 시뮬레이션. 우주인이 된 듯 달 표면에서의 중력 보행을 직접 체험해볼 수 있다. 깊은 숲과 청정한 호수로 둘러싸인 주변 환경도 매력적이다. 과학관 주차장 옆의 호수에서는 오리배를 탈 수 있다.

Data 지도 225F 가는 법 JR다케오온천역에서 택시 이용 시 10분 주소 武雄町大字永島16351 전화 0954-20-1666 운영시간 09:15~17:15(토·일·공휴일 ~18:00, 월요일 휴관) 요금 510엔, 특별 체험 510엔 추가

천상의 화원을 옮겨온 듯한
미후네야마라쿠엔 御船山楽園

다케오시의 자연경관을 상징하는 미후네산 아래 펼쳐진 정원으로 국가등록 기념물에 등재된 명승지다. 이곳은 에도 시대 말기에 활약했던 다케오의 영주 나베시마에 의해 조성되었다. 그는 막부의 전속 화가를 교토에서 불러들여 섬세하게 조경도를 완성한 후 3년에 걸쳐 정교한 공사를 해서 이곳을 완성했다. 기암절벽 아래 펼쳐진 산중 화원에는 철 따라 다양한 꽃들이 피어나 환상적인 풍경을 선사한다. 특히 20만 그루의 철쭉이 알록달록 산자락을 수놓는 5월에 이곳을 방문한다면 라쿠엔(낙원)이라는 이름에 공감할 수밖에 없다. 깊은 숲과 연못을 지나는 산책로의 고즈넉한 정취도 꽃의 아름다움 못지않다.

Data 지도 225C
가는 법 JR다케오온천역에서 택시 이용 시 5분
주소 武雄市大字武雄4100
전화 0954-23-3131
운영시간 08:00~17:00
요금 500엔(시기에 따라 입장료가 달라진다)

절제된 아름다움이 돋보이는
게이슈엔&요코 미술관 慧州園&陽光美術館

게이슈엔이라는 아름다운 정원과 고 도자기를 모아 전시하는 요코 미술관이 함께 어우러진 '정원 미술관'이다. 인공 연못, 바위, 녹차 밭이 절제 속에 절묘한 조화를 이루고 있다. 산중 다원을 지나 녹차 밭을 에둘러 산책하자면 전망대가 보인다. 그곳에 오르면 게이슈엔의 녹차 밭은 물론이요, 다케오시의 짙푸른 산하가 손에 잡힐 듯 다가선다. 정원 내의 요코 미술관에서는 일본 청자의 일인자로 손꼽히는 나카시마 히로시의 작품과 중국의 역대 황제가 사용했다는 도자기 등을 볼 수 있다. 고 미술품도 아름답지만 미술관의 너른 창으로 들어오는 미후네산과 연못은 그대로 한 폭의 그림이 되어 발을 굳게 한다. 미후네야마라쿠엔과 인접해 있어 함께 돌아보기 좋다.

Data 지도 225C 가는 법 JR다케오온천역에서 택시 이용 시 5분 주소 武雄町大字武雄4075-3
전화 0954-20-1187 운영시간 10:00~16:00(수요일 휴관) 입장료 정원&미술관 통합 관람료 1,000엔

THEME

❖ 파워 스폿 여행 '다케오 녹나무 순례' ❖

최근 각광받는 새로운 여행 트렌드가 '파워 스폿'이다. 특정한 장소에 흐르는 기를 받아 스트레스를 치유하고 안식을 얻을 수 있는 여행지를 말한다. 다케오의 녹나무는 파워 스폿 여행지로 최적의 장소. 3천 년의 세월을 산 녹나무 앞에 서면 신령스러운 기운이 온몸을 감싼다.

살아 있는 나무의 신
다케오 신사&다케오 녹나무 武雄神社&武雄の大楠

다케오 신사는 국가 지정 중요문화재로 지정된 고문서가 남아 있는 유서 깊은 신사다. 일본에서도 드물다는 바나나 모양의 도리이도 눈여겨볼 만하다. 신사의 왼쪽에는 울창한 삼나무와 대나무 숲 사이로 은밀한 오솔길이 이어진다. 낮에도 어두컴컴할 정도로 울창한 숲길 끝에 다다르면 나무들이 주렴 걷히듯 잦아들고 너른 원형 광장 하나가 등장한다. 가운데는 눈부신 빛줄기를 모으고 있는 거대한 녹나무가 한 그루가 있는데 이 나무의 수령이 무려 3천 년이라 한다. 일본의 청동기 시대부터 지금까지의 시간을 살고 있으니 그 자체로서 목신木神이라 할 만하다. 그 위엄에 걸맞게 나무 밑동의 빈 공간에는 천신을 모시는 신당이 차려져 있다. 주위의 나무들은 천신께 예를 다하듯 녹나무를 향해 머리를 조아린다. 나무들뿐이랴, 그 압도적인 존재감과 생명력 앞에 서면 여행자의 고개도 절로 숙여진다.

Data 지도 225C
가는 법 JR다케오온천역에서 도보 15분 주소 武雄市武雄町大字武雄5335 武雄神社 전화 0954-22-2976

거대한 나무 밑동에 들어가다
쓰카사키 녹나무 塚崎の大楠

1963년 벼락을 맞아 본줄기가 9m 이상이 손실되었음에도 살아 있는 게 신기한 나무. 아니, 나무의 위세는 여전히 대단하다. 사방으로 뻗은 뿌리는 용이 꿈틀대는 모습 같다. 나무 가까이 접근하는 게 금지된 다른 녹나무들과 달리 이 녹나무는 자유로이 접근할 수 있어 더욱 흥미롭다. 밖에서 보자면 나무는 육중한 줄기로 버티고 서 있는 것처럼 보이지만 밑동 안으로 들어가 보면 본줄기는 사라지고 속이 텅 비었음을 알 수 있다. 그 공간의 넓이가 작은 집 한 채는 될 듯하다. 엄청난 규모의 몸집을 껍질로만 버티며 다시 새순을 틔우는 녹나무의 강인한 생명력은 감탄을 넘어 신비롭기까지 하다.

Data 지도 225C 가는 법 JR다케오온천역에서 도보 15분. 문예 회관 뒤쪽 언덕으로 이어진 오솔길에 있다
주소 佐賀県武雄市武雄町大字武雄5538-1

관음 인양 마을을 보듬고 있는
가와코 녹나무 川古の大楠

가와코 녹나무는 일본에서 다섯 번째로 큰 나무다. 수령은 무려 3천 년 이상! 전설에 의하면 한 고승이 나무 줄기에 관음을 새겼고, 또 가지 사이에는 관음상을 얹어 놓았다 한다. 세월이 흐르면서 줄기에 새긴 관음의 흔적은 사라졌다. 나무에 얹어 놓은 관음상도 풍화에 의해 형체가 흐릿해졌기에 보호를 위해 당을 세워 그곳에 모셔두었다. 그러나 녹나무만큼은 3천 년의 세월이 무색하게 점점 더 그 위세가 대단해지고 있다. 멀리서 보자면 나무가 마을 전체를 보듬고 있는 것처럼 보일 정도. 이제는 나무 자체가 중생을 어루만지는 관음이 된 듯하다. 나무 주변이는 거대한 수차가 돌고 있어 여행자에게 또 다른 즐거움을 선사한다.

Data 지도 225B 가는 법 JR다케오온천역에서 자동차로 20분
주소 武雄市若木町大字川古7843 川古の大楠公園 전화 0954-26-2920

THEME

다케오의 역사, 문화, 자연을 한길에서 만나다!
❖ 규슈 올레 다케오 코스 ❖

복잡한 여행 계획을 짜기 싫은 사람이라면 다케오 올레 코스를 선택하면 그만이다. 이 길은 다케오의 명소들을 두루 지난다. 다케오 온천역에서 시작해서 전원마을풍의 도심 주택가를 지나면 시라이와 운동공원. 대나무 숲과 상록수가 울울창창한 숲길을 지나면 기묘지 절이다. 올레꾼들에게 무료로 차를 대접하며, 원한다면 좌선 체험을 해볼 수도 있다. 절집을 나서 사가현 우주 박물관을 지나면 본격적인 산길이다. 힘든 여정이지만 정상에 서면 다케오시가 한눈에 내려다보인다. 드디어 다케오시에 접어들면 거대한 녹나무와 시가지의 오래된 가게들이 여행자의 오감을 자극한다. 길 끝의 다케오 온천의 온천탕에 몸을 담그는 순간 피곤은 봄눈 녹듯이 사라진다.

코스

A코스 : 총 14.5km, 약 5시간, 난이도 상
B코스 : 총 13km, 약 4시간, 난이도 중

* 상세 지도는 JR다케오온천역 관광 안내소에서 구할 수 있다.

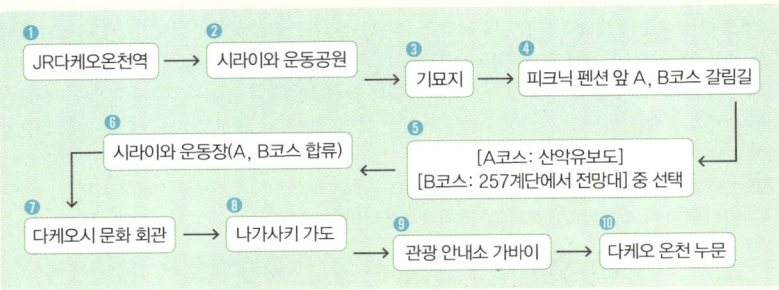

좀 더 쉽게 걷는 다케오 올레

다케오 올레는 A, B코스 모두 산행이 포함되니 상당한 체력이 요구된다. 정상까지의 숲길은 아름답지만 가지 못했다 하여 후회할 정도는 아니다. 다케오시 문화 회관에서 다케오 온천 누문에 이르는 시내 구간만 걷는 것도 좋다. 길도 편하고 지도를 볼 필요 없이 올레 표시만 따라가면 주요 명소들을 돌아볼 수 있다.

아삭아삭한 채소와 고기육수가 만나면?
이데 짬뽕 본점 井手ちゃんぽん 本店

서큐슈에서 나가사키 짬뽕과 더불어 쌍벽을 이루고 있는 음식이 이데 짬뽕. 3대에 걸쳐 60년 전통을 이어오고 있는 이데 짬뽕의 본점이 다케오에 있다. 이데 짬뽕의 가장 큰 특징은 돼지 뼈를 걸쭉할 정도로 푹 곤 육수와 30년에 걸쳐 완성한 수제면. 그 위에 돼지고기, 채소, 어묵 등을 얹어 내는데 그 양이 엄청나서 피라미드를 쌓은 것처럼 보일 정도다. 센 불에 슬쩍 볶은 후 얹어내는 아삭아삭한 채소, 쫀득한 듯 부드러운 면, 진한 육수가 환상의 조화를 이룬다. 한국 여행자들도 이 집을 꽤 많이 찾는데 약간 느끼하다 싶은 나가사키 짬뽕보다 이곳 짬뽕이 훨씬 입에 맞는다는 평이 대부분. 단, 워낙 인기가 좋은 집이라 식사 시간과 휴일에는 긴 줄을 설 각오를 해야 한다.

Data 지도 225B
가는 법 JR다케오온천역에서 택시 이용 시 15분 주소 武雄市北方町大字志久高野1928
전화 0954-36-2047
운영시간 11:00~20:30(수요일, 연말연시 휴무) 가격 이데짬뽕 820엔, 특제짬뽕 980엔

입에 넣자마자 살살 녹는 그 맛
교자 회관 餃子会館

40년 전통을 이어오고 있는 교자집이다. 일본에서 면 요리를 먹을 때 흔히 같이 주문해서 곁들여 먹게 되는 일본식 군만두가 교자다. 이 집에서 내는 교자는 굽는다기보다는 튀김에 가깝게 조리한다. 튀긴 교자니 느끼해야 하는 건 당연한데 맛은 이상하게도 담백하다. 비밀은 교자피에 있다. 이 집의 교자피는 아주 얇고 특수한 반죽을 해서 기름이 많이 스미지 않는다. 부드러운 재료로 속을 가득 채운 교자는 입에 넣자마자 살살 녹는다. 출출한 사람이라면 교자만큼 맛 좋기로 소문난 라멘까지 같이 곁들이면 금상첨화다.

Data 지도 225B
가는 법 JR다케오온천역에서 도보 5분 주소 武雄町大字昭和3-4
전화 0954-22-3472
운영시간 11:00~20:00(목요일 휴무)
가격 교자(8개) 500엔, 특제라멘 700엔, 돈까스라멘 750엔

TV 요리 프로 1등의 맛!
다케오 버거 武雄バーガー, TKB AWARDS

규슈 아사히 방송의 '규슈에서 가장 치명적인 햄버거 결정전'에서 우승한 햄버거 맛집! 다케오 버거의 특별한 맛은 수제 패티에서 비롯된다. 다케오는 규슈에서 돼지고기가 맛있기로 유명한 지역. 이 지역 농가에서 기른 돼지고기를 이용해 손수 만든 패티를 사용한다. 흐뭇할 정도로 두터운 패티는 육즙이 풍성해 떡떡하지 않고 채소, 빵과의 조화도 훌륭하다. 부드러운 맛, 남미식의 매콤한 맛, 한국의 양념치킨 맛이 나는 소스 등 취향에 따라 다양한 소스를 고를 수 있다는 점도 매력적이다. 여기에 빼놓을 수 없는 것이 힙합 스타일의 옷을 입은 젊은 주인장의 미소와 친절함! 단, 홀이 없어 테이크아웃만 가능하다.

Data 지도 225A
가는 법 JR다케오온천역에서 도보 10분 주소 武雄町大字富岡 7811-5 전화 080-3958-3411
운영시간 11:00~15:00, 16:00~20:00(월요일 휴무)
가격 치즈버거 590엔, 로스커틀릿버거세트 940엔

다케오온천역의 명품 에키벤
카페 가이로도 カフェ　カイロ堂

일본 여행의 즐거움 중 하나가 각 지역마다 특색 있는 에키벤을 맛보는 것. 다케오온천역 안에 자리 잡은 가이로도에서는 '제 8회 JR규슈역 내 도시락 그랑프리 대회'에서 우승한 사가규 스키야키 도시락을 맛볼 수 있다. 사가규는 일본에서 세 손가락 안에 드는 명품 소고기다. 가이로도는 도시락 안의 밥이 보이지 않을 정도로 사가규 스키야키를 듬뿍 얹어 낸다. 역에 마련된 자리에서도 도시락을 먹을 수 있지만 에키벤은 역시 기차에서 먹어야 제맛이다. 기차에 자리를 잡은 후 도시락을 열고 사가규 스키야키를 한 점 입에 넣는다. 적당한 간에 사가규 특유의 부드러운 맛이란! 다케오 여행의 추억이 더욱 달달해진다.

Data 지도 225B
가는 법 JR다케오온천역 내
주소 武雄市武雄町大字富岡 8260 전화 0954-22-2767
운영시간 10:00~18:00
가격 사가규스키야끼 도시락 1,620엔~

다케오의 모든 특산품이 한자리에!
다케오시 관광 안내소 武雄市観光案内所

일본을 여행하며 지역의 소소한 특산물을 사고 싶다면 관광 안내소가 있는 기차역을 주목하자. 그 지역을 대표하는 특산물이 빼곡히 쌓여 있다. 다케오의 관문이자 다케오시 관광 안내소가 있는 다케오온천역도 마찬가지다. 규모는 작지만 부담 없는 가격에 살 수 있는 물건들을 고르는 재미가 쏠쏠하다. 가장 눈에 띄는 건 녹차 액막이 인형, 그릇 등이다. 특히 이곳에 전시된 일본의 인간문화재 '나카지마 히로시'의 작품들은 다케오 자기의 정수를 보여주니 고가라 살 수는 없더라도 눈여겨볼 만하다.

Data 지도 225B
가는 법 JR다케오온천역 내
주소 武雄市武雄町大字富岡294
전화 0954-22-2542
운영시간 08:00~16:00

향긋한 레몬 향에 취하다
관광 안내소 가바이 まちなか案内所 がばい

레몬그라스는 향긋한 레몬 향이 나는 허브다. 어린잎은 차로 이용하고, 복통이나 설사 등의 치료에도 이용한다. 뿌리에서 가까운 하얀 부분은 요리에 주로 쓰인다. 유명한 태국의 수프 '똠양꿍'에도 레몬그라스가 들어갈 정도. 최근에는 목욕제나 방향제로도 인기를 모으고 있다. 다케오의 레몬그라스는 농약이나 화학 비료를 일절 사용하지 않고 유기농으로 재배하는 것으로 유명하다. 시내의 상점가를 거닐다 보면 레몬그라스를 이용한 차, 비누, 방향제 등의 상품이 종종 눈에 띈다. 가장 눈에 띄는 곳은 다케오 온천 느문 근처의 관광 안내소 '가바이'다. 레몬그라스를 이용한 제품은 물론 이 지역의 다양한 캐릭터 상품을 만날 수 있다. 방문자에게는 향긋한 레몬그라스차를 무료로 대접한다.

Data 지도 225A
가는 법 JR다케오온천역에서 도보 10분
주소 武雄市武雄町武雄7355-2
전화 0954-23-1145
운영시간 월~토 09:00~17:00, 일 07:00~15:00

SLEEP

앤티크한 분위기와 특별한 픽업 서비스!
교토야 京都屋

다케오온천역에 내려 호텔로 전화를 하면 흑백영화에서나 봤음직한 클래식 카가 마중을 나온다. 앤티크 가구와 로마네스크풍의 인테리어로 단장한 홀에서는 매일 SP레코드와 오르골 연주회가 열려 색다른 즐거움을 준다. 예스러운 분위기에 걸맞게 일본 전통의 다다미방으로 꾸민 객실에도 품격이 흐른다. 반딧불이가 날기 시작하는 여름이면 숲까지 복고풍 셔틀버스를 무료 운행해주니 무얼 더 바랄까.

Data 지도 225A
가는 법 JR다케오온천역에서 도보 10분 **주소** 武雄市武雄町大字武雄7266-7
전화 0954-23-3131 **운영시간** 체크인 15:00, 체크아웃 10:00 숙박료 2인 1실 15,000엔~
홈페이지 www.saga-kyotoya.j

노천탕에 앉아 노을과 일출을 맞다
슌케이야 春慶屋

100% 천연 온천을 사용한다. 대한해협과 아리아케해에서 생산되는 신선한 해선물 또는 사가규를 이용해 내놓는 계절 요리도 흠잡을 데 없이 정갈하고 맛있다. 일본 전통의 다다미방은 꽤 넓어 시원스러운 편. 방마다 스타일도 달라 취향껏 묵을 곳을 고르는 재미가 쏠쏠하다. 무엇보다도 매혹적인 곳은 노천탕. 그곳에 앉아 다케오의 야경을 바라보고 아침 일출을 맞는 감흥은 두고두고 기억에 남는다.

Data 지도 225A
가는 법 JR다케오온천역에서 도보 15분 **주소** 武雄市武雄町大字武雄7407 **전화** 0954-22-2101
운영시간 체크인 15:00, 체크아웃 10:00 **요금** 2인 1실 22,000엔~
홈페이지 www.syunkeiya.jp

아름다운 정원에서의 힐링 타임!
다케오 센추리 호텔 武雄センチュリーホテル

사시사철 아름다운 정원 미술관 게이슈엔 앞에 자리 잡은 호텔. 주변은 오로지 아름다운 정원과 청정한 자연뿐. 객실의 경우 양실과 다다미방을 취향에 따라 선택할 수 있다. 단, 양실의 경우 여느 호텔과 비슷하니 이왕이면 다다미방을 고르자. 다케오 온천은 본래도 맑은 물빛으로 유명하지만 센추리의 노천탕에서는 유독 더 투명하게 보인다. 의외로 시내에서 가깝다는 것도 큰 장점이다.

Data **지도** 225C **가는 법** JR다케오온천역에서 택시 이용 시 10분 **주소** 武雄市武雄4075-13 **전화** 0954-22-2200 **운영시간** 체크인 15:00, 체크아웃 11:00 **요금** 싱글룸 9,000엔~ **홈페이지** www.mirokuresort.com

부담 없이 묵고 싶다면
다케오 온천 유스호스텔 武雄温泉ユースホステル

전지훈련, 단체 여행 등을 하는 이들이 주로 묵는 숙소. 게스트하우스처럼 한 객실에 침대가 여럿 있는 형태의 객실이 대부분이다. 대신 숙박료가 매우 저렴하다. 아침 정해진 시간 외에는 픽업 서비스를 운영하지 않는다. 호스텔까지 가는 택시비가 꽤 나온다. 여럿이 함께 묵는다면 택시비를 분담할 수 있으니 고려해볼 만한 숙소다.

Data **지도** 225F
가는 법 JR다케오온천역에서 택시 이용 시 10분
주소 武雄市武雄町永島16060-1
전화 0954-22-2490
운영시간 체크인 16:00, 체크아웃 10:00 **요금** 1인 3,300엔
홈페이지 www.e-yh.net/takeo

Saga by Area
05

오기·이마리·아리타· 가시마·다쿠·겐카이· 도스·요시노가리

사가시에서 기차로 20분 거리인 오기는 '규슈의 작은 교토'라고 불릴 정도로 나베시마 번주의 성하마을로 번영을 누렸던 곳이다. 양갱 제조, 판매 노포가 20곳을 넘어 양갱 왕국으로 대접받는다. 이마리와 아리타는 도자기의 산지. 갯벌을 품은 가시마는 술창고거리, 다쿠는 공자를 모신 사당, 겐카이는 계단식 논으로 유명하다. 요시노가리에서 야요이 시대로 타임머신 여행을 체험한 뒤에 도스에서는 도스 프리미엄 아웃렛을 찾아가 쇼핑을 즐긴다.

양갱과 잉어 요리, 반딧불이의 고장
오기 小城

사가현 중앙부에 위치한 오기는 양갱과 잉어 요리로 유명한 고장이다. 해발 1,046m의 덴잔산에서 흘러내린 맑은 물로 오기 양갱과 오기 명주가 탄생된다. 벚꽃 명소로 사랑받는 오기 공원부터 반딧불이가 난무하는 기온강, 주렴처럼 쏟아지는 기요미즈 폭포를 품고 있어 자연이 아름다운 고장이라 할 만하다. 자연을 호흡하며 몸에 좋은 보양식까지 챙겨 먹을 수 있으니 힐링 여행지로 딱이다.

 어떻게 갈까?

JR사가역에서 JR가라쓰선 열차를 타면 오기까지 20분 정도 걸린다. 사가역 버스센터에서 쇼와버스를 이용하면 40분 만에 오기 버스센터에 도착한다. 사가공항에서는 자동차로 45분이 소요된다. 후쿠오카공항에서 나가사키행 고속버스를 타고 다쿠IC나 사가 야마토IC에서 하차 후 택시를 이용하면 시내까지 15분 정도 걸린다.

 어떻게 다닐까?

오기 시내 도보 코스를 따라 산책하자. 오기역에서 출발해 오기 공원을 둘러보고 오기 양갱 자료관을 돌아본 다음 스가 신사, 지바 성터까지 도보 여행을 할 수 있다. 성터 일각에 들어선 전망대에 오르면 사가 평야와 아리아케해의 풍경이 시원스레 펼쳐진다. 지바 성터에서 기온강을 거슬러 올라가면 오기의 명주를 탄생시킨 주조장이 나오고 북쪽으로 더 올라가면 기요미즈 폭포가 있다. 오기는 소도시여서 버스가 드물다. 외곽 지역 여행은 택시 이용을 권한다.

오기

미리보기

옛 지바성의 흔적이 남아 있는 오기시는 기온강을 따라 산책하기 좋다. 덴잔산을 따라 거슬러 올라가는 여행은 마치 외갓집을 찾아가는 듯 푸근한 마음이다.

SEE

오기에서는 사가현의 지붕이라 불리는 덴잔산 등반을 나서볼 일이다. 해발 1,046m 산 정상에 오르면 눈앞에 사가 평야와 아리아케해, 운젠까지 360° 파노라마로 펼쳐진다. 지바 성터와 스가 신사 등을 돌아보는 역사 체험, 기요미즈 폭포와 기온강의 반딧불이 축제까지 두루 즐겨보자.

EAT

자연환경이 깨끗한 오기에는 청정 먹거리가 많다. 역사가 깊은 오기 양갱은 사가현 어느 토산품 가게에서도 쉽게 구입할 수 있을 정도로 유명하다. 기온강 상류의 맑은 물에서 사는 잉어를 이용한 잉어회와 잉어 알이 듬뿍 들어가 있는 잉엇국은 보양식으로 으뜸이다. 우리나라에서는 쉽게 먹을 수 없으니 반드시 먹어보자. 덴잔산에서 흘러내린 맑은 물로 빚은 명주 '덴잔'도 반드시 먹어보자.

BUY

오기시의 명물 양갱은 반드시 선물로 구입해야 할 품목. 오기역에서 양갱 자료관까지 약 20여 개의 양갱관이 들어서 있는데, 주로 오기역과 스가 신사 주변에 밀집되어 있다. 저마다 색다른 맛과 재료를 사용하니 몇 군데 들러 다양하게 사볼 것을 추천한다. 양갱은 비교적 유통기한이 길어 여행이 끝날 때까지 든든한 간식거리가 된다.

SLEEP

오기시에서는 숙박업소를 찾기가 쉽지 않다. 덴잔산 등반 후 덴잔 리조트에서 숙박을 하거나 사가시 후루유에서 온천욕 겸 휴식을 취할 것을 추천한다.

오기
📍 1일 추천 코스 📍

오기는 양갱과 잉어 요리로 유명한 고장이다. 양갱의 역사와 맛을 체험한 후 기요미즈 폭포의 절경을 찾아 나서는 길은 고즈넉한 분위기와 청량감이 깃들어 있다. 잉어 요리는 오기의 맑은 물이 선사하는 별미! 영양 보충도 할 겸 반드시 맛보자.

오기역에서 관광 지도 및 안내서 챙기고 코인 라커에 짐 맡기기

→ 도보 5분

오조칸에서 오기의 역사에 관해 미리 알아보기

→ 도보 2분

오기 공원에서 잘 가꿔진 일본의 정원 산책하기

↓ 도보 20분 또는 택시 5분

무라오카 총본점 & 양갱 자료관에서 양갱 맛보고 기념품 사기

← 도보 1분

후카가와케 주택의 고풍스러움에 취해 차 한잔의 여유 즐기기

← 도보 5분

스가 신사와 지바 성터에 올라 오기 감상하기

↓ 택시 10분

기요미즈 폭포와 기요즈미 관음사원을 돌아보며 힐링 타임을 갖은 후 잉어 요리로 몸보신하기

SEE

사가현 벚꽃 명소
오기 공원 小城公園

오기를 대표하는 벚꽃 명소. 오기 공원은 오기번 초대 영주 나베시마의 역사가 간직된 공원이다. 나베시마가 다스리기 전 오기는 무사 지바 가문의 영지였다. 지바 가문이 내분으로 멸망하면서 이 지역은 후에 나베시마가 다스리는 오기 번으로 번창했다. 초대 오기번 번주 나베시마 모토시게鍋島元茂가 벚나무를 심고, 다실茶屋을 만들면서 오기 공원이 탄생했다. 1656년 2대 번주 나베시마 나오요시鍋島直能는 더 많은 벚나무를 심고, 연못을 조성한 후 저택까지 이곳에 지었다고 한다. 공원 내에는 약 3천 그루의 벚꽃이 들어서 벚꽃 명소로 손꼽힌다. 벚꽃이 지고 나면 철쭉 꽃과 등나무 꽃이 만발해 가족 나들이객이 많이 찾는다. 한여름 밤에는 반딧불이가 난무하는 풍경도 즐길 수 있다. 공원 내에는 '일본의 벚꽃 명소 100선 비'가 세워져 있다. 공원 내에는 수령 약 340년의 고목을 이용해 지은 전각 가쿠마키角槇와 나메시마 3대 번주 때부터 창건된 가라스모리이나리 신사烏森稲荷神社를 돌아볼 수 있다. JR오기역에서 걸어서 5분이면 도착할 정도로 가까우니 여행을 시작하기 전이나 여행을 마치고 기차를 타기 전에 둘러보기 좋은 명소다. 넓은 연못 주변과 정원을 두루 거닐며 휴식할 수 있다.

Data 지도 242E
가는 법 JR오기역에서 도보 5분
주소 小城市小城町185

오기시의 역사와 문화를 한눈에!
오조칸 桜城館

오기시의 역사와 문화를 엿볼 수 있는 복합 문화 시설. 시립 도서관과 역사 자료관, 나카야마바시 고치쿠 기념관이 한자리에 모여 있다. 건물 안으로 들어서면 히키야마라 불리는 거대한 수레가 시선을 사로잡는다. 장군과 서민의 인형으로 화려하게 장식한 이 수레는 700년을 넘게 이어온 이 지역 전통 축제의 상징이다. 역사 자료관에는 선사 시대로부터 근대에 이르는 오기시의 유물이 가득한데, 특히 거대한 토기들이 인상적이다. 나카야마바시 고치쿠中林梧竹記는 메이지 시대에 활약한 서예가로 그의 기념관에 들어서면 회화적인 느낌을 강조한 글씨에서 진한 묵향이 흐른다. 2층 난간에 서면 내려다보이는 1층의 시립 도서관은 마치 모자이크 작품처럼 보여 그 자체로서 볼거리다.

Data 지도 242F 가는 법 JR오기역에서 도보 5분 주소 小城市小城町158-4 전화 0952-71-1132 운영시간 화~금 09:00~17:00, 토·일 09:00~16:00(월요일, 12월 29일~1월 4일 휴관)
요금 시립 역사 자료관 무료, 나카야마바시 고치쿠 기념관 200엔

오백나한이 미소 짓는
조코잔 세이간지 祥光山 星巌寺

웅대하고 화려한 누문이 인상적인 사찰이다. 사찰 안의 보은당報恩堂에는 옛날 오기 번 영주들의 위패가 안치되어 이곳의 위상을 짐작할 수 있다. 누문과 더불어 이곳에서 놓치지 말아야 할 곳은 뒤뜰에 모셔진 돌부처들. 오백나한이라 불리는 이곳 돌부처의 숫자만 해도 200여 기를 넘는다. 나한들이 언제 제작되었는지는 확실하지 않지만 에도 시대 석공이었던 히라카와덕무관석공平川德兵衛의 일족에 의해 만들어진 것으로 추정된다. 비록 말은 없지만 나한들의 표정은 변화무쌍하다. 화를 내는 나한이 있는가 하면 큰 소리를 지르고, 울고 웃고 때로는 다정한 미소를 건넨다. 인생의 희로애락을 표정으로 담은 각각의 나한상들을 보노라면 묘한 카타르시스가 찾아온다.

Data 지도 241C 가는 법 JR오기역에서 도보 25분, 택시 이용 시 10분 주소 小城市小城町畑田3116 전화 오기시 상공관광과 0952-73-8813 운영시간 일출 후~일몰 전 요금 무료

오기의 명물 양갱의 역사
무라오카 총본점&양갱 자료관 村岡總本舖&羊羹資料館

무라오카 총본점은 1899년에 창립된 오기 양갱의 원조 가문. 현재 4대째 양갱 제조업을 이어오고 있는 이곳은 사가현 유산 제2005-13호로 지정돼 있다. 1962년에 지어졌으며, 건물은 아리타 도자기 타일을 이용해 지어졌다. 고풍스러움이 자연스럽게 드러나는 양갱 자료관은 국가 유형문화재로 등록돼 있다. 1942년에 지어진 이 벽돌 건물은 원래 설탕저장고로 쓰이다가 1985년 자료관으로 개장됐다. 자료관 내부 1층은 휴게실이고, 2층은 전시실로 꾸며졌다. 무라오카 가문의 양갱은 기차 안에서 많이 팔렸고, 일본 육군에도 납품될 정도로 유명했다. 자료관에는 양갱을 만들기 시작한 무라오카 상의 사진을 비롯해 양갱 재료인 한천, 양갱을 끓이던 솥, 기차 내에서 양갱을 팔던 모습이 담긴 사진 등이 재미있게 전시되고 있다. 통계에 의하면 일본 내에서 사가현이 양갱 소비가 가장 많은 고장으로 꼽히는데 이는 오기 양갱 덕분. 오기 양갱이 워낙 유명하기 때문에 여행객의 필수 견학 코스로 여겨진다. 휴게실에서는 오기 양갱과 녹차를 무료로 내준다. 기온강의 맑은 물로 빚는다는 오기양갱. 전통적인 양갱에서부터 새롭게 개발한 양갱까지 다양하게 판매하고 있으니 시식 후 선물로 구입할 것을 추천한다.

Data 지도 242B
가는 법 JR오기역에서 도보 20분. 택시 이용 시 5분
주소 小城市小城町861
전화 0952-72-2131
운영시간 09:00~17:00
요금 입장 무료

오기 전망 명소
지바 성터 千葉城跡

지바는 무로마치 시대 후반부터 전국 시대 전반에 걸쳐 가장 세력이 강했던 무사 가문. 지바성은 지바 가문이 오기를 다스리던 시절 산 정상에 쌓은 성이다. 전국 시대 후반에 이 가문은 내분을 겪으면서 세력이 약화되었고, 결국 오기 번 최초의 번주 나베시마의 세력으로 통합되었다. 지바 성터 일대에는 지바 공원千葉公園이 조성돼 있다. 세월이 흘러 성터의 흔적은 흐릿하지만 공원 일각에 세워진 전망대에서 바라보면 드넓은 사가 평야와 아리아케해, 멀리 운젠까지 바라다보인다. 봄이면 전망대 주변으로 벚꽃이 만발해 나들이 명소로 꼽힌다. 성터 주변에서 도자기 등 많은 유구와 유물들이 출토되고 있다.

Data 지도 242B 가는 법 스가 신사에서 도보 5분 주소 小城市小城町松尾 3545-3

가파른 돌계단 위에 솟은
스가 신사 須賀神社

양갱 자료관에서 기온강을 가로지르는 빨간 다리를 지나면 100여 개의 가파른 계단이 뻗어 있다. 계단 끝에 위치한 스가 신사는 지바 가문이 성을 쌓은 후 세운 사원이다. 원래는 지바성 정상에 건립한 기온사祇園社가 스가 신사로 개칭된 것. 45° 경사에 놓인 돌계단은 총 153개. 계단의 수를 세다가도 숨이 차면 이내 계단 수를 까먹기 일쑤다. 가내 평안과 액땜 등을 기원하며 쉬엄쉬엄 오르기를 권한다. 신사 우측으로 조금은 좁은 듯한 숲길이 이어진다. 세월에 많이 색이 바랜 듯한 붉은색 도리이가 겹겹이 세워져 있는데 가게의 상호 등이 적혀 있는 것으로 보아 사업 번창 등의 의미가 새겨진 곳인 듯하다. 신사에서부터 다시 숲길을 따라 계속 걸어가면 지바 공원과 전망대로 이어진다.

Data 지도 242B 가는 법 JR오기역에서 도보 20분 주소 小城市小城町松尾3594 전화 0952-72-7115 운영시간 24시간 요금 무료

고택에서 즐기는 차 한잔의 여유
후카가와케 주택 深川家住宅

한때 오기시는 작은 교토라 불릴 정도로 상업이 흥했고 귀족적 문화가 발달했었다. 에도 시대에 번영을 누렸던 오기시의 모습을 엿볼 수 있는 곳이 바로 후카가오케 주택. 멋스러운 2층 집과 창고가 등록 유형문화재다. 에도 시대에는 양조장을 겸한 술 판매장이었고, 메이지 시대에는 쌀가게로 운영되었다. 2010년 재단장한 후에는 다실과 전시장 등으로 이용되고 있다. 창틀 하나, 문짝 하나까지 옛 모습 그대로를 간직한 이 집에서 가장 빛나는 공간은 정원. 잘 가꾼 화초와 모던한 양식의 조형물이 완벽한 조화를 이룬다. 드립 커피의 맛도 수준급! 주택 안 작은 옷 가게에는 일본적인 색감이 돋보이는 고급 스카프나 옷가지가 여성들의 마음을 유혹한다. 북카페도 놓칠 수 없다. 카페 카운터 앞의 방에서 사다리를 타고 올라가면 북카페로 이용되고 있는 앙증갖은 다락방이 등장한다.

Data 지도 242B 가는 법 JR오기역에서 도보 20분 주소 小城市小城町上町877 전화 0952-73-1166 운영시간 금~일 11:00~17:00 요금 입장 무료, 말차, 홍차, 커피 500엔, 런치 세트(11:30~14:00까지) 1,300엔

수행과 명상이 절로 될 것 같은
기요미즈 폭포 清水の滝

Data 지도 241B
가는 법 JR오기역에서 자동차로 15분 주소 小城市小城町松尾字清水 전화 오기시 상공관광과 0952-73-8813

기요미즈청수강의 상류에 위치한 폭포. 쏟아져 내리는 폭포수가 진주알을 엮은 줄을 늘어뜨린 듯하여 '주렴 폭포珠簾の瀧'라 불리기도 한다. 75m의 벼랑에서 수직으로 떨어지는 폭포수에서 날아드는 물안개는 무더운 여름이라도 서늘한 바람을 안겨줄 만큼 시원하다. 볕 좋은 날에는 폭포수 주변으로 무지개가 펼쳐지는 진풍경도 볼 수 있다. 폭포 옆에 서 있는 비석은 옛이야기를 전한다. 옛날 이 지역의 6대 영주였던 나베시마 무네노리鍋島宗教가 큰 병을 앓았다. 가신이었던 쿠라나가 영주의 쾌유를 기원하며 폭포수를 맞다 동사하고 만다. 폭포의 비는 그를 기리기 위해 건립되었고, 이때부터 기요즈미 폭포에서 소원을 비는 풍속이 널리 퍼졌다. 폭포 입구에는 폭포에서 사는 잉어를 회로 내놓는 잉어 요리점이 여럿 영업 중이다. 매년 11월 15일에서 23일까지의 기간에는 폭포와 단풍나무, 대나무 등을 밝히는 대나무 불축제清水竹灯り가 열린다.

고즈넉한 사찰에서 마주하는 힐링 타임
기요미즈 관음사원 清水観音宝寺院

기요미즈 폭포 바로 옆 계단을 오르면 만날 수 있는 사찰. 803년 창건된 후 한 번 소실되었다가 에도 시대 사가의 초대 번주인 나베시마 가쓰시게鍋島勝茂가 관음도량으로 재건했다. 이후 관음신앙의 성지로 자리 잡았으며, 특히 기요미즈 폭포를 맞으며 기도를 올리는 수행의 장소로 명성을 떨쳤다. 한때 도회지의 절집 못지않게 크게 융성했으나 세월이 흐르며 남은 건 소박한 정취뿐. 화려함이 퇴색한 자리에는 맑은 폭포 소리, 새소리, 청정한 녹음이 내려앉았다. 사찰에 흐르는 고즈넉함이 오히려 더 반가운 이유다. 기요미즈 관음사원의 면적은 의외로 광대하다. 보통은 폭포 옆의 계단을 오르면 만날 수 있는 절집 건물만 보고 내려오지만 이곳까지 들렀다면 기요미즈 폭포 공영 주차장 옆의 정문으로도 들어가 보자. 사가현의 고목, 명목으로 지정되어 보호되고 있는 수령 500년 이상의 거대한 삼나무가 서 있는 깊은 산책로를 만날 수 있다. 삼나무 길을 지나 계곡에 이르면 자연 암반에 조각된 관음상이 서 있다. 성스러우면서도 사람의 마음을 편안케 하는 관음의 미소와 마주하자면 마음이 정화되는 느낌이 든다.

Data 지도 241B **가는 법** 입구 1은 기요즈미 폭포 바로 옆 계단으로 통하고, 입구 2는 기요미즈 폭포 공영 주차장 바로 옆 **주소** 小城市小城町松尾2209-1 **전화** 0952-72-2840 **운영시간** 일출 후~일몰 전 **요금** 무료

TIP 일본의 복날, 도요오노우시노히 土用の丑の日

한국에 복날이 있다면 일본에서는 도요오노우시노히에 장어 요리를 먹고 장어를 방생하는 행사를 한다. 기요미즈 관음사원은 장어 요리로 유명한 기요미즈 폭포 옆에 자리하기 때문에 많은 참배객들이 찾아와 성황을 이룬다.

환상의 꽃무릇 풍경이 펼쳐지는 계단식 논

에리야마 계단식 논 江里山の棚田

일본의 산간 지대를 여행하다 보면 계단식 논이 종종 보인다. 한국에도 많이 봐왔기에 특별하기보다는 정겹게 다가오는 풍경이다. 그러나 에리야마 계단식 논만큼은 건 길 마다하지 않고 달려가볼 만하다. '일본의 계단식 논 백선', '전국 농촌 경관 백선', '22세기에 남기고 싶은 사가현 유산' 등의 타이틀만으로도 이곳의 가치를 짐작할 수 있다. 텐잔 산골짜기 해발 250m에 이어지는 약 600여 개의 계단식 논은 있는 그대로 장관! 겨울에는 층층이 하얀 눈이 쌓이고, 봄에는 유채꽃이 노란 바다를 이루고, 여름에는 반딧불이가 불을 밝힌다. 계단식 논이 가장 아름다워지는 계절은 초가을인 9월 하순 무렵. 켜켜이 쌓인 논두렁 계단마다 붉은 꽃무릇이 환상처럼 피어난다. 꽃무릇은 수선화과의 식물로 천상계의 꽃, 만수사화라 불린다. 지상의 마지막 잎까지 말라 없어진 곳에서 화려한 영광의 꽃을 피운다 하여 피안화彼岸花라 부르기도 한다. 꽃이 만개하는 시기에는 축제도 열리고, 텐트를 칠 수 있는 공간도 마련된다. 논두렁 주변 개울에서는 간혹 민물 게를 관찰할 수도 있으니 생태 체험까지 겸할 수 있는 즐거운 여행지다.

Data **지도** 241A **가는 법** JR오기역에서 택시 이용 시 약 10분 **주소** 小城市小城町岩蔵
전화 오기 시청 농림수산과 0952-37-6125

TIP 에리야마 관음&감로수 甘露水&江里山観音

에리야마 관음은 예로부터 잉태와 순산에 효험이 높다고 소문난 곳이다. 특히 신혼여행객이라면 놓치지 말자. 마을 계곡의 암반에서 솟아나는 감로수는 물맛이 탁월해 먼 곳에서도 이 물을 뜨기 위해 찾아오는 사람이 있을 정도다. 두 곳 모두 계단식 논 꼭대기의 마을에 이르면 이정표를 따라 쉽게 찾을 수 있다.

사가현 지붕에 올라볼까?

덴잔산 天山

덴잔산은 해발고도 1,046m로 사가현 중앙부에 솟은 고산이다. 현립 자연공원으로 지정된 이 산은 동서로 4km 정도 평탄하게 뻗어 있는 초원이다. 조릿대와 진달래 등 고산 식물이 무리지어 산정에 오르면 사가의 지붕을 뜻하는 표지석이 세워져 있다. 사가현의 지붕에 올라서서 사방을 360°로 조망하는 풍광 또한 장관이다. 남쪽으로는 드넓은 사가 평야와 아리아케해가 내려다보이고, 그 너머로 아소산과 운젠까지 한눈에 바라다보인다. 북쪽으로는 대한해협이 펼쳐져 가슴이 시원하게 뚫릴 정도로 장쾌하다. 키 낮은 식물들이 바람에 흔들리는 소리를 들으며 등산 코스를 걸어 올라보자. 계절을 바꿔가며 피는 야생초들의 모습도 발견할 수 있어 규슈의 자연미가 고스란히 전해진다. 등산로가 잘 갖춰져 사계절 이곳을 찾는 등반객들이 많다. 덴잔산은 다쿠시, 사가시 등 사가현 몇몇 도시에서도 접근 가능한 등반 코스가 있다. 오기시에서 오를 수 있는 코스는 크게 세 코스로 나뉜다. 첫 번째 코스는 덴잔 주차장天山駐車場에서 등반로를 따라 출발하는 코스로 정상까지 약 30분이 소요된다. 두 번째 덴잔 조구 주차장天山上宮駐車場에서 출발, 정상에 이르는 코스는 걸어서 30분 정도 걸린다. 나나마가리 고개 코스七曲峠코스는 약 2시간이 소요된다. 이곳에는 주차장이 없으니 택시를 이용하는 것이 좋다.

Data 지도 241C **가는 법** 덴잔조구주차장까지 자동차나 택시 이용

THEME

❖ 반딧불이 여행을 떠나볼까, 반딧불이 축제 ❖

반딧불이 축제는 일본인에게 아주 인기가 높다. 반딧불이가 찾아오는 곳은 공기가 맑고 청정한 지구라는 것을 증명하는 셈이다. 덴잔산 아래 강변을 따라 걸으며 반딧불이의 신비로운 비행에 흠뻑 취하면 환상과 추억이 교차하는 듯하다.

해발 1,046m의 덴잔 산계에서 흐르는 기온강과 기요미즈강 일대에서는 매년 5월 하순부터 6월 초순쯤이면 반딧불이가 난무하는 진풍경을 만날 수 있다. 이곳은 일본 유수의 반딧불이 체험 명소로 유명하다. 어두운 밤중에 반짝이는 반딧불이의 비행은 공해로 찌든 도시에서는 꿈도 꿀 수 없는 풍경. 오기의 반딧불이 축제는 오기 공원에서부터 시작되어 스가 신사 아래 기온강을 따라 상류로 거슬러 올라가는 여행이다. 기온강 하류에서부터 시작된 반딧불이 행진이 점차 강 중류로 올라가고 시간이 흐를수록 아라야 댐荒谷ダム으로 거슬러 올라간다. 칠흑 같은 어둠 속에서 흩날리는 수십만 마리 반딧불이는 환상 그 자체라 할 수 있다. 초여름과 더불어 찾아오는 반딧불이의 눈부신 출현이 반딧불이 투어로 이어진다. 스

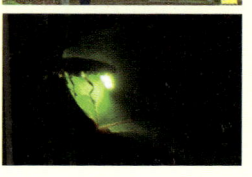

가 신사에서 덴잔 주조까지 약 2km에 달하는 강변을 따라가며 반딧불이의 깜빡거림을 읽는다. 그들의 깜빡임은 '사랑'이나 '위험'을 뜻하는 신호. 5월 말에서 6월 초 토요일에 반딧불이 관찰 행사를 한다.

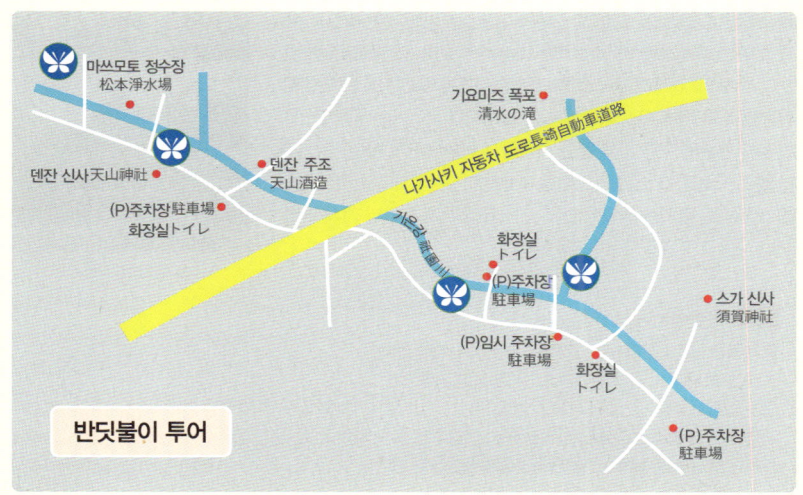

THEME

역사 유적과 자연을 아우르는 느림보 산책,
❖ 야마베노미치 ❖

야마베노미치山辺の道는 오기시의 주요 명소와 전원적인 분위기를 온몸으로 만끽할 수 있는 도보 여행 코스. 길은 오기 공원에서 시작되어 스가 신사까지 이어진다. 가장 매혹적인 구간은 세이간지에서 시작되는 숲길. 푸른 대숲과 상록수가 어우러진 고즈넉한 오솔길을 걷자면 깊은 명상을 하고 난 후처럼 마음에 평화가 찾아든다. 숲길 끝에는 고쇼지光勝寺라는 고풍스러운 사찰이 자리해 행자를 맞는다. 누문과 전각이 꽤 웅장하지만 절집에 감도는 고요한 분위기 때문인지 화려하다기보다는 엄숙한 느낌으로 다가서는 곳이다. 그곳에서 일본의 시골 마을 길을 굽이돌고 반딧불이가 사는 강을 지나면 스가 신사가 반가운 모습을 드러낸다. 관광지도와 이정표를 참고하면 길 찾기는 의외로 쉽다. 단, 길 중간에 식당과 가게가 없으니 식수와 간식을 충분히 준비해야 한다.

> **TIP** 야마베노미치 코스
>
> **오기 공원→세이간지→고쇼지→스가 신사→지바 성터**
>
> (순수 도보 길이 및 시간 : 총 6km, 2시간 30분 소요)
>
> 오기 공원에 들르기 전에 오기 시립 역사관을, 지바 성터까지 돌아본 후 오기 양갱 자료관과 후쿠가와케 주택을 함께 둘러보면 주요 명소를 도보 여행으로 모두 돌아볼 수 있다. 명소를 돌아보고 간간이 쉴 시간까지 감안하면 소요시간을 5시간 정도 예상하면 된다.

오기 보양식, 잉어 요리
다키미야 滝見屋

기요미즈 폭포 입구에 들어서 있는 전통 있는 잉어 요리 전문점. 1894년에 개업한 이곳은 한때 기요미즈 폭포로 수행하러 온 수행자들이 머무르는 숙소였다. 지금은 잉어 요리 전문점으로 유명하다. 이곳에서 내놓는 잉어 요리로 잉어회와 잉엇국을 들 수 있다. 양배추에 돌돌 말아먹는 잉어회는 식감이 뛰어나며 별미로 꼽힌다. 유자즙이나 유자후추를 넣어 먹으면 색다른 맛을 즐길 수 있다. 잉어 알이 듬뿍 들어가 있는 잉엇국은 잉어를 고운 국물을 사용하기에 맛이 깊고 부드럽다. 잉어 알은 비타민이 풍부하고 영양 또한 만점으로 알려져 보양식으로 손꼽힌다. 옛날 이곳을 찾은 수행자들은 수행을 마친 후 잉어 요리로 기운을 보충한 후 양갱을 후식으로 먹었다고 한다.

Data 지도 241B 가는 법 기요미즈 폭포 입구 주소 小城市小城町松尾2222 전화 0952-72-3895 운영시간 11:00~20:00(화요일, 화요일이 공휴일일 경우 수요일 휴무) 가격 잉어 코스 요리 2,000엔~

오기의 특별한 맛 마젠바
화이트 하우스 White house

오기시에서는 마젠바 요리가 별미 대접을 받는다. 마젠바マジェンバ는 '섞는다'란 의미. 면 위에 오기시에서 나오는 다양한 식재료를 얹어 내는데 이름처럼 이를 섞어 먹으면 된다. 오기시의 유명한 식당마다 각기 개성을 살린 마젠바 요리를 내놓는다. 화이트 하우스는 2층의 하얀 목조 건물에 모던한 인테리어가 돋보이는 이탈리아 음식점. 이집의 마젠바는 넓적한 생면 파스타를 사용한다는 점이 가장 큰 특징이다. 여기에 생 햄, 치즈, 채소, 새우 등을 얹어 낸다. 생면 특유의 부드러운 면발, 이탈리아에서 가져온 토마토소스를 첨가해 만든 특제 소스와 짭짤한 치즈의 맛이 절묘한 조화를 이룬다.

Data 지도 242B 가는 법 JR오기역에서 도보 25분 주소 小城市小城町219-7 전화 0952-72-5672 운영시간 화~일 11:30~15:00, 17:30~22:00 가격 마젠바 980엔, 제노바풍 바질스파게티 930엔, 해산물리소토 1,080엔, 새우마카로니그라탕 880엔

오기 오코노미야키를 맛볼까
구구 Coo Coo

JR오기역 길 건너 왼편 길가에 위치한 작은 가게. 오코노미야키와 야키소바를 즉석에서 만들어 준다. 주인아주머니와 딸이 오기시의 각종 재료와 아리아케해 해산물을 넣어 철판에 오코노미야키를 굽는 과정도 제법 재미있어 절로 군침이 돌게 한다. 마요네즈를 듬뿍 얹은 해산물오코노미가 맛있다. 유자 소스를 뿌려 먹는 야키소바도 색다른 맛. 가격도 저렴해서 기차 시간을 기다리는 동안 먹기 좋다.

Data **지도** 242E **가는 법** JR오기역에서 도보 1분
주소 小城市三日月町久米2079-1
전화 0952-72-2334 **운영시간** 11:00~19:30
가격 해산물야키소바 600엔, 야키소바 500엔

맑은 물로 빚은 오기 명주
덴잔 주조 天山酒造

사가 평야의 쌀과 덴잔산의 명수를 이용해 빚은 오기의 술은 명주로 꼽힌다. 오기는 예부터 양조업이 번성했던 고장. 1875년 창업한 이후 전통적인 비법으로 가업을 이어온 덴잔 주조의 '덴잔'은 오기의 명주 중 하나다. 덴잔산에서 흘러내린 맑은 물은 철분이 없을 뿐만 아니라 칼슘과 마그네슘 같은 미네랄 성분을 함유하고 있어 이상적인 양조용 물로 손꼽힌다. 햅쌀이 나오기 시작하면 덴잔산 바람이 쌀쌀한 틈을 타 11월경부터 4월경까지 술빚기가 진행된다. 자연과 더불어 술을 빚는 것은 남자들의 뜨거운 마음에 비유되곤 한다는 이곳의 전통 비법은 대대로 이어지고 있다. 그래서 이 가문의 술은 일명 '남자의 술'이라 불리기도 한다. 그 유래를 알면 직접 맛을 보고 평을 해보고 싶어진다. 주조장 안에는 도자기 술통을 비롯한 문화재급 물건들이 많이 보존돼 있다. 아니나 다를까 이곳은 문화재 등록은 물론 사가현 유산으로 지정돼 있다. 기온강 주변에 위치하고 있어 반딧불이 축제 기간에는 이곳에서 흥겨운 재즈 페스티벌이 열리기도 한다.

Data **지도** 241C
가는 법 스가 신사에서 기온 강변 길을 따라 도보 20분 **주소** 小城市小城町松岩蔵1520 **전화** 0952-73-3141

THEME

오기에서 반드시 맛보아야 할 명물 2가지

오기 명물 양갱과 잉어회의 명성이 자자하다. 사가현 여행지 어디를 가든 특산품 판매점에서 오기 양갱을 쉽게 찾을 수 있을 정도다. 덴잔에서 흘러내린 맑은 물에서 자라는 잉어로 요리한 잉어 요리는 보양식으로 으뜸이다.

양갱 양갱의 원료는 팥과 설탕, 한천이다. 물에 한천을 녹이고 설탕, 팥소를 넣어서 조린 후 서서히 식히면 양갱이 탄생한다. 양갱은 일본 사람들이 즐겨 먹는 과자 중 하나로 어디를 가든 양갱을 간식으로 빼먹지 않고 챙기는 편이다. 오기에는 약 20여 개의 양갱점이 시내 곳곳에 들어서 있어 양갱마을이라 해도 과언이 아니다. 오기에는 메이지 시대부터 사쿠라 양갱이 있었던 것으로 전해진다. 청일전쟁 당시 전쟁터로 보내지는 식량 중에 오기 양갱이 들어 있었다. 다른 음식물과는 달리 양갱은 전쟁 중에 잘 썩지도 않고 맛과 풍미까지 좋아 전국으로 이름이 알려졌다고 한다. 일본의 개항과 더불어 생긴 나가사키 가도는 서양으로부터 설탕을 대거 유입하게 됐다. 오기 역시 나가사키 가도에 인접해 설탕 문화를 적극 받아들여 양갱 제조를 크게 발전시켰다. 유통기한이 길었던 덕에 양갱은 군대에서 필요한 간식으로 맞아떨어졌다. 오기 강낭콩으로 만들어진 양갱은 사세보 해군이나 후쿠오카 구루메 육군에게 납품되는 등 군납품용으로 많이 판매되었다. 시내에 21채의 양갱관이 들어서 있고, 각 가게마다 독자적인 맛을 간직하고 있다.

Data 오기 양갱 협동조합
전화 0952-73-3314

잉어 요리 잉어 요리는 예부터 중국 약선에도 만병통치약이라 불릴 정도로 사랑받는 보양식으로 꼽혔다. 잉어는 타우린을 많이 함유하고 있는 고급 요리로 꼽힌다. 덴잔산에서 내려오는 맑은 물에서 자란 잉어는 단단한 몸과 민물고기 특유의 냄새 없이 깔끔한 맛을 낸다. '전국 명수 100선'에 선정될 정도로 맑은 물이 흐르는 기온강 상류에 자라는 잉어는 속을 말끔히 비워내기 위해 먹이를 주지 않고 한두 달 정도 지난 잉어를 회로 먹거나 끓여 먹는다. 예부터 기요미즈 폭포에서 수행하던 참배객들은 수행이 끝난 후 잉어 요리로 몸보신을 하던 풍습이 내려왔다. 그런 연유로 폭포 주변으로 잉어 요리집이 들어서 있다.

개성만점 도자기 공방을 찾아서
이마리 伊万里

수백 년 전부터 도자기를 수출하던 항구 도시 이마리. 도자기를 실은 배가 항구를 빠져나가던 옛 풍경은 항구 인근에 설치된 뻐꾸기시계로 재현되고 있다. 이마리천을 가로지르는 다리 위로 초대형 도자기가 세워진 풍경은 이 도시를 대표하는 이미지가 됐다. 연인과 이마리천 다리를 건너면 사랑이 오래 지속된다는 말이 전해온다. 도자기마을 오카와치야마에서 옛 도공들의 숨결을 되새겨 보고 이마리 햄버그스테이크로 맛도 즐긴다.

 어떻게 갈까?

후쿠오카공항에서 가라쓰행 열차 JR지쿠히선을 탑승하면 환승 없이 이마리까지 이동할 수 있다(2시간 소요). 후쿠오카시 JR하카타역에서 사세보행 특급 미도리 열차를 탈 경우 아리타역에서 하차(1시간 30분 소요) 후 마쓰우라 열차로 환승하면 JR이마리역까지 갈 수 있다(25분 소요).

 어떻게 다닐까?

JR과 마쓰우라 철도가 나란히 교차하는 이마리역 앞에 관광 안내소가 있다. 안내소에 비치된 한글 팸플릿과 지도를 챙긴 후 시내 산책을 나서자. 큰 짐은 이마리역 구내 라커에 넣어두거나 호텔에 맡기는 것이 편리하다. 역에서 이마리천 방향으로 5분 정도 걸어가면 도자기가 세워진 아이오이교와 도자기 상가 자료관, 바다의 실크로드관 등이 들어서 있다. 시내에서 이마리 햄버그스테이크로 점심을 해결한 후 쇼와버스를 타고 도자기마을 오카와치야마를 찾아가자.

이마리
미리보기

1660년대에 아리타 도자기가 이마리로 전래됐다. 이마리 도자기마을 오카와치야마는 조정과 다이묘 저택에 납품되는 도자기를 굽던 마을이다. 350년 동안 이어온 도자기 장인들의 숨결을 속속들이 느껴보자.

SEE

도자기 고장에 왔으니 이마리 도자기의 역사를 차례로 둘러보는 것이 필수. 백자의 표면에 빨강, 노랑, 초록으로 채색한 것은 이로나베시마, 깊이 있는 청색으로만 채색된 도자기는 나베시마염, 청아한 쪽빛을 내비치는 나베시마 청자. 각각의 특성을 잘 알고 감상하면 훨씬 더 재미있다. 이마리천 인근의 다리 세 곳을 오가면 소원이 이루어진다고 하니 연인과 함께라면 반드시 걸어보자.

EAT

자연환경이 깨끗한 오기에는 청정 먹거리가 닮다. 역사가 깊은 오기 양갱은 사가현 어느 토산품 가게에서도 쉽게 구입할 수 있을 정도로 유명하다. 기온강 상류의 맑은 물에서 사는 잉어를 이용한 잉어회와 잉어 알이 듬뿍 들어가 있는 잉엇국은 보양식으로 으뜸이다. 우리나라에서는 쉽게 먹을 수 없으니 반드시 먹어보자. 덴잔산에서 흘러내린 맑은 물로 빚은 명주 '덴잔'도 반드시 먹어보자.

BUY

매년 4월 1~10일 이마리 도자기마을 오카와치야마에서는 봄맞이 도자기 시장이 열린다. 역사와 전통을 자랑하는 이마리 도자기를 비교적 저렴하게 구입할 수 있는 절호의 기회. 마쓰우라이치 주조는 이마리 전통 명주로 꼽힌다. 주조장 내에 안치된 갓파 미라 감상도 하고, 매실 등 각종 재료를 이용한 사케를 구입할 수도 있다.

SLEEP

JR이마리역 앞에는 부담스럽지 않은 가격대의 숙소들이 여러 곳 있다. 오카와치야마를 찾아갈 경우 짐은 호텔에 맡기는 것이 편리하다. 호텔에서 무료로 자전거를 빌려주는 곳이 있다. 이럴 경우 시내 중심지를 돌아보기 좋다.

이마리
📍 1일 추천 코스 📍

이마리는 도자기 역사가 깃든 여행지이다. 도심 곳곳에 세워진 화려한 색채의 도자기 조형물과 도자기마을 오카와치야마를 방문하면 수백 년간 이어온 도자기 역사를 배우게 된다. 예쁜 도자기와 함께 이마리 햄버그스테이크의 명성도 마음껏 즐겨보자.

JR이마리역 앞 관광 안내소에 들러 지도와 안내 책자 챙기기

→ 도보 10분

아이오이교 위에서 세워진 이마리 도자기 조형물을 배경으로 인증샷 찍고 다리 걸어보기

→ 도보 1분

바다의 실크로드관과 도자 상가 자료관에서 이마리 도자기 체험하기

↓ 도보 10분

햄버그스테이크 맵에 나와 있는 식당에서 점심 식사

← 쇼와 버스 30분

오카와치야마에서 도자기 감상에 푹 빠져보기

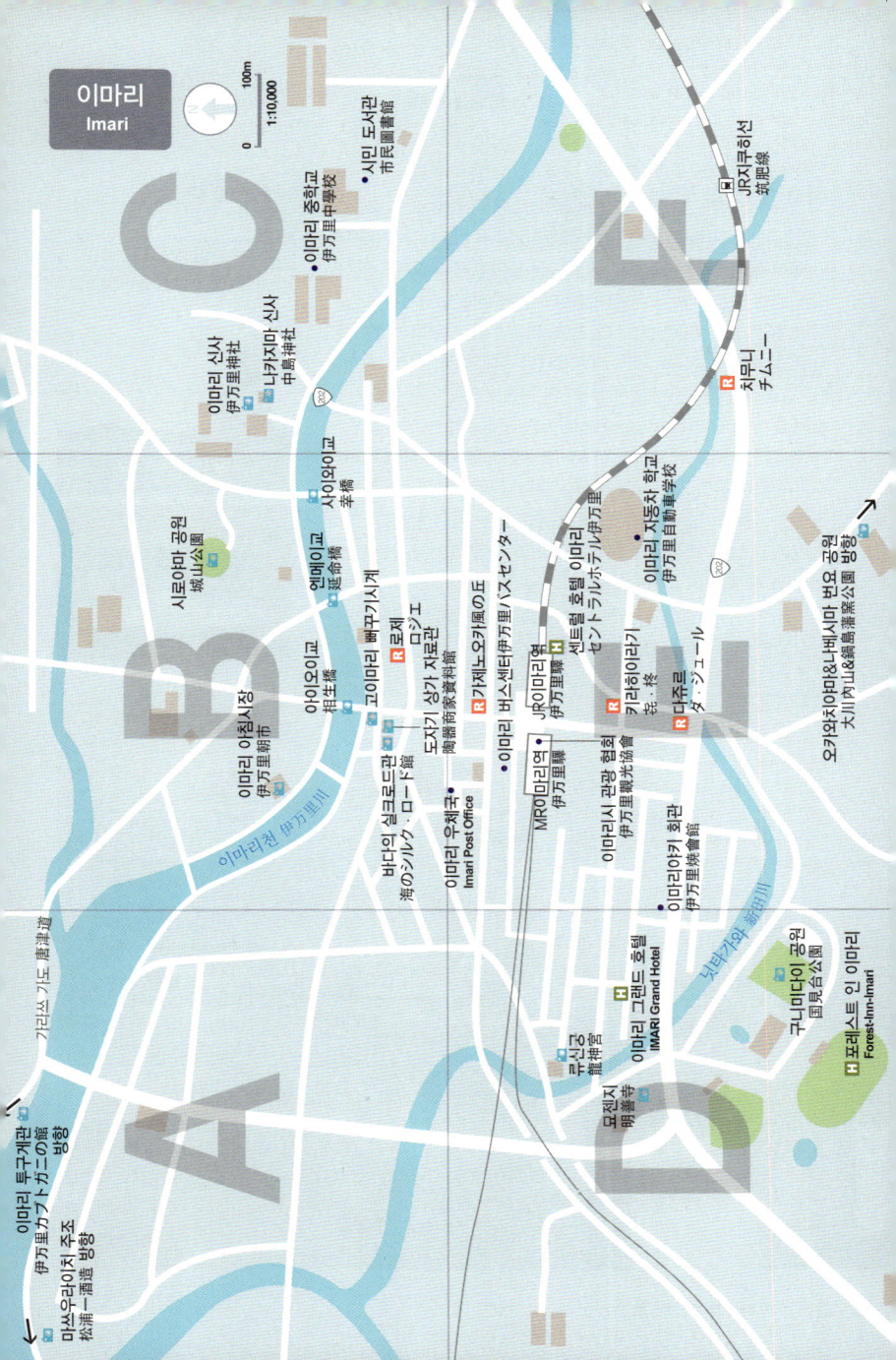

이마리항을 지키는 도자기 감상
아이오이교 相生橋

이마리역에서 이마리천을 향해 직진하면 아이오이교가 나온다. 도자기의 고향답게 다리 난간에 커다란 도자기가 세워져 있다. 다리를 건너기 직전 사가 은행佐賀銀行 건물 벽에 도자기 벽시계가 걸려 있는 것도 확인하자. '마리온万里音'이라는 애칭이 붙은 이 뻐꾸기시계는 오전 9시부터 오후 6시까지 매 시각 시간을 알려준다. 그럴 때마다 300년 전 이마리 항구의 모습이 담긴 도자기 그림이 펼쳐진다. 아이오이교 왼편에 '이마리야키'를 선적하던 항구가 있었다. 아리타에서 빚어진 도자기들은 이마리 항구를 통하여 일본 전역과 유럽으로 수출되었다. 오늘날 유럽 박물관에 소장되어 있는 이마리 도자기들은 모두 이 항구를 거쳐간 것이다. 이마리 도자기 상가 입구에는 도자기로 제작된 2개의 여인상이 세워져 있다. 이름하여 '미인상'이라 불리는 이 거대한 도자기는 이곳이 도자기의 고향임을 강조하는 형상이다. 미인상을 발견하면 인증샷을 반드시 찍어보자.

Data 지도 259B
가는 법 JR, MR이마리역에서 도보 5분 주소 伊万里市瀬戸町

고이마리 도자기거리를 산책하다

이마리는 도자기의 고향이다. 이마리천 주변으로는 고이마리의 인형과 도자기 조형물이 즐비해 도자기 마을의 위상을 자연스레 드러낸다. 이마리천에는 행복을 부른다는 세 개의 다리가 놓여 있다. 도자기 감상과 더불어 행운도 빌어보자.

이마리야키와 고이마리는 어떻게 다를까?

이마리는 옛날 나베시마 번에 속한 마을이었다. 나베시마 영주를 위해 제작된 도자기는 나베시마라 불렸고, 그 전통을 계승한 것이 바로 이마리야키다. 1650년대 중국에서 전란이 일어나자 유럽으로 대거 수출되던 중국의 경덕진 도자기의 활로가 막히게 되었다. 이에 네덜란드 동인도 회사는 일본의 아리타 도자기를 대거 수입했다. 이마리항을 통해 유럽 각지로 수출된 도자기를 통틀어 '이다리야키'라 불렀다. 세계 각지로 팔려 나갔던 이마리야키가 정작 일본 내에는 존재하지 않는 사태에 이르자 일본 박물관들은 유럽에서 이마리야키를 역수입했다. 그렇게 들어온 이마리야키를 일컬어 '고이마리'라 부른다. 고이마리풍의 도자기가 곳곳에 세워진 이마리 거리에서 그 문화를 톡톡히 느낄 수 있다.

고이마리 감상하고 행운도 기원하는 다리들

이마리천 위로 부부나 연인이 함께 건너면 사이가 좋아진다는 아이오이교, 건강을 기원하며 건너면 장수한다는 엔메이교, 부부와 연인이 함께 걸으면 한 평생 행복하다는 사이와이교가 놓여 있다. 행복을 부르는 이 다리들 위에는 고이마리풍의 도자기 조형물들이 곳곳에 세워져 있어 인기가 높다. 사랑하는 사람과 함께 산책하면서 행운을 기원하고 도자기 향수에도 흠뻑 취해보자.

고이마리 역사를 들어볼까?
바다의 실크로드관&도자기 상가 자료관
海のシルク・ロード館&陶器商家資料館

에도 시대 후기인 1820년대의 도자기 상가를 복원한 건물. 회벽으로 칠해진 건물 외관이 도안을 그리기 직전의 백자기를 닮았다. 오래된 목조 건물 1층에는 히젠 가마에서 제작된 도자기를 판매하는 코너가 있다. 2층으로 올라가면 고이마리와 도자기를 실어 나르던 센고쿠선의 모형과 번성을 누리던 이마리 항구의 모습을 담은 사진 등이 전시되고 있다. 실크로드관 옆에는 도자기 상가 자료관이 자리한다. 이곳에서도 이마리 도자기의 역사를 고스란히 보여주는 고이마리 작품을 감상할 수 있다. 건물 밖으로 나오면 도자기를 실은 배가 나가사키항을 향해 출항하던 이마리천이 펼쳐진다.

Data 지도 259B
가는 법 JR, MR이마리역에서 도보 5분
주소 伊万里市伊万里町甲554-1
전화 0955-23-1189
운영시간 09:30~17:00
(매주 월요일, 월요일이 공휴일일 경우 화요일, 12월 29일~1월 3일 휴관) 요금 무료

신비의 도자기마을
오카와치야마 大川內山

삼면이 산으로 에워 쌓인 오카와치야마는 1675년부터 1871년까지 약 200여 년의 세월 동안 사가 나베시마의 번요가 설치됐던 곳이다. 당시 도자기 비법이 밖으로 새어나가지 않도록 도공들은 이곳에 가두어진 채 도자기를 구웠다. 이곳에서 구워진 도자기는 주로 조정이나 장군 등 고위층의 헌상품으로 이용됐다. 지금도 이 마을 30여 채의 도자기 가문이 나베시마의 전통 기법을 계승하고 있다. 마을 입구에서부터 나베시마 번요 공원鍋島藩窯公園이 시작된다. 이마리 도자기의 역사를 세세하게 보여주는 야외 전시장인 셈이다. 공원에서 제일 눈에 띄는 것은 고려인을 비롯한 도공들의 무연고 탑. 깊은 산중에 갇힌 채 도자기 굽는 일에 평생을 걸었던 도공들의 영혼이 담긴 곳이다. 공원을 한 바퀴 돌면 도공의 집, 대벽화, 고려인의 묘지, 도공의 정원, 노보리 가마(등요) 등을 차례로 순례하게 된다. 높이 솟은 벽돌 굴뚝과 도자기 작업장이 늘어선 골목에서는 아직도 도자기마을의 옛 정취가 물씬 풍긴다. 나베시마 도자기의 명성을 잇는 전시장과 도자기 체험장을 두루 돌아볼 수 있다.

Data 지도 259E
가는 법 JR이마리역 앞 버스센터에서 쇼와 버스승차, 오카와치야마 大川山 입구 하차
주소 伊万里市大川內町
전화 이마리 나베시마 도자기 회관 0955-23-7293 **요금** 무료
홈페이지 www.imari-ookawachiyama.com

갓파 미라 보고 이마리 명주도 마시고
마쓰우라이치 주조 松浦一酒造

1716년부터 290년간 술을 빚어온 이마리 명주 주조장. 2011년 전국 주류 콩쿠르에서 대긴조를 비롯한 여러 부문에서 그랑프리의 영예를 차지한 명주가로 꼽힌다. 이곳 사케의 비법 중 하나는 아리타의 이즈미야자석장 근처의 우물 물을 사용한다는 것. 철분이 적고 미네랄을 적당히 함유하고 있는 이 물은 저온에서도 발효를 잘 시킨다. 이곳의 볼거리 중 하나는 약 50년 전 주조장 지붕에서 발견된 갓파 미라다. 갓파かっぱ란 물속에 사는 상상의 동물로 '물의 신'으로 여겨진다. 주조장 내에 안치된 갓파 미라를 감상한 후 명주를 하나하나 맛보자. 입맛에 맞는 술이라면 휴대하기 좋은 용량으로 구매하자.

Data 지도 259A 가는 법 마쓰우라 철도 타고 구스쿠楠久역 하차, 도보 10분. JR이마리역에서 택시 이용 시 15분 주소 伊万里市山代町楠久312 전화 0955-28-0123 운영시간 09:00~17:00(연중무휴) 요금 입장 무료, 마쓰우라이치 다이긴조 720ml 3,300엔~ 홈페이지 www.matsuuraichi.com

살아 있는 화석을 만나다
이마리 투구게관 伊万里カブトガニの館

맑고 투명한 이마리만 해안에 투구게가 살아 숨 쉬고 있다. '살아 있는 화석'이라 불릴 정도로 멸종 위기 종에 속하는 투구게는 고생대 선캄브리아기의 동물로 통한다. 이마리만의 다타라 해안은 일본 내에서도 몇 안 되는 투구게 번식지로 통한다. 투구게는 산란을 위해 물이 맑은 이 해안으로 찾아든다. 여름철이면 투구게관 앞 해변에서 투구게의 산란 장면을 생생하게 관찰할 수 있다. 산란철이 아닌 때에는 해안 인근에 자리한 투구게관을 찾아가면 투구게의 모습을 볼 수 있다. 수족관 바닥에서 납작 엎드린 채 미동도 하지 않는 투구게의 모습, 그들의 산란과 성장 과정을 담은 전시물을 함께 관람할 수 있다.

Data 지도 259A 가는 법 JR, MR이마리역에서 구로카와黑川, 후쿠시마福島행 버스 승차, 기스자키木須崎 정류장 하차 후 도보 2분 주소 伊万里市瀬戸町 일대 전화 0955-22-5783 운영시간 7~8월 10:00~16:00(월요일, 12월 29일~1월 3일, 12월~3월 평일 휴무) 요금 무료

최고의 햄버그스테이크 맛
치무니 チムニー

넓은 실내와 목조 마루, 복고풍 인테리어로 고급스러운 분위기를 풍기는 레스토랑. 데미그라스 소스를 얹은 햄버그스테이크를 맛보는 순간 행복감이 밀려든다. 이마리우 햄버그스테이크를 맛볼 수 최고의 명소로 추천할 만하다. 치즈 소스를 얹은 햄버그스테이크도 색다른 맛으로 입맛을 사로잡는다. 입에서 살살 녹는 이마리산 소고기는 물론 큼직하게 썬 당근과 단호박, 감자 등도 입맛을 돋우기에 충분하다. 요리에 사용된 모든 재료들이 이 지역에서 생산된 것이다. 레스토랑에서 파는 이마리산 후리가케와 수프 가루는 선물용으로 좋다. 이마리우 햄버그스테이크 세트를 주문하면 수프와 밥(또는 빵), 커피가 함께 나온다.

Data 지도 259F 가는 법 JR, MR이마리역에서 도보 10분
주소 伊万里市立花町3321-1 전화 0955-23-0515
운영시간 12:00~14:00, 17:30~21:00(목요일 휴무)
가격 이마리우 햄버그스테이크 세트 1,500엔~

수제 소스로 더욱 맛있는 햄버그스테이크
다쥬르 ダ·ジュール

1대와 2대가 함께 이어가고 있는 40년 전통의 카페 레스토랑. 품질이 우수한 이마리산 사가규를 축산 협회로부터 직접 받아 사용한다. 스테이크용으로 사용되는 부위를 떼어낸 다음 나머지 부분을 갈아서 햄버그스테이크를 만든다. 사가규 특유의 부드럽고 구수한 향이 생생하게 살아 있는 맛이라 할 수 있다. 주인장이 직접 개발한 데미그라스 소스를 얹은 햄버그스테이크와 곁들여 나오는 샐러드도 신선하다. 모두 이마리에서 유기농으로 재배된 채소를 사용한다. 식당 이름을 프랑스 해안 '코테 다쥬르'에서 따왔다고 할 정도로 로맨틱한 카페 레스토랑이다. 이마리에서 프랑스 해안을 꿈꾼다면 찾아가 볼 만한 곳.

Data 지도 259E 가는 법 JR, MR이마리역에서 도보 2분 주소 伊万里市新天町475-45 전화 0955-22-5110
운영시간 11:00~20:00(부정기 휴무) 가격 이마리우 햄버그스테이크 1,500엔, 이마리우스테이크 3,900엔

THEME

❖ 햄버그스테이크 맛집 ❖

깨끗한 물과 비옥한 평야에서 자란 사가규는 명품 소고기로 통한다. 이마리우란 이마리에서 키운 소로 마블링이 그물처럼 퍼져 있어 보기만 해도 군침이 돌고 입안에 넣는 순간 살살 녹는 맛을 낸다. 시내 중심부에는 이마리 햄버그스테이크 가게가 곳곳에 들어서 있다. 이곳 식당에서는 스테이크도 맛볼 수 있다. 미식가들이 즐겨 찾는 소의 혀도 맛볼 것을 추천한다.

❶ 치무니 チムニー
Data 주소 伊万里市立花町3321-1
전화 0955-23-0515

❷ 로제 ロジエ
여러 잡지에도 소개된 적이 있을 만큼 햄버그스테이크의 맛이 좋다. 세트를 주문하면 샐러드와 디저트, 커피까지 나온다.
Data 주소 伊万里市伊万里町本町2-567
전화 0955-23-3289

❸ 한구 ハング
1968년에 창업한 식당으로 이마리 소고기와 지역에서 생산되는 채소를 사용해 옛날 방식의 햄버그스테이크를 선사한다. 수제 샐러드 드레싱이 특히 맛있다.
Data 주소 伊万里市大坪町乙547-1
전화 0955-22-5110

❹ 다쥬르 ダ・ジュール
Data 주소 伊万里市新天町475-45
전화 0955-22-5110

❺ 가제노오카 風の丘
이마리 도자기 '미인상' 바로 앞에 위치한 음식점. 데미그라스 소스를 곁들인 햄버그스테이크가 특히 맛있다.
Data 주소 伊万里市伊万里町甲481-2
전화 0955-22-6910

❻ 무란 む-らん
시내 중심가에서 다소 벗어난 지역에 위치해 있다. 햄버그스테이크 런치 세트를 주문하면 새우튀김이나 크림고로케가 추가로 나온다.
Data 주소 伊万里市東山代町長浜2431-1
전화 0955-23-8920

❼ 하쿠지노유 白磁の湯
온천탕 내에 있어 온천욕을 마친 후 햄버그스테이크 요리로 원기를 돋운다.
Data 주소 伊万里市立花町2402-1
전화 0955-22-6380

❽ 키라히이라기 柊・柊
레몬스테이크소스를 얹은 햄버그스테이크는 달콤새콤한 맛을 낸다. 이마리역에서 도보 1분이면 도착할 수 있어 접근성이 뛰어나다.
Data 주소 伊万里市新天町539
전화 0955-22-5790

❾ 쇼쿠도우벳카휘코 食堂ベッカフィーコ
이탈리아 남부 요리를 전문으로 하는 요리사가 운영하는 식당. 총 4가지의 메뉴를 선보이는데 그중 볼륨감 있는 햄버그스테이크 런치 메뉴(900엔)가 만족감을 안겨준다.
Data 주소 伊万里市大坪町甲2330-39
전화 0955-25-9515

SLEEP

역 앞에 바로 위치해 접근성 최고
센트럴 호텔 이마리 セントラルホテル伊万里

이마리역 바로 앞에 위치해 편리한 숙소. 객실에는 광대역 인터넷을 비롯한 시설이 잘 갖춰져 있다. 일반 비품은 물론 자전거를 대여할 수 있어 자전거를 이용해 이마리 시내를 돌아보기 편리하다. 빵과 신선한 샐러드, 수프, 커피 등이 조식으로 나온다. 조식은 무료. 서비스 이용 시간은 06:45~09:30.

Data 지도 259E 가는 법 JR, MR이마리역에서 도보 1분
주소 伊万里市新天町字浜ノ浦549-17 전화 0955-22-0880
운영시간 체크인 15:00, 체크아웃 10:00 요금 싱글룸 7,500엔~
홈페이지 www.central-imari.jp

안전과 친절, 사우나까지 갖춘
이마리 그랜드 호텔
IMARI Grand Hotel

창업 64년에 빛나는 호텔. 2012년 방화 관리 우수 기업으로 표창장을 받았다. 손톱깎이 같은 비품과 자전거를 빌려주는 등 친절과 편리성을 선사한다. 총 객실 수 154실에 사우나 시설도 갖춰져 있다. 이마리산 재료만을 사용한 아침 식사 제공. 로비에는 무료 음료, 잡지, 신문지 등이 비치돼 있다.

Data 지도 259D
가는 법 JR, MR이마리역에서 도보 5분
주소 伊万里市新天町中島466-11
전화 0955-22-2811 운영시간 체크인 15:00,
체크아웃 11:00 요금 싱글룸 6,800엔
홈페이지 www.igh.jp

숲 속 최고급 휴식처
포레스트 인 이마리
Forest-Inn-Imari

도심의 번잡함을 피하고 싶을 때 찾아가면 좋은 전원형 숙소. 넓은 공간은 물론 고급스러운 음식과 분위기 있는 음악이 항상 흐르는 공간. 품격과 편안함을 동시에 갖췄다. 온천욕과 힐링을 동시에 얻을 수 있다. 한국인 여행객을 배려해 한국인 직원이 상주하고 있다.

Data 지도 253D 가는 법 JR이마리역에서 택시 이용 시 5분(호텔 셔틀버스 이용 가능)
주소 伊万里市二里町大里甲1704-1
전화 0955-23-1001 운영시간 체크인 15:00,
체크아웃 12:00 요금 1인 20,000엔~(1실 2인 이상)
홈페이지 www.forest-inn-imari.com

일본 도자기의 발상지
아리타 有田

구로카미산 아래 자리한 분지마을 아리타는 '일본 도자기의 발상지'로 불린다. 백자 광산이 발견되기 이전까지만 해도 일본 지도에 등장하지 않을 정도로 작은 산골 마을이었다. 이곳이 일본 도자기의 메카로 발전한 데는 임진왜란 때 조선에서 끌려온 도공들의 힘이 컸다. 세계적으로 명성이 높은 아리타 도자기를 만나는 즐거움도 있지만 도조 이삼평을 기리는 답사 여행의 의미가 깊은 곳이다.

어떻게 갈까?

후쿠오카의 하카타역, 사가의 사가역에서 한 시간 간격으로 운행되는 사세보행 JR특급 미도리 열차를 타면 JR아리타역에 도착한다. 소요시간은 하카타역에서 출발하면 1시간 20분, 사가역에서 출발하면 40분 소요된다. MR마쓰우라 철도를 이용하면 이마리와 아리타를 20분 만에 오갈 수 있다.

어떻게 다닐까?

JR사세보선이나 마쓰우라선 모두 JR아리타역에 정차한다. 역구내에 자리한 아리타 관광 안내소에서 한글판 도보 지도와 안내 책자 등을 챙기자. 도자기 상점들이 즐비한 거리를 돌아본 후 시간 절약을 위해 아리타 관내 관광지 곳곳으로 운행되는 아리타커뮤니티버스를 이용하자. 시내 곳곳에 설치된 자전거 대여점에서 자전거를 빌려도 편리하다. 아리타역 앞, 아리타관, 후루타 상점, 가미아리타역 앞, 로쿠로자 물레좌 등 5곳에 설치되어 있다. 영업 시간 오전 9시에서 오후 5시. 1일 대여료 500~1,000엔, 보증금 1,000엔.

아리타
미리보기

아리타 주요 도로 약 4km에 걸쳐 150여 개의 가마와 250여 개의 도자기 상점들이 들어서 있다. 이곳들을 하나하나 둘러보는 것만으로도 여행의 묘미가 솟구친다. 아리타 도자기의 유래를 찾아다니는 것 역시 뜻깊은 여정이다.

SEE

아리타는 세계인의 사랑과 주목을 받고 있는 도자기 고장. 아리타야키의 일등 공신인 조선 도공들의 이야기를 먼저 알고 여행을 나서자. 가키에몬 가마의 고 도자기 참고관과 도자 미술관 등 400년 동안 그들의 전통을 이어온 가마들을 순례하며 끊임없이 진화해온 그들의 발자취를 더듬어 보자.

EAT

아리타 도자기에 담긴 음식은 맛도 빛을 발한다. 아리타 도자기 축제 때 구로무타 오보黑牟田應法 가마가 제공하는 '도사 이벤토'는 음식을 먹은 후에 접시를 가져갈 수 있어 추억을 간직할 수 있다. 아리타의 향토 요리 고도우후를 맛보는 것도 필수. 디저트로 먹는 이 음식은 간수를 사용하지 않고 두유에 콩비지, 전분가루를 더해 담백하고 쫄깃한 식감을 낸다. 검은 꿀을 뿌려 먹으면 더욱 맛있다.

BUY

아리타 도자기는 지갑을 선뜻 열 수 없을 정도로 비싸다. 하지만 4월 말부터 한 주 동안 열리는 도자기 축제 기간 중 아리타 도자기마을 도매 단지를 방문하면 엄두도 못 내던 아리타 도자기를 비교적 저렴하게 구입할 수 있다. 이곳에서는 그릇과 수저 등 생활용품에서부터 장식품, 미술품에 이르기까지 각종 도자기들을 판매한다.

SLEEP

아리타는 하루 정도 알차게 돌아보면 된다. 아침에 도착해 주요 명소를 돌아본 후 다음 여행지로 이동하는 것이 좋다. 이마리나 사세보로 이동해 숙박을 하면 다음 여행 일정을 당길 수 있어 효율적이다.

아리타
📍 1일 추천 코스 📍

아리타는 화려한 도자기의 색채만으로도 눈이 즐거운 여행지이다. 아리타관의 인형극은 이 지역의 전설과 아리타 도자기의 기술을 접목시켜 재미를 부른다. 아리타가 더욱 뜻깊게 다가오는 것은 조선의 도공 도조 이삼평의 흔적이 곳곳에 남아 있기 때문이다. 도공들의 혼과 아리타 도자기의 예술성에 흠뻑 취하는 시간을 가져보자.

JR아리타역에서 도보 지도와 안내 책자 챙기기

→ 도보 25분

아리타관에서 '구로카미 산의 구렁이 퇴치 이야기' 인형극 관람 후 카페에서 휴식하기

→ 도보 5분

가마벽 돌담길을 따라 산책하며 이즈미야마 도석장 탐방하기

↓ 도보 15분

도잔 신사에서 도조 이삼평을 기리는 참배하기

← 아리타 커뮤니티 버스 10분

사가 현립 규슈 도자기 문화관에서 도자기 역사 섭렵하기

← 도보 25분

아리타 도자기마을 플라자에서 기념품 사기

TIP 아리타커뮤니티버스 이용하기

JR아리타역에서 가마아리타역, 이즈미야마 도석장, 아리타 포세린 파크, 아리타 도자기마을 플라자 등을 순환하는 버스로 청색 버스 정류장에 정차한다. 1회권 대인 200엔, 소인 100엔, 1일 패스 대인 500엔, 소인 250엔. 이 버스는 4월 28일~5월 6일, 1월 17일, 1월 1일~3일 기간에는 운행하지 않는다).

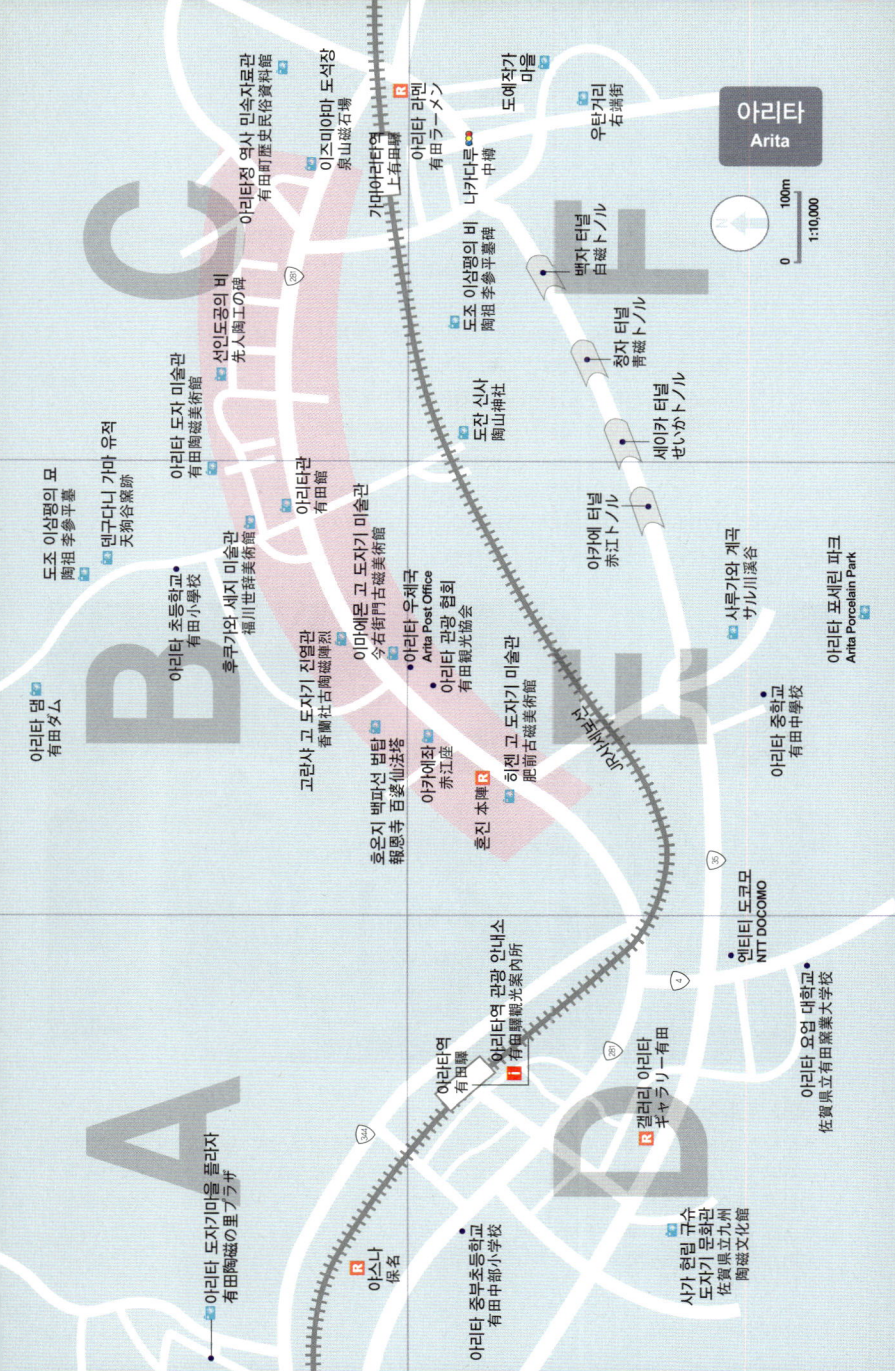

도조 이삼평을 신으로 모시는
도잔 신사 陶山神社

1658년에 건립된 신사. 입구에 희귀 도자기로 제작된 도리이가 세워져 있다. 국가등록 유형문화재로 등록된 도리이 외에도 사자와 큰 물병, 난간 등이 도자기로 제작되어 도자기마을의 정취를 톡톡히 자아낸다. 아리타의 지형은 좁고 길게 이어져 예부터 '장어의 잠자리'라 불렸다. 이곳에서 내려다보면 그런 풍경을 한눈에 조망할 수 있어 전망 포인트로 추천한다. 신사 내에서 판매하는 아리타 고유의 도자기 부적이 있으니 참고하자. 신사에서 5분 정도 걸어가면 아리타 도자기 창업 300주년을 기념해 1917년에 세운 이삼평 비가 있다. 비문에는 '공은 우리 아리타의 도조임은 물론 우리나라 도자기 산업계의 대은인. 도자기 관계에 종사하는 사람은 그 위업을 길이 기리고 모시겠습니다.'라고 새겨져 있다.

Data 지도 271F
가는 법 JR가미아리타역에서 도보 20분. 또는 JR아리타역에서 아리타커뮤니티버스 이용 시 동서선東西線(평일), 또는 동방선東方線(토, 일, 휴일) 타고 후다노쓰지札の辻 정류장 하차 후 도보 5분 주소 西松浦郡有田町大樽2-5-1 전화 0955-42-3310 요금 무료 홈페이지 www.arita-toso.com

TIP 도조 이삼평 陶祖 李参平

충청도 금강(현 공주시) 출신 조선의 도공. 임진왜란 당시 히젠肥前(사가현의 옛 지명)의 영주였던 나베시마의 명을 받아 도자기 제작을 시작했다고 전해진다. 아리타 동부 이즈미야마에서 백자 광산을 발견한 후 덴구다니 가마에서 일본 최초의 백자기를 만들어 아리타 도자기를 탄생시켰다. 이삼평의 묘소는 오랫동안 그 흔적을 찾을 수 없었는데, 1959년에 덴구다니 가마 유적 인근에서 상부가 없는 그의 묘비가 발견됐다. 현재 이 묘비는 시라카와白川에 옮겨져 있다.

도자기의 향기에 매혹되다
아리타 포세린 파크 Arita Porcelain Park

독일 드레스덴의 츠빙거 궁전을 재현한 갤러리. 화려한 궁전 건물과 유럽식 정원을 둘러보는 것만으로도 충분히 만족스러운 여행지다. 궁전 내부의 미술관에는 에도막부 말기부터 메이지 시대에 걸친 제2차 수출기의 도자기 작품을 전시한다. 400년에 이르는 아리타 도자기 작품들을 고루 둘러볼 수 있어 아리타의 역사를 제대로 돌아볼 수 있다. 1870년대의 비엔나 박람회에 실제로 전시됐던 182cm의 큰 꽃병은 필수 관람 포인트. 음식과 식기, 술을 즐길 수 있는 테마도 마련돼 있다. 두부, 이마리우, 생선회, 초밥 등 제철 식재료를 사용한 일품 요리와 도시락 등을 맛본 후 병설 양조 공장을 견학하는 코스다. 파크의 상징인 궁전을 중심으로 넓은 정원을 산책한 후 아리타산 도자기만 취급하는 숍에 들러 명품 쇼핑을 해보자.

Data 지도 271E 가는 법 JR아리타역에서 아리타커뮤니티버스 타고 아리타 포세린 파크 정류장 하차
주소 西松浦郡有田町戶矢340-28 전화 0955-41-0030 운영시간 09 00~17:00(연말연시 휴관)
입장료 무료, 미술관 600엔 홈페이지 www.arita-touki.com

아리타 도자기의 근원
이즈미야마 도석장 泉山磁石場

도자기의 원료가 되는 도석을 채굴하던 곳. 1616년 이삼평이 이곳을 발견함으로써 일본 최초의 백자기가 탄생할 수 있었다. 역사적인 중요성 때문에 현재 국가 지정사적으로 지정되어 있다. 도석장 앞 산자락의 탐방로를 따라가면 석장 신사石場神士가 나온다. 이삼평 뒤를 이은 도공들이 세운 신사로 경내에는 백자로 제작된 이삼평의 조각상이 모셔져 있다.

Data 지도 271C
가는 법 JR아리타역에서 도보 15분
주소 西松浦郡有田町泉山1丁目5番

도공들의 장인 정신을 담은
선인도공의 비 先人陶工の碑

붉은 돌담길이 길게 이어지는 이곳은 아리타 도자기를 만들어 낸 이름 없는 도공에 대한 감사의 마음을 담은 비다. 돌담길 조성은 1966년 아리타 도자기 창업 350년을 맞는 축제 당시 계획됐고, 그로부터 20여 년이 흐른 1982년에 돌담길이 도자기를 굽는 가마 모양으로 제작됐다. 아리타 도자기를 세계적인 명품 반열에 올려놓은 도공들의 넋을 기리기 위해 여행객들은 발길을 멈추고 이곳에서 감상의 시간을 갖는다. 가마 벽돌을 차곡차곡 쌓은 돌담장을 따라 걷노라면 도공들의 숨결이 들리는 듯하다.

Data 지도 271C
가는 법 JR가미아리타역에서 도보 15분 주소 西松浦郡有田町泉山一丁目5番

세계 유일의 도자기 인형극 관람!
아리타관 有田館

아리타를 여행하는 이들의 필수 코스. 정교한 도자기 인형과 첨단 기술이 결합된 세계 최초의 도자기 인형극이 인기 비결이다. 이 지역의 민화로 전래되는 '구로카미산의 구렁이 퇴치 이야기'를 주제로 한 인형극은 모두의 박수갈채를 이끌어 낸다. 근대 서양식 인테리어로 단장한 2층의 카페도 놓칠 수 없다. 카페에는 아리타, 독일 마이센, 중국 경덕진 등에서 생산된 명품 찻잔으로 가득하다. 그중 가장 마음에 드는 잔을 고르면 종업원이 차나 커피를 따라준다.

Data 지도 271B 가는 법 JR아리타역에서 도보 20분
주소 西松浦郡有田町幸平1-1-1 전화 0955-41-1300
운영시간 09:30~17:00(연말연시 휴무) 요금 인형극 어른 200엔, 어린이 150엔, 커피 200엔, 가루차라테 300엔

아리타 최초의 가마터
덴구다니 가마 유적 天狗谷窯跡

일본 도자기를 처음으로 굽던 가마 중 하나. 기록에 의하면 '시라카와白川 덴구다니에 가마를 쌓아올리고 그림 그리기나 세공 기술을 가르치면서 도자기 사업이 점차 번성했다.'고 기록돼 있다. 산의 경사면을 이용한 폭 3~8m, 길이 50m 정도의 노보리 가마(오름 가마)가 지금은 계단식 터로만 남아 있다.

Data 지도 271B 가는 법 JR아리타역에서 아리타커뮤니티버스 승차, 동서선東西線(평일), 또는 동방선東方線(토·일·휴일) 타고 아리타 초등학교 앞有田小學校前 정류장 하차 후 도보 3분 주소 西松浦郡有田町白川

세계 명품 도자기 전시장
사가 현립 규슈 도자기 문화관 佐賀県立陶磁文化館

1980년에 문을 연 도자기 전문 박물관. 도자기의 역사와 기초 상식까지 두루 섭렵할 수 있다. 박물관은 총 5개의 전시실로 이루어져 있다. 제1전시실과 2전시실에서는 현대 도자기를 관람하게 된다. 반드시 돌아보아야 할 곳으로 제3전시실을 꼽을 수 있다. 가라쓰를 비롯 히젠 지역의 도자기뿐만 아니라 규슈 각지의 도자기를 수집해 전시한다. 도조 이삼평이 이즈미야마 도석장에서 백토를 발견함으로써 세상에 나올 수 있었던 나베시마 자기의 감상은 가히 감동적이라 할 수 있다. 제4, 5전시실은 기증 유물 전시실이다. 더불어 현대 도예 작가의 작품들도 대거 전시되고 있다. 야외에는 독일 마이센 도자기로 만든 25개의 종이 설치돼 있는데 이것들로부터 울리는 아름다운 음색이 도자기마을의 정취를 아련하게 연출한다. 문화관 내에 들어선 카페테리아 '아야カフェテラス彩'에서는 350여 년 전 에도 시대 도자기로 커피와 케이크를 내놓아 감동을 더한다. 로비에 놓인 거대한 도자기 시계도 큰 볼거리. 매시간 정각이 되면 자동적으로 도자기 시계의 문이 열리며 그 속에 있는 인형들이 음악 소리에 따라 재미있는 공연을 벌인다.

Data 지도 271D **가는 법** JR아리타역에서 도보 7분
주소 西松浦郡有田町戸杓乙3100-1 **전화** 0955-43-3681
운영시간 09:00~17:00, 월요일(공휴일 제외), 12월 29~31일 휴무 **요금** 무료(특별 기획전은 유료) **홈페이지** www.pref.saga.lg.jp/web/at-contents/kanko_bunka/k_shisetsu/kyuto.html

〈불의 여신 정이〉의 모델
호온지 백파선 법탑 報恩寺 百婆仙法塔

한국 드라마 〈불의 여신 정이〉의 모델이 되었던 백파선을 호온지에서 만날 수 있다. 그녀는 남편 김태도와 다케오에서 도자기를 생산했으나 남편이 죽은 후 아리타로 이주해 도자기를 생산했다. 여성이 900여 명의 도공 일족을 이끌고 아리타로 갔다는 기록에서 그녀의 역량이 얼마나 대단했는지 짐작할 수 있다. 현재 호온지에 있는 법탑은 그녀가 죽은 지 50년이 지난 후 증손자가 세운 것이다.

Data 지도 271B **가는 법** JR아리타역에서 도보 20분
주소 西松浦郡有田町稗古場2-8-21 **전화** 0955-42-2760
운영시간 일출 후~일몰 전 **요금** 무료

도자기 전시와 함께 즐기는 레스토랑
갤러리 아리타 ギャラリー有田

아리타 맛집하면 빠지지 않고 등장하는 레스토랑. 가게 입구에 전시된 도자기로 만든 미니 자동차가 도자기 고장임을 강하게 대변해준다. 주문한 음식을 기다리는 동안 실내 선반에 진열된 진귀한 찻잔을 감상하자. 주요 메뉴로는 고도우후 정식과 아리타 야키카레를 꼽을 수 있다. 두부 위에 참깨 소스를 얹어 먹는 고도우후 정식은 쫀득한 맛이 입에 착착 감긴다. 앙증맞은 아리타 도자기 식기에 샐러드와 각종 밑반찬을 깔끔하게 담아낸다. 아리타 야키카레는 카레라이스 위에 치즈를 얹고 오븐에 한 번 구워낸다. 카레와 치즈 맛이 한데 어우러져 풍미가 좋다. 음식을 먹은 후에 마시는 차는 레스토랑 진열장에 전시된 찻잔에 내어준다. 레스토랑 옆에는 아리타 도자기를 판매하는 숍이 있다.

Data 지도 271D
가는 법 JR아리타역에서 도보 5분
주소 西松浦郡有田町本町乙3057
전화 0955-42-2952
운영시간 11:00~17:00(부정기 휴무)
가격 이마리 소고기덮밥 세트 1,680엔, 이마리규 정식 세트 2,530엔

손댈 수 없는 아름다움!
야스나 保名

아리타에서 40년 넘게 전통을 이어오고 있는 일본 요리점. 도자기 도시락 정식으로 여행자들의 입과 눈을 홀리는 집이다. 청화백자풍의 도시락 안에는 앙증맞은 아리타 도자기 접시가 가득 들어 있고, 그 위에 빛 고운 음식이 층층이 담겨 있다. 생선회와 구이, 조림, 저린 채소 등 음식의 구성은 미니 가이세키 요리라 해도 좋을 정도로 훌륭하다. 오래된 가구와 골동품 도자기로 멋을 부린 식당의 분위기는 머무는 이의 품격을 높여줄 만하다. 한 끼 식사로 약간 부담되는 가격이지만 그만한 값어치를 하는 집이다.

Data 지도 271A 가는 법 JR아리타역에서 도보 10분 주소 西松浦郡有田町本町丙833-3
전화 0955-42-2733 운영시간 11:30~14:00, 17:00~21:00(비정기 휴무)
가격 도자기 도시락 세트 2,800엔~, 코스 요리 4,900엔~

BUY

아리타 도자기 여기서 사볼까?
아리타 도자기마을 플라자
有田陶磁の里プラザ

아리타 도자기마을에 들어선 도자기 도매 단지. 세계 최대 규모의 아리타 쇼핑몰이자 아리타 도자기만을 취급하는 가게가 24채 들어서 있는 쇼핑타운이다. 생활용품 도자기는 물론 요리용 식기, 미술품에 이르기까지 각종 도자기 제품을 두루 돌아볼 수 있다. 매년 도자기 축제(4월 29일~5월 5일)가 열리는 동안에는 노점상까지 들어서 아리타 도자기를 판매한다. 이 기간에는 일본 내국인뿐만 아니라 외국에서도 도자기를 사기 위해 대거 몰려든다. 저렴한 가격에 질 좋은 도자기를 구매할 수 있는 절호의 기회.

Data 지도 271A 가는 법 JR아리타역에서 도보 20분
주소 西松浦郡有田町赤坂丙2351番地170 전화 0955-43-2288
운영시간 09:00~17:00 홈페이지 www.arita.gr.jp

TIP 아리타 도자 축제

• **아리타 히나 도자기 축제**
2월 4일~3월 중순
세계 최대의 도자기 인형 전시와 각 가마에서 구운 인형을 판매하는 인형 축제.

• **아리타 도자기 축제**
4월 29일~5월 5일
약 4km에 걸쳐 700개의 점포가 늘어서며, 해마다 전국에서 100만 명의 인파가 몰려든다.

• **아리타 도자기 축제**
11월 하순 가을
단풍이 가장 아름다운 시기에 아리타 도자기 축제를 즐길 수 있다.

추억 속을 거니는 듯한 여행지
가시마 鹿島

아리아케해에 접해 있는 도시 가시마는 유토쿠이나리 신사 참배와 아리아케해 갯벌에서 펼쳐지는 가타림픽으로 유명한 고장이다. 히젠하마슈쿠에서는 술 익는 냄새가 은은하게 퍼지는 술창고거리가 길게 이어진다. 거리 곳곳에 들어선 전통 건물들이 예쁘게 보존되어 있는 지구로도 명성이 높다. 잉어가 노니는 수로와 옛 무사 저택, 규슈 남부의 독특한 주거 형태인 부뚜막 초가집이 어우러져 이국적인 정취를 내비치기도 한다.

 어떻게 갈까?

가시마는 JR나가사키행 열차가 지나는 곳이어서 교통이 편리하다. JR하카타역에서 JR나가사키행 열차를 타면 55분 만에 JR히젠가시마역에 도착한다. 사가공항을 이용할 경우 공항 셔틀버스를 이용해 사가역으로 이동, 역 앞에 위치한 사가 버스센터에서 가시마행 버스에 탑승하면 50분 후 가시마 버스센터에 도착한다. 사가공항을 이용할 경우 리무진 택시를 이용하면 편리하다. 요금은 1인 1,500엔.

 어떻게 다닐까?

JR히젠가시마역에 도착하면 제일 먼저 벚꽃 명소로 유명한 가시마 성터 주변 공원을 돌아보자. 가시마에서 반나절 정도 머물 경우에는 JR히젠하마역에 하차해 히젠하마슈쿠로 바로 이동한다. 술창고거리와 부뚜막초가집이 잘 보존된 히젠하마슈쿠는 나가사키가도의 역참마을 정취가 고스란히 남아 있는 추억의 거리이다. 가시마의 명소 유토쿠이나리 신사는 택시를 이용하는 것이 편리하다. 숙박은 가시마에서 가까운 우레시노에서 하는 것이 좋다.

술창고에서 술 익는 향기가 솔솔
히젠하마슈쿠 肥前浜宿

아리아케해를 바라보는 하마강 하구에 들어선 히젠하마슈쿠는 국가지정 중요 전통건조물군 보존지구이다. 장인의 손길로 빚은 전통주 창고들이 늘어서 있어 양조장거리로 불리기도 한다. 흰색 토벽과 초가집으로 이어진 거리 풍경은 마치 우리나라 1960~1970년대의 모습을 재현한 영화 세트장 같은 느낌을 준다. '양조장거리'라는 애칭답게 곳곳에 사가현 명주들을 판매하고 있어 술 향이 은은하게 풍겨오는 듯하다. 가시마 사케는 다다다케산에서 흘러내린 맑은 물과 사가 평야의 쌀로 빚은 명주로 수많은 상을 차지했다. 잉어가 노니는 수로를 따라가면서 에도 시대 후기부터 존재하던 건물들을 하나하나 감상할 수 있다. 옛 노리타 가문 저택은 무사 주택의 유구로 사가현 남부 초가집의 특징을 잘 드러내는 부뚜막 초가집이다. 이색적인 정취를 물씬 풍기는 유적이다. 술창고거리 중간에는 가시마 명주와 토산품 전시장도 들어서 있다. 이곳에서 500엔을 내면 가시마 명주 나베시마鍋島를 맛볼 수 있다. 가격은 비싸지만 선물용으로 한 병 사도 좋을 듯하다. 전시장 한쪽에는 가시마의 명물과 토산품을 시식한 후 살 수 있는 코너가 마련돼 있다.

Data 지도 279E 가는 법 JR히젠하마역에서 도보 5분 주소 鹿島市浜町 전화 0954-69-8004

기원하면 소원이 이뤄진다

유토쿠이나리 신사 祐徳稲荷神社

유토쿠이나리 신사는 의식주의 수호신으로 추앙받는 일본 3대 이나리 중 하나로 꼽힌다. 약 300년 전 가시마 3대 영주와 결혼하게 된 만코히메万子姫 공주가 고토의 친가에서 이나리 신사를 옮겨와 세운 것으로 전해진다. 사업 번창은 물론 오곡 풍작, 교통 안전, 가내 안전 등을 기원하기 위해 연간 300만 명의 참배객이 다녀간다. 붉은 기둥으로 이어진 건물이 여러 가지 고운 빛깔의 화려함과 웅장함을 내비친다. 경내 입구 인연의 신, 이와사키샤 신사의 두 문에 하트 모양이 새겨진 것을 확인하자. 이와사키샤 신은 '일과의 인연'을 맺어주는 신으로 유명해 취업을 소원할 때 효과를 볼 수 있다고 한다. 신사 본전 건물과 마르지 않는 연못 등도 차례로 둘러보자. 연못은 만코히메 공주가 매일 이곳 물로 운세를 점쳤다는 전설이 전해지는 곳이다.

봄이면 철쭉, 가을에는 단풍이 절경을 이룬다. 봄, 가을 축제 기간 중에는 가시마 전통 예술 멘부류 춤을 관람할 수 있다. 신사 주변에 가시마 출신의 바둑 명인 간렌寛蓮을 기리는 비가 세워져 있다. 해마다 5월이면 일본 제일의 바둑대회 '유토쿠 본인방전'이 이곳에서 개최된다. 유토쿠이나리 신사 기념품점에서 '금전운 부적' 등 갖가지 부적과 '액땜 에마'를 구입할 수 있다. 신사 앞 상점가에서 파는 이나리 양갱은 간식용으로도 인기가 높다.

Data **지도** 279A **가는 법** JR 히젠가시마역에서 택시 이용 시 10분. 가시마 버스센터에서 버스 이용 시 10분 **주소** 鹿島市古枝乙1885 **전화** 0954-62-2151 **요금** 무료 **홈페이지** www.yutokusan.jp

갯벌 전망과 가타림픽이 즐거워

국도 휴게소 가시마 道の駅鹿島

아리아케해 갯벌은 일본 갯벌의 40%를 차지할 정도로 넓다. 국도 휴게소 가시마 앞에 국제적인 규모의 가타림픽 경기장이 있다. '가타림픽'이란 일본어로 갯벌을 뜻하는 '가타가타'와 영어 '올림픽Olympic'이 결합된 말로 매년 6월 초 조수 간만의 차가 가장 클 때 가시마 해변에서 벌어지는 이색적인 체육 경기이다. 가타림픽 기간이 아닌 4월부터 10월까지는 미니 가타림픽이 개최되어 갯벌스키 체험을 할 수 있다. 국도 휴게소 가시마를 방문하면 갯벌 전망관道の駅鹿島干潟展望館에 들러 드넓은 아리아케해 전망을 가슴에 담아오자. 전망관에서는 아리아케해에 서식하는 생물들인 짱뚱어를 비롯한 어패류, 해파리 등을 만날 수 있다. 수족관은 무료 관람이며, 전망대에 비치된 쌍안경 사용도 무료.

Data 지도 279D 가는 법 JR히젠나나우라역에서 도보 8분
주소 鹿島市大字音成甲 4427-6 전화 0954-63-1723
운영시간 09:00~18:00 요금 무료

TIP 가시마 가타림픽 鹿島ガタリンピック

해마다 6월 초에 가타림픽이 개최된다. 가타림픽은 조수 간만의 차가 6m에 이를 정도로 가장 클 때 아리아케해의 간석지에서 펼쳐지는 운동회로 지역 주민은 물론 외국인과 여행객들이 함께 즐기는 축제이다. 갯펄 진흙 위로 판자를 타고 쭉쭉 미끄러지는 가타스키는 누구든지 쉽게 즐길 수 있는 체험이다. 탈의실과 샤워실도 잘 갖춰져 있어 온몸이 진흙투성이가 되도 문제 없다. 4월부터 10월 말까지 국도 휴게소 가시마에서 미니 가타림픽이 열린다. 부지 내에는 체육관과 풀장 등 스포츠 시설, 간석 전망관, 아리아케해를 바라보며 식사를 할 수 있는 간석 레스토랑, 아리아케해의 진미를 총집합시킨 간석 물산관과 센자 시장千菜市이 열린다.

Data 개장 시기 4~10월 개장 시간 08:30~17:00 전화 0954-60-5040 체험비 1인 1,800엔
홈페이지 www.michinoekikashima.jp

일본의 역사 공원 100선
아사히가오카 공원 旭ヶ岡公園

옛 가시마성鹿島城에 조성된 공원. 일본의 역사 공원 100선에 드는 유서 깊은 곳으로 사가현 3대 벚꽃 명소이기도 하다. 성의 규모는 의외로 소박하다. 사가의 난 때 모든 건물이 소실되어 지금은 계단과 돌담만이 남아 옛 시절을 추억하고 있다. 이곳의 영주였던 나베시마는 성에 수많은 벚꽃을 심었고, 해마다 꽃이 피면 큰 잔치를 벌였다 한다. 주인은 갔지만 벚나무들은 지금도 봄이면 웅장한 전각들이 다시 솟아오른 듯 화사한 꽃망울을 터뜨린다. 서규슈 벚꽃놀이의 시작은 이곳에서 시작된다는 말이 나올 정도로 장관이다.

Data 지도 279C
가는 법 JR히젠가시마역에서 도보 15분 주소 鹿島市高津原城内 운영시간 24시간 요금 무료

TIP 아사히가오카 공원 내 주요 명소

벚꽃 시즌이 지나면 공원은 한결 고요해진다. 이끼가 켜켜이 쌓인 돌담과 해자 사이를 따라 오래된 유적을 돌아보는 시간은 고즈넉해서 좋다.

아카몬 赤門
사가의 난 때 유일하게 보존된 건물. 이나리 신사와 더불어 가시마를 대표하는 유적이다. 공원으로 들어설 때 볼 수 있으며, 현재는 고등학교 정문으로 쓰이고 있다.

부케야시키길 武家屋敷通り
옛 무가 저택 거리. 고풍스러운 돌담 아래로 수로가 있어 청아한 물소리를 따라 산책하기 좋다.

쇼인 신사 松蔭神社
가시마 영주들의 영혼을 모신 신사. 신사로 들어가는 작은 돌다리와 이끼가 가득 낀 도리이가 숲과 어우러져 아름답다.

아름다운 꽃들의 향연
단조인 誕生院

일본 불교의 한 종파인 신의진언종新義真言宗의 총본산. 드넓은 대지에 조성한 정원이 아름다워 많은 이들이 찾는다. 1월에 매화가 피기 시작하여 3월이면 벚꽃이 만발하고, 5월이면 철쭉이, 6월이면 수국, 8월이면 등나무가 화사한 꽃망울을 터뜨린다. 그리고 가을바람이 불기 시작하면 붉디붉은 단풍이 물든다. 임신과 안전한 출산을 기원하기 위한 이들이 많이 찾는 곳이기도 하니 신혼여행객들이라면 더욱 반갑다. 단조인이 많은 이들의 사랑을 받는 이유 중 하나는 음식. 스님이 6시간 동안 공을 들여 만든 참깨 두부는 일반 두부와는 달리 초콜릿 색깔에 부드럽고 고소한 맛이 일품! 토요일과 일요일에만 한정 판매 한다. 사찰 음식에 관심이 많은 사람이라면 사찰 내의 쇼가쿠암正覚庵에 들러보자. 동물성 재료를 전혀 사용하지 않고 만든 일본 사찰 음식의 정수를 만끽할 수 있다. 절집의 경건한 분위기 속에서 정갈한 음식을 입에 가져가면 맛을 떠나 몸 전체가 정화되는 느낌이다. 쇼가쿠암 사찰 음식 체험은 매주 화요일과 토요일 오전 11시에서 오후 2시까지만 가능하며, 3일 전 미리 예약해야 한다.

Data 지도 279B 가는 법 JR히젠가시마역에서 택시 이용 시 5분, 도보 25분 주소 鹿島市大字納富分2011 전화 0954-62-3402 운영시간 08:00~16:00 요금 무료 홈페이지 www.tanjoin.net

귀여운 인형이 딸랑딸랑 재롱을 떠는
노고미 인형 공방 のごみ人形工房

1945년 패전 후 일본 사회는 지독한 혼란과 굶주림에 몸살을 앓았다. 노고미 인형은 당시 사람들에게 웃음을 주기 위해 만들어지기 시작했다. 컬러풀한 인형의 생김새와 딸랑거리는 방울소리를 듣자면 얼굴에 미소가 번진다. 현재는 유토쿠이나리 신사의 참배품과 액을 막고 행운을 가져오는 부적으로서 큰 인기를 모으고 있다. 이곳에서는 인간문화재인 주인장이 인형을 만드는 진중한 모습과 더불어 다양한 노고미 인형을 만날 수 있다.

Data 지도 279B 가는 법 JR히젠가시마역에서 택시 이용 시 10분 주소 鹿島市大字山浦甲1524 전화 0954-63-4085 운영시간 08:00~17:00 (토·일요일 휴무) 요금 무료, 체험료 어른 2,750엔

EAT

아리아케해의 다양한 해산물을 한자리에서!
갓포 주오 割烹 中央

80년 전통을 이어오고 있는 식당. 오래된 연륜에 걸맞게 식당 안에는 다다미방까지 마련되어 있다. 일단 자리에 앉아 메뉴판을 펼치면 셀 수 없을 정도로 다양한 메뉴에 무얼 먹을까 고민스럽다. 전문성이 없어 보일 수도 있겠지만 각자의 취향에 맞춰 다양한 요리를 맛볼 수 있다는 점에서는 매력적이다. 가장 인기있는 음식은 창업할 때부터 이어온 짬뽕. 진한 돼지 육수에 아들아들한 면을 올려 내놓는데 나가사키 짬뽕과 비슷하다 생각하면 된다. 여기에 단품 요리로 아리아케해에서 나온 제철 해산물을 곁들이면 좋다. 철마다 주문할 수 있는 해산물이 다른데 먹는 이에 따라 평가가 크게 엇갈리는 편이다. 그러나 꽃게와 새우튀김은 이구동성 '맛있다!'를 외친다.

Data 지도 279F 가는 법 JR가시마역에서 도보 5분
주소 鹿島市大字高津原3923 전화 0954-62-2125
운영시간 11:00~14:30, 17:30~22:00(수요일 휴무)
가격 짬뽕 700엔, 런치 세트 800엔~, 해산물 튀김 세트 1,100엔~

TIP 아리아케해의 진미 가시마 굴구이, 어묵&생선과자

굴구이 가시마는 아리아케해에서 채취하는 해산물로 유명하다. 11월에서 3월까지 국도변으로 굴구이 포장마차촌이 들어서 맛집 거리로 변신한다. 아리아케해 갯벌에서 자란 굴이라 더욱 맛있다.
가시마 어묵&생선과자 오래전 가시마의 포구 근처에는 수십 곳의 어묵집들이 몰려 있었다. 이제 두세 곳만 남아 명맥을 이어오고 있지만 그 맛은 더욱 깊어져 여행자들의 입맛을 사로잡는다. 가시마의 어묵은 감칠맛이 강하고, 간과 찰기도 적당하다. 멸치, 정어리 등 원재료에 따라 어묵의 종류가 다양하지만 어느 것을 선택해도 후회없다. 수산청 장관상을 수상했다는 어묵으로 만든 과자도 빠뜨릴 수 없다. 바삭하면서도 신선한 생선의 맛이 그대로 배어 있어 한번 손을 대기 시작하면 멈출 수 없다. 아이들 간식용으로도 제격! 가시마의 어묵과 생선과자는 대형마트나 역 안의 관광 안내소에서 만날 수 있다.
Data 가격 어묵 350엔~, 생선과자 250엔

공자의 가르침을 더듬다
다쿠 多久

겹겹이 산으로 둘러싸인 산간마을 다쿠는 푸른 자연과 오랜 역사를 자랑하는 고장이다. 에도 시대에는 재정적으로 풍요롭지 않았지만 4대 영주 다쿠 시게후미가 공자 상을 모신 성묘와 학교를 건설하면서 마을이 부흥되기 시작했다. 그때부터 다쿠는 많은 인재를 배출한 고장으로 손꼽혀 자녀들의 입신 양명과 학업 성취를 기원하기 위해 다쿠 성묘를 찾는 부모들이 줄을 잇는다. 다쿠 성묘 주변 '다쿠 역사 산책로'를 따라 유서 깊은 볼거리가 이어진다. 사가현이 배출한 석탄왕 다가토리 고레요시의 열정이 담긴 세이케이 공원는 벚꽃과 단풍 명소로 유명하다.

 ### 어떻게 갈까?

후쿠오카공항을 이용할 경우 하카타역에서 사가역까지 기차로 이동(40분 소요). 사가공항에서는 버스로 사가역까지 이동(35분 소요)한다. 사가역에서 JR가라쓰행 기차를 타면 30분 만에 JR다쿠역에 도착한다. 나가사키역 버스센터 혹은 후쿠오카 덴진 버스센터에서 고속버스를 타면 1시간 정도 후에 다쿠IC에 도착한다. 여기서 택시를 이용해 시내까지 이동할 수 있다.

 ### 어떻게 다닐까?

JR다쿠역에 도착하면 역구내에 비치된 한글판 다쿠 가이드 지도를 반드시 챙기자. 다쿠의 인물로 손꼽히는 다카토리 고레요시가 사재를 털어 조성한 세이케이 공원과 그의 염원이 담긴 간오테이에 들러 성공 기원을 해보자. 다쿠는 주요 여행지를 도보로 돌아보는 데는 반나절이면 충분하다. 단, 워낙 소읍이어서 여행자를 위한 시설이 드물다. 숙박과 저녁 식사는 가라쓰나 사가에서 해결하는 것이 좋다.

세 그루의 거목이 지키는
다쿠 하치만 신사 多久八幡神社

1193년에 세워진 신사로 사가현 중요문화재로 등록돼 있다. 고풍스러운 신사 건물은 모모야마 시대의 건축 양식을 잘 보여준다. 신사 내에서는 천연기념물로 지정된 세 그루의 삼나무가 하치만 신사를 호위하듯 서 있다. 끝을 모르게 하늘로 치솟은 나무의 위용도 대단하지만 가까이 가서 보면 세 나무의 뿌리가 하나라서 더욱 신비롭다. 다쿠 하치만 신사 맞은편은 1844년 다쿠 11대 영주가 세운 다쿠 신사多久神社가 있다. 다쿠 하치만 신사에 비해 화려하진 않지만 들머리의 작은 연못과 빛바랜 목조 건물이 자아내는 운치가 남다르다. 세월을 거스른듯한 오래된 건물과 길게 사열한 도리이, 깊은 숲을 누비며 고요한 산책을 즐기기 좋은 곳이다.

Data 지도 287A **가는 법** 다쿠 성묘에서 도보 10분
주소 多久市多久町1802 **요금** 무료

학업 성취와 성공 기원!
다쿠 성묘 多久聖廟

다쿠 성묘는 공자를 모시는 사당이다. 다쿠의 4대 영주가 된 다쿠 시게후미多久茂文는 어릴 적부터 유학을 비롯해 많은 학문을 수양했다고 전해진다. 그는 오지마을 다쿠를 잘 다스리기 위해 각 번에 학문소를 열었고, 1708년 공자의 학문 정신을 드높이고자 다쿠 성묘를 창건했다. 이 성묘는 일본에서 현존하는 성묘 중 세 번째로 오래된 역사 유적으로 꼽힌다. 입시철이 다가오면 수험생을 둔 학부모들이 많이 찾는 곳 중 하나. 성묘에 들르면 에마絵馬 카드에 소원을 적어 공자 성전에 봉납하는 것이 필수. 성묘에서는 봄, 가을 두 차례 공자의 넋을 기리는 축제가 성대하게 열린다. 축제 기간 동안에 펼쳐지는 전통춤 '석채무'가 화려하다.

Data 지도 287B **가는 법** 다쿠역에서 쇼와버스 타고 혼다쿠本多久 정류장 하차, 도보 15분 **주소** 多久市多久町東の原1642
전화 0952-74-3241 **요금** 무료

TIP 많은 유명인을 배출한 도겐쇼사 東原庠舎

다쿠 성묘 앞에 들어선 학문소. 예부터 '학문의 땅', '밝은 선인들이 사는 곳'으로 이름을 드높였던 다쿠에서는 에도막부 말기부터 메이지 시대를 걸쳐 훌륭한 인물들이 많이 배출됐다. 이들 중에는 전기 공학의 선구자 시다린 사부로, 사가 번의 석탄왕 다카토리 고레요시 등의 인재가 있다. 다쿠 성묘 앞 공원에는 시게후미 석상과 공자 석상이 우뚝 솟아 있어 학문을 드높이고자 했던 다쿠의 열망을 고스란히 느낄 수 있다.

다쿠의 인재가 공들인
세이케이 공원 西渓公園

다쿠 출신으로 '탄광왕'이라 불릴 정도로 성공을 거둔 다카토리 고레요시高取伊好가 사재를 털어 조성해 고향에 기증한 산수 공원이다. 일본풍의 정원과 격조 높은 건물들이 조화를 이룬 공원은 한 폭의 그림 같다. 특히 400여 그루의 진달래가 꽃 피는 봄과 180여 그루의 단풍나무가 붉게 물드는 가을날은 아름다움의 극치를 이룬다. 공원 내에는 다카토리가 도서관과 더불어 공회당용으로 마을에 기증한 간오테이寒鶯亭가 시선을 모은다. 주홍빛 지붕이 인상적인 이 건물은 일본식 목조 공회당의 좋은 예로 국가 등록문화재로 지정되었다. 공원 내에는 다쿠의 역사와 문화, 이곳이 배출한 인물들을 한눈에 볼 수 있는 향토 자료관과 역사 민속 자료관도 있어 함께 돌아보기 좋다.

Data 지도 287A 가는 법 다쿠 성묘에서 도보 15분 주소 多久市多久町1975-1 요금 무료
홈페이지 www.nishikyushu.com/seikei_park

TIP 역사, 문화, 자연을 한 호흡에 즐길 수 있는 '다쿠 역사 산책로'

다쿠 성묘에서 다쿠 하치만 신사, 세이케이 공원은 인접해 있다. 각각의 여행지를 따로따로 여행하지 말고 한 호흡에 즐기는 게 좋다.

다쿠 성묘 ──도보 10분──▶ 다쿠 하치만 신사 ──도보 5분──▶ 세이케이 공원

18세기 서규슈의 집 안을 둘러보다
부뚜막 구조 민가 くど造り民家

사가현 남부와 나가사키현 일부 지역에서 볼 수 있었던 가옥 형태. 'ㄷ'자 형 지붕 구조가 아궁이가 있는 부뚜막과 비슷하다 하여 부뚜막집이라 불렀다. 1800년대만 해도 흔한 주거 양식이었으나 근대화의 흐름에 따라 거의 사라졌다. 다쿠의 가와치 댁川打家과 모리 댁森家는 몇 남지 않은 부뚜막집의 전형적인 예. 각각 국가 및 시 중요문화재로 지정되어 있다. 집 앞에 서면 도톰하게 올린 초가지붕이 참 육감적이다. 앙증맞은 모양새와 달리 집 안으로 들어서면 꽤 널찍하고 천장이 높다. 구수한 된장국을 끓였을 아궁이와 손때 묻은 장롱에는 옛 주인의 손때가 고스란하다. 마루에 놓인 화로에서는 온 가족이 모여 앉아 정담을 나눴을 터다. 문화재로 지정된 주택 외에도 이 근처 민가들은 현대적인 편리함을 도모하긴 했지만 가옥의 형태는 일본 전통 양식을 고집하고 있다. 옛날 연하장에 그려지곤 했던 시골 마을과 비슷해 정겹다.

Data 지도 287A
가는 법 JR다쿠역에서 택시 이용 시 10분 주소 西多久町大字板屋 6200番地1
운영시간 09:00~16:30 요금 무료

TIP 아삭아삭 달달한 순무 아이스크림!

부뚜막 구조 민가 옆에는 이 지역 농가의 농산물을 판매하는 농산물 직매소農産物直売所가 있다. 시골 할머니들의 구수한 대화와 그들의 손끝에서 나온 투박한 농산물들이 눈길을 모은다. 여행자에게 가장 눈에 띄는 것은 순무 아이스크림. 이 지역에서 생산된 순무로 만든다. 뛰어나게 맛있다 할 순 없지만 붉은 순무의 맛과 특유의 아삭아삭한 식감이 살아 있어 독특하다. 오로지 이곳에서만 맛볼 수 있으니 잊지 말고 맛보자. 가격은 1개 250엔.

EAT

사가현 최고의 카레
아무르 アムール

1971년 문을 연 이래 변함없는 맛으로 지역 주민과 여행자들의 발길을 모으는 카레 전문 식당. 다쿠에서 점심 식사를 할 곳은 이곳밖에 없다는 말이 나돌 정도다. 다른 식당이 맛이 없다기보다 규슈 지역 카레 콘테스트에서 수차례 수상한 이 집의 카레 맛이 그만큼 탁월하다는 얘기. 특히 커다란 뚝배기에 담겨 나오는 소고기비프카레는 감미로운 향이 일품이다. 분명 일본 쌀을 사용했지만 카레의 본고장인 인도의 쌀과 비슷한 식감을 살린 밥도 카레의 풍미를 돋우는 데 한몫했다. 돈가스에 카레를 곁들인 메뉴를 선택해도 후회 없다. 뛰어난 음식 맛 외에도 각각의 공간마다 색깔을 달리하며 유럽풍 인테리어로 단장한 가게 분위기도 앤티크하다.

Data 지도 287A 가는 법 JR다쿠역에서 도보 15분 주소 多久市北多久町小侍666-42 전화 0952-75-4881 운영시간 11:00~15:30, 17:00~20:30(목요일 휴무) 가격 소고기비프카레 1,180엔, 카레돈가스 1,280엔

THEME

❖ 여행자들을 즐겁게 하는 간식, 기시카와 만주 ❖

다쿠에는 5월이면 각 가정에서 찐빵을 쪄 먹던 풍습이 내려온다. 인심 좋은 다쿠 사람들은 마을을 지나는 여행객에게도 종종 만주를 선물하곤 했다. 기시카와 만주는 효소나 첨가물을 전혀 사용하지 않고 옛날 전통 방식 그대로 찐빵을 만든다. 쫄깃한 식감을 내는 찐빵 안에는 팥, 고구마, 갓 등이 속으로 채워진다. 옛날 어떤 할머니가 만든 찐빵을 먹은 다쿠 하치만 신사의 스님이 '이렇게 맛있는 만주라면 모든 사람들에게 맛보게 하는 게 어떨까요?'라고 제안한 일화에서 만주를 만들기 시작했다고 한다. 유래를 알고 먹으면 더욱 맛있는 다쿠의 전통 찐빵. 소박하면서도 정겨움이 가득 깃들어 있는 찐빵은 따뜻할 때 먹는 것이 제일 맛있다. 유통기한은 하루 정도. 다쿠 시내 판매점에서 사 먹을 수 있지만 기시카와 만주를 만드는 현장을 직접 보고 싶다면 택시를 이용해 모리가미 상점을 찾아가자.

Data 기시카와 만주 모리가미 상점 岸川まんじゅう森上商店
주소 多久市北多久町 大字多久原岸川4529-1 가는 법 JR다쿠역에서 택시 이용 시 15분
전화 0952-74-3848 운영시간 08:00~17:00 (월요일 휴무) 가격 150엔~

절경을 따라가는 드라이브 명소
겐카이 玄海

대한해협은 우리나라와 일본 규슈 북서부 사이에 가로놓인 바다이다. 가라쓰 서쪽에 위치한 겐카이는 계단식 논과 대한해협의 낙조가 어우러진 풍경으로 유명하다. 이곳에 세워진 '연인의 성지'는 일본인뿐만 아니라 한국의 관광객들에게도 알음알음 알려져 있다. 겐카이는 풍경을 감상하며 드라이브를 즐기기 좋은 곳이다. 자전거를 빌려 반나절 여유롭게 돌아보는 것도 추천한다.

 어떻게 갈까?

가라쓰 버스센터에서 쇼와 버스를 이용하면 30분 만에 겐카이 차세대 에너지 파크 玄海エネルギーパーク 정류장에 도착한다. 주요 스폿을 연결하는 대중교통이 불편하니 가라쓰의 바닷가를 아우르는 드라이브 여행에 적합하다.

 어떻게 다닐까?

겐카이는 자동차로 반나절 드라이브를 하기 좋은 여행지다. 한적한 왕복 2차선 도로를 따라가다 보면 대한해협과 가리야만의 풍경이 시원스럽게 펼쳐진다. 하마노우라 계단식 논 입구에 세워진 '연인의 성지'는 낙조 감상 장소로 필수 코스. 가리야만 유어센터의 낚시 체험 역시 소중한 추억을 쌓을 수 있다. 돌아오는 길에 해상 온천 빠레아에 들러 온천욕으로 여독을 풀 수 있다. 자전거 대여는 겐카이 차세대 에너지 파크 내 물산 판매소나 해상 온천 빠레아에서 할 수 있다. 2시간 300엔, 1시간 연장 시 100엔. 이용시간 10:00~16:00.

겐카이
Genkai

0 500m
1:30,000

- 겐카이 원자력 발전소 / 玄海原子力發電所
- 겐카이 차세대 에너지 파크 / 玄海エネルギーパーク
- 호카와쓰 대교 / 外津大橋
- 도리가사키 / トリカ崎
- 약용 식물 재배 연구소 / 藥用植物栽培研究所
- 지가노사토 / ちかの里
- 겐카이 택시 / 玄海タクシー
- 나카야마 목장 직매소 / 中山牧場直売所
- 연인의 성지 / 恋人の聖地
- 하마노우라 계단식 논 / 浜野浦の棚田
- 계단식 논 전망 포인트 / 棚田ビューポイント
- 겐카이정 / 玄海町
- 전망 포인트 / ビューポイント
- 교산진 / 魚山人
- 덴두산 / 天狗岳
- 미쓰시마 / 三島公園
- 해상 온천 빠레아 / 海上温泉 パレア
- 전망 포인트 / ビューポイント
- 겐카이 역사 민속 자료관 / 玄海歴史民俗資料館
- 겐카이 택시 / 玄海タクシー
- 가리야단 유어센터 / 扳屋湾遊漁センター
- 가리야만 / 扳屋灣

SEE

에너지에 관한 진실
겐카이 차세대 에너지 파크
玄海次世代エネルギーパーク

겐카이 원자력 발전소 옆에 겐카이 에너지 파크와 차세대 에너지 파크가 들어서 있다. 에너지에 관한 이야기를 재미있게 꾸며놓은 이곳에서는 태양과 바람, 물을 이용한 자연에너지를 영상과 게임을 통해 체험한다. 전기 자동차와 수소 동력의 원리를 배우고 난 후 바비큐 파티를 할 수 있는 공간도 마련돼 있다.

Data 지도 293A 가는 법 가라쓰 버스센터에서 쇼와버스 타고 30분 주소 東松浦郡玄海町大字今村 전화 0955-51-3080 운영시간 09:00~17:00(셋째 주 월요일, 12월 29일~1월 2일 휴무) 요금 무료

해상 공원
가리야만 유어센터 仮屋湾遊漁センター

기이한 바위와 맑은 바다로 에워싸인 가리야만의 절경을 즐기며 낚시 체험을 할 수 있는 곳이다. 얕은 바다 속에는 자연산 굴들이 빼곡하게 자라고, 낚시터에는 싱싱한 도미와 광어가 물속을 유영한다. 낚시로 잡은 생선은 즉석에서 회로 먹을 수 있는 시설이 마련돼 있다.

Data 지도 293F 가는 법 겐카이 시내에서 현도 292호선 경유, 국도 204호선과 만나면 좌회전. 총 5분 소요 주소 東松浦郡玄海町牟形1825-2 운영시간 07:00~16:00(목요일 휴무) 요금 코스별로 3,000~8,000엔

'연인의 성지'에서 깜짝 이벤트
하마노우라 계단식 논 浜野浦の棚田

하마노우라 계단식 논은 일본의 젊은이들에게 사랑받는 여행 명소. 비탈진 땅에 만들어진 계단식 논이 훌륭한 관광 자원으로 거듭난 케이스다. 볍씨를 뿌리기 전에는 계단식 논에 샛노란 유채가 만발한다. 유채는 봄 풍경을 황홀하게 만들고 벼농사까지 잘되게 하는 비료 역할을 한다. 유채가 지고 나면 그 논에 물 대기가 시작되는데 햇살에 반짝이는 수면, 계단식 논두렁, 저녁노을이 어우러져 황홀한 풍경을 자아낸다. 계단식 논을 굽어보기 좋은 언덕 위에는 '연인의 성지'로 자리 잡은 전망데크가 들어서 있다. 사랑을 약속하고 싶은 연인들이라면 지나칠 수 없는 장소이다.

Data 지도 293C 가는 법 겐카이 시내에서 국도 204호선을 따라 가리야만 방면으로 이동. 17분 소요 주소 東松浦郡玄海町浜野浦

전망 좋은
해상 온천 빠레아 海上温泉パレア

가리야만 모퉁이에 들어선 해상 온천이다. 온천 시설 내에 대욕장과 노천탕, 수영장, 대형 식당이 들어서 있어 이 지역 천혜의 휴양지로 손꼽힌다. 전망 노천탕에서 온천을 하며 석양을 즐길 수 있도록 꾸며져 있다. 온천욕을 마친 후 관내에 들어선 식당을 이용할 수 있다. 이곳에서는 대한해협에서 건져 올린 해산물로 만든 신선한 요리를 맛볼 수 있다. 고즈넉한 바다 풍경과 물 좋은 온천, 즐거운 식도락까지 기대할 수 있는 곳이다. 이곳에서 빌려주는 자전거를 타고 주변 풍경을 더 즐기기 위해 하이킹을 나서도 좋겠다.

Data 지도 293E 가는 법 가라쓰 버스센터에서 쇼와버스 타고 40분 주소 東松浦郡玄海町石田 1369-3 전화 0955-52-2411 운영시간 10:00~22:00 요금 천연 온천 500엔, 온천풀 500엔

곶 풍경과 신선한 맛까지 즐기는
교산진 魚山人

가리야만에서 삐죽 튀어 나온 곳에 들어선 유명 맛집이다. 가리야만에서 작은 배를 이용해 건너가는 재미도 있다. 그날그날 주인이 직접 잡은 생선으로 조리해 내는 음식에는 신선함 넘친다. 갑각류의 일종인 거북손을 비롯해 다양한 해산물이 등장하는 메뉴는 하나같이 신기하고 화려하다. 양도 많아 손님들에게 인기가 높다. 생선회로는 주로 도미와 농어, 쥐치회가 나온다. 계절에 따라 회 메뉴가 달라질 수도 있다. 요리와 더불어 나오는 새우튀김, 소라구이, 고등어튀김에도 주인장의 노하우와 싱싱함이 가득 배어 있어 색다른 맛기행을 경험할 수 있다. 예약 후 이용할 수 있다.

Data 지도 293E
가는 법 하마노우라 계단식 논에서 자전거로 10분 이내
주소 東松浦郡玄海町仮屋高岩
전화 0955-52-2733
운영시간 점심 12:00~, 저녁 17:00~ (부정기 휴무)
가격 해산물 요리 6,000엔~

알뜰 쇼핑의 즐거움
도스 鳥栖

사가현 제일 동쪽 끝에 위치한 도스는 JR나가사키 본선과 JR가고시마 본선이 교차하며 서규슈의 고속버스들이 관통하는 교통의 요지다. 서규슈 최고의 프리미엄 아웃렛이 들어서 있어 연간 500만 명이 찾는 명소로 손꼽힌다. 예부터 나가사키 가도가 가까워 약 판매상의 활약이 부흥했던 지역으로 많이 알려졌지만 도스 프리미엄 아웃렛에 들어서면서 규슈 최대의 쇼핑 도시로 부각됐다. 널찍하게 조성된 코스를 따라 산책하며 명품 브랜드와 일본 로컬 브랜드 쇼핑에 나서보자.

어떻게 갈까?

JR하카타역에서 가고시마 본선을 탑승하면 약 30분만에 JR도스역에 도착한다. 도스역을 나온 후 역 앞 버스 정류장에서 출발하는 도스프리미엄아웃렛행 버스를 타면 약 15분 만에 도착한다. JR도스역에서 출발하는 아웃렛행 버스는 평일에는 30~60분 간격, 토요일, 일요일, 공휴일에는 30분 간격으로 출발한다(버스 요금 210엔). 후쿠오카시 덴진 버스센터에서도 아웃렛행 버스가 출발한다. 왕복 티켓 1,000엔, 편도 750엔.

어떻게 다닐까?

아웃렛 쇼핑을 나서기 전에 나카도미 기념 약 박물관에 들러보는 것을 추천한다. 아웃렛에서는 인포메이션 센터에 들러 매장 안내도와 쿠폰북을 살뜰히 챙기자. 우리나라 아웃렛에서 구입할 수 있는 물건은 꼭 가격을 비교해보자. 오전에 도착해 반나절이면 알뜰 쇼핑을 마칠 수 있다. 도스의 명물은 도리코돈과 りこどん. 한마디로 닭고기덮밥이라 보면 된다. 도스역 구내 관광 안내소에 맛집 지도가 비치되어 있으니 잘 활용하도록 하자.

일본 근대 제약업을 이끈
나카도미 기념 약 박물관 中富記念くすり博物館

도스시 동부 지방은 에도 시대 때 나가사키현 쓰시마 번 영토였다. 쓰시마 번 다시로田代 지역은 약 판매가 성행했던 곳으로 유명하다. 나가사키 가도의 개통 이후 도스 지방으로 사람들의 왕래가 잦아진 것이 약제상의 활약과 약 판매업 발전에 큰 기여를 했다. 규슈 일대를 돌아다니며 약을 팔던 판매원들은 '야나기고우리'라고 하는 무게 20kg의 고리짝을 등에 지고 다니며 약을 팔았다. 각 가정에 설치된 상자나 자루에 가정 상비약을 넣어두고 가정에서 사용한 약의 대금만 받아가는 방식의 판매였다고 한다. 기록에 의하면 에도 시대 중기 만병통치약으로 통했던 '기응환'이 약 판매상을 통해 날개 돋친 듯 팔렸다고 한다. 나카도미 기념 약 박물관에서는 이러한 초기 행상 판매원들의 활약과 제약업의 발전에 관한 이야기를 재미있게 전시하고 있다. 2층 전시실에서는 진귀한 생약들과 약을 만드는 공정, 도구 등을 관람하게 된다. 박물관 정원으로 나가면 약 400여 종류의 약초 나무가 심어진 약초원이 자리한다. 약초마다 약효에 관한 안내가 적혀 있다. 향기로운 허브가 심어진 '향기의 정원' 등을 산책하는 것은 박물관 탐방의 덤이다.

Data **지도** 297A **가는 법** 택시 이용 시 10분 **주소** 鳥栖市神辺町288-1 **전화** 0942-84-3334
운영시간 10:00~17시(마지막 입장 16:30), 매주 월요일, 축일일 경우 다음날, 연말연시 휴관 **요금** 어른 300엔, 고교생, 대학생 200엔, 초등학생, 중학생 100엔 **홈페이지** www.nakatomi-museum.or.jp

서규슈 최고의 쇼핑
도스 프리미엄 아웃렛 鳥栖プレミアム アウトレット

2004년 3월 개장한 규슈 최대 규모의 아웃렛. 관내로 들어서면 미국 캘리포니아주 남부 지방의 이미지를 떠올리는 야자수 잎이 시원스레 펼쳐진 풍경을 만난다. 이곳에는 패션용품과 스포츠 웨어에서부터 가방, 신발, 아동의류, 시계, 생활잡화에 이르기까지 약 120개의 명품 숍이 총망라돼 있다. 카페와 찻집, 레스토랑은 물론 초콜릿 판매점도 곳곳에 자리해 쇼핑 도중 간간이 들르는 재미가 있다. 푸드코트 내 햄버거 가게에서 파는 도리햄버거가 인기. 세계 일류 브랜드 О·르마니, 코치, 버버리, 에스카다, 나이키, 캘러웨이, 테일러메드 등 브랜드도 다양하다. 작은 마을 골목을 헤집듯 쇼핑 루트를 따라 양쪽으로 늘어선 매장을 둘러보다 보면 발걸음이 마냥 느려지기 일쑤다. 세계적인 명품을 25~65%까지 할인 판매하는 곳도 있어 쇼핑 욕구가 솟구치기도 한다. 일본의 로컬 브랜드나 우리나라에는 입점해 있지 않은 브랜드가 들어서 있는 것도 큰 장점. 인포메이션 센터에는 한국어가 가능한 직원이 상주하며, 매장 안내도와 유용한 정보를 챙길 수 있다. 쿠폰북을 챙기면 추가 할인 혜택을 받을 수 있다. 아웃렛 내에는 ATM과 코인 로커, 의류 수선, 택배 서비스 등이 갖춰져 있다. 6월에는 여름 바겐세일이 이뤄지고, 1월에는 연중 최대 세일 행사를 한다.

Data 지도 297A 가는 법 JR도스역에서 버스 타고 15분 주소 鳥栖市弥生が丘8-1 전화 0942-87-7370 운영시간 10:00~20:00(2월 셋째 주 목요일 휴무) 홈페이지 www.premiumoutlets.co.jp

TIP 덴진 버스센터에서 아웃렛까지 매주 토~일, 공휴일에 왕복 네 차례, 세일 기간 중 평일에 왕복 두 차례 직통버스가 운행된다.
- 덴진 버스센터 출발 09:00, 10:00, 11:00, 12:00,
- 도스 프리미엄 아웃렛 출발 14:30, 15:30, 16:30, 17:30

한반도와 일본 열도를 잇는 고대의 수수께끼
요시노가리 역사 공원 吉野ヶ里歷史公園

요시노가리 역사 공원은 일본 최대의 선사 시대 유적으로 손꼽힌다. 선사 시대 사람들이 살던 집과 농토는 물론 사냥을 즐겼을 고대의 숲까지 완벽하게 복원해 고대인의 삶을 생생히 느낄 수 있다. 흥미로운 점은 이곳에서 발굴된 유적과 유물이 한반도의 청동기 시대 유물들과 똑같다는 것. 이미 선사 시대부터 한반도와 일본 열도가 교류를 해왔다는 명백한 증거다. 당시의 사람들은 어떻게 대한해협을 건너 이곳까지 오게 된 것일까? 유적과 유물은 계속 수수께끼를 던지며 상상력을 자극한다.

 어떻게 갈까?

JR하카타역에서 나가사키 본선을 이용해 JR도스역을 경유, 요시노가리코엔역으로 가면 된다. 소요시간은 약 35분. JR사가역에서 나가사키 본선을 이용할 경우 20분이면 요시노가리코엔역에 도착한다. 역에서 내린 후 도보 15분이면 요시노가리 역사 공원에 도착한다.

 어떻게 다닐까?

요시노가리 역사 공원을 돌아보는 데는 최소 2시간 이상이 소요될 정도로 면적이 광대하다. 도보로 모두 돌아보기에는 무리다. 공원 내에는 중요 유적지를 순회하는 무료 셔틀버스가 운행된다. 이를 타고 가장 중요한 유적지 중 하나인 북분구 묘까지 간 후 입구로 걸어 나오면서 공원의 주요 명소들을 돌아보는 게 좋다. 짐은 입구의 코인 라커에 보관하자. 아쉽게도 추천할 만한 개성 있는 식당이 없다. 역 또는 역사 공원 내에 식당이 있으니 이곳을 이용하자.
추천 코스 북분구 묘→옹관묘열→남내곽→창고와 시장→원형해자 광장→역사 공원 센터(출구)

요시노가리 역사 공원
Yoshinogari historic park

- 고대의 숲 / 古代の森
- 옹관묘열 / 甕棺墓列
- 고대 식물관 / 古代植物館
- 축제의 광장 / 祭りの広場
- 북분구 묘 / 北墳丘墓
- 가운데 마을 / 中のムラ
- 북내곽 / 北内郭
- 시장 광장 / 中のムラ
- 창고와 시장 / 倉と市
- 야요이의 들판 / 弥生の大野
- 남내곽 / 南内郭
- 전시실 / 展示室
- 역사 공원 센터 입구 / 歴史公園センター
- 셔틀버스 루트 / シャトルバスルート
- 셔틀버스 승강장 / シャトルバス乗り場
- 야요이 생활관 / 弥生くらし館
- 요시노가리 레스토랑 / 吉野ヶ里レストラン
- 논 / 水田
- 남쪽의 마을 / 南のムラ
- JR요시노가리코엔역 / JR吉野ヶ里公園駅
- JR나가사키 본선 / JR長崎本線
- 서문 서비스 센터 / 西口サービスセンター

0　　　200m
1:8,000

2천 년 전 시간 속으로~!
요시노가리 역사 공원 吉野ヶ里歷史公園

1986년 세계 고고학계는 깜짝 놀랐다. 세계적으로 드물게 거대한 청동기 시대의 마을 유적이 온전한 모습으로 일본의 요시노가리 지역에서 발견되었기 때문이다. 일본 정부는 이곳을 국가사적으로 지정하여 당시의 모습으로 복원했다. 마을을 겹겹이 둘러싼 환호와 목책, 요소마다 서 있는 높다란 망루, 땅 밑으로 반쯤 들어간 움집 등 마을은 물론이요, 고대의 농토와 사냥을 즐겼던 숲까지 복원해 놓았으니 공원으로 들어가는 순간 시간은 2천 년 전으로 회귀한다. 특히 500여 개에 이르는 묘가 줄을 잇는 옹관묘열과 왕이나 귀족이 묻혔을 것으로 추정되는 북분구 묘 앞에 서면 입이 떡 벌어질 수밖에 없다. 흥미로운 점은 이곳에서 발견된 동검이나 토기, 석기, 쇠붙이 등의 유물들이 한국의 청동기 유물과 똑같다는 것. 마을을 걷노라면 2개의 기둥 위에 장대를 걸쳐 놓고 그 위에 나무새를 앉혀놓은 문이 보인다. 이마저도 한국의 솟대 혹은 홍살문을 닮았다. 2천 년 전 한반도의 사람들은 왜 바다를 건너 이곳까지 왔을까? 바로 이곳이 일본 최초의 고대국가였던 야마타이코쿠邪馬台國은 아니었을까? 광대한 유적을 돌아보는 내내 끝없는 상상의 나래가 펼쳐진다.

Data **지도** 301 **가는 법** JR요시노가리코엔역에서 도보 15분 **주소** 神埼郡吉野ヶ里町田手1843
전화 0952-55-9333 **운영시간** 09:00~17:00(6~8월 18:00 마감), 7월 셋째 주 월요일과 화요일, 12월 31일 휴관
요금 성인 460엔, 중학생 이하 무료

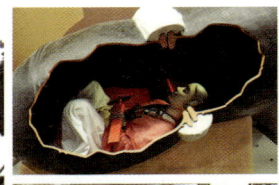

THEME

선사 시대 사람이 되어보자
❖ 야요이 시대 문화 체험 ❖

야요이 시대 彌生時代

기원전 3세기부터 서기 3세기까지의 600여 년을 일본에서는 야요이 시대라 한다. 그 이전인 조몬 시대에 일본의 고대인들은 수렵과 채집 생활을 하며 살았다. 야요이 시대에 이르러서야 벼를 수경 재배하며 마을을 이루고 또 부족국가 형태로 발전하기 시작했다. 일본의 청동기 문화는 한반도에서 건너간 이주민에 의해서 전파되었다 추측된다. 요시노가리 등의 일본 유적과 한반도의 선사 시대 유적의 유사성, 한국인과 일본인의 유전학적 밀접성이 이를 증명한다.

요시노가리 역사 공원 선사 시대 체험

역사 공원 내에는 다양한 선사 시대 문화 체험 프로그램을 운영하고 있다. 이를 잘만 이용하면 진짜 선사 시대 사람이 된 듯 다이내믹한 여행을 즐길 수 있다.

야요이 시대 모자 챙기기

공원 입구에서 야요이 시대 사람들이 사용하던 모자를 무료로 대여할 수 있다. 모자를 쓰면 야요이인이 된듯하여 재밌고, 공원 내에는 나무그늘이 드물어 여름이면 요긴하게 쓰인다.

야요이 시대 복장 입기

공원 곳곳에 무료로 야요이 시대 복장을 입을 수

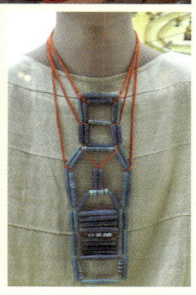

있는 곳들이 있다. 이미 모자를 갖췄으니 옷만 걸치면 당신은 영락없이 야요이 사람!

선사 시대 문화 체험

공원 센터에서 나무 도구를 이용하여 불 피우기, 흙피리 만들기, 곡옥 만들기 체험 등 다양한 프로그램을 운영한다. 체험비는 100~200엔. 약 30분~1시간 소요된다.

Nagasaki
By Area

나가사키현
지역별 가이드

01 나가사키
02 사세보
03 하우스텐보스
04 운젠
05 히라도
06 시마바라·사이카이·고토·이키

Nagasaki by Area

01

나가사키
長崎

일본의 작은 유럽으로 불릴 정도로 이국적인 나가사키는 규슈 서쪽에 자리한 항구도시다. 일본이 쇄국정책으로 일관하던 에도 시대에도 네덜란드와의 무역을 활발하게 이어갔다. 개항과 더불어 서양 문물이 물밀듯 밀려들면서 동서양의 문화가 조화롭게 어우러져 다양한 유적과 미식의 고장으로 거듭났다. 규슈 여행의 1번지로 통하는 화려함 뒤에는 원자폭탄 투하의 피해와 아픔이 여전히 남아 있기도 하다.

나가사키
미리보기

나가사키 도심은 노면전차 이용과 도보 여행으로 충분히 커버할 수 있다. 발 닿는 곳마다 개항의 역사와 그 뒷이야기가 담긴 문화 유적이 넘친다. 새롭게 부상하는 '세계 신 3대 야경 명소'로 꼽히는 낭만적인 도시로 선정돼 풍경 감상이 탁월하고, 둘째가라면 서러워할 정도로 맛있는 음식도 많다. 여행지가 갖추어야 할 모든 필요 충분 조건을 완벽하게 갖춘 도시임은 분명하다.

SEE

나가사키에서 즐길 수 있는 것이라면 일단 역사 여행과 문화 체험을 들 수 있다. 골목 사이로 펼쳐지는 풍경은 다분히 이국적이고 매력적이다. 곳곳에 명소가 있어 명소를 잇는 도보 여행 코스가 수십 개에 이를 정도다. 개항 시대의 역사와 낭만이 고스란히 이어지는 유적지를 알아보는 박물관 투어를 거친 후 원폭 피해의 아픔이 서려 있는 평화 공원을 찾아가자. 밤이 깊어지기 시작하면 천만 불짜리 야경을 구경하기 위해 이나사야마 전망대에 오를 일이다.

EAT

예로부터 나가사키 항구를 통해 들어온 서양인들과 중국인들은 자신들의 먹거리를 이곳에 전래시켰다. 일본 고유의 식습관에 국제적인 맛이 곁들여져 나가사키의 먹거리는 더욱 다양해졌고 세계적인 명물로 우뚝 섰다. 차이나타운을 중심으로 등장한 나가사키 짬뽕의 유명세는 모르는 이가 없을 정도. 터키라이스나 카스텔라, 가쿠니 만주 등도 두고두고 기억에 남는 맛이다.

BUY

나가사키에서는 사고 싶은 것이 많아 지갑 단속을 잘해야 한다. 기념품 가게에는 유독 하트 모양의 기념품이 많은데, 이는 구라바엔이나 메가네바시에서 '하트 스톤 찾기'가 인기몰이를 하고 있기 때문이다. 하트 스톤을 찾지 못했다면 기념품 숍에서 하트 열쇠고리를 챙기는 것이 어떨까. 구라바엔으로 오르는 상점가에서 오페라 <나비부인>에 등장했던 캐릭터 도자기를 기념품으로 사도 좋을 듯하다. 나가사키 카스텔라는 부모님이나 가족들 선물용으로 챙기기 좋다.

SLEEP

나가사키는 매년 많은 관광객이 찾아오는 곳이기 때문에 JR나가사키역 주변에 호텔이 많이 들어서 있다. 노면전차로 돌아보면 편리하기 때문에 어느 위치에 자리하든 접근성이 좋은 편이다. 시내 호텔에서는 데지마 입장권 할인권을 비치해 두거나 이나사야마 전망대 로프웨이까지 이동할 수 있는 셔틀버스가 운행되기도 한다.

나가사키 찾아가기

어떻게 갈까?

코로나 이후 아직 나가사키공항으로 가는 항공 노선은 재개되지 않고 있다. 운항이 재개되더라도 편수가 적어 여행 시간 맞추기가 어렵다. 비행기 운항 편수가 압도적으로 많은 후쿠오카공항을 이용하자. 나가사키 외에 다른 도시들도 여행할 계획이면 JR레일패스나 산큐패스를 적극 이용하자.

| 나가사키로 가는 교통수단 |

1. 후쿠오카공항 이용
후쿠오카공항 국제선→(무료 셔틀버스 이용)→국내선 후쿠오카 공항역→(지하철 이용)→하카타역으로 이동하자. 하카타에는 JR하카타역과 버스터미널이 붙어 있다. 하카타역에서 JR 가모메에 탑승하면 2시간(편도 요금 4,710엔), 버스터미널에서 고속버스를 이용하면 나가사키역까지 2시간 20분(편도 요금 2,570엔) 소요된다.

2. 나가사키공항 이용
나가사키공항의 4번과 5번 정류장에서 나가사키역으로 가는 버스가 30분 간격으로 운행된다. 소요시간은 약 50분, 요금은 편도 900엔이다.

어떻게 다닐까?

나가사키는 볼 것이 많고 먹을 것도 다양해 이틀 정도 꼬박 머물러도 아쉬움이 남는다. 시내 명소는 노면전차를 이용한 후 도보로 돌아보는 것이 일반적이다.

| 나가사키 시내 교통수단, 노면전차 |

노면전차는 나가사키의 주요 교통수단이다. 총 4계통 노선으로 1계통, 3계통, 4계통, 5계통으로 나뉜다. 1계통과 5계통은 환승이 가능하다. 환승은 쓰키마치築町역에서 하게 되는데, 환승권을 뽑은 후 하차 시 환승권을 요금통에 넣는다. 환승권은 역 밖으로 나간 후에는 다시 사용할 수 없다. 노면전차 1회 요금은 어른 120엔, 어린이 60엔. 목적지를 확인한 후 전차 뒷문으로 탑승하고, 내릴 때에는 앞문으로 내린다. 요금은 직접 요금 통에 넣는다.

노면전차 1일 승차권
나가사키 노면전차 1일 승차권은 하루 동안 노면전차 전 구간을 무제한으로 이용할 수 있는 프리패스다. 어른 600엔, 어린이 300엔으로 하루나 이틀 정도 머물면 1회권에 비해 훨씬 경제적이다. 나가사키역, 나가사키 관광 안내소, 나가사키 내 호텔 카운터에서 구입할 수 있다. 전차 내에서는 승차권을 판매하지 않는다. 구입한 승차권은 하차 시 운전사에게 보여주면 된다.

나가사키
📍 2일 추천 코스 📍

나가사키를 효율적으로 돌아보기 위해서라면 JR나가사키역을 중심으로 서부와 동부로 나누어 여행하자. 각 명소들은 노면전차와 도보로 충분히 커버할 수 있으니 노면전차 1일 승차권을 잘 활용하자. 서양 문물의 전래로 토착화된 음식들도 골고루 맛보자.

나가사키 1일차

네덜란드인들을 비롯한 서양인들의 옛 주거지였던 오란다자카 투어하기

→ 도보 10분

오우라 천주당의 아름다운 건물과 성당 내 화려한 스테인드글라스 감상하기

↓ 도보 5분

오페라 〈나비부인〉의 탄생지 구라바엔에서 정원 산책과 나가사키 시내 조망하기

← 도보 10분

나가사키 짬뽕으로 유명한 시카이로에서 짬뽕 맛보기

← 노면전차 10분

안경 다리로 유명한 메가네바시에서 인증샷 찍고 하트 스톤 찾기

↓ 도보 10분

옛 모습을 고스란히 복원시켜 놓은 데지마를 거닐며 역사 체험하기

→ 도보 5분

나가사키의 쇼핑 명소 하마노마치 아케이드에서 기념품 구매하기

→ 도보 10분

데지마 워프를 거닐며 나가사키 항구 야경 감상하기

나가사키 2일차

 → 노면전차 10분 →

나가사키역 관내 관광 안내소에 들러 안내 책자 챙기기

일본 26성인 순교지와 일본 26성인 기념관 관람하기

↓ 노면전차 +도보 10분

 ← 노면전차 10분 +도보 10분 ←  ← 도보 10분 ←

나가사키 역사 박물관 관람 후 긴레이에서 나가사키 카레 맛보기

우라카미 천주당 관람하기

평화 공원에 들러 인류의 평화를 기원하는 기념상 돌아보고 나가사키 원폭 자료관 방문하기

↓ 도보 10분

 → 노면전차 5분 +도보 10분 →  → 노면전차+ 버스 20분 →

나가사키 군치가 시작되는 스와 신사 방문하기

로마도리를 거쳐 가자가라시 공원에 올라 나가사키 시내 전체 내려다보기

이나사야마 공원 전망대에 올라 나가사키항 야경 감상하기

나가사키 서부

0 200m
1:20,000

- 우라카미 천주당 浦上天主堂
- 히라 공원 平和公園
- 나가사키 대학 의학부 長崎大學醫學部
- 나가사키 현영 야구장 長崎縣營野球場
- 나가사키 원폭 자료관 長崎原爆資料館
- 국립 나가사키 원폭 사망자 추도 평화기념관 國立長崎原爆死沒者追悼平和祈念館
- 마쓰야마마치 松山町
- 나가사키 시영지구관 長崎市營地區館
- 나가사키 시청 長崎市廳
- 다이가쿠뵤인마에 大学病院前
- 하마구치마치 浜口町
- 시노지자 산오 신사 山王神社
- 사카모토 국제묘지 坂本國際墓地
- 나가사키 대학 부속병원 長崎大學附屬病院
- 시노 공원 山王公園
- 나가사키 중앙시 長崎中央市
- 나가사키 우체국 長崎郵便局
- 우라카미 병원 浦上病院
- 나가사키 신문사 長崎新聞社
- 우라카미에키마에 浦上駅前
- JR우라카미역 浦上驛
- 가쓰이 중·고등학교 活水中·高等學校
- 오하시 大橋
- 오하시 大橋
- 나가사키 현립 나가사키 서고등학교 長崎縣立長崎西高等学校
- 이나가와 공원 梁川公園
- 고코 오쿠 ココウォーク
- 모리마치 茂里町
- 제지마치 초등학교 銭座小學校
- 제지마치 銭座町
- 나가사키 조선소 長崎造船所
- 후치 신사 淵神社
- 로프웨이 이나사다케역 ローブウェー稲佐岳驛
- 로프웨이 후치신사역 ローブウェー淵神社驛
- 이나사바시 稻佐橋
- 이나사 초등학교 稻佐小學校
- 아사히바시 旭大橋
- 이나사 경찰서 稻佐警察署
- 이나사야마역 稻佐山驛
- 다카라마치 寶町
- 다카라마치 寶町
- 야치요마치 八千代町
- JR나가사키역 長崎驛
- 이나사야마 공원 전망대 稲佐山公園展望臺
- 우라카미가와 浦上川

 SEE

역사의 시간 속으로
구라바엔 グラバー園

1863년 스코틀랜드인 토마스 블리이크 글로버Thomas Blake Glover가 지은 저택. 비슷한 시기에 지어진 서양식 주택들을 미나미야마테 언덕 주변으로 이전 및 재건하면서 현재의 모습을 갖추게 되었다. 언덕으로 오르는 에스컬레이터를 타면 나가사키항과 나가사키 시가지가 한눈에 내려다보인다. 입구를 지나 공원으로 들어가면 서양식 주택과 예쁜 정원이 나온다. 국가지정문화재로 지정된 구 링거 주택을 비롯해 구 구라바 주택, 구 올트 주택들이 예스러운 모습 그대로 복원돼 있다. 세계 3대 오페라로 손꼽히는 푸치니의 오페라 〈마담 버터플라이〉가 나가사키를 무대로 작곡되었기에 원내에는 자코모 푸치니Giacomo Puccini의 동상과 오페라에서 프리마돈나로 출연한 미우라 다마키三浦環의 동상이 세워져 있다. 공원 입구에 있는 레트로 사진관에 들르면 당시 서양 여성들이 즐겨 입던 의상을 대여해 산책을 나설 수 있다. 그들의 뒤를 따라다니며 옛날의 정취를 즐기는 것도 재미난 추억거리이다. 정원 바닥에 박혀 있는 '행운의 하트 스톤'을 찾아 나선 이들도 종종 눈에 띈다.

Data **지도** 313L **가는 법** 노면전차 5호선 타고 오우라텐슈도시타大浦天主堂下 정류장 하차, 도보 5분 **주소** 長崎市南山手町8-1 **전화** 095-822-8223 **운영시간** 08:00~18:00, 축제·연휴 08:00~20:00 (마지막 입장 마감 20분 전) **요금** 어른 620엔, 고교생 310엔 **홈페이지** www.glover-garden.jp

THEME

서양식 앤티크 주택 박물관
구라바엔의 주요 건물들

구라바엔에는 메이지 시대 지어진 서양식 주택으로 가득하다. 시간을 넉넉히 잡고 이곳에 살았던 사람들의 개성과 체취가 배어 있는 주택들을 찬찬히 감상하자.

구 글로버 주택

구 워커 주택

구 링거 주택

나가사키 전통 예능관

나가사키 전통 예능관

구 미쓰비시 제2 도크 하우스

구 글로버 주택 旧グラバー住宅

일본에서 가장 오래된 서양식 목조 건물로 세계문화유산으로 지정된 곳. 방갈로 스타일로 지어진 집은 오페라 <나비부인>의 집을 연상케 해서 '나비부인 하우스Madame Butterfly House'라는 애칭으로도 불린다.

구 워커 주택 旧ウォーカー住宅

메이지 시대 초기에 지어진 외국인 거주지의 대표적인 예. 기와 지붕을 얹은 외관이 굉장히 앤티크하다.

구 링거 주택 旧リンガー住宅

단층 건물이지만 석조 기둥이 떠받든 테라스 덕에 육중한 멋이 흐른다. 일본 국가지정 중요문화재다.

구 올트 주택 旧オルト住宅

감리교 여학교, 미국 영사관 등으로 사용되다 1903년 무역상인 올트가 구입하여 주택으로 사용했다. 이 건물 역시 일본 국가지정 중요문화재다.

나가사키 전통 예능관 長崎伝統芸能館

나가사키의 전통 예술을 만끽할 수 있다. 특히 나가사키 군치 때 등장하는 백룡과 청룡 전시물이 시선을 사로잡는다.

구 미쓰비시 제2 도크 하우스
旧三菱第2ドックハウス

선원들의 숙박을 위해 지어졌다. 이곳의 2층에서 바라보는 나가사키 시내 전망은 단연 최고다.

구 나가사키 지방 법원 관사
旧長崎地方裁判所長官舎

메이지 시대에 들어서며 서구화되던 관청 건물의 대표적인 예. 현재 복고풍 사진관으로 이용되고 있다.

공자를 모신 사당
공자묘 孔子廟

1893년 중국인이 해외에서 창건한 유일한 묘. 공자를 신으로 모시는 중국인들에 의해 지어진 묘당으로 서양식 주택 단지 히가시야마테東山手 아래에 위치해 있다. 서양식 건물이 있는 주택가에 특유의 중국풍 건축 양식이 돋보인다. 입구를 들어서면 '유붕이 자원방래하니 불역열호아有朋自遠方來 不亦樂乎'라는 공자의 말씀이 새겨진 비석이 있다. 건물 안에는 중국의 현인 72명의 석상과

더불어 공자의 언행을 기록한 논어의 글귀들이 기록돼 있어 화교들에게 정신적인 지주 역할을 해준다. 본당 안쪽으로 들어가 계단을 오르면 중국 역대 박물관中國歷代博物館이 자리한다. 이곳에 중국의 자수, 공예품 등 중국의 국보급 문화재들이 전시돼 있다. 1층으로 다시 내려오면 기념품 숍이 있고 방문객들이 쉬어갈 수 있도록 정원과 휴게 공간을 마련해 놓았다.

Data 지도 313L 가는 법 노면전차 5호선 타고 이시바시石橋 정류장 하차, 도보 3분
주소 長崎市大浦町10-36 전화 095-824-4022 운영시간 월~목요일 09:30~18:00, 금~일요일 09:30~20:00
요금 어른 660엔, 고교생 440엔, 초·중학생 330엔

고딕 양식의 아름다운 성당
오우라 천주당 大浦天主堂

1864년 프랑스인 선교사가 기독교 박해로 인해 순교한 26성인을 추모하기 위해 세운 교회로 정식 명칭은 '일본 26성인 순교 성당'이다. 유럽을 연상시키는 언덕길을 따라 올라가면 우뚝 솟은 성당의 첨탑이 성스럽게 다가온다. 구라바엔으로 가는 언덕길 끝에 위치한 성당 앞에는 가파른 돌계단이 놓여 있고, 그 위로 우뚝 솟은 고딕 양식의 건물이 보인다. 성당 입구에 세워진 성모상은 성스러운 자태를 발휘한다. 성당 내부 유리창에는 예수의 일대기를 묘사한 스테인드글라스가 장엄하고 화려하게 장식돼 있다. 일본에서 현존하는 교회 중 가장 오래된 목조 성당으로 1933년 국보로 지정됐다.

Data 지도 313L 가는 법 노면전차 5호선 타고 오우라텐슈도시타大浦天主堂下 정류장 하차, 도보 4분
주소 長崎市南山手町5-3 전화 095-823-2628 운영시간 08:30~18:00(입장 마감 17:00) 요금 성인 1,000엔

안경 다리와 하트 스톤을 찾아라
메가네바시 眼鏡橋

1634년에 건립된 일본에서 가장 오래된 아치형 석교. 이 돌다리는 고후쿠지興福寺 주지가 세운 것으로 전해진다. 나가사키 시내를 흐르는 나카시마강 위에 놓인 14개의 다리 중 가장 아름다운 다리로 시민들과 여행객들에게 큰 사랑을 받고 있다. 돌다리를 이루는 두 개의 아치가 물에 비치면 안경 모양을 드러내기 때문에 1882년부터 정식으로 '메가네바시(안경 다리)'라 불리게 됐다. 1647년 나가사키에 불어닥친 태풍과 홍수로 다리가 유실되는 불상사를 겪기도 했지만 원형대로 복원했다. 물에 비친 아치형의 돌다리는 인증샷을 찍으려는 여행객들로 항상 북적인다. 다리 주변에 하트 스톤이 숨겨져 있어 이를 찾아내려는 여행객들의 열기도 뜨겁다. 석양이 물드는 풍경도 아름답다.

Data 지도 312F
가는 법 노면전차 4, 5호선 타고 니기와이바시賑橋 정류장 하차, 도보 3분 주소 長崎市漁の町

모던함이 돋보이는 미술관
나가사키현 미술관 長崎縣美術館

나가사키항 근처 수변 공원에 들어선 미술관. 물 위에 세워진 건축물은 건축상을 수상했다. 전시장에는 나가사키와 인연이 있는 예술가 피카소, 달리 등 스페인 미술 작품이 많은 것으로 유명하다. 옥상 정원으로 올라가면 나가사키항을 한눈에 내려다볼 수 있다.

Data 지도 313K 가는 법 노면전차 1호선 타고 데지마出島 정류장 하차, 도보 3분 주소 長崎市出島町 2-1 전화 095-833-2110 운영시간 10:00~20:00 (마지막 입장 시간 19:30), 매월 둘째, 넷째 주 월요일, 월요일이 휴일이면 화요일 휴관 요금 어른 420엔, 대학생 310엔, 초중고생 210엔, 70세 이상 310엔
홈페이지 www.nagasaki-museum.jp

중국인들의 역사가 느껴지는
쇼후쿠지 崇福寺

나가사키에 거주하던 중국인들이 1629년에 세운 사찰. 중국식으로 지어진 건축물로 일본에서 가장 오래된 사찰이다. 절 입구로 들어서면 붉은 산문이 반긴다. 아카몬赤門이라 불리는 이곳은 일명 '용궁문'이라 불리기도 하는데 그 모습이 웅장하고 화려하다. 경내에 동종을 비롯해 국보로 지정된 20여 개의 문화재가 보관돼 있어 문화재의 보고로 꼽힌다. 대웅전 왼편으로 커다란 가마솥이 들어서 있어 눈길을 끈다. 1680년에 대흉년이 일자 다음 해는 대기근으로 이어졌다. 이 절에서는 커다란 솥을 내걸고 3천 명에서 5천 명에 이르는 굶주린 사람들에게 죽을 끓여 나눠줬다고 한다.

Data 지도 313C
가는 법 노면전차 1호선 타고 쇼카쿠지시타崇福寺下 정류장 하차, 도보 3분 **주소** 長崎縣長崎市鍛冶屋町7-5 **전화** 095-823-2645 **운영시간** 08:00~17:00 **요금** 어른 300엔, 중고생 200엔, 초등학생 100엔

항구를 감상하며 산책하는 길
데지마 워프 出島ワーフ

2004년 데지마 주변 재개발 및 나가사키 관광 자원 개발 계획에 따라 조성된 나가사키항 근처 150m의 해변거리이다. 테라스를 따라 레스토랑과 카페들이 줄지어 있어 산책을 나선 주민들과 여행객들이 노천으로 나와 함께 어울리는 명소이다. 전면에는 나가사키 인근 섬으로 오가는 여객선들이 정박한 항구가 보이고, 쇼핑몰 '유메타운 유메사이토ゆめタウン夢彩都'가 그 옆에 자리하고 있다.

Data 지도 312J
가는 법 노면전차 1호선 타고 데지마出島 정류장 하차, 도보 3분 **주소** 長崎市出島丁1-1-109

메이지 유신의 풍운아 사카모토 료마의 길
료마도리 龍馬通り

노면전차 4, 5호선 고카이도마에公会堂前 정류장에서 오래된 사찰들이 몰려 있는 데라마치寺町를 지나면 언덕길이 이어진다. 이곳의 가파른 언덕길을 '료마도리'라 부른다. 메이지 시대를 이끌었던 사카모토 료마坂本龍馬의 이름을 딴 이 길은 나가사키 역사의 한 장을 장식한다. 1864년 나가사키에서 일본 최초의 무역상사를 설립했던 그는 일본의 근대사에 등장하는 주요 인물 중 한 사람이다. 료마도리에서 가자가시라 공원 입구까지 가파른 돌계단과 좁은 골목이 계속 이어진다. 료마를 상징하는 캐릭터가 안내하는 대로 따라가면 료마가 세웠던 일본 최초의 무역상사 가메야마샤추亀山社中 터가 나온다. 이곳에는 기념관이 들어서 있어 료마에 관한 자료를 전시 중이며, 료마의 복장으로 기념사진을 찍을 수도 있다. 기념관에서 나와 이정표를 따라가면 료마의 장화상과 조타장치가 세워진 곳에 닿는다. 항해와 해운, 무역을 사업의 목표로 삼았던 료마의 꿈을 보여주는 기념 상이다. 료마의 장화는 그가 일본에서 최초로 부츠를 신은 남자였다는 설에 의해 세워진 것이다. 신분 제도가 엄격했던 당시 료마는 하급 무사의 집에서 태어났기 때문에 짚신을 신고 다녀야 하는 신분이었지만 자유의 땅 나가사키에 도착한 후 당당하게 부츠를 신고 다녔다고 한다. 그런 일화를 알게 되면 료마의 장화를 신고 기념사진을 찍어보고 싶어진다.

Data 지도 312B 가는 법 노면전차 4, 5호선 타고 고카이도마에公会堂前 정류장 하차, 도보 15분
주소 長崎市風頭町 운영시간 기념관 09:00~17:00 (입장 마감 16:45) 요금 어른 300엔, 고등학생 200엔, 초등학생, 중학생 150엔

TIP 나가사키 시대를 열었던 토마스 블레이크 글로버

스코틀랜드 출신인 토마스 블레이크 글로버Thomas Blake Glover는 조선과 채탄, 차 무역업을 통해 일본의 근대화에 공헌한 인물로 손꼽힌다. 그는 기린맥주의 전신인 맥주 산업을 일으킨 주역이다. 개항과 더불어 나가사키에 입항, 에도막부 말기에 사카모토 료마坂本龍馬를 비롯한 지사들을 지원했고, 메이지 시대가 도래하자 일본 근대화에 크게 공헌했다. 일본인 여성과 결혼한 그는 나가사키에서 일생을 보낸 후 73세에 사망했다. 나가사키 사카모토 국제묘지에 부인과 나란히 묻혀 있다

세계 평화를 간절히 기원하는
평화 공원 平和公園

1945년 원자 폭탄이 투하된 지점 북쪽에 조성된 공원이다. 1945년 8월 6일 히로시마에 원폭이 투하됐고, 그로부터 3일 후인 9일 원자 폭탄 탑재기는 제2차 원폭 투하 예정지인 고쿠라로 향했다. 하지만 당시 고쿠라의 일기가 좋지 않아 원폭 투하 지점은 나가사키로 변경됐다. 원폭 하나로 희생된 나가사키 시민 3천7백여 명을 추모하기 위해 평화 공원이 세워졌다. 공원 입구에서 에스컬레이터를 타면 분수가 힘차게 솟아오르는 광장이 나타난다. '평화의 샘'이라 불리는 이 분수는 피폭 당시 몸속까지 타들어가는 열 때문에 갈증을 호소하던 희생자들의 넋을 달래주기 위한 물줄기다. 전 세계에서 걷은 기부금으로 조성된 '평화의 기념상'은 나가사키 출신의 조각가 기타무라 세이보北村西望의 작품으로 높이 9.7m의 남신상이다. 조각상은 원폭 희생자의 명복을 비는 마음으로 눈을 지그시 감고 있다. 하늘을 가리키는 오른손은 원폭의 무서움을, 수평으로 뻗은 왼팔은 평화를 기원하는 의미를 담았다고 한다. 공원 내에는 평화를 기원하기 위해 세계 각국에서 보내온 조각상이 전시돼 있고, 공원 일각에는 원폭 투하 당시 이곳에 자리했던 우라카미 형무소의 유구도 발굴돼 전시 중이다.

Data **지도** 314A **가는 법** 노면전차 1, 3호선 타고 마쓰야마마치松山町 정류장 하차, 도보 3분
주소 長崎市松山町平和公園內

1,000만 달러의 야경을 즐기자
이나사야마 공원 전망대 稻佐山公園展望臺

나가사키 서쪽에 위치한 해발 333m의 이나사야마稻佐山 정상에 세워진 전망대. 이곳에서는 국제 크루즈선이 기항하는 나가사키항은 물론 삼면이 산으로 둘러싸인 나가사키의 도심 풍경을 두루 조망할 수 있다. 특히 밤마다 나가사키항을 오가는 선박들의 불빛과 도심의 빛이 발하는 야경을 두고 나가사키에서는 '1,000만 달러의 야경'이라고 극찬한다. 전망 경소 덕분에 나가사키는 2012년 '세계 신 3대 야경 도시'로 선정됐다. 이나사야마 공원 전망대로 가려면 JR나가사키역에서 버스를 타거나 시내 호텔을 경유하는 무료 셔틀버스를 이용해 로프웨이앞ロープウェイ前 정류장까지 가야한다. 이어 후치 신사를 통과해 로프웨이 탑승장으로 이동한 후 로프웨이를 타고 5분 정도 지나면 전망대 입구에 도착한다. 전망대 내부로 들어서면 다시 전망대 꼭대기 층으로 이어지는 나선형 복도를 오르게 된다. 이 공간을 이동하는 동안 나가사키 시내를 360°로 조망할 수 있다. 전망대 맨 꼭대기층 야외 루프로 나오면 멀리 운젠이나 아마쿠사, 고토섬 일대까지 보인다. 새벽의 일출, 석양을 즐기기 위해서라면 반드시 들러보아야 할 명소이다. 전망대 2층에는 풍경을 즐기며 식사를 할 수 있는 레스토랑 '히카리ひかりのレストラン'가 들어서 있다.

Data 지도 314F 가는 법 JR나가사키에서 3, 4번 버스 타고 로프웨이앞ロープウェイ前 정류장 하차, 로프웨이 탑승 5분 소요 주소 長崎市稻佐町364 전화 095-822-8888 운영시간 09:00~22:00 요금 무료

TIP 나가사키 로프웨이 長崎ロープウェイ 정보

- 이용 시간 09:00~22:00
  (12월~2월 말에는 09:00~21:00)
- 로프웨이 왕복 요금 어른 1,230엔, 중고생 900엔, 어린이 600엔, 편도 700엔
- 전화번호 095-861-6321
- 홈페이지 www.nagasaki-ropeway.jp

천주교 박해의 역사 현장
일본 26성인 순교지 日本二十六 聖人殉敎地

1597년 도요토미 히데요시가 크리스트교 금지령을 내리면서 6명의 외국인 선교사와 일본인 신자 20명을 처형시킨 곳이다. 신자 중에는 12세의 소년도 포함돼 있던 것으로 기록된다. 1862년 교황 비오 9세가 희생자들을 성인으로 추대했고, 100주년이 되던 1962년에 26성인 기념상과 니시자카 교회를 설립하게 됐다. 사카모토 공원 내에 세워진 십자가 모양의 순교 기념비에는 처형된 26명의 순교자들의 모습이 하나하나 새겨져 있다. 기념상 옆 작은 동산에는 순교자들이 처형된 곳마다 동백나무를 심어 놓았다. 일본 26성인 기념관에는 당시의 기독교 탄압에 관한 자료들이 전시 중이다.

Data 지도 312I 가는 법 노면전차 1, 3호선 타고 나가사키에키마에長崎駅前 정류장 하차, 도보 5분 주소 長崎市西坂町7-8 전화 095-822-6000 운영시간 일본 26성인 순교지 24시간, 일본 26성인 기념관 09:00~17:00(연말연시 휴무) 요금 일본 26성인 기념관 어른 500엔, 중, 고등학생 300엔, 초등학생 150엔

고색창연한 붉은 벽돌이 돋보이는
우라카미 천주당 浦上天主堂

크리스트교 금교령이 1895년에 해제되면서 나가사키의 가톨릭 신도들이 1925년에 세운 성당. 붉은 벽돌을 쌓아올린 로마네스크 양식의 건물은 30여 년에 걸쳐 완성되었다. 원폭이 투하되면서 파괴되었다가 1959년에 현재의 모습으로 재건됐다. 일본의 천주교 교구 중 가장 많은 신도를 거느린 성당. 성당 입구에는 바오로 2세의 흉상이 세워져 있다. 성당 내부에는 스테인드글라스로 장식된 창문과 원폭 투하 당시 머리가 잘려나간 성모마리아 상의 잔해를 감상할 수 있다.

Data 지도 314A
가는 법 노면전차 1, 3호선 타고 마쓰야마마치松山町 정류장 하차, 도보 8분
주소 長崎市本尾町1-79
운영시간 09:00~17:00(연중 무휴)

원폭 피해의 아픔을 평화로 승화시키자
나가사키 원폭 자료관
長崎原爆資料館

원폭 투하 중심지에 피해자들을 추모하는 공원이 들어서 있고, 공원 안쪽에 자료관이 자리를 잡았다. 원폭 피해의 참상을 뼈저리게 보여주는 전시관. 나가사키에 원폭이 투하되기까지의 경위와 복구 현황 등을 3개의 테마공간으로 나눠 모형을 설치하여 보여준다. 핵무기의 개발 역사도 함께 둘러볼 수 있어 원폭에 대한 경각심을 다시금 일깨워준다.

Data 지도 314F 가는 법 노면전차 1, 3호선 타고 하마구치마치浜口町 정류장 하차, 도보 5분 주소 長崎市平野町7-8 전화 095-844-1231 운영시간 08:00~17:30(5~8월 ~18:00, 8월 7~9일 ~20:00), 입장마감 시간 30분 전, 12월 29~31일 휴무 요금 어른 200엔, 학생 100엔

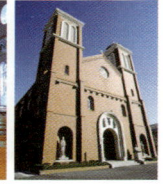

나가사키 여행의 출발점
나가사키역 長崎驛

나가사키 여행의 출발점이라 할 수 있을 만큼 철도와 버스, 노면전차 정류장이 모두 결집돼 있는 곳. 나가사키역 개찰구로 나오면 우측에 관광 안내소가 있고, 나가사키 관련 관광 팸플릿이 골고루 비치돼 있다. 한글 표기가 된 책자도 있어서 편리하다. 철도 승차권 발매소 안에서 나가사키 노면전차 1일 패스를 살 수 있다. 역과 연결된 건물에는 호텔 뉴 나가사키 를 비롯해 레스토랑과 편의점, 시네마, 쇼핑센터 등 각종 편의 시설을 갖춘 복합 쇼핑몰 '어뮤 플라자AMU PLAZA'가 위치한다. 열차 시간을 기다리는 동안 짬을 내 둘러보기 좋다. 역 광장으로 나오면 택시 승강장이 나오고 도로 맞은편으로 고속버스가 발착하는 현영 버스터미널이 있다. 도로를 건너기 위해서는 사방으로 연결되는 육교를 지나면 된다.

Data 지도 312I 가는 법 나가사키 열차의 발착점 주소 長崎市尾上町 전화 095-822-0063

서양식 건물이 들어선 골목을 누비다
오란다자카 オランダ坂

나가사키항이 내려다보이는 돌이 깔린 언덕길. '오란다'는 네델란드를 뜻하는 일본어. 에도막부 말기부터 메이지 시대 때 나가사키에 머물던 서양인들을 일컬어 '오란다상オランダさん'이라고 불렀다. 1859년 개항이 되면서 당시에 나가사키 시내에서 우우라, 히가시야마테, 미나미야마테, 데지마 등이 외국인들의 거류지로 지정되었는데 이들이 지나다니던 언덕길을 '오란다자카(네델란드 언덕)'라고 부른다. 돌이 박힌 언덕길을 따라 올라가다 보면 오른편으로 히가시야마테 12번관東山手12番館이 나온다. 1868년에 지어진 이 건물은 러시아 영사관으로 쓰이다가 후에 미국 영사관을 거쳐 선교사 저택으로 이용됐다. 국가 중요문화재로 지정된 이곳은 현재 갓스이 여자대학 역사 자료관으로 개방되고 있다. 오란다자카 골목을 따라가면 서양식 주택 7채가 눈에 들어온다. 그중 고 사진 자료관에서는 일본인 최초의 사진가 우에노 히코마上野彦馬에 관한 자료가 전시 중이고, 히가시야마테 지구관은 카페 겸 레스토랑으로 운영 중이다.

Data 지도 313K 가는 법 노면전차 5호선 타고 시민뵤인마에市民病院前 정류장 하차, 도보 4분

영웅의 꿈을 한눈에 바라보다
가자가시라 공원 風頭公園

료마도리 가장 끝의 산 정상에 들어선 공원. 공원에서는 나가사키 항구와 시내가 한눈에 내려다보인다. 공원 정상에는 사카모토 료마坂本龍馬의 동상이 우뚝 솟아 있다. 그 아래에는 소설 〈료마가 간다〉를 지은 작가 시바 료타로司馬遼太郎의 문학비도 보인다. 검도복을 입고 허리에 큰 칼을 찬 료마 상이 나가사키항을 물끄러미 내려다보고 있다. 료마는 생전에 '나가사키는 나의 희망. 머지않아 새로운 일본을 여는 근원지가 될 것'이라 예언했다. 역사적 인물의 일생이 깃든 공원에는 벚나무들이 줄지어 서 있고, 수국과 수선화 등 갖가지 꽃들이 피고 진다. 사계절 나들이 명소이자 나가사키 야경 명소로도 손꼽힌다.

Data 지도 312B
가는 법 노면전차 3, 4, 5호선 타고 신다이쿠마치新大工町 정류장 하차, 도보 10분 **주소** 長崎市風頭町
전화 095-829-1171

나가사키 군치가 시작되는
스와 신사 諏訪神社

나가사키 북쪽 언덕에 자리하고 있는 웅장한 신사. 나가사키의 대표적인 축제이자 국가 중요무형문화재로 지정된 '나가사키 군치'가 시작되고 끝을 맺는 신사로도 유명하다. 노면전차 스와신사역에서 하차한 후 이정표를 따라 신사 앞에 이르면 수많은 계단과 장중한 도리이가 나온다. 5개의 석조 도리이를 지나면 이번에는 70개의 가파른 계단을 올라야 한다. 본당 뒤편으로는 나가사키 공원을 비롯한 숲이 우거져 있어 신사 안은 청정 지구이다. 한 바퀴 돌아보는 것만으로도 기운이 샘솟고 경내에서 내려다보는 전망도 좋은 편이다.

Data 지도 312E
가는 법 노면전차 3, 4, 5호선스와진자마에諏訪神社前 정류장 하차, 도보 5분
주소 長崎市上西山町18-15
전화 095-824-0445 **요금** 무료
홈페이지 www.osuwasan.jp

수백 년 전으로 돌아가는 시간 여행
데지마 出島

1636년 에도막부가 포르투갈인들의 기독교 포교를 봉쇄하기 위해 축조한 인공섬. 에도막부의 명을 받은 당시의 유력 상인들이 브채꼴 모양의 섬을 만들고 이곳에 포르투갈인들을 수용했다. 1641년 포르투갈인 상선의 내항이 금지되자 히라도에 있던 네덜란드 상관이 이곳으로 이전되면서 데지마는 서양에 열렸던 유일한 창구로서 무역과 문화의 거점 역할을 해왔다. 1859년 개항이 이뤄지자 데지마 주변 바다가 점차 매립되기 시작했고, '부채섬' 모양은 점점 그 형태를 잃어갔다. 그 이후 연이은 항만 공사로 주변은 완전히 내륙으로 변하게 됐다. 현재 데지마는 원래의 모습을 되찾기 위해 복원 작업이 꾸준히 이뤄지고 있다. 네덜란드 상관장이 거주하던 카피탄 주택을 비롯한 옛 건물들을 거의 복원했다. 데지마에서 여행자들에게 가장 인기 있는 즐길거리는 기모노 체험! 기모노를 입고 세월 묵은 건물들을 돌아보자면 타임머신을 타고 에도 시대로 돌아간 것 같다.

Data 지도 313K
가는 법 노면전차 1호선 타고 데지마出島 정류장 하차
주소 長崎市漁の町6-1
전화 095-821-7200 **운영시간** 08:00~18:00 (입장 마감 17:40)
요금 520엔 **홈페이지** www.city.nagasaki.lg.jp/dejima

TIP 나가사키시 관광지 입장을 반값에! 디스카운트 카드 ディスカウントカード

나가사키시에서 숙박을 하는 외국인에 한해 나가사키 시내 관광지의 입장료를 할인해주는 카드. 구라바엔을 제외한 거의 모든 관광지 입장료가 50% 할인된다. 카드 발급은 무료! 하지만 발급하는 곳이 관광 안내소가 아니라 자신이 묵는 호텔이라는 점에 유의하자. 호텔에 체크인 할 때 직원에게 디스카운트 카드를 요구하면 발급해 준다. 카드는 발급 시점부터 3일간 유효하다.

해외 무역의 역사가 한눈에
나가사키 역사 문화 박물관 長崎歷史文化博物館

나가사키의 해외 교류사를 한눈에 돌아볼 수 있도록 꾸며진 박물관으로 2006년에 개관했다. 나가사키의 해외 교류사를 담은 안내서에는 친절하게 한국어 설명이 붙어 있다. 2층 상설전시관은 약 4만 8천여 점의 역사 자료와 예술품, 진귀한 수집품들을 전시 중이다. 이들 중에는 중국 선박과 네덜란드 선박이 드나들면서 교류된 비단, 설탕 등 수입품과 도자기, 해산물 등의 수출품을 두루 돌아볼 수 있어 지루할 틈이 없다. 특히 전시실 일각에 복원되어 있는 오라시스는 '부교쇼'라 불리는 에도 시대 중앙 정부의 지방기관 나가사키 치안판사가 재판을 하던 곳이다. 치안판사가 고관들을 맞이하던 방과 밀수범을 취조하던 방을 둘러보며 당시의 사무라이들의 생활을 엿볼 수 있다. 국제무역도시다운 나가사키의 역사를 현대적이면서 다채롭게 전시하고 있어 반드시 들러보아야 할 곳이다.

Data **지도** 312E **가는 법** 노면전차 3호선 타고 사쿠라마치桜町 정류장 하차, 도보 5분
주소 長崎市立山1丁目 1-1 **전화** 095-818-8366 **운영시간** 08:30~19:00(12월 30일~1월 3일 10:00~18:00, 자료 관람실 09:30~18:00, 매월 셋째 주 월요일, 월요일이 공휴일일 경우 화요일 휴관)
요금 어른 630엔, 초중고생 310엔 **홈페이지** www.nmhc.jp

눈요기만 해도 즐거워!
구라바 거리 グラバー通り

백짬뽕의 원조인 시카이로에서 구라바엔으로 이어지는 거리. 상점마다 나가사키를 대표하는 먹을거리와 물건들을 잔뜩 쌓아놓고 사람들을 유혹한다. 이곳에서 カ·스텔라와 더불어 놓칠 수 없는 먹을거리는 가쿠니 만주角煮まんじゅう. 새하얀 빵 사이에 큼직하면서도 네모난 조림 돼지고기를 넣었는데 짭조름하면서도 달달한 맛에 자꾸만 손이 간다. 파랗고 빨간 꽃으로 장식한 앙증맞은 유리병, 네덜란드 상인과 범선을 그려 넣은 도자기 잔은 나가사키라는 도시를 추억하기에 딱 좋은 기념품이다. 거리에 숨어 있는 이색 장소들을 찾아보는 재미도 쏠쏠하다. 거리 중간쯤의 건물 지하에는 카스텔라 신사カステラ神社가 있다. 재미를 위해 만든 신사처럼 보이지만 연애 성취의 효험이 있다 해서 은근히 연인들에게 인기다. 이노리오카 그림책 미술관祈りの丘絵本美術館은 알록달록한 돌로 꾸민 정원과 건물부터 감성을 자극한다. 시카이로 건물 안에 나가사키 짬뽕의 역사를 담은 짬뽕 박물관이 있다는 것은 이곳에서 식사를 한 사람들도 잘 모르는 비밀. 짬뽕 박물관 뒤에는 별갑 공예관べっ甲工芸館이 있다. 구 나가사키 세관의 파출소였던 건물 자체도 문화재지만 안으로 들어가면 바다거북 등껍질로 만든 진귀한 별갑 공예품들을 볼 수 있다.

Data **지도** 313L **가는 법** 나가사키역 앞 큰길 중간의 나가사키에키마에長崎駅前駅역에서 노면전차 1계통을 타고 데지마出島駅 정류장 하차, 큰 길을 따라 남쪽 방향으로 도보 10분**주소** 長崎市グラバー通り

나가사키의 지중해!
이오지마 伊王島

반나절 코스로 돌아보기 좋은 섬. 낭만적인 풍경과 온천 덕에 여성 여행자들에게 절대적인 지지를 받고 있다. 주황색 유럽풍 건물들이 들어선 포구에 발을 디디는 순간부터 사람들은 이오지마 홀릭이 된다. 이오지마는 기독교 인구 비율 60%로 일본에서 가장 높은 곳으로 유명하다. 에도 시대에 기독교 탄압을 피해 많은 신자들이 이곳으로 이주했기 때문이다. 섬의 들머리 언덕에는 순백의 마고메 교회馬込教會가 하늘바라기를 하고 있다. 성당의 웅장한 고딕 양식도 아름답지만 그 앞에서 바라다보이는 바다 풍경도 일품! 바다 전망이 아름다운 또 다른 명소는 일본 최초의 철제 서양식 등대인 이오지마 등대伊王島灯台. 나가사키 원폭 피해 후 새로 지어졌지만 독특한 돔형의 천장은 당시의 것 그대로 사용했다. 등대 밑에는 관사를 개조한 등대 박물관이 있다. 그 아래로 내려가면 이오지마 해수욕장. 지중해를 그대로 옮겨온 듯한 풍경 덕에 '코스타 델 솔(태양의 해안)'이라는 애칭으로 불린다. 에메랄드빛 바다와 대비된 아치형의 백사장은 잠시만 바라봐도 눈이 시릴 정도로 눈부시다. 섬을 여행하는 가장 대중적인 방법은 자전거다. 두 시간 정도면 바닷바람을 만끽하며 섬을 한 바퀴 돌아볼 수 있다. 포구 바로 옆 야스라기 이오지마 본관やすらぎ伊王島本館과 관광 안내소에서 자전거를 대여할 수 있으며, 요금은 2시간 기준 300엔. 자전거 여행을 마친 후에는 포구 근처 료칸의 대중탕에서 바다를 바라보며 온천욕을 즐기는 것도 잊지 말자!

Data **지도** 313K **가는 법** 나가사키항에서 오전 6시부터 8회 운행하는 배로 20분. 또는 나가사키역 바로 앞에서 료칸 '야스라기 이오지마'에서 운영하는 셔틀버스 타고 50분. 셔틀버스 시간은 www.ioujima.jp 참조 **주소** 長崎市伊王島 **요금** 승선료 편도 650엔, 셔틀버스 무료

TIP 세기말적 풍경, 군함도 軍艦島

하시마端島라는 본래 이름이 있지만, 일본의 군함 '도사'를 닮아 군함도라는 이름으로 더 많이 불린다. 섬은 아주 작지만 엄청난 양의 석탄이 매장되어 있어 이를 채굴하기 위해 개발되었다. 1974년 폐광되어 무인도가 된 섬은 광부들의 숙소 등을 포함한 시설이 폐허가 되어 세기말적인 풍경을 연출한다. 이곳은 많은 조선인들이 노역에 강제 동원되었던 곳이기도 하다. '메이지 산업 혁명 유산'이라는 명칭으로 이곳이 유네스코 세계문화유산으로 등재될 때 한국인들의 반발을 산 것도 이 때문이다. 섬을 배경으로 한 영화 〈군함도〉가 개봉되어 더욱 주목받고 있다. 나가사키항에서 섬으로 가는 배를 탈 수 있는데, 인터넷으로 사전 예매를 하면 원하는 시간대에 배에 탑승할 수 있고 할인도 받을 수 있다. 구글에서 'gunkanjima cruise'를 검색하면 군함도행 표를 파는 크루즈 회사들에 접속할 수 있다. 나가사키시의 호텔에서는 이오시마와 군함도를 엮은 관광 상품을 판매하기도 하니 이를 이용해도 된다.

Data 가는 법 나가사키항에서 군함도행 배가 낮 시간 동안 수시로 운행(약 40분 소요)
주소 長崎市高島町端島
요금 군함도 입장료 300엔 포함 왕복 4,200엔

세계에서 가장 많은 종류의 펭귄이 있는

나가사키 펭귄 수족관 長崎ペンギン水族館

동물을 좋아하거나 아이들과 함께 하는 여행이라면 놓칠 수 없는 명소. 세계에서 가장 큰 담수어인 메콩 메기나 산호 사이를 유영하는 열대어도 진귀하지만 최고의 인기 스타는 단연 펭귄! 지구에는 총 18종의 펭귄이 있는데 나가사키 펭귄 수족관에서는 무려 9종의 펭귄을 만날 수 있다. 킹펭귄은 세 살 먹은 아이보다 키와 몸집이 크고 황금빛 가슴을 지니고 있어 이름처럼 왕 같다. 다리가 노란 젠투 펭귄은 호기심 대장이고, 히게펭귄은 캐릭터처럼 귀여운 인상을 지녔다. 마카로니펭귄과 록호퍼펭귄은 쭈뼛쭈뼛 뻗은 노란 깃털을 달고 있어 히피족 같다. 펭귄이 남극에서만 살 거라는 생각은 착각이다. 훔볼트, 자카스, 마젤란, 리틀펭귄은 온대 지역에서 산다. 나가사키 펭귄 수족관은 여느 동물원과 달리 펭귄과 직접 노닐 수 있어서 더욱 매력적이다. 펭귄 터칭, 먹이주기, 펭귄 퍼레이드, 해변에서 펭귄과 함께 노닐기 등 펭귄 체험 프로그램이 있다. 시간과 요일마다 각기 다른 이벤트가 진행되기 때문에 수족관의 한국어 홈페이지(penguin-aqua.jp/korean)에서 미리 확인하자.

Data 지도 312A 가는 법 평일에는 나가사키역에서 육교를 건너 역전 동쪽 출구長崎駅前東口 버스정류장, 토·일·공휴일에는 나가사키역에서 육교를 건너 대각선 방향 역전 남쪽 출구長崎駅前南口 버스정류장에서 '아바網場' 혹은 '카스가샤코마에 春日車庫前'행 버스를 타면 된다. 나가사키펭귄수족관앞역에서 하차, 소요시간 약 30분 주소 長崎市宿町3番地16 전화 095-838-3131
운영시간 09:00~17:00(8월에는 09:00~18:00, 연중무휴) 요금 어른 520엔, 중학생 310엔

THEME

낭만적이고 흥미진진한 나가사키 축제

나가사키에서는 천편일률적인 축제가 아니라 이 도시만의 색깔을 지닌 축제가 계절마다 열린다. 축제에 맞춰 여행 기간을 정하면 더욱 매혹적인 나가사키를 즐길 수 있다.

❶ 랜턴 페스티벌 ランタンフェスティバル

중국의 구정을 축하하는 '춘절제'에서 기원한 축제. 무려 1만 5천 개의 랜턴(중국 제등)과 10m가 넘는 조형 작품이 불을 밝힌 나가사키의 밤은 붉고도 몽환적이다. 축제 기간에 차이나타운 唐人屋敷 내의 4개 사당에 촛불을 밝히면 소원이 이루어진다는 속설이 전해진다.

장소 나가사키 신치중화가, 하마이치 아케이드, 메가네바시, 미나토 공원, 추오 공원 등 시내 곳곳
축제 기간 매년 음력설부터 2주 동안

❷ 범선 축제 帆船まつり

일본과 해외의 앤티크 범선들이 나가사키항에 모여든다. 수많은 범선들 중 한국의 코리아나호도 매년 참가하고 있다. 수많은 이벤트 중 범선 승선 체험은 단연 인기! 토요일과 일요일, 범선이 조명을 밝힌 나가사키항에 불꽃놀이가 시작되면 사람들은 열광의 도가니에 빠진다.

장소 나가사키항 일대
축제 기간 매년 4월 하순 5일간

❸ 수국 축제 紫陽花まつり

나가사키시의 여름은 수국으로 시작된다. 데지마, 구라바엔 등 시내의 명소에 4만 송이에 가까운 수국의 향연이 펼쳐지는 것! 핫 스폿은 알록달록한 수국 꽃이 환히 피어난 메가네바시의 천변 일대.

장소 시내의 주요 관광지
축제 기간 매년 5월 하순~6월 초순 사이 20일간

❹ 나가사키 군치 長崎くんち

스와 신사의 추계 대제. 사가현의 가라쓰 군치와 더불어 일본 3대 군치 중 하나로 손꼽힌다. 군치 기간에는 각 마을의 무용수가 화려한 의상을 입고 개성적인 춤을 춘다. 특히 거대한 용이 등장하는 군무는 압권이다.

장소 스와 신사
축제 기간 매년 10월 7~9일

EAT

내로라하는 나가사키 짬뽕의 맛
시카이로 四海樓

100년 전통을 이어온 짬뽕의 원조. 메이지 시대 때 이 식당의 창업자는 가난한 중국 유학생들에게 저렴하면서도 영양가 높은 음식을 제공하기 위해 짬뽕을 개발했다고 한다. 중국풍 건물 5층에 자리한 식당에서는 나가사키항을 바라보는 전망도 좋다. 크림스파게티를 연상시킬 정도로 뽀얀 국물에 각종 해산물과 채소가 들어있는 짬뽕은 고소한 맛과 시원함이 묘하게 어우러져 별미다. 짬뽕 외에서 가느다란 면을 기름에 튀긴 후 소스를 얹어 내는 사라 우동의 맛도 독특하고 맛있다. 카드 결제가 가능하다.

Data **지도** 313L **가는 법** 노면전차 5호선 타고 오우라텐슈도시타大浦天主堂下 정류장 하차, 도보 1분
주소 長崎市松が枝町4-5 **전화** 095-822-1296 **운영시간** 11:30~15:00, 17:00~21:00(마지막 주문 20:00),
수요일 휴무 **가격** 짬뽕 1,210엔, 사라우동 1,210엔 **홈페이지** www.shikairou.com

나가사키 짬뽕 최고의 맛을 기대하라
고잔로 중화가 본점 江山樓中華街本店

창업 60년 전통을 이어온 중화 요리점. 신치중화가에서 가장 사람들이 몰리는 곳이다. 특상 짬뽕은 닭 뼈를 고운 국물과 온갖 종류의 해물이 어우러져 가히 짬뽕의 지존이라 해도 과언이 아닐 정도의 맛있다. 바삭바삭하게 튀긴 사라 우동 맛도 기대해도 좋다. 가격은 다소 비싼 편이지만 짬뽕 국물을 내는 재료가 상어 지느러미를 비롯해 20여 종에 이른다.

Data **지도** 313G
가는 법 노면전차 1호선 쓰기마치築町 정류장 하차, 도보 3분
주소 長崎市新地町12-2 **전화** 095-821-3735 **운영시간** 11:00~20:30
(부정기 휴무) **가격** 짬뽕 1,320엔, 특상짬뽕 2,310엔, 사라우동 1,320엔

> **TIP 나가사키 짬뽕의 비법은?**
> 돼지고기, 표고버섯, 죽순, 콩나물, 양배추, 파와 나가사키 근해에서 잡히는 해산물, 어묵, 오징어, 새우를 사용해 만든 향토 요리. 냄비에 연기가 날 정도로 구운 고기를 넣어 기름에 볶아 센 불에서 잘 저어 맛을 낸다. 수프는 닭 육수와 돼지 뼈를 우린 국물을 사용한다. 맛의 비결은 불기운이다. 나가사키에는 수백 곳의 짬뽕 가게가 있다.

세계인의 요리를 내놓는
히가시야마테 지구관
東山手地球館

오란다자카 서양식 주택에 들어선 카페 겸 레스토랑. 이곳에서는 나가사키에 유학 중인 세계 약 70개국의 사람들이 자국의 요리를 선보이며 문화적인 교류를 하고 있다. 요리사에 따라 매일같이 각 나라의 메뉴를 다르게 선보인다.

Data 지도 313L 가는 법 노면전차 5호선 타고 이시바시石橋 정류장 하차, 도보 5분 주소 長崎市東山手町6-25 전화 095-822-7966 운영시간 10:00~17:00(화·수 휴무) 가격 아이스 커피 400엔, 핸드메이드 요구르트 애플케이크 300엔

음식점이야 박물관이야
레스토랑 긴레이 レストラン銀嶺

1930년에 문을 열어 나가사키에서는 가장 오래된 서양식 레스토랑이다. 나가사키 역사 문화 박물관 내에 들어서 있다. 내부에는 진귀한 골동품 가구들로 장식되어 있어 분위기가 고풍스럽다. 은제 접시에 담겨 나오는 카레라이스가 아주 맛있다. 저녁에는 풀코스 요리가 나온다.

Data 지도 312E
가는 법 나가사키 역사 문화 박물관 내 2층
주소 長崎市立山1丁目1-1 전화 095-818-8406
운영시간 10:30~21:00 가격 긴레이 특제 카레 850엔, 긴레이 함박 런치 1,000엔

고풍스러운 분위기와 맛있는 런치
데지마 내외 클럽 레스토랑
出島內外俱樂部レストラン

메이지 시대인 1903년 영국인 프레드릭 링거가 세운 영국식 건축물에 들어선 식당이다. 노후된 건물을 대규모 보수해 레스토랑으로 운영 중이다. 터키라이스가 특히 맛있다. 부타가쿠니豚角煮는 제철 채소와 곁들여지는 메뉴로 돼지고기 삼겹살을 간장에 조려 부드럽고 감칠맛이 돈다. 나가사키 사라다長崎サラダ는 가는 면을 기름에 튀긴 사라 우동 위에 무순과 방울토마토, 오이, 오징어, 새우, 저민 소시지 등을 함께 얹어 소스를 뿌려 낸다. 바삭바삭한 사라 우동이 부드러운 채소와 잘 어우러져 고소하고 상큼한 맛을 낸다. 사라다만으로 한 끼 식사가 부족할 경우 가쿠니 만주豚角煮まんじゅ를 추가해도 좋다. 음식을 주문할 경우 커피는 100엔.

Data 지도 313K 가는 법 노면전차 1호선 타고 데지마出島 정류장 하차, 도보 3분 주소 長崎市出島町6-1 長崎出島和蘭商館跡
전화 090-4481-8522 운영시간 10:30~15:00(마지막 주문 14:45)
가격 나가사키 스페셜 터키라이스 1,000엔, 부타가쿠니 1,000엔, 나가사키 사라다 700엔, 부타가쿠니 만주 430엔

원조 카스텔라의 맛
후쿠사야 본점 福砂屋 本店

1624년 창업 이래 15대에 걸쳐 번창해온 카스텔라 명가. 손으로 달걀을 까는 것부터 재료를 혼합하고 구워내기까지 한 사람의 장인이 직접 다한다. 믹서를 사용하지 않고 손으로 직접 구워낸 카스텔라는 부드럽고, 촉촉한 식감과 풍미가 배어 있다. 일본의 전통적인 가게 느낌이 물씬 풍기는 건물 안으로 들어서면 진열장 안에 나가사키 오리지널 카스텔라와 초콜릿 카스텔라 등을 골고루 판매하고 있다. 나가사키 카스텔라는 달걀맛이 풍미롭고, 굵은 설탕을 뿌려 단맛이 은은하게 감돈다.

Data **지도** 313G
가는 법 노면전차 5호선 타고 시안바시思索橋 정류장 하차, 도보 3분 **주소** 長崎市船大工町 3－1 **전화** 095-821-2938
오픈 09:30~17:00, 수요일 휴무
가격 10개 1,188엔
홈페이지 www.fukusaya.co.jp

나가사키 카스텔라의 또 다른 명성
분메이도 총본점 文明堂總本店

1900년에 개업한 이래 전통적인 카스텔라를 독자적인 기법으로 만들어 명성을 쌓아왔다. 분메이도의 카스텔라는 달걀의 풍미가 진하게 풍기고, 맛이 끈끈하게 느껴질 정도로 설탕이 바닥에 깔리는 게 특징이다. 나가사키 시내에는 어디를 가든 분메이도 카스텔라를 파는 가게들이 많이 있다. 평화 공원 입구나 구라바 공원 근처에도 쉽게 찾을 수 있다.

Data **지도** 312J **가는 법** 노면전차 오하토역 大波止駅 사거리, 기와지붕에 검은 건물
주소 長崎市江戸町1-1 **전화** 095-808-0002
운영시간 09:00~18:00 **가격** 특선 카스텔라 1,350엔
홈페이지 www.bunmeido.ne.jp

아침시장의 싱싱한 생선으로 맛을 내는
데지마 아침시장 でじま朝市

데지마 워프 카페거리에 들어선 음식점. 나가사키 항구를 바라보는 풍경이 좋고, 식당 야외에서 시원한 바람을 맞으며 식사를 할 수 있다. 식당 안 냉장 진열대에는 아침시장에서 경매를 받아온 생선들이 진열돼 있어 마음에 드는 것으로 골라 먹을 수 있다. 싱싱한 생선회와 더불어 나가사키 사케 중 하나인 '미인美人'을 맛볼 수 있다. 이곳에서 보는 야경이 멋지기로 유명하다.

Data **지도** 313K **가는 법** 노면전차 1호선 타고 데지마出島 정류장 하차, 도보 3분
주소 長崎市出島町1-1 出島ワーフ內
전화 095-825-8558 **운영시간** 11:00~21:00
가격 생선튀김 정식 1600엔, 생선덮밥 1350엔

앤티크한 분위기 짱, 맛도 짱!
쓰루짱 つるちゃん>

1925년 개업한 다방. 오래된 연륜만큼이나 실내 곳곳에 복고풍 분위기가 물씬 흐른다. 이 집을 대표하는 메뉴는 터키라이스와 밀크셰이크. 터키라이스는 터키식 볶음밥에 돈가스나 스파게티 등을 얹어 내는 구르메 요리. 오사카나 고베에도 비슷한 요리가 있지만 규슈에서는 나가사키 지역에서만 맛볼 수 있다. 쓰루짱에서는 밥에 카레를 끼얹은 돈가스와 토마토케첩 향이 강한 스파게티를 얹어낸다. 한국인들에게는 잘 알려져 있지 않지만 나가사키에서 은근히 유명한 디저트가 바로 밀크셰이크다. 이 집이 바로 나가사키식 밀크셰이크의 원조! 우리가 아는 부드러운 셰이크가 아니라 셔벗에 가까운 맛을 낸다.

Data 지도 313G 가는 법 나가사키역에서 노면전차 1호선 타고 시안바시思案橋駅 정류장 하차 후 도보 1분 주소 長崎市油屋町2-47 전화 095-824-2679 운영시간 10:00~ 21:00
가격 터키라이스 1,580엔, 밀크셰이크 780엔

바다를 보면서 앤티크 타임!
애틱 ATTIC

데지마 워프의 바닷가 산책로에서 가장 핫한 카페. 다양한 음식과 차를 내는데 단연 인기 있는 메뉴는 아트 라테. 라테 위에 사람의 얼굴이나 문양 등을 그려 내는데 매우 클래식하니 멋스럽다. 스페셜 티 커피만을 사용하기 때문에 커피 맛도 당연히 맛있다. 여기에 나가사키 카스텔라나 예쁜 데커레이션을 겸한 케이크 한 조각이면 분위기는 더욱 업! 실내도 인테리어가 아름답지만 사람들의 경쟁이 심한 자리는 바다 풍경이 한눈에 들어오는 야외 테이블이다. 적당한 가격의 식사를 먹기에도 좋은 장소. 나가사키의 카페나 식당마다 각기 다른 비주얼과 맛의 터키라이스를 내놓는데, 이 집은 크로켓과 새우튀김, 샐러드, 파스타를 얹어 내놓는다.

Data 지도 313K 가는 법 노면전차 1호선 타고 데지마出島 정류장 하차, 도보 3분 주소 長崎市出島町1-1 出島ワーフ內
전화 095-820-2366 운영시간 11:00~23:00
가격 커피 400엔~, 카스텔라 450엔, 터키라이스 1,350엔

BUY

나가사키 최대의 번화가
하마노마치 아케이드 浜の町アーケード

총 길이 360m에 이르는 아케이드로 나가사키 최대의 번화가이다. 하마이치 아케이드와 베르나도 간코도리가 교차하는 통로를 따라 백화점은 물론 드러그스토어, 다이소, 돈키호테 등 180여 개의 다양한 점포가 들어서 있다. 나가사키의 명물 카스텔라부터 각종 의류, 화장품, 생활잡화 등을 판매한다. 기념품을 사기 위해서라면 반드시 들러보아야 할 곳이다.

Data 지도 313G
가는 법 노면전차 1, 5호선 타고 니시하마노마치西浜町 정류장 하차. 또는 1호선 간코도리観光通リ 정류장 하차 주소 長崎市浜町
홈페이지 www.hamanmachi.com

접근성 최고의 쇼핑센터
어뮤 플라자
AMU PLAZA NAGASAKI

JR나가사키역에 들어서 있는 쇼핑몰. 여성복과 남성복은 물론 패션잡화에 이르기까지 유행을 선도하는 패션 숍과 다양한 음식을 맛볼 수 있는 상점들이 즐비하다. 1층 나가사키 토산품점 長崎おみやげ에서는 나가사키를 대표하는 기념품을 살 수 있다. 플라자 앞 가모메 광장 에스컬레이터 뒤쪽으로 물품보관함이 설치돼 있어서 쇼핑을 하는 동안 짐을 보관할 수 있다.

Data 지도 312I 가는 법 JR나가사키역 옆 건물
주소 長崎市尾上町1-1 전화 095-808-2500
운영시간 10:00~21:00(상점마다 다름)
홈페이지 www.amu-n.co.jp

나가사키 항구 산책과 쇼핑을 동시에
유메타운 유메사이토
ゆめタウン夢彩都

나가사키 항구 옆에 들어선 대형 쇼핑몰. 지하 1층에는 식료품과 주방용품점이 들어서 있고, 1층에는 여성복 코너와 생활 잡화점, 스타벅스 매장이 자리한다. 5층에는 식당과 서점 등도 갖춰져 있어 원스톱 쇼핑이 가능하다. 크루스터미널과 인접해 있어서 배에 승선하기 전 짬을 내 들러 쇼핑하기 좋다.

Data 지도 312J 가는 법 노면전차 1호선 타고 오하토大波止 정류장 하차, 도보 3분
주소 長崎市元船町10-1 전화 095-84-3552
운영시간 직영점 09:30~22:00,
전문점 10:00~21:00, 레스토랑 11:00~22:00
홈페이지 www.izumi.jp/yume-saito

SLEEP

나가사키항 전망이 멋진 호텔
크라운 플라자 아나 나가사키 글러버힐
Crowne Plaza ANA Nagasaki Gloverhill

나가사키의 남쪽 미나미야마테 산자락에 위치한 호텔. 도회지적인 분위기가 강하며, 오우라 천주당과 구라바엔이 인근에 자리하고 있다. 호텔 내 레스토랑을 비롯해 연회장 등의 시설을 완비하고 있으며, 나가사키역에서 차량으로 약 7분 소요 거리이다. 전차역이 바로 앞에 있어서 교통이 편리하며, 객실은 조용하고 깨끗하다. 조식은 종류가 다양하고 맛있다. 일본의 다른 비즈니스호텔보다는 욕실이 넓은 편. 이나사야마 공원 전망대 로프웨이까지 운행되는 무료 셔틀버스를 이용할 수 있다.

Data 지도 313L 가는 법 노면전차 5호선 타고 오우라텐슈도시타大浦天主堂下 정류장 하차, 도보 1분
주소 長崎市南山手町1-18 전화 095-818-660 운영시간 체크인 15:00, 체크아웃 11:00
요금 1인실 14,000엔~ 홈페이지 www.anacrowneplaza-nagasaki.jp

나가사키역에 인접해 편리한
호텔 뉴 나가사키 Hotel New Nagasaki

JR나가사키역과 이어진 어뮤 플라자 내에 자리한 호텔이다. 역과 가까워 여행 중 이동하기 편리하다. 나가사키 시내를 전망하기 좋은 위치에 자리하고 있을 뿐만 아니라 전 객실이 고급스럽고 편안하게 설계돼 있다. 양식과 일본식을 고루 갖춘 룸 타입도 선택의 폭을 넓게 해준다. 호텔 1층에는 인기 있는 베이커리 매장 '케이크 부티크'와 나가사키 토산품 상점가가 입점해 있어 기념품을 사는 시간을 절약할 수 있다. 조식은 전통 일식에서부터 정통 서양식 메뉴, 중국식 메뉴까지 다양하다.

Data 지도 312I 가는 법 JR나가사키역에서 도보 1분 주소 長崎市大黒町4-5 전화 095-826-8000
운영시간 체크인 15:00, 체크아웃 11:00 요금 2인실 16,000엔~ 홈페이지 www.newnaga.com

노면전차 정류장에서 가까운 대형 숙소
더 호텔 나가사키 BW 프리미어 컬렉션
The Hotel Nagasaki BW Premiere Collection

총 181개의 객실을 갖추고 있는 대형 호텔이다. 노면전차 1호선과 3호선이 지나는 정류장 바로 앞에 위치하고 있어 관광지를 돌아보기 좋다. 객실은 비교적 넓고 깨끗하며 정리정돈이 잘 돼 있다. 객실 내에서 무료 와이파이를 이용할 수 있다. 호텔 밖 가까이에 편의점이 있어 간편한 간식거리를 사기도 좋다.

Data 지도 312E 가는 법 노면전차 1, 3호선 타고 다카라마치宝町 정류장 하차 주소 長崎市宝町2-26 전화 095-821-1111 운영시간 체크인 15:00, 체크아웃 11:00 요금 1인실 10,000엔~ 홈페이지 www.bestwestern.co.jp/nagasaki/

신치중화가에서 가까운 숙소
도미 인 나가사키 Dormy Inn Nagasaki

호텔 내에 대욕장이 들어서 있어 여행 중 피로를 풀기 좋다. 노면전차 1호선과 5호선이 지나는 신치중화가에 자리하고 있어 여러 관광지로 이동하기 편리하다. 호텔 1층에 패밀리마트가 들어서 있어서 간단한 용품을 구입하기 좋다. 객실 내 초고속 무선 인터넷을 무료로 사용 가능하다. 편안한 실내 분위기로 인기가 높은 편.

Data 지도 313G 가는 법 노면전차 1, 5호선 타고 스기마치築町 정류장 하차, 도보 2분 주소 長崎市銅座町7-24 전화 095-820-5489 운영시간 체크인 15:00, 체크아웃 11:00 요금 2인실 7,500엔~ 홈페이지 www.hotespa.net/hotels/nagasaki/

100만 불짜리 야경 만끽!
나가사키 닛쇼칸 長崎にっしょうかん

나가사키시는 주변에 높은 언덕이나 산으로 둘러싸여 있어 전망 좋은 곳들이 많다. 시내가 한눈에 바라다보이는 높은 언덕에 자리 잡은 나가사키 닛쇼칸에 묵는다면 나가사키 인기 관광지 1순위인 이나사야마 공원 전망대 못지않은 야경을 감상할 수 있다. 다다미방으로 마감한 바닥에 서양식 침구를 갖추고 있어 일본적인 매력과 편리함을 동시에 갖춘 것도 장점. 여기에 대욕탕도 갖추고 있고, 요금도 비즈니스호텔 정도로 저렴하다. 다만 대중교통으로 찾아가기 힘든 위치에 있다는 것이 단점. 체크인, 체크아웃 시간대에 한 시간 단위로 셔틀버스를 운영하니 이를 이용하면 택시비를 절약할 수 있다.

Data **지도** 312A
가는 법 나가사키역에서 택시로 8분 **주소** 長崎市西坂町20-1
전화 095-824-2151 **운영시간** 체크인 15:00, 체크아웃 10:00
요금 1인실 7,500엔~
홈페이지 www.hmi-ryokan.jp

지중해풍 섬에서의 온천 만끽
아일랜드 나가사키 アイランド長崎

나가사키 여행의 테마가 힐링이라면 눈여겨볼 1순위 료칸. 바닷가 바로 앞의 노천탕에서 몸을 뉠 수 있다는 것만으로도 매혹적이다. 야스라기가 있는 이오지마는 반나절 여행 코스로 인기가 높은 섬이지만 그 짧은 시간만으로 작별하기에는 아쉬움이 많이 남는 곳이다. 섬에서의 일출과 일몰을 즐기며 해수욕도 하고, 바다가 바라다보이는 이국적인 등대와 교회에서 시간도 보내보자. 섬에서 바라보는 나가사키시의 야경이 아름답다는 사실은 이곳에 머무는 사람만이 알 수 있는 비밀. 여기에 제철 식재료로 내놓는 가이세키까지 겸한다면 힐링의 마침표를 찍을 수 있다.

Data **지도** 313K **가는 법** 나가사키역 바로 앞에서 야스라기에서 운영하는 셔틀버스가 무료로 운행된다. 소요시간 약 50분. 셔틀버스 시간과 탑승 장소는 **홈페이지** 참조 **주소** 長崎市伊王島町1丁目3277-7 **전화** 095-898-2202 **운영시간** 체크인 14:00, 체크아웃 11:00 **요금** 1인실 13,000엔~
홈페이지 www.www.ioujima.jp

Nagasaki by Area

02

사세보
佐世保

미 해군기지와 일본 해상자위대가 자리한 사세보는 군항 도시의 분위기를 그대로 드러낸다. 미국인들의 인기 간식 햄버거 상점이 곳곳에 들어서 있고, 밤이면 외국인들을 위한 음악 바가 활기차게 돌아간다. 시가지를 조금만 벗어나면 서해 바다에 펼쳐진 쿠주쿠시마의 풍경을 만날 수 있다. 일본에서 가장 길다는 사루쿠 시티 403 아케이드를 쉬엄쉬엄 돌아보는 것도 사세보만의 아기자기한 매력이다.

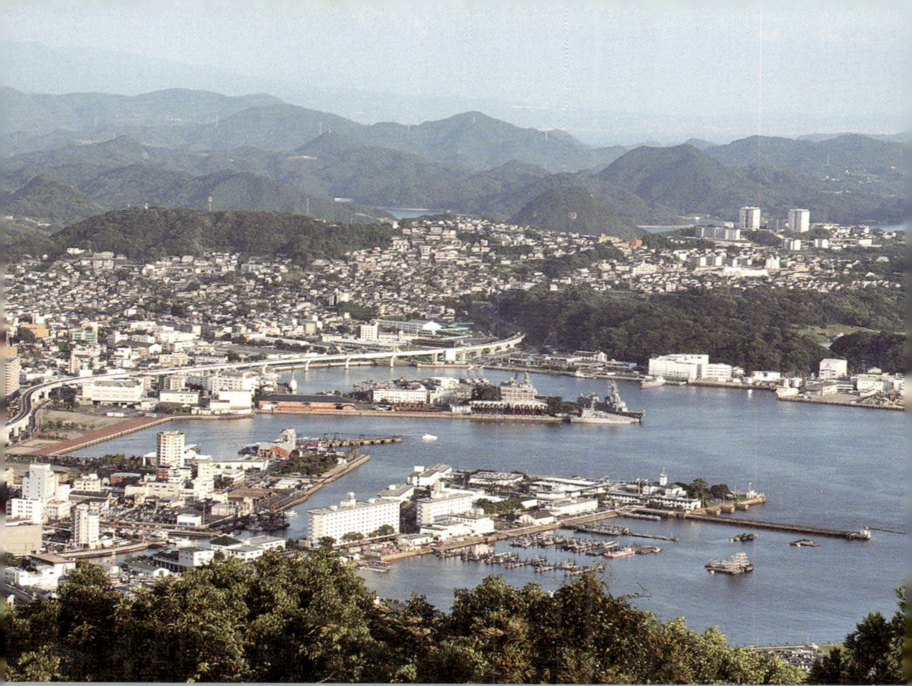

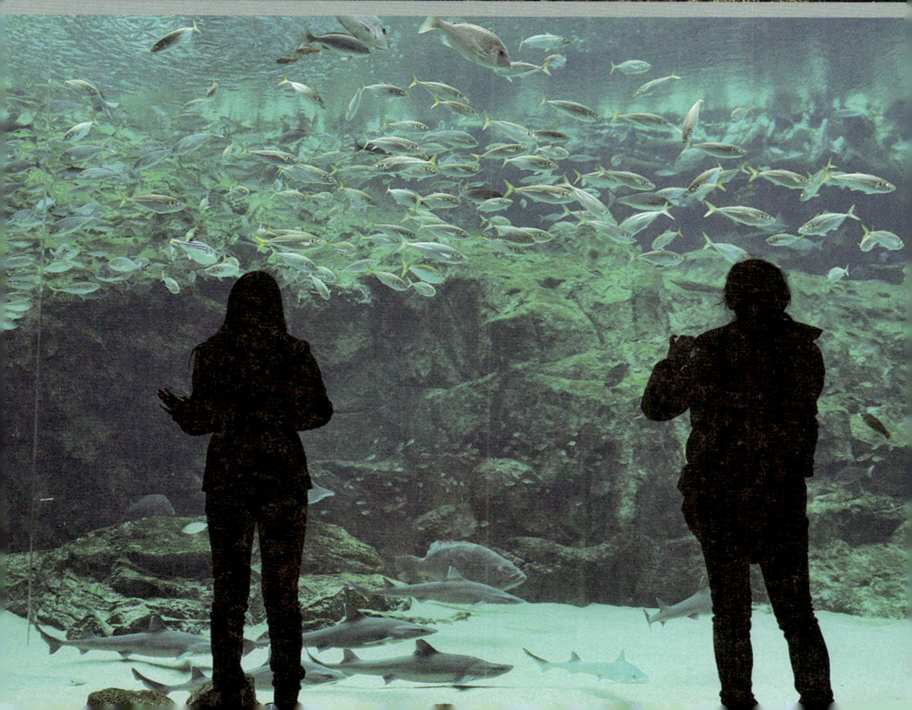

사세보
미리보기

햄버거의 고장으로 유명한 사세보는 역 주변에 명소가 몰려 있어 도보 여행을 나서기 좋다. 석양에 물들어 가는 쿠주쿠시마의 풍경은 오래도록 잊히지 않을 추억으로 가슴에 남는다. 나가사키항 야경이 화려하고 장엄하다면 사세보항 야경은 황홀하리만치 로맨틱하다.

SEE

사세보는 미 해군기지와 일본 해상자위대가 주둔하고 있는 항구도시이다. 미리 예약을 하면 미 해군기지를 방문할 수 있다. 밤에는 1950년대 중반부터 들어선 외국인 바와 클럽을 찾아가 그 분위기를 느껴볼 수도 있다. 유미하리다케 전망대에 올라 208개의 섬이 펼쳐지는 쿠주쿠시마를 전망해 보자.

EAT

미 해군에게 제조법을 전수받아 탄생한 사세보 버거의 시초, 그후 사세보 고유의 맛으로 성장해 사세보는 '버거의 고장'이 됐다. 사세보역 관광 안내소에서 사세보 버거 지도를 챙긴 후 매 끼니 버거 맛에 흠뻑 빠져보자.

BUY

작은 항구도시이지만 사세보는 쇼핑 천국이라 할 만큼 상점가가 많이 들어서 있다. 요것조것 토산품들을 마련하고, 사세보 공예품 중 하나인 팽이도 기념품으로 간직하자. 400년의 역사를 자랑하는 미카와치 도자기를 구입해 보는 것은 어떨까? 이 도자기는 대영 박물관에 소장될 정도로 유럽에서 높은 평가를 얻고 있다.

SLEEP

사세보역 주변으로 저렴하고 깨끗한 호텔들이 많이 들어서 있다. 숙소에서는 해변 공원으로 바로 나갈 수 있고, 새벽에 열리는 아침시장도 들러볼 수 있다.

어떻게 갈까?

후쿠오카공항 국제선 터미널 2번 승강장에서 사세보행 고속버스를 탑승하면 2시간 만에 사세보 버스터미널에 도착한다. 후쿠오카 하카타역에서 JR 특급 미도리 열차를 타면 1시간 50분 만에 사세보역에 도착한다. 후쿠오카 덴진 버스센터에서 버스를 이용하면 약 2시간 만에 사세보역 앞 버스센터에 도착한다. 나가사키역에서 쾌속 기차 시사이드라이너를 탑승하면 사세보역까지 1시간 40분 걸린다.

어떻게 다닐까?

사세보 시내는 걸어 다녀도 하루 정도면 웬만한 곳은 다 돌아볼 수 있다. 다만 사이카이 펄 시 리조트는 버스를 이용해 찾아가고, 유미하리다케 전망대는 시영 버스나 택시를 이용하자.

사세보
📍 1일 추천 코스 📍

사세보역에서 출발해 사루쿠 시티 403을 탐색하며 지역의 정취와 토산품 쇼핑을 나선다. 점심 식사는 로그킷이나 히카리에 들러 사세보 버거의 인기를 실감해보자. 석양이 물들기 전 서둘러 유미하리다케 전망대로 이동하면 최고의 서해 낙조와 야경을 감상할 수 있다.

일본에서 가장 긴
사루쿠 시티 403
돌아보며 쇼핑 즐기기

→ 도보 5분

미우라초 교회 앞
푸른 하늘과
높이 솟은 하얀 첨탑을
배경으로 인증샷 찍기

→ 도보 5분

옛 방공호를 이용한
상점들이 늘어선
도오노 시장 체험하기

↓ 도보 20분

유미하리다케 전망대에서
쿠주쿠시마
전망 감상하기

← 버스 20분

로그킷이나 히카리에서
사세보의 명물 버거 맛에
흠뻑 취하기

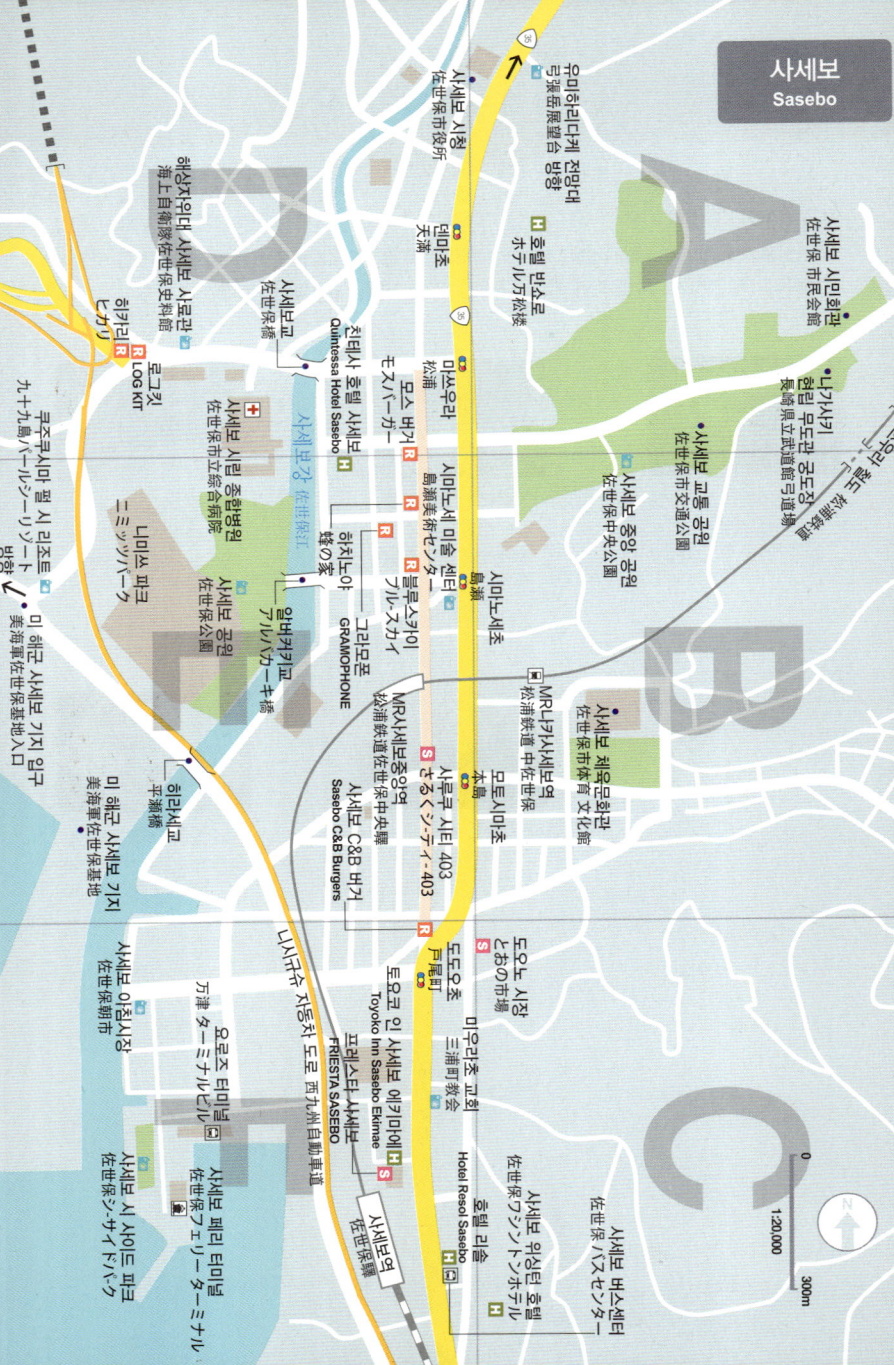

사세보에 해군기지가 있는 이유
해상자위대 사세보 사료관 海上自衛隊佐世保史料館

근대부터 현대까지 일본 해군의 역사를 보여주는 사료관. 입구로 들어가서 엘리베이터를 타고 7층으로 먼저 올라간 후 아래층으로 내려오면서 관람하는 것이 순서다. 7층에는 전망 로비가 자리하는데 넓은 바다를 상징하는 파란색 유리 너머로 사세보항이 바라다보인다. 6층에서 4층까지는 일본 해군의 궤적 사료를 전시하고, 3층부터는 해상자위대의 역사와 활동을 다룬 전시물 약 1,000점이 전시되고 있다. 사료관 건물은 일본 해군의 유산을 계승하기 위한 원래의 건물 일부를 복구하고 신관을 개축하는 과정에서 원래 건물의 8각형 지붕이나 주름진 모양의 외관은 그대로 살렸다. 일명 '세일 타워'라고 불린다.

Data 지도 346D 가는 법 JR사세보역에서 도보 20분 주소 佐世保市上町 8-1 전화 0956-22-3040 운영시간 09:30~17:00(마지막 입장 16:30), 매월 셋째 주 목요일, 12월 28일~1월 4일 휴관 요금 무료

고딕 양식의 아름다운 교회
미우라초 교회 三浦町敎會

사세보역 맞은편 언덕 위에 우뚝 솟아 있는 가톨릭교회. 고딕 양식의 건축물이 두드러져 눈길이 절로 머문다. 사세보를 대표하는 명소인 이 교회는 1897년 시청 주변에 세워졌으나 1931년에 지금의 장소로 이축되었다. 제2차 세계대전이 종전으로 치닫던 시기에는 공습을 피하기 위한 방편으로 외벽에 검은 콜타르를 발라 위기를 모면했다고 한다. 전쟁이 끝난 후에는 예전의 모습대로 흰 외벽의 모습을 되찾았다.

Data 지도 346F 가는 법 JR사세보역에서 도보 3분 주소 佐世保市三浦町4-25 전화 0956-22-5701

쿠주쿠시마와 사세보 야경이 한눈에
유미하리다케 전망대 弓張岳展望台

사세보 서쪽 해발 364m 유미하리다케弓張岳 정상에 위치한 전망대. 사이카이 국립공원에 떠 있는 208개의 섬을 일명 '쿠주쿠시마'라 부른다. 이곳은 쿠주쿠시마와 사세보 시가지를 한눈에 조망할 수 있는 전망 명소이다. 전망대 정류장에 하차하면 왼편 언덕으로 올라가 보자. 이곳에는 태평양 전쟁 당시 미군의 공습에 대항하기 위해 쌓아놓은 방공포대 여러 개가 모여 있다. 바다를 바라다보는 전망대 쪽으로 다가가면 좁은 숲길이 이어지고 숲길 끝에는 유명 시인들의 시비들이 곳곳에 세워져 있다. 시원하게 펼쳐진 쿠주쿠시마의 풍경은 가히 환상적이다. 해질 무렵부터 어스름이 짙게 깔리는 초저녁까지 전망대에서 한 걸음도 발을 뗄 수 없다. 아름다운 서해 낙조는 물론 항구와 시가지가 내비치는 야경까지 한순간도 놓칠 수 없기 때문이다.

Data 지도 346A 가는 법 JR사세보역에서 유미하리다케행 시영버스 5번 탑승 후 유미하리다케 정류장 하차 주소 佐世保市矢岳町

새벽 시장도 보고 해변 산책도 하고
사세보 시 사이드 파크 佐世保シ-サイドパ-ク

사세보역에서 항구 방면으로 나가면 해변 가까이에 자그마한 사세보 시 사이드 파크가 나온다. 산책로를 따라 조각 작품 감상도 하며 걸으면 기분도 좋아지고 휴식도 취할 수 있다. 항구에는 인근 다도해로 출항하는 여객선터미널이 들어서 있다. 새벽마다 활기찬 아침을 여는 사세보 새벽시장도 인근에 자리한다. 아침시장을 지나 강을 따라 계속 걸어가면 다리가 나온다. 아치형이 아름다운 다리를 건너면 미 해군기지 인근에 자리한 사세보 공원으로 이어진다.

Data 지도 346F 가는 법 JR사세보역에서 도보 5분 주소 佐世保市新港 8-23

바다와 함께하는 오감만족!
쿠주쿠시마 펄 시 리조트 九十九島パールシーリゾート

쿠주쿠시마 펄 시 리조트는 쿠주쿠시마 유람선 선착장과 수족관, 선박 전시관, 아이맥스 돔 극장 등 바다를 테마로 한 시설을 갖춘 체험형 리조트다. 사이카이 국립공원의 208개의 섬 사이로 미끄러져 가는 유람선 '펄 퀸'은 그야말로 낭만적인 유람 그 자체다. 빨간색으로 치장한 해적선 '가이오'에 승선하는 크루즈 여행은 모험심과 흥분의 도가니 속으로 빠져들게 한다. 리조트 내에 들어선 수족관 '우미키라라'의 세계는 마치 바닷속을 걸어 들어가는 듯 설렘과 짜릿함을 전해준다. 이곳에는 120여 종의 바다 생물들과 함께 호흡할 수 있는 '쿠주쿠시마만 대수조'와 해파리 영상과 더불어 아름다운 교향곡을 듣는 '해파리 심포니 돔', '쿠주쿠시마 돌고래 풀' 등이 펼쳐진다. 리조트 내에는 맛집과 휴게 공간도 들어서 있어 원스톱 릴랙스 여행을 만끽할 수 있다.

Data **지도** 346E **가는 법** JR사세보역에서 시영버스 5번 펄 시 리조트행 버스 타고 쿠주쿠시마 펄 시 리조트 西海パルシリゾート 정류장 하차(약 20분 소요). JR사세보역과 쿠주쿠시마 펄 시 리조트 사이를 오가는 유료 셔틀버스를 이용해도 된다 **주소** 佐世保市鹿子前町 1008 **전화** 0956-28-1999
운영시간 3~10월 09:00~18:00, 11~2월 09:00~17:00 **요금 수족관** 어른 1,470엔, 어린이 730엔, **유람선 펄퀸** 어른 1,800엔, 어린이 900엔, **요트 세일링** 어른 3,200엔, 어린이 1,600엔
홈페이지 www.pearlsea.jp

유람선 타고 즐기는 다도해!
쿠주쿠시마 九十九島

쿠주쿠시마는 사세보에서 히라도까지 이어지는 리아스식 해안에 모여 있는 군도. 모든 곳이 사이카이 국립공원西海國立公園으로 지정되어 있다. 무려 208개의 섬들이 있지만 사람이 사는 섬은 4개에 불과하다. 덕분에 288.5km에 달하는 해안선의 80% 이상이 자연 그대로 보존되어 있다. 늘 푸른 섬들이 쪽빛 바다에 젖은 모습은 파라다이스 그 자체! 그 청정한 아름다움을 만끽하는 대표적인 방법이 쿠주쿠시마 펄 시 리조트에서 출발하는 크루징 투어다. 우아한 하얀색 범선 혹은 해적선을 모티브로 한 붉은색 범선에 올라 한 시간 정도 일본판 다도해를 만끽할 수 있다. 멀리서 보았을 때는 그저 푸르던 섬들이 가까이 다가서면 기기묘묘한 자태와 원시림으로 시선을 빼앗는다. 섬과 섬이 거친 파도를 막아주니 뱃멀미 걱정은 하지 않아도 된다. 좀 더 특별한 섬 여행을 즐기고 싶다면 오렌지색 바다를 누비는 석양 크루징, 무인도에 내려서 물고기에게 먹이를 주는 크루징과 요트 세일링, 시 카약 같은 상품을 선택하면 된다. 자세한 사항은 한국어 번역 서비스를 해주는 리조트의 홈페이지에서 확인할 수 있다.

Data 지도 346E
가는 법 쿠주쿠시마 펄 시 리조트의 유람선 터미널에서 승선권 구입 후 유람선 승차
주소 佐世保市鹿子前町1008
전화 유람선 사무소 직통 0956-28-1999
운영시간 오전 10시부터 총 8편 운항. 계절과 공휴일에 따라 수시로 증편 운항
요금 성인 1,400엔, 소인(중학생까지) 700엔
홈페이지 www.pearlsea.jp

EAT

사세보의 특별한 야식
블루스카이 ブル-スカイ

1946년 창업 이래 전통 그대로 맛을 전수하고 있는 원조 햄버거 가게. 비좁은 공간이지만 있을 것은 다 있는 가게. 마요네즈와 치즈를 곁들인 수제 버거의 맛은 단순하지만 묘하게 입맛을 끌어당긴다. 밤에 문을 열어 새벽까지 손님을 받는 영업 시간 덕분에 야식으로 많이 이용된다.

Data 지도 346E **가는 법** JR사세보역에서 도보 15분
주소 佐世保市榮町 4-3 **전화** 0956-22-9031
운영시간 20:00~02:00 (일요일, 공휴일이 일요일이면 월요일 휴무)
가격 원조 베이컨 에그버거 650엔, 통버거 800엔

군함 슈크림이 인기 짱
하치노야 蜂の家

1951년에 창업한 케이크 하우스. 사세보를 여행하는 일본인들에게 필수적으로 들려야 할 맛집으로 인기를 누리고 있다. 대표 메뉴는 슈크림 케이크. 슈크림이 가득 들어 있는 빵에 연유로 만든 소스를 뿌려 먹는다. 적당히 달면서도 놀랍도록 부드러운 슈크림 안에는 큼직한 과일이 들어 있어 또 다른 식감을 선사한다. 식사 메뉴는 맛있기로 소문난 카레와 사세보를 대표하는 구르메 요리인 레몬스테이크를 추천. 레몬스테이크는 뜨거운 철판에 거의 날 것 그대로 스테이크를 얹어 내는데, 소스와 레몬즙을 뿌려 뒤집으면 먹기 좋게 익는다. 야들야들하다 할 정도로 소고기가 부드럽진 않지만 느끼한 맛을 소스와 상큼한 레몬 향이 잡아줘서 여성들에게 특히 인기다.

Data 지도 346E **가는 법** 사세보역에서 욘카초 상점가 안으로 도보 5분
주소 佐世保市榮町5-9 **전화** 0956-24-4522 **운영시간** 10:00~20:00
가격 슈크림 세트 650엔, 레몬스테이크 2,180엔, 비프카레 880엔

놀랍도록 두터운 베이컨이 쏘옥!
사세보 C&B 버거 Sasebo C&B Burgers

사세보 버거의 신흥 강자. 2016년 오픈하자마자 선풍적인 인기를 모은 것은 철저한 식재료 관리 때문이다. 채소와 패티 모두 엄선한 국내산만 사용한다. 로그킷과 히카리 본점이 다운타운에서 좀 떨어져 있는 반면 이 집은 사루쿠 시티 403의 들머리에 자리 잡고 있어 찾아가기 편하다. 다만 매장이 좁아 식사 시간과 휴일에는 긴 줄을 각오해야 한다. 기본 햄버거는 육즙이 풍부한 패티와 부드러운 치즈의 궁합이 훌륭하다. 이 집만의 특별한 버거를 맛보고 싶다면 스페셜이나 디럭스 버거를 추천. 놀랍도록 두터운 베이컨을 두 개나 얹어 준다. 슬쩍 후추 향이 감돌아서 아이보다는 어른에게 더 어울리는 맛. 그래서인지 맥주 한잔이 생각난다. 매장에는 다양한 에일 맥주를 갖추고 있으며, 특별 세일 이벤트를 벌이기도 한다.

Data 지도 346F
가는 법 사세보역 앞의 큰 길에서 좌회전해 도보 500m 직진.
주소 佐世保市下京町 3-1 라테스빌 1F
전화 0956-55-6212
운영시간 평일 11:00~22:00, 토·공휴일 10:00~22:00 (마지막 주문 21:30), 화요일 휴무
가격 햄버거 450엔, C&B 오리지널버거 1,000엔, C&B 더블버거 1,300엔

사세보를 대표하는 수제 버거
로그킷 LOG KIT

100% 일본산 소고기를 사용해 만든 수제 버거 체인점. 여기에 채소까지 듬뿍 든 빅버거는 한 끼 식사로 충분할 만큼 영양도 만점. 햄버거 굽는 모습을 직접 눈으로 보며 먹을 수 있다. 벽에 걸린 유명인들의 사인만 봐도 그 인기가 가늠될 정도.

Data 지도 346F
가는 법 JR사세보역에서 도보 15분
주소 佐世保市失岳町1-1
전화 0956-24-5034
운영시간 10:00~21:00 (일요일 마지막 주문 20:00), 매월 둘째 주, 넷째 주 화요일 휴무
가격 스페셜버거 1,386엔, 치즈버거 1,133엔

사세보의 이방인들의 아지트
그라모폰 GRAMOPHONE

그라모폰은 사세보에 머물거나 방문하는 외국인들이 많이 찾는 칵테일 바. 이름처럼 오래된 축음기가 있는 것은 아니지만 세월 묵은 소품들이 독특한 분위기를 자아낸다. 가장 눈에 띄는 건 사방의 벽에 다닥다닥 붙어 있는 세계 각국의 지폐들. 이곳을 방문한 외국인들이 사인이나 사연을 담아 붙인 것들이다. 부정기적으로 다양한 형태의 라이브 공연이 열리니 운이 좋다면 뜻하지 않게 흥겨운 시간을 보낼 수 있다. 미군이 많이 주둔하고 있다지만 사세보의 밤은 의외로 빨리 고요해진다. 그라모폰은 술 한잔 생각나거나 나 홀로의 여행이 적막할 때 찾아가면 좋을 곳. 인근에 서너 곳의 비슷한 바가 있으니 자신의 취향에 맞는 분위기와 음악이 흐르는 곳을 선택하는 것도 좋다.

Data 지도 346E
가는 법 사세보역 앞 큰 길에서 좌회전해 도보 1km 직진. 시민회관 앞에서 좌회전 해 두 블록 걸으면 왼편에 위치
주소 長崎県佐世保市栄町 3-14 1F **전화** 0956-25-2860
운영시간 18:00~01:00 (부정기 휴무)
가격 커피·맥주·칵테일 600엔~, 위스키 1잔 800엔~, 야키소바 750엔

점보버거가 짱
히카리 ヒカリ

로그킷 바로 옆에 위치한 버거점. 작은 가게여서 안으로 들어가지 않고 주로 가게 밖에 놓인 벤치에서 먹는다. 가격이 비교적 저렴해서 학생들이 많이 찾기로 유명하다. 달달한 맛의 마요네즈를 넣은 점보버거가 많은 사람들의 인기를 끈다.

Data 지도 346D
가는 법 JR사세보역에서 도보 15분
주소 佐世保市失岳町1-1
전화 0956-25-6685
운영시간 10:00~21:00(일요일 마감 20:00), 매월 첫째 주, 셋째 주 수요일, 12월 28일~1월 4일, 8월 15~16일 휴무
가격 점보치킨 스페셜버거 790엔, 특제 힐레카츠버거 570엔

활기 넘치는 상점가
사루쿠 시티 403 さるくシティ403

시마노세초島瀨町, 모토시마초本島町, 가미쿄마치上京町, 시모쿄마치下京町로 이루어진 욘카초四ヶ町와 산카초三ヶ町 아케이드가 합쳐진 상점가로 사세보 최대의 쇼핑가를 이르는 말이다. 총 길이가 960m로 일본에서 가장 긴 아케이드로 알려져 있다. '사루쿠'라는 단어는 '산책한다'를 뜻하는 나가사키 사투리. 아케이드 안에는 볼거리, 즐길거리, 먹을거리가 가득 차 한마디로 원스톱 쇼핑이 가능하다.

Data 지도 346E 가는 법 JR사세보역에서 도보 5분 주소 佐世保市三浦町~下京町 일대
홈페이지 www.yonkacho.com

사세보 전통시장 둘러보기
도오노 시장 遠野市場

제2차 세계대전 중 사용된 방공호를 이용한 상점들이 들어선 시장이다. '터널 골목'이라 불리는 시장을 따라가면 사세보의 먹거리와 생활잡화 등이 골고루 진열돼 있다. 20세기 초반부터 사세보 시민들에게 꾸준한 사랑을 받아온 골목시장이다. 생선 가게에서부터 꽃 가게에 이르기까지 없는 것 없이 제대로 갖춰져 있으니 이것저것 고르는 재미가 쏠쏠하다.

Data 지도 346C 가는 법 JR사세보역에서 도보 7분 주소 佐世保市とおの横町

사세보 쇼핑 1번지
프레스타 사세보 FRIESTA SASEBO

사세보역과 연결된 쇼핑센터. 3층 규모지만 사세보역 인근에서는 가장 큰 레스토랑과 생활잡화점이 골고루 들어서 있다. 프랜차이즈 커피숍 '시애틀 커피Seatle coffee'에서는 미국적인 분위기를 느낄 수 있고, 분메이도 카스텔라도 맛볼 수 있다. 패션 숍마다 세련되고 개성 넘치는 상품을 내걸어 여행객의 눈길을 사로잡는다.

Data 지도 346F 가는 법 JR사세보역 앞
주소 佐世保市三浦町21-1 전화 0956-24-6523
운영시간 10:00~21:00 홈페이지 www.friesta.com

SLEEP

서해의 바닷바람을 즐기며 잠들다
친테사 호텔 사세보
Quintessa Hotel Sasebo

사세보 공원 인근에 자리한 호텔. 서해 국립공원 쿠주쿠시마의 바닷바람을 즐길 수 있으며, 사세보 유명 관광지 중심에 위치한다. 객실에서 사세보항과 미 해군 사세보 기지도 바라다보이는 등 전당도 뛰어나다. 객실은 일본의 전형적인 호텔답게 깨끗하고 정돈이 잘 돼 있다. 깔끔하고 맛있는 아침 식사를 제공한다.

Data 지도 346E **가는 법** JR사세보역에서 도보 20분
주소 佐世保市湊町5-24 **전화** 0956-24-0200
운영시간 체크인 16:00, 체크아웃 10:00 **요금** 1인실 7,000엔~, 2인실 10,000엔~ **홈페이지** www.solarehotels.com/en/hotel/kyushu/chisungrand-sasebo/

전망과 접근성이 뛰어난 숙소
호텔 리솔 사세보 Hotel Resol Sasebo

스파와 마사지 시설까지 갖추고 있는 편리한 호텔이다. 사세보역 맞은편에 위치해 접근성도 좋다. 객실은 쾌적하고 사세보 공원과 주택가를 바라다보는 전망 또한 좋은 편이다. 조식 뷔페는 간단하지만 깔끔하고 맛있게 차려진다.

Data 지도 346F **가는 법** JR사세보역에서 도보 2분
주소 佐世保市白南風町8-17 **전화** 0956-24-9269
운영시간 체크인 16:00, 체크아웃 10:00 **요금** 1인실 7,000엔~, 2인실 10,000엔~ **홈페이지** www.resol-sasebo.com/

가격도 착하고 실내도 깨끗하게 정돈된
토요코 인 사세보 에키마에
Toyoko Inn Sasebo Ekimae

토요코 인은 청결함과 저렴한 가격으로 승부를 거는 숙소이다. 전 객실에 전용 다리미와 와이파이를 갖추고 있으며, 호텔 내 무료로 사용할 수 있는 컴퓨터가 있다. 저녁이면 무료로 식사를 제공한다.

Data 지도 346F **가는 법** JR사세보역에서 도보 1분
주소 佐世保市三浦町1-4 **전화** 0956-42-1045 **운영시간** 체크인 16:00, 체크아웃 10:00 **요금** 1인실 5,000엔~, 2인실 10,000엔~
홈페이지 www.toyoko-inn.com/

Nagasaki by Area

03

하우스텐보스
Huis Ten Bosch

하우스텐보스는 한국의 TV에서도 '일본 속 네덜란드 마을'로 자주 소개된 체류형 테마파크. 중세 시대 네덜란드를 그대로 재현한 거리와 왕궁, 화사한 꽃밭은 동화 속 마을 같다. 패스포트라 불리는 입장권 하나면 골목마다 숨어 있는 수십여 곳의 테마관을 자유롭게 이용할 수 있다. 여기에 튤립, 수국, 불꽃놀이 등의 축제가 사철 이어져 큰 즐거움을 누릴 수 있다.

하우스텐보스
미리보기

하우스텐보스는 다양한 문화 공간과 놀이시설은 물론 이색적인 먹을거리까지 고루 갖춘 체류형 테마파크. 이국적인 거리를 산책하며 개성 있는 테마관을 두루 둘러봐야 이곳의 진가를 알 수 있다. 이곳의 유럽풍 숙소에 여장까지 푼다면 금상첨화!

SEE

다양한 박물관과 테마관이 쉴 새 없이 이어진다. 1일 패스포트로 무료 입장 가능한 곳만 돌아봐도 하루 종일의 시간이 모자랄 정도. 이곳은 환상적인 야경으로도 유명하니 시간을 여유롭게 갖고 저녁까지 머무르길 추천한다.

EAT

유럽에 온 분위기를 제대로 내려면 치즈를 이용한 퐁듀 같은 음식을 추천한다. 정식을 즐기려면 호텔과 돔토른 내 레스토랑을 이용하자. 돔토른 아래의 노천식당들은 운하를 바라보며 여유롭게 식사를 즐길 수 있다.

BUY

치즈, 초콜릿, 카스텔라, 맥주와 와인, 캐릭터 상품 등 하우스텐보스에서만 먹고 마시고 살 수 있는 물건들에 주목하자. 오랫동안 간직할 기념품을 찾는다면 네덜란드 전통 나막신 같은 민예품이나 유리 세공품 등을 추천한다.

SLEEP

개성 만점의 유럽풍 숙소에 전용 선착장까지 갖췄다. 가면무도회를 즐길 수 있는 럭셔리 호텔부터 네덜란드의 전원 마을을 그대로 옮겨온 듯한 분위기의 펜션까지! 자신의 취향에 맞는 숙소를 골라보자!

어떻게 갈까?

나가사키에서 출발하는 경우 JR나가사키역 앞에서 고속버스를 이용할 것. 1시간 정도면 하우스텐보스에 도착한다. 후쿠오카 하카타역에서 JR 특급 하우스텐보스행 열차를 이용하면 1시간 40분 걸린다. 역에서 하우스텐보스까지는 도보 10분 거리. 후쿠오카에서 하우스텐보스로 직접 가는 버스는 없다. 하카타역 3층 교통센터에서 버스를 타고 사세보까지 간 후 다시 버스로 하우스텐보스로 가야한다. 하카타역-사세보 2시간 6분, 사세보-하우스텐보스 43분.

어떻게 다닐까?

하우스텐보스는 도보 여행이 적당하다. 자전거를 대여할 수 있지만 명소가 많아 자주 멈춰야 하고, 거리에 사람이 많으니 이용하기 불편하다. 먼 거리를 이동할 경우 클래식버스(200엔)를 이용하자. 1일 패스포트로 무료 이용할 수 있는 테마관이 수십 곳이니 하루에 모두 돌아볼 수는 없다. 관심 있는 곳을 미리 체크하자.

하우스텐보스
📍1일 추천 코스 📍

하우스텐보스를 단순히 네덜란드를 본뜬 테마파크라 생각한다면 오산이다. 일본 괴담의 집부터 엄청난 쇼를 선보이는 호라이즌 어드벤처까지! 각각의 거리마다 자리한 박물관과 테마관은 이곳에서 놓칠 수 없는 즐거움이다.

 → 도보 5분 →  → 도보 5분 →

플라워 로드에서 네덜란드풍의 화사한 꽃밭 산책하기 / 어트랙션 타운의 트릭아트에서 즐거운 사진 놀이 / 스릴러 시티에서 유령과의 스릴 넘치는 숨바꼭질 놀이

↓ 도보 5분

 ← 도보 5분 ←  ← 도보 5분 ←

팰리스 하우스텐보스에서 유럽의 왕실 정원 산책하기 / 하버 타운에서 고풍스러운 범선에도 오르고, 크루즈 여행도 하고~ / 암스테르담 시티 노천카페에서 커피 한잔!

↓ 도보 5분

 → 도보 5분 →  → 도보 5분 →

타워 시티 돔토른 종탑에 올라 하우스텐보스 전경 감상하기 / 아트 가든에서 수백만 송이 장미향에 취해보기 / 어드벤처 파크에서 집라인 타고 외줄타기

하우스텐보스의 입장료 및 운영시간

입장권 종류	65세 이상	성인	청소년	어린이	이용 가능 시설
1일 패스포트	5,000엔	7,000엔	6,000엔	4,600엔	패스포트 대상 시설 자유 이용 가능
애프터3 패스포트 (15:00 이후 입장)	3,600엔	5,000엔	4,300엔	3,300엔	패스포트 대상 시설 자유 이용 가능
운영시간	09:00~21:00(토요일 ~22:00)				

하우스텐보스 대표 스폿

웰컴 게이트
1. 웰컴 게이트(입국)
2. 페어웰 게이트(출국)
3. 장내 호텔 수하물 보관소
4. 하우스텐보스역 방향

플라워 로드
1. 뮤지엄 모렌

어트렉션 타운
1. 호라이즌 어드벤처 플러스
2. 로봇관
3. 슈퍼 트릭아트

스릴러 시티
1. 던전 오브 다크니스
2. 일본 괴담의 집
3. 디지털 호러 하우스
4. 스릴러 판타지 게임 센터

암스테르담 시티
1. 기어만 뮤지엄
2. 홀랜드 하우스
3. 치즈의 성
4. 암스테르담 가든 레스토랑
5. 호텔 암스테르담

하버 타운
1. 데리프데호 승선 체험
2. 호텔 유럽
3. 포레스트 빌라
4. 팰리스 하우스텐보스
5. 하우스텐보스 미술관
6. 마린 터미널
7. 포르세레인 뮤지엄

타워 시티
1. 돔토른 전망실
2. 로드레우
3. 캐널크루저 탑승장

아트 가든
1. 빛의 번지 점프
2. 하얀 관람차
3. 헬리콥터 유람 비행
4. 돔 시어터 I-4

어드벤처 파크
1. 슈팅스타
2. 천공의 성
3. 더 메이즈
4. 메르헨의 신기한 숲

하버 타운
암스테르담 시티
스릴러 시티
타워 시티
어트렉션 타운
아트 가든
어드벤처 파크
플라워 로드
웰컴 게이트

풍차가 바람을 타는 튤립 꽃밭
플라워 로드 フラワ-ロ-ド

하우스텐보스로 들어가는 순간 일본에서 네덜란드로 공간 이동을 하게 된다. 드넓은 튤립 꽃밭 위로 풍차가 돌고, 푸른 운하가 꽃밭을 에둘러 돌아간다. 목가적면서도 화사한 풍경에 젖은 사람들마다 꽃 같은 미소를 짓는다. 튤립 꽃밭에 위치한 세 개의 풍차 중 가운데가 뮤지엄 모랜이다. 안으로 들어가면 풍차가 물을 끌어올리는 모습을 직접 볼 수 있다.

한여름에도 등골이 오싹!
스릴러 시티 スリラ-シティ

감금 병동, 고스트 웨딩, 괴담의 집 등 테마관들의 이름부터 으스스하다. AR 시스템 게임 '던전 오브 다크니스'는 남성들에게 단연 인기. 미궁 속에서 마왕을 무찌르고 과연 살아 나갈 수 있을까? 이곳 거리의 공용 화장실도 잊지 말고 들러볼 것. 무엇이 있는지는 비밀. 단, 그곳에서 비명을 지르지 않는다면 당신은 진짜 담이 큰 사람이다!

한눈 팔 겨를이 없다!
어트랙션 타운 アトラクションタウン

손에 땀을 쥐게 하는 테마관의 연속! '키라라'의 박력 있는 영상 속으로 들어가면 관람자는 마치 우주를 유영하는 듯한 착각이 든다. 호라이즌 어드벤처 쇼는 네걸란드에서 발생했던 대홍수가 소재다. 800톤이나 되는 진짜 물이 객석을 향해 쏟아져 관객을 깜짝 놀라게 한다. 벽에서 진짜 캥거루가 뛰쳐나오는 것처럼 보이는 슈퍼 트릭아트는 사진 놀이하기에 제격. 아시아 최대 규모의 360도 돔형 스크린, 아이스 플라워 카페, 아이들의 혼을 쏙 빼놓는 첨단 로봇 등 이곳만 돌아보는 데도 하루가 부족할 정도다.

낭만의 바다와 궁전이 있는 곳
하버 타운 ハ-バ-タウン

항구에서 가장 시선을 모으는 건 범선 데리프데호. 그곳에 오르면 네덜란드 선원 복장을 한 승무원과 기념 촬영을 할 수 있다. 눈앞의 바다를 그저 흘려보내기 아쉽다면 돌고래 모양의 유람선 '플리퍼'에 올라보자. 해안선이 유독 아름다운 오무라만을 에메랄드빛 바다를 가르며 만끽할 수 있다. 포구에서 조금만 더 위로 올라가면 네덜란드의 베아트릭스 여왕이 사는 궁전을 그대로 재현한 '팰리스 하우스텐보스(입장료 400엔)', 궁 뒤로 돌아가면 바로크 양식의 정원이 펼쳐진다. 궁 안은 미술관(입장료 400엔)으로 꾸며져 있다. 장중한 분위기와 더불어 9천여 점의 회화와 도자기가 관람자를 압도한다. 특히 바이올린과 피아노가 합쳐진 자동 연주 악기 '피오리나'는 세계적으로 희귀하니 꼭 관람해 볼 것.

꽃 따라 푸른 산책
아트 가든 ア-トガ-デン

하우스텐보스에서 가장 너른 정원이 펼쳐진다. 정원을 빙 돌아 흐르는 운하와 풍차가 어우러진 풍경은 그 자체로서 예술이다. 여기에 매 철마다 튤립, 수국, 장미 등 갖가지 꽃으로 팔색조 변신을 하니 더 바랄 것이 없다. 빽빽한 건물과 긴장의 끈을 놓을 수 없는 테마관에서 벗어나 잠시 푸른 산책을 즐기기에 안성맞춤의 장소다.

아이들과 함께라면 빼놓을 수 없는
어드벤처 파크 アドベンチャ-パ-ク

숲 속에 숨어 먹이를 호시탐탐 노리고 있는 공룡은 단연 아이들에게 인기 만점이다. 길이 100m에 달하는 '집라인', 9m 공중에서 외줄타기를 즐길 수 있는 '천공의 성', 독특한 구조와 사운드가 공포감을 조성하는 나무 미로 '더 메이즈' 등 아이들이 좋아할 만한 놀이시설이 가득하다. 1일 패스포트로 1회 한정 무료인 곳이 많으니 놓치지 말자.

하우스텐보스를 한눈에!
타워 시티 タワ-シティ

하우스텐보스에서 가장 화려한 거리이자 중심가. 이 거리에 도착해서 가장 먼저 가볼 곳은 돔토른 종탑. 탑 끝이 까마득해 보일 정도로 높지만 엘리베이터를 타면 금세 정상의 전망대에 도착한다. 하우스텐보스는 물론이요, 멀리 오무라만까지 바라다보이는 시원스러운 전망이 압권! 야경도 빼놓을 수 없다. 돔토른 종탑의 조명이 시시각각 빨강에 파랑, 보랏빛으로 변해 사람을 홀린다. 돔토른 내에서는 세계 각국의 음식을 내놓는 고급스러운 레스토랑이 밀집되어 있으니 제대로 된 정식을 즐기려면 이곳에서 먹자. 날씨가 좋은 날이라면 돔토른 아래의 노천카페도 좋다. 유럽풍의 건물 사이를 흐르는 운하와 배를 바라다보며 낭만적인 시간을 가질 수 있다. 돔토른은 하우스텐보스 그 어느 곳에서도 보이는 건물이니 일행과 길이 엇갈렸을 때는 이곳에서 만나기로 약속해 놓는 것도 좋다.

다양한 공방이 멋스러움을 더하는
암스테르담 시티 アムステルダムシティ

하우스텐보스 내에서 건물이 가장 빽빽이 밀집해 있는 거리. 너른 광장을 중심으로 오르골, 스테인드글라스, 수공예품 전문점 등 유럽의 정서가 가득한 가게들이 곳곳에 숨어 있다. 개성 있는 기념품을 원한다면 이곳의 가게들을 꼼꼼히 돌아보는 게 좋다. 이 거리에서는 베네치아 글라스 등을 전시하고 있는 기어만 뮤지엄과 패스포트로 무료 이용이 가능한 회전목마는 놓치지 말자. 아이와 함께라면 홀란드 하우스에서 나막신에 그림을 그리는 체험을 해보는 것도 좋다. 나막신 1개 체험에 1,260엔. 이것저것 다 귀찮은 사람일면 그저 길가의 카페에 앉아 차 한잔의 여유를 부려도 좋다. 영화에서나 보았을 법한 유럽의 거리에 들어와 있는 듯한 착각이 든다.

EAT

싱싱한 해산물이 가득!
마르모 수산 マルモ水産

돔토른 아래 흐르는 운하를 따라 들어선 음식점. 운하를 바라보며 사세보에서 공수한 싱싱한 굴을 즐길 수 있다. 소라꼬치구이나 가리비꼬치구이, 고로케, 타코야키 등을 곁들이면 금상첨화. 운하 거리에는 햄버거나 오므라이스 등을 판매하는 식당들도 있다.

Data **지도** 360p 타워 시티 **가는 법** 타워 시티 돔토른 아래 운하거리 **운영시간** 10:00~21:00(토요일 ~22:00) **가격** 생굴 1kg 1,000엔, 가리비꼬치구이, 소라꼬치구이, 타코야키 400엔

품격 있는 스테이크 하우스
로드 레우 ロ-ド レ-ウ

나가사키의 흑우로 다양한 스테이크 요리를 내놓는다. 가장 인기 있는 메뉴는 레몬스테이크. 뜨거운 철판 위에 얇게 썬 소고기를 얹고 레몬 소스로 향을 더해 내놓는다. 레몬 향과 부드러운 소고기 맛의 조화가 일품이다. 남은 소스에는 밥을 비벼 먹으면 좋다. 고급스러운 분위기나 음식의 질에 비해 가격이 저렴하다.

Data **지도** 360p 타워 시티 **가는 법** 타워 시티 돔토른 내 **전화** 0956-27-0012 **운영시간** 11:00~21:00(15:00~17:00 브레이크 타임) **가격** 레몬스테이크 1,370엔, 햄버그스테이크 1,380엔

TIP 놓치면 아쉬울 하우스텐보스의 개성 만점 맛집들

치즈 워프 チ-ズワ-フ
네덜란드에 실제로 있는 치즈 계량소를 모델로 지어졌다. 1층은 치즈 숍이고, 2층에서는 스위산 치즈를 사용한 퐁듀를 맛볼 수 있다. 퐁듀 가격은 1인 2,000엔.

초콜릿 하우스 チョコレ-トハウス
오리지널 초콜릿의 진수를 맛볼 수 있다. 초콜릿을 맛보지 않더라도 이 집의 초콜릿 폭포는 꼭 보고 올 것. 2~3인분 초콜릿 퐁듀 2,600엔.

소시지 워프 ソ-セ-ジワ-フ
그릴에 구워지는 수제 소시지 냄새를 맡으면 그냥 지나칠 수 없다. 소시지가 들어간 햄버거 600엔, 소시지를 얹은 스파게티 1,100엔.

이곳에서라면 당신도 귀족
호텔 유럽 ホテルヨ-ロッパ

하우스텐보스 입구에 도착했음을 전화로 알리면 크루즈가 마중을 나와 운하를 가르며 호텔 전용 선착장까지 안내한다. 홀에서는 매일 투숙객을 위한 콘서트가 열린다. 사전에 신청하면 가면 무도회를 즐길 수도 있다. 호텔의 외관부터 시작해 객실의 사소한 소품 하나하나가 고급스럽다. 최상의 서비스를 받을 수 있는 최고의 호텔.

Data 지도 360p 하버 타운 가는 법 타워 시티 내
전화 0570-064-300 운영시간 체크인 16:00, 체크아웃 11:00
요금 스탠더드 2인 1실 28,000엔~
홈페이지 www.huistenbosch.co.jp

흐뭇한 클럽 라운지와 입장료 할인 혜택
호텔 암스테르담
ホテルアムステルダム

네덜란드풍의 붉은 벽돌 건물이 인상적인 호텔. 저녁에는 로비에서 콘서트가 열리며, 클럽 라운지에서는 뷔페 스타일의 조식을 포함해 1일 5회 식사와 음료를 자유롭게 즐길 수 있다. 하우스텐보스 내의 호텔에 묵어도 하우스텐보스를 즐기려면 입장료를 내야 하며, 입장하는 날과 나가는 날 각각의 입장료를 지급해야 한다. 암스테르담에 묵을 경우 마지막 날은 무료 입장할 수 있어 더욱 매력적이다.

Data 지도 360p 암스테르담 시티
가는 법 타워 시티 내 전화 0570-064-300
운영시간 체크인 16:00, 체크아웃 11:00
요금 스탠더드 2인 1실 35,000엔~
홈페이지 www.huistenbosch.co.jp

네덜란드 정원에 온 듯한
포레스트 빌라 フォレストヴィラ

네덜란드의 시골에 있는 마을을 그대로 옮겨 온 듯한 리조트. 아름다운 숲과 호수가 어우러져 하우스텐보스 내에서 가장 서정적인 풍경을 자랑한다. 독립형의 빌라들은 산장을 연상케 하며, 테라스 바로 앞으로는 잔잔한 호수가 펼쳐진다. 여행자들이 많이 찾는 곳과 동떨어져 있지만 신선한 공기를 만끽하며 고요한 시간을 보내기 제격. 객실 내에는 조리 시설까지 갖춰져 있다. 빌라 한 동에 여러 명이 묵을 수 있으니 가족과 함께 하는 여행자들에게 최적의 숙소다.

Data 지도 360p 하버 타운 가는 법 타워 시티 내
전화 0570-064-300 운영시간 체크인 16:00,
체크아웃 11:00 요금 독채 2인 25,000엔~
홈페이지 www.huistenbosch.co.jp

Nagasaki by Area
04

운젠
雲仙

운젠은 일본에서 가장 인기 있는 온천 여행지 중 하나다. 운젠 온천의 원수가 솟아나는 곳은 유황 냄새가 진동하며, 하얀 김이 솟아나와 운젠 지옥이라 불린다. 화성의 표면을 연상케 하는 독특한 화산 지형을 산책한 후 즐기는 온천욕은 그야말로 꿀맛! 첩첩산중의 운젠 온천에서 버스로 30여 분 달리면 파란 바다를 앞에 둔 오바마 온천이다. 노천탕에 발을 담그고 파란 바다와 노을을 바라보는 호사를 누릴 수 있다.

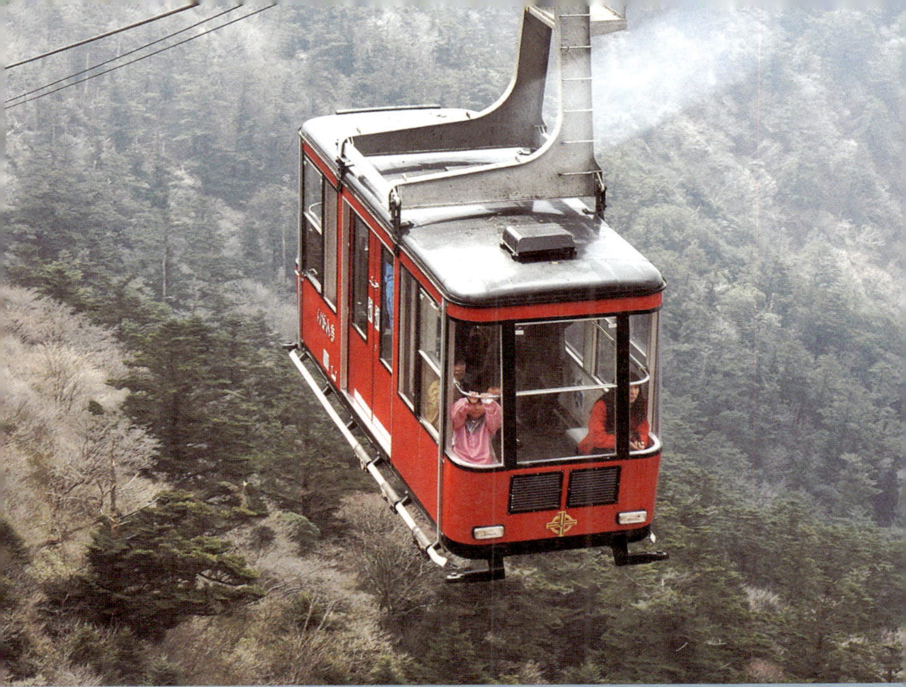

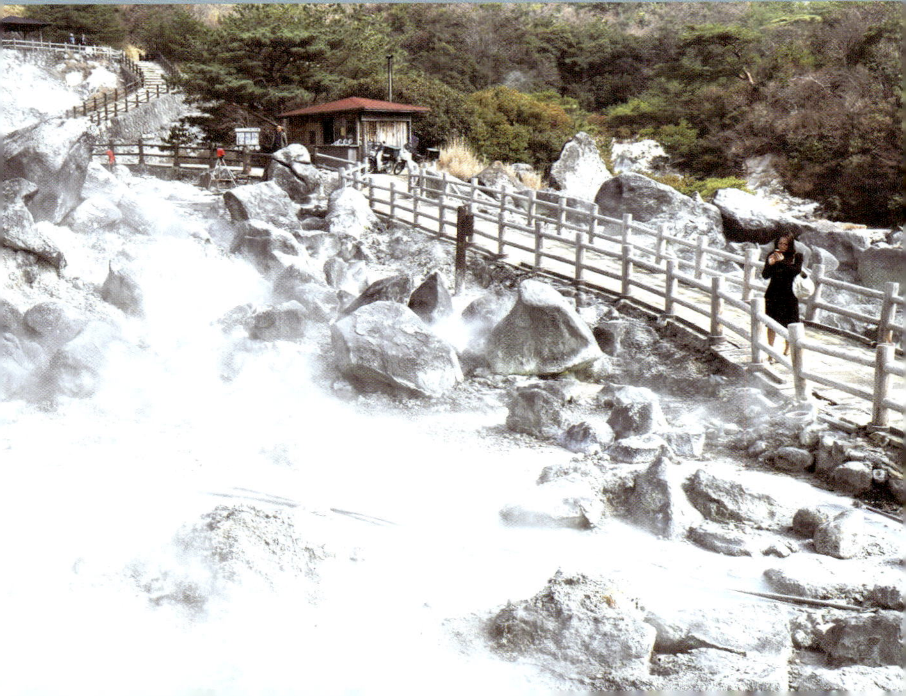

운젠
미리보기

운젠은 산, 바다, 온천을 한꺼번에 아우르는 일석삼조의 여행지. 운젠과 오바마를 오가는 버스를 이용하면 하루 만에 산과 바다의 온천을 두루 만끽할 수 있다. 휴식 자체가 목적인 사람이라면 동선을 최소화하여 가장 맘에 드는 두어 군데의 온천을 즐기는 것이 좋다.

SEE

운젠 지옥 산책은 기본이다. 운젠 지옥을 빠져나왔다면 무료 노천탕과 저렴한 공동 욕장에서 지옥의 기운을 개운하게 씻어내자. 이후 버스를 타고 오바마로 이동하면 바다를 앞에 둔 온천이 펼쳐진다. 운젠과 오바마는 거리가 가깝고, 주요 여행지가 밀집해 있어 일찍 시작하면 하루에 두 곳을 다 볼 수 있다.

EAT

운젠의 하야시라이스와 일본의 3대 짬뽕으로 손꼽히는 오바마 짬뽕은 놓치지 말아야 할 향토 음식. 온천을 이용한 간식거리도 미각을 자극한다. 운젠 지옥에서는 온천의 열기로 익힌 달걀과 일본식 레모네이드인 라무네가 별미다. 오바마에서는 온천에서 솟는 증기로 직접 찜 요리를 해먹을 수 있다.

BUY

미네랄을 풍부하게 함유한 온천 전병은 선물용 과자로 제격이다. 오모차 박물관에서는 유년 시절의 향수를 자극하는 장난감이 가득하다. 일본의 유리 공예에 관심이 있다면 비로도 미술관의 아트 숍에 들러보자. 앙증맞은 액세서리에서 고급스러운 잔까지 다양한 유리 제품이 영롱한 빛을 발한다.

어떻게 갈까?

운젠까지 바로 가는 기차는 없다. 나가사키 역전터미널에서 운젠으로 가는 버스가 평일 3회, 토·공휴일 4회 운행된다. 소요시간 약 1시간 40분, 요금은 편도 1,800엔. 운행 편수가 적어 시간이 맞지 않는다면 이사하야역 諫早駅을 적극 활용하자. 기차로 이사하야역까지 이동 후 바로 옆에 붙어 있는 버스터미널에서 평균 1시간 간격으로 운행되는 시마테스버스島原 鉄道バス를 타면 된다. 오바마를 거쳐 운젠으로 가는 시간은 80분, 요금은 편도 1,350엔이다.

어떻게 다닐까?

운젠에 도착하면 일단 시마테쓰 운젠 영업소 島鉄雲仙営業所의 코인 라커에 짐을 보관하고 운젠산 정보관에 들러 여행 정보를 챙기자. 2시간 정도면 관광 지도를 따라 운젠 지옥과 공동 욕장 등의 주요 명소를 돌아볼 수 있다. 로프웨이로 묘켄다케를 오르려는 사람들은 승합 택시 운행 시간에 맞춰 여행 코스를 짜야 한다. 오바마의 경우에는 홋토홋토 105 족탕을 비롯한 명소를 돌아보는데 1시간 정도면 충분하다. 버스로 운젠과 오바마를 오가는 시간은 30분 정도 소요된다.

운젠
♀1일 추천 코스 ♀

하루 동안 묘켄다케와 운젠 온천, 오바마 온천을 모두 돌아 볼 수 있다. 시간이 많아도 날씨가 궂은 날에는 전망을 볼 수 없으니 묘켄다케는 포기하는 게 낫다.

운젠산 정보관에 들러 운젠 여행 정보 챙기기

→ 택시 15분

운젠 로프웨이 타고 묘켄다케 정상 오르기

→ 택시 15분

운젠 지옥 산책하기

↓ 도보 1분

옛 일본 온천 마을의 체취가 가득한 오바마 역사 자료관 둘러보기

← 버스 30분

오모차 박물관에서 유년 시절의 추억 찾기

← 도보 5분

족탕과 공동 욕장에서 달달한 온천욕

↓ 도보 5분

고즈넉한 시골 마을 산책과 가미노카와 용수의 달달한 샘물 맛보기

→ 도보 3분

홋토홋토 105 족탕에 발 담그며 바다 바라보기

→ 도보 7분

가리즈미 광천에서 솟는 천연사이다 한 모금!

| 운젠 |

3분 만에 올라 마주하는 선경
운젠 로프웨이 雲仙ロープウェイ

운젠 국립공원에 속한 운젠산은 멀리서 바라보면 하나로 보이지만 실재는 여러 개의 봉우리로 이뤄져 있다. 그중 로프웨이로 가장 편하게 오를 수 있는 봉우리가 묘켄다케. 택시로 니타 고개까지 이동한 후 로프웨이를 타면 3분 만에 묘켄다케의 턱 밑에 다다른다. 이곳에서 산길을 8분 정도 오르면 묘켄다케의 정상이다. 일본 최초의 국립공원으로 지정된 산답게 사철 색다른 아름다움을 선사하지만 가장 압권은 이곳에서 바라본 시마바라 반도다. 육감적인 산자락과 드넓은 들녘을 지나 바다에 이르는 전망이 장쾌하다. 정상에서 바라보는 이채로운 풍경 중 하나가 풀 한 포기 나지 않은 돌 투성이의 검붉은 산자락. 화산 활동의 영향으로 1991년 일어났던 거대한 산사태의 흔적이다. 운젠산은 아름다우면서도 원시적인 두려움을 일게 해서 더욱 매혹적이다.

Data **지도** 370pA **가는 법** 시마테스 운젠 영업소島鉄雲仙営業所에서 하루 3~4회 운행하는 승합 택시 탑승. 15분 소요. 편도 요금 430엔. 출발 30분 전까지는 헤이세이 관광 택시(☎0957-73-2010) 예약 필수
주소 雲仙市小浜町雲仙551 **전화** 0957-73-3572 **운영시간** 4~10월 08:00~18:00, 11~3월 08:00~17:00
요금 편도 630엔

진짜 지옥?
운젠 지옥 雲仙地獄

운젠 온천으로 향하자면 통과의례처럼 수증기가 자욱하게 깔린 길을 지나야 한다. 그 증기가 나오는 원천 지대를 운젠 지옥이라 한다. 온천 신사溫泉神社에서 시작되는 운젠 지옥 산책로에 들자마자 매캐한 유황 냄새가 코를 찌른다. 생명이라고는 찾아 볼 수 없고, 돌투성이 대지 곳곳에 부글부글 진흙물이 끓어오르고 하얀 증기가 치솟아 앞을 가린다. 달 표면을 그대로 가져다 놓은 듯한 팔만 지옥, 참새처럼 짹짹거리는 소리를 낸다 하여 참새 지옥 등 다양한 내력을 지닌 지옥이 30여 곳. 에도 시대 초기 가톨릭 신자들에게 개종을 강요하기 위해 이곳을 고문 장소로 썼다는 이야기가 전해진다. 당시 30여 명의 신자가 순교를 당했다. 그들을 기리는 순교비가 지옥불 속에서 유독 하얀 빛을 발한다. 지옥이라는 이름이 그리 유쾌하지는 않지만 그래도 걸음을 멈출 수 없는 것은 화산에 대한 호기심 때문이다. 이곳은 지하 수백 미터 아래의 마그마와 잇닿아 있을 터. 지구의 비밀에 바짝 다가선듯하여 온몸이 찌릿하다.

Data 지도 370B
가는 법 시마테츠 운젠 영업소에서 도보 2분
주소 雲仙市小浜町雲仙319

TIP **지옥은 달콤하다? 운젠 다마고&라무네** 雲仙卵&ラムネ
지옥 순례에서 만날 수 있는 별난 간식이다. 운젠 다마고는 온천의 증기로 삶은 달걀. 흰자 부분이 특히 탄력 있고, 은근히 밴 유황의 향 때문에 비린내가 없다. 운젠 다마고는 레모네이드가 일본식으로 변형된 라무네와 찰떡궁합이다. 어릴 적 기차 안에서 맛보던 달걀과 사이다를 생각하면 된다. 운젠 다마고 75엔, 라무네 150엔.

부드러운 온천수가 피부를 달래는
신유 공동 욕장 新湯共同浴場

운젠 지옥에서 솟아나는 유황천에서 나온 물을 이용한다. 온천수에 슬쩍 옥빛이 도는 유노사토 공동 욕장과는 달리 원천의 물을 세 번 여과해 사용하기 때문에 물빛이 투명하며, 피부에 닿는 촉감이 부드럽다. 운젠 지옥 산책이 끝나는 족탕 광장 바로 옆이니 순례 후 족탕과 더불어 부담 없이 온천욕을 즐기기 좋다.

Data 지도 370B
가는 법 시마테쓰 운젠 영업소에서 도보 7분 주소 雲仙市小浜町雲仙 320 전화 0957-73-3233 운영시간 09:00~23:00(수요일, 1월 1~4일 휴무) 요금 200엔

다양한 온천욕의 매력을 한 장소에서!
운젠 스파 하우스 雲仙スパハウス

당일 여정으로 운젠을 찾은 사람들에게 가장 인기 있는 종합 온천 시설. 유럽의 목조 건물을 닮은 외관이 멋지다. 스파 하우스 내에는 대욕탕, 노천탕, 사우나 등의 시설을 갖추고 있어 개인의 추향 따라 다양한 방법으로 온천을 즐길 수 있다. 옥빛이 감도는 노천탕과 갈색의 암반탕 등 각각의 온천마다 빛깔과 효능이 다양하다. 가장 매혹적인 곳은 야쿠스기탕. 무려 수령 2천 년의 삼나무로 만든 욕조를 들여놓았다. 그윽한 분위기에 묻혀 피로 회복에 특효로는 운젠의 온천에 머무노라면 몸에 새로운 기운이 샘솟는다.

Data 지도 370B
가는 법 시마테쓰 운젠 영업소에서 도보 5분 주소 雲仙市小浜町雲仙 320 전화 0957-73-3131 운영시간 10:00~18:00 (공휴일 ~18:30), 목 휴무 요금 일반욕 800엔, 암반욕 980엔

시골스러운 정취가 친근하게 다가오는
유노사토 공동 욕장 湯の里共同浴湯

운젠에서 가장 오래된 공동 욕장. 알루미늄과 철 성분이 다량 함유된 원천을 그대로 사용하기 때문에 신경통이나 관절염 등의 치료 효과가 높다. 주로 동네 사람들이 이용하는 작은 욕장으로 분위기가 소박하다. 일본의 시골 목욕탕 정취를 느껴보려는 사람들에게 추천. 이곳으로 향하는 길에서는 운젠의 고즈넉한 주택가 정취를 느낄 수 있어 더욱 좋다.

Data 지도 370A
가는 법 시마테츠 운젠 영업소에서 도보 5분 주소 雲仙市小浜町雲仙303 전화 0957-73-2576
운영시간 09:00~22:00(화요일 휴무) 요금 200엔

손가락을 위한 노천탕
지탕 指の湯

공공장소에서의 노천탕 하면 대부분 족탕을 떠올리기 마련. 이곳은 독특하게도 발이 아닌 손가락 전용 노천탕이다. 손가락 전용인 만큼 규모는 작지만 온천수가 굽이굽이 흐르도록 한 모양새가 운치 있다. 손가락 끝으로 무슨 온천을 즐기겠나 싶지만 모든 감각을 손가락 끝에 집중해서인지 의외로 온천수의 부드러운 느낌이 전신으로 퍼진다.

Data 지도 370A 가는 법 시마테츠 운젠 영업소에서 도보 1분 (운젠 이와키 료칸 입구)
주소 雲仙市小浜町雲仙318
운영시간 24시간 요금 무료

운젠 지옥 산책 후 달달한 휴식!
족탕 광장 足湯広場

운젠 지옥 순례를 마친 후 잠시 휴식 시간을 갖기 딱 좋은 곳. 광장의 한가운데 있는 족탕에는 정자 모양의 지붕이 설치되어 있어 비는 물론 뜨거운 햇볕을 피할 수 있다. 돌을 원형으로 빙 두른 족탕의 모양새도 운젠의 노천 족탕 중 가장 아름답다. 매캐했던 운젠 지옥과 달리 은은한 유황 향이 몸의 긴장을 녹이고 적당히 뜨끈한 온천수가 피로를 씻어낸다.

Data 지도 370B
가는 법 시마테츠 운젠 영업소에서 도보 7분
주소 雲仙市小浜町雲仙320
운영시간 09:00~17:00 요금 무료

알아두면 효과 100%! 온천 상식

무조건 온천탕에 몸을 담근다 하여 몸에 좋은 것은 아니다. 온천의 성분과 사람의 체질에 따라 그에 맞는 방법으로 온천욕을 즐겨야 효과를 제대로 볼 수 있다. '로마에 가면 로마의 법을 따르라.'는 격언도 있듯 일본의 대중탕 이용 예절을 기억하자.

온천욕, 어떻게 즐길까?

❶ **다카리유** かかり湯: 몸을 다 씻고 난 다음에 끼얹는 깨끗한 더운 물을 말한다. 이렇게 물을 끼얹으면 몸의 노폐물을 배출시키는 발한 작용 효과를 높일 수 있다.

❷ **뜨거운 물보다는 미지근한 물:** 온천에 오랫동안 몸을 담그고 있는 것을 삼가라. 뜨거운 물 때문에 혈압과 심박 수가 급상승한다. 적당한 온도는 40℃ 정도의 미지근한 물. 이정도면 탕에 오래 머물러도 무리가 없다. 어느 정도 시간이 지나 이마에 땀이 맺히기 시작했다면 일단 탕에서 나와 휴식을 취하는 것이 좋다.

❸ **온천욕 후 샤워를 피하라:** 온천의 약효 성분은 약 3시간 정도 효과가 지속된다. 샤워를 해서 온 몸에 스며든 온천의 기운을 굳이 씻어낼 필요가 없다. 단, 운젠 온천은 산성이 강하니 피부가 약하거나 민감한 사람은 깨끗한 물로 씻어내자.

❹ **온천 후에는 휴식을:** 온천욕을 마치면 상쾌해지지만 실재의 몸은 기분과는 달리 피곤해진다. 혈압이 평상으로 돌아올 때까지 급격한 기온 변화를 피하고 2시간 정도 충분히 휴식을 취하자. 땀을 많이 흘렸으니 물도 충분히 마시는 게 좋다. 하루 기준 적당한 온천욕 횟수는 3회 이하다.

❺ **온젠 온천, 어디에 좋나:** 살균 효과가 탁월해 피부병에 좋다. 황산화이온이 혈관을 확장시켜 동맥경화를 예방하고 관절과 힘줄을 탄탄히 해준다. 풍부한 유황 성분은 췌장의 기능을 좋게 한다. 당뇨병의 예방에도 효과가 있다. 단, 혈압이 높은 이들은 배꼽까지 몸을 담그는 반신욕을 즐기는 것이 좋다.

일본에서의 입욕 매너

❶ 기본적으로 한국에서처럼 탕에 들어가기 전에 몸을 깨끗이 씻는다.

❷ 일본은 때를 미는 문화가 없다. 만약 때를 민다면 많은 이들의 시선이 집중되기 십상이다.

❸ 탈의실이나 욕탕에서 이동할 경우 슬쩍 치부를 수건으로 가리는 게 예의다. 물론 탕에 들어갈 때는 가릴 필요가 없다. 수건은 절대 탕 안에 담그지 말자.

❹ 일본의 대중탕에서는 비누, 샴푸, 치약, 수건 등이 비치되어 있지 않은 곳이 많다. 개인 목욕용품을 준비해 가는 게 좋다.

| 오바마 |

바투 다가선 바다에서의 노천욕
해상 노천 온천 나미노유 海上露天風呂波の湯

홋토훗토 105 족탕에서 조금만 동쪽으로 이동하면 만날 수 있는 노천온천. 독특하게도 오바마 바닷가 방파 위에 만들어졌다. 곁에서 볼 때는 그저 허름한 노천탕처럼 보이지만 일단 안으로 들어서면 바투 다가서는 바다에 환호성이 절로 나온다. 만조 때는 노천탕에서 손 한 뼘 차이까지 바닷물에 차오른다. 느긋이 온천에 몸을 뉘고 파도의 노래를 듣는다. 눈을 들어 바라보면 온통 파란 하늘과 바다뿐! 가장 아름다워지는 시간은 노을이 수평선에 걸릴 때다. 몸과 마음이 노을 빛처럼 붉게 물들어간다. 환경보존을 위해 비누와 샴푸 사용을 금지한다.

Data 지도 376B 가는 법 시마테쓰 오바마 버스터미널에서 도보 8분
주소 雲仙市小浜町マリーナ20 전화 0957-74-5656 운영시간 10:00~23:00(최종 접수 22:00)
요금 성인 300엔, 어린이 200엔, 전세 50분 3,000엔

온천의 기운이 가득한 음식과 함께 하는 낭만 족욕
홋토훗토 105 ほっとふっと105

오바마에 접어들면 에메랄드빛 바다를 따라 끊임없이 솟구치는 하얀 수증기에 환호성이 절로 나온다. 오바마 온천은 운젠 화산의 마그마가 모여 있는 지하에서 가장 가까운 곳에 위치해 지하수와 해수가 풍부하다. 덕분에 일본에서 가장 뜨겁다는 105℃의 온천이 하루에 8천 톤 넘게 솟아 나온다. 2013년에는 이곳에 남아도는 온천수를 활용한 210KW급 온천 발전소가 가동을 시작했을 정도. 오바마 여행의 백미는 이곳 온천 온도에 맞춰 해변에 조성한 **홋토훗토 105**. 길이가 105m에 이르는 일본에서 가장 긴 족탕이다. 펄펄 끓는 온천수는 계단식 수로를 따라 폭포를 이루며 흘러 탕에 이르면 족욕을 즐기기 적당한 온도가 된다. 반려동물과 함께 할 수 있는 곳, 지압 효과를 얻을 수 있는 곳 등 구간마다 개성이 달라 다양한 족욕을 즐길 수 있다. 바다를 깊이 두고 족욕을 즐기자면 지중해에서의 휴가가 부럽지 않다. 특히 저녁 무렵 노을을 바라보며 즐기는 족욕은 이곳에서만 누릴 수 있는 최고의 호사다.

Data 지도 376A **가는 법** 시마테스 오바마 버스터미널에서 도보 3분 **주소** 雲仙市小浜町北本町 905-70 **운영시간** 4~10월 08:30~19:00, 11~3월 08:30~18:00, 찜 솥 이용은 마감 30분 전까지. 월요일 10:00~13:00 휴무

> **TIP** 온천의 색다른 체험과 맛! 직접 해 먹는 찜 요리
>
> 홋토훗토 105 옆에는 열댓 명이 한꺼번에 이용할 수 있는 온천 증기를 이용한 거대한 찜 솥이 마련되어 있다. 달걀 반숙은 8분, 소라는 7분, 고구마나 감자는 20분 정도면 익는다. 찜 솥은 누구나 무료로 사용할 수 있다. 음식을 넣을 바구니는 바로 앞의 가게에서 200엔에 빌릴 수 있다. 몇몇 종류의 채소와 달걀도 판매하니 아무런 준비 없이 가도 온천 찜 요리를 즉석으로 즐길 수 있다. 인근 슈퍼에서 소시지 등 다양한 음식을 미리 준비한다면 금상첨화!

오바마 온천의 역사를 한눈에!
오바마 역사 자료관 小浜歷史資料館

1600년대 초반부터 오바마의 온천 관리를 위임받은 혼다 유다 유본多湯太夫 저택에 자리 잡고 있다. 자료관에 들면 오바마 온천의 역사와 더불어 혼다 가문 대대로 내려오는 고풍스러운 유물들을 만날 수 있다. 마당에는 온천의 원천에서 솟는 수증기가 그치질 않는다. 1871년 시마바라 성문 중 하나를 사들여 옮겼다는 고풍스러운 문의 왼편에는 작은 목욕탕이 깜짝 선물처럼 숨어 있다. 일본에서도 근래에는 거의 볼 수 없는 오래된 시골 목욕탕이라 하니 손이라도 씻을 겸 잠시 들러보자.

Data 지도 376B
가는 법 시마테쓰 오바마 버스터미널에서 도보 5분
주소 雲仙市小浜町北本町923-1
전화 0957-75-0858
운영시간 09:00~17:00(화요일 휴무)
요금 입장료 100엔, 목욕탕 무료

산책도 즐기고 달달한 샘물도 맛보고
우에노가와 용수 上の川湧水

수백 년 동안 이 지역 사람들이 식수로 사용해 온 샘물. 지금도 먼 곳에서 이곳의 물을 뜨러 일부러 찾아오는 사람들이 있을 정도로 물맛이 좋다. 달달한 물이 솟는 자리에는 샘을 지키는 수호신처럼 오래된 나무가 한 그루 서 있어 그윽한 정취를 드리운다. 수로를 따라 고즈넉한 돌담길이 이어지니 산책 삼아 들러보기 좋다.

Data 지도 376A
가는 법 시마테쓰 오바마 버스터미널에서 도보 4분
주소 雲仙市小浜町北本町849

몸에 좋은 탄산수 한잔!
가리미즈 광천 刈水鉱泉

오바마에서 보기 드문 저온의 탄산천. 물의 온도는 25~27℃지만 탄산가스가 부글부글 솟아 올라 겉보기에는 100℃가 넘는 온천수처럼 보인다. 탄산수를 입에 머금으면 은근한 유황의 향과 탄산수 특유의 기포가 입안에 번진다. 공짜라 하여 첫 입부터 너무 욕심내지는 말자. 물맛이 정말 자극적이다!

Data 지도 376A
가는 법 시마테쓰 오바마 버스터미널에서 도보 4분
주소 雲仙市小浜町北本町991

고급스러운 레스토랑에서 맛보는 하야시라이스
그린 테라스 운젠 グリーンテラス 雲仙

운젠 온천의 향토 음식으로 최근 각광받고 있는 것이 로컬 푸드를 이용한 하야시라이스. 얇게 썬 고기와 양파 등의 채소를 볶아 적포도주에 토마토소스를 곁들여 만든 데미글라스를 밥 위에 뿌려먹는 음식이다. 한국의 하이라이스는 이 하야시라이스의 잘못된 표현이다. 운젠 온천 곳곳의 식당에서 개성 있는 하야시라이스를 맛볼 수 있지만 분위기만큼은 그린 테라스 운젠이 최고라 할 만하다. 초원 위의 집을 연상시키는 목조 건물 양식의 외관과 깔끔한 내부 인테리어가 운젠 지옥 앞에 있다 믿기지 않을 정도로 평화롭고 고급스럽다. 풍성한 소스를 얹어내는 하야시라이스도 레스토랑의 분위기에 걸맞게 향이 깊다. 앞에 노천 족탕이 있어 식사 후 족욕을 즐길 수도 있다.

Data **지도** 376B **가는 법** 시마테쓰 운젠 영업소에서 도보 5분 **주소** 雲仙市小浜町雲仙 320 **전화** 0957-73-3277 **운영시간** 11:00~15:30 **가격** 오무하야시 1,520엔, 비프카레 1,320엔

이것이 일본 3대 짬뽕의 맛!
가슌 花春

오바마 짬뽕은 나가사키, 아마쿠사와 더불어 일본 3대 짬뽕으로 손꼽힌다. 하얀 짬뽕은 본래 1897년 나가사키시의 중화요리점 사카이로 지역에서 시작되었다. 1900년도 초반 나가사키의 모기항에서 증기선을 타고 온천욕을 즐기기 위해 온 여행자들이 나가사키의 하얀 짬뽕을 즐겨 찾으면서 오바마 짬뽕의 역사가 시작되었다. 그 후 100여 년 간 독자적인 진화를 거듭해 해산물과 채소가 풍성하게 들어가는 지금의 오바마 스타일의 짬뽕이 완성되었다. 가슌은 오바마 짬뽕의 진수를 만끽할 수 있는 집. 진한 국물에는 해산물 향이 배어 있고, 아삭아삭하게 씹히는 채소의 식감도 일품이다. 한국인에게는 나가사키 짬뽕보다 느끼함이 훨씬 덜한 가슌의 오바마·짬뽕이 오히려 입맛에 맞는다는 평.

Data **지도** 376A **가는 법** 시마테쓰 운젠 영업소에서 도보 3분 **주소** 雲仙市小浜町北本町 866-1 **전화** 0957-74-5113 **운영시간** 10:00~22:00(화요일 휴무) **가격** 오바마 짬뽕 750엔, 터키라이스 950엔

BUY

온천의 영양이 그득 담긴 온천 전병!
도토미야 본점 遠江屋本舗

일본에서 전병은 흔한 과자다. 하지만 운젠에 갔다면 유독 바삭바삭한 식감의 온천 전병湯煎餅을 꼭 맛봐야 한다. 맛의 비결은 밀가루와 달걀, 설탕 등의 재료를 차갑게 식힌 온천수에 반죽한 후 구워내는데 있다. 맛도 맛이지만 미네랄을 풍부하게 함유한 온천수로 만드니 그 자체로서 미네랄 영양제나 다름없다. 도토미야 본점에서는 전병을 바로 구워 판매한다. 직화로 전병을 굽는 모습 자체가 볼거리고, 갓 구운 전병의 맛은 더욱 고소하다. 빨리 상하지 않으니 온천의 정취를 담은 선물로 제격이다.

Data 지도 376A
가는 법 시마테츠 운젠 영업소에서 도보 1분 **주소** 雲仙市小浜町雲仙 317 **전화** 0957-73-2155 **운영시간** 08:30~19:00 (목요일 휴무) **요금** 전병 1장 200엔

복고풍의 과자와 장난감이 가득!
오모차 박물관 おもちゃ博物館

제비뽑기 과자, 딱지 등 일본의 7080 세대가 어릴 적 경험했던 장난감이나 과자 등이 가득 쌓여 있는 가게. 살아온 배경은 다르지만 한국 여행자에게도 은연중 유년 시절의 향수를 불러일으킨다. 어릴 적 선물 받았던 추억의 일본 과자나 장난감 등을 살 수도 있다. 2층에는 5천 점이 넘는 장난감으로 가득한 박물관이니 관심 있는 사람이라면 둘러볼 것.

Data 지도 376A
가는 법 시마테쓰 운젠 영업소에서 도보 2분 주소 雲仙市小浜町雲仙 310 전화 0957-73-3441
운영시간 09:00~18:30
요금 박물관 관람료 200엔, 추억의 장난감 또는 과자 100엔~

반짝반짝 빛나는 유리 공예품의 유혹
비도로 미술관 ビードロ美術館

운젠 스파 하우스 1층에 자리한다. 미술관은 19세기에 생산된 앤티크 유리 공예품으로 가득하다. 전시장의 유리 공예품 못지않은 아트 숍의 유리 제품들도 시선을 자극한다. 소품의 경우 300엔 정도에 구입할 수 있는 아기자기한 유리 액세서리도 많다. 미술관 관람을 하지 않더라도 아트 숍만 들러볼 수도 있으니 일본의 유리 제품에 관심이 많은 사람이라면 둘러볼 만하다.

Data 지도 376A
가는 법 시마테쓰 운젠 영업소에서 도보 5분 주소 雲仙市小浜町雲仙 320 전화 0957-73-3133
운영시간 10:00~17:00(수요일 휴무) 요금 어른 700엔, 중고생 500엔, 초등학생 300엔

SLEEP

지옥 온천의 야경을 즐기는 밤
규슈 호텔 九州ホテル

운젠 지옥을 직접 산책을 하지 않아도 하얗게 수증기가 솟아 나오는 장관을 객실과 노천탕에서 볼 수 있다. 바닥은 다다미를 깔았지만 객실의 대부분은 고급 침대와 현대적인 편의 시설로 단장했다. 일본의 료칸 분위기를 즐기고 싶되 다다미방에서 자는 것이 불편했던 여행자들에게 특히 반가운 집이다.

Data 지도 376B
가는 법 시마테쓰 운젠 영업소에서 도보 3분 주소 雲仙市小浜町雲仙 320 전화 0957-73-3234
운영시간 체크인 15:00, 체크아웃 11:00
요금 1인 조식 포함 12,000엔~
홈페이지 www.kyushuhtl.co.jp

합리적인 가격으로 승부하는
국민숙사 세이운소 国民宿舎青雲荘

료칸에 머물고 싶은데 가격이 부담되는 사람이라면 '국민숙사'라는 이름이 붙은 숙소를 눈여겨보자. 국민숙사는 룸과 식사, 온천 등의 서비스를 고급 료칸과 비슷하게 제공되며, 가격은 보다 저렴하다. 세이운소는 시마바라의 제철 식재료로 만든 식사와 온천이 특히 매력적이다. 이곳의 유황천은 유백색을 띠는데 피부 미용에 효과가 있어 여성들이게 인기다. 실내 욕탕과 노천탕이 여느 호텔보다 넓고 친구나 가족들과 전용으로 사용할 수 있는 대절 온천탕까지 갖추고 있다. 다다미방이 불편한 사람의 경우 침대를 선택할 수 있다는 것도 장점이다.

Data 지도 376B
가는 법 시마테쓰 운젠 영업소에서 도보 20분 주소 雲仙市小浜町雲仙 500-1 전화 0957-73-3273
운영시간 체크인 16:00, 체크아웃 10:00 요금 2인 1실 2식 기준 1인 12,800엔~
홈페이지 www.seiunso.jp

고풍스러운 멋에 취하다
료테이한즈이료 旅亭半水盧

6천 평이나 되는 대지에 별채로 이뤄진 객실은 오직 14개뿐. 교토에서 온 장인이 수년 동안 공들여 지은 고풍스러운 집에서 누구의 방해도 없이 온천욕과 고요를 만끽할 수 있다. 내게만 허락된 정원에서 시마바라 반도의 진미로 내놓는 가이세키 요리를 받아보자면 그 옛날 영주가 된 기분이 든다.

Data **지도** 376B **가는 법** 시마테쓰 운젠 영업소에서 도보 13분 **주소** 雲仙市小浜町雲仙 380-1 **전화** 0957-73-2111 **운영시간** 체크인 15:00, 체크아웃 11:00 **요금** 2인 1실 2식 기준 1인 66,000엔~ **홈페이지** www.hanzuiryo.jp

옥상 노천탕의 매력 발산
슌요칸 春陽館

7층 옥상에 마련된 '천공의 탕'이 매력적. 오바마가 한눈에 내려다보이는 전망도 탁월하고, 온천욕을 즐기며 붉디붉은 노을 빛을 마주할 수 있으니 최고급 풀빌라가 부럽지 않다. 1930년대에 지은 목조 양식의 본관이 고풍스러우니 신관보다는 본관으로 예약할 것.

Data **지도** 376A **가는 법** 시마테쓰 오바마 버스 터미널 바로 맞은편 **주소** 雲仙市小浜町北本町1680 **전화** 0957-74-2261 **운영시간** 체크인 15:00, 체크아웃 11:00 **요금** 2인 1실 2식 기준 1인 12,100엔~ **홈페이지** www.shunyokan.com

Nagasaki by Area

05

히라도
平戶

유럽의 작은 항구도시를 연상시키는 히라도는 일본의 대항해 시대를 주도했던 흔적이 곳곳에 남아 있는 섬이다. 1550년 최초로 포르투갈선이 히라도항에 도착함으로써 네덜란드와 일본의 교류 역사가 시작됐다. 주홍색이 선명한 히라도 대교를 건너면 시간을 거슬러 옛날로 돌아간 듯한 풍경이 펼쳐진다. 항구가 내려다보이는 언덕 위에 우뚝 솟은 히라도성과 히라도 네덜란드 상관, 히라도 자비에르 기념교회 등을 돌아보면서 역사의 뒤안길을 되짚어본다.

히라도
미리보기

히라도 거리는 시대를 몇 세기 전으로 되돌린 듯한 착각에 빠질 만큼 고풍스럽다. 섬이라면 으레 그러하듯 싱싱한 해산물 먹거리가 일 년 내내 넘쳐난다. 개항 시대의 변화무쌍했던 문물 교류사를 하나하나 돌아보는 재미가 쏠쏠한 곳이다.

SEE

규슈 올레 히라도 코스는 히라도의 역사와 낭만이 이 길에 다 있다고 할 정도로 흥미롭다. 서양과의 가교 역할을 했던 히라도 항구를 보고 난 후 아름다운 섬 풍경을 감상하자. 여행의 끝자락에 팥탕과 족탕에 들러 피로까지 말끔히 씻는다.

EAT

자연산 광어는 히라도의 명물로 꼽힌다. 청정 지대에서 키운 히라도 소고기의 명성도 둘째가라면 서러워할 정도로 유명하다. 히라도 소고기를 이용한 햄버그스테이크와 히라도짬뽕도 여행객들에게 인기가 높다.

BUY

히라도에서는 간식으로 카스도스와 우엉떡을 꼭 챙기자. 카스도스는 설탕이 듬뿍 들어간 히라도식 카스텔라, 우엉떡은 중국인으로부터 유래된 떡이다. 건어물 가게에서 파는 건낫치는 짭조름하면서도 달달해 맥주 안주로 제격이다.

SLEEP

히라도는 마을 안길과 올레 코스를 걸어도 하루 코스면 적당하다. 히라도 풍광을 조망하기 좋은 유카이 리조트 란푸와 히라도 교류광장 인근의 게스트하우스를 이용하자.

어떻게 갈까?

하카다역에서 사세보행 JR 미도리 특급 열차를 이용하거나 JR 나가사키역에서 사세보역으로 이동. 사세보역에서 히라도 부두까지 운행되는 사이히 버스西肥バス를 타는 방법이 일반적이다. 사세보역에서 마쓰우라 철도를 이용해 히라도 방면으로 가는 방법도 있다.

어떻게 다닐까?

히라도 항구 앞 교류광장부터 히라도 여행이 시작된다. 교류광장 끝에 있는 관광 안내소에 들러 여행 책자부터 챙기자. 자전거 여행이 가능하다. 네덜란드인들이 거주하던 지역에 남아 있는 네덜란드 담장과 우물, 네덜란드 상관 터를 돌아본 후 규슈 올레 히라도 코스를 따라가면 히라도 명소 대부분을 탐색하게 된다. 이 코스에 히라도 자비에르 기념교회와 사원이 한데 어우러진 풍경을 비롯해 바다가 파노라마처럼 발 아래로 펼쳐지는 가와치 고개 언덕 등이 있어 히라도의 정취에 흠뻑 빠져들게 된다.

마쓰라 가문 800년의 역사
히라도성 平戸城

에도 시대 도요토미 히데요시 정권 당시 다이묘였던 히라도 번주 마쓰라 시게노부松浦鎭信 가문의 성이다. 그는 임진왜란 당시 6천 명의 대군을 이끌고 조선을 침략하기도 했다. 그가 쌓았던 성은 1613년 화재로 소실됐다가 100년이 지난 후 도쿠가와 막부 시대에 재건축됐다. 히라도 대교를 건너는 순간부터 히라도 도심 어디서든 바라다보이는 성의 모습이 고고하면서 웅장하다. 어둠 속에서 불을 밝히는 성의 야경도 장관이다. 마쓰라 가문의 800년 역사가 서려 있는 성 안은 고목들이 울창하게 들어서 있어 녹음이 짙다. 천수각에 오르면 히라도 주변 경관은 물론 멀리 대한해협의 이키섬까지 눈에 들어올 정도로 전망이 뛰어나다. 성내에 자리한 히라도 신사에 봉납된 국가지정문화재 히라도 번주 마쓰라 히로무의 갑옷은 그 당시의 문화를 보여주는 귀중한 자료이다. 규슈 올레 히라도 코스를 걷기 전에 들르는 것이 좋다.

Data 지도 387E 가는 법 히라도항에서 도보 10분 주소 平戸市岩の上町1473
전화 0950-22-2201 운영시간 08:30~18:00(4월 1일~9월 30일), 08:30~17:00
(10월 1일~3월 31일) 요금 어른 520엔, 학생 310엔, 어린이 200엔

네덜란드와의 오랜 교류사가 여기에
히라도 네덜란드 상관 平戸オランダ商館

옛 히라도 네덜란드 상관의 터에 복원된 전시관. 네덜란드와의 무역액 증가로 히라도에 네덜란드 상관이 설치되고, 1639년에는 최대의 석조 창고까지 들어섰다. 에도 시대로 들어서면서 이 건물은 기독교 연호를 사용한다는 이유로 건축 후 불과 2년 만에 파괴됐다. 370여 년 후에 복원된 건물 안에는 당시의 유물들이 전시되어 있다. 히라도 영주 마쓰라 가계에서 전래되어온 유럽풍 남만 갑옷과 남만 칠기, 자가라타 문서 등이 주요 전시품. 그중에서도 빼먹지 말고 봐야 할 것은 전 네덜란드선 선수식목상船首植木像이다. 범선의 선수를 장식하던 이 조각상은 항해 시 안전을 기원하는 수호신으로 통했던 조각상이다. 나가사키현 유형문화재로 지정돼 있다. 상관에서 나와 우측으로 돌아가면 네덜란드인들의 거주지 담장과 네덜란드 우물 등을 만날 수 있다.

Data 지도 387E **가는 법** 히라도항에서 도보 10분
주소 平戸市大久保 2477 **전화** 0950-26-0636 **운영시간** 08:30~17:30
(6월 셋째 주 화~목 휴관) **요금** 어른 310엔, 어린이 210엔

히라도 번주의 저택에서 차를 마시다
마쓰라 사료 박물관 松浦史料博物觀

히라도 번주 마쓰라 가문의 저택으로 1893년에 지어진 건물. 현재는 역대 번주들이 사용했던 무기류와 수집품 일체를 전시하는 공간으로 이용되고 있다. 전시물 중에는 공물로 받은 물건들도 상당수 전시된다. 관내에는 17세기풍의 디저트와 차를 마실 수 있는 찻집이 있어 쉬어가기에 좋다. 히라도 올레 코스를 마친 후 들러보자.

Data 지도 387B
가는 법 히라도항에서 도보 10분
주소 平戸市鏡川町12
전화 0950-22-2236
운영시간 08:30~17:30
(12월 29일~1월 1일 휴무)
요금 어른 600엔, 초중고생 350엔

하늘을 찌를 듯 장엄한 풍경
히라도 자비에르 기념교회
平戸ザビエル記念教會

성 프란시스코 자비에르가 일본에 가톨릭교를 전파한 기념으로 세운 교회. 성 프란시스코 자비에르는 1550년부터 이곳에서 설교를 하기 시작했다. 1931년에 세워진 이 교회는 규슈 올레 히라도 코스 반환점으로부터 내려오는 길목에 자리한다. 푸른빛이 감도는 첨예한 지붕과 교회 앞에 세워진 자비에르 동상을 한 번에 보기 위해서는 고개를 젖혀야 하는데 그 풍경이 자못 숭고하다. 성당 내부에 장식된 스테인드글라스가 아름답기로 유명하다. 교회에서 나와 돌담길을 따라 내려가면 교회와 사원이 어우러진 풍경이 펼쳐지는 모습을 만나게 된다. 히라도를 찾은 여행객이라면 반드시 들러보고 기념사진을 찍는 포토존이다.

Data 지도 387B 가는 법 히라도항에서 도보 20분
주소 平戸市鏡川町269 운영시간 09:00~17:00

히라도의 역사가 아로새겨진 광장
히라도항 교류광장 平戸港交流廣場

히라도항 교류광장에는 500여 년 전 히라도항에 처음 입항했던 포르투갈 상선을 연상시키는 범선 조각상이 세워져 있다. 광장에서 가장 먼저 눈에 들어오는 것은 자가타라 소녀상이다. 1639년 막부가 네덜란드인이나 영국인과 결혼한 일본인 부인과 그들의 자녀들을 모두 지금의 자카르타로 보내게 했다. 먼 타국으로 쫓겨난 채 지내야 했던 그들의 비화가 아로새겨져 있다. 광장에서부터 히라도 네덜란드 상관까지 바닷가 산책길이 이어진다. 가는 곳마다 한글 안내판이 있어 편리하다. 산책길 끝에 자리한 관광 안내소에는 히라도 여행 관련 각종 안내서가 구비돼 있으며, 전동 자전거도 대여할 수 있다.

Data 지도 387B 가는 법 히라도항 부두 바로 앞 주소 平戸港 일대

히라도에서 태어난 중국의 영웅
정성공 기념관 鄭成功記念館

정성공은 복건성과 광동성을 중심으로 명나라의 부흥을 위해 노력한 인물. 결국 청나라가 중국 본토를 차지하고 정성공을 굴복시키려 하자 세력을 유지하기 위해 타이완을 점령했던 네덜란드 군을 몰아내고 정씨 왕조를 연다. 때문에 중국 남부와 타이완의 옛 수도인 타이난에는 그와 관련된 유적이 많으며, 민족적인 영웅으로 추앙받고 있다. 신라의 장보고처럼 한때 아시아의 해상왕으로 활약했던 이 풍운아의 고향은 놀랍게도 히라도다. 정성공의 부친인 정지룡은 히라도에서 중일 무역상으로 활약했었다. 이때 일본인 다가와와 결혼하여 정성공이 태어난 것. 정성공은 일곱 살 때까지 어머니와 함께 히라도에 살다 아버지의 부름을 받고 홀로 중국으로 향했다. 15년 후 일본에서 건너온 어머니와 재회했지만 그의 어머니는 자식의 일에 짐이 되지 않으려고 자결한다. 이 때문에 정성공은 명나라 재건에 더욱 전념하게 되었다. 이런 인연으로 일본에서도 정성공의 인기는 대단해 인형극과 가부키에도 등장한다. 기념관은 정성공의 어린 시절이 깃든 생가를 돌아볼 수 있도록 재현해 놓았다. 특히 어머니 다가와와 함께 서 있는 어린 정성공의 동상이 가슴을 뭉클하게 한다.

Data 지도 387C
가는 법 히라도 산바시역에서 가와치 우체국 방면으로 이동, 우체국에서 도보 10분
주소 平戸市川内町1114番地 2
전화번호 0950-24-2331
운영시간 08:30~17:00
(수요일 휴관) **요금** 무료

고풍스러운 골목과 멋진 자연을 품다! 규슈 올레 히라도 코스

코스

*규슈 올레 히라도 코스 총 길이 13km, 소요시간 4~5시간

코스 상세 설명

❶ 히라도항 교류광장 : 바닷가 산책로가 이어지는 곳. 히라도성이 올려다보이는 부두 앞 광장. 광장 끝에는 관광 안내소가 들어서 있어 각종 여행 정보를 챙기거나 자전거를 빌리기에 좋다. 올레 코스 지도를 꼭 챙기자.

❷ 사이쿄지 : 당나라의 분위기를 묘하게 풍기는 사원. 주홍색의 건물이 이국적인 풍경을 연출한다. 붉은색이 유치한듯하면서도 근엄함을 자아낸다. 절에서는 올레꾼이 쉬어갈 때 따끈한 차를 내주기도 한다.

❸ 가와치 고개 언덕 : 쿠주쿠시마와 쓰시마가 한눈에 보이는 사이카이 국립공원 내에 들어선 초원이다. 이곳에서는 히라도 주변 풍경을 360°로 전망할 수 있다. 인근에 캠프장, 아카사카 야구장, 라이프 컨트리, 시 라이프 히라도 등이 들어서 있다.

❹ 히라도 자비에르 기념교회 : 히라도에 가톨릭을 전파한 프란시스코 자비에르의 성스러움이 깃든 교회. 자비에르의 동상과 푸른색 교회 건물이 이국적인 풍광을 자아낸다.

❺ 쇼소사 : 히라도가 '서쪽의 수도'라 불릴 정도로 번창하던 시절 제26대 히라도 영주였던 마쓰라 다카노부(소요코)의 묘소가 있는 곳.

❻ 사원과 교회가 보이는 풍경 : 뒤로는 히라도 자비에르 기념교회의 첨탑이 있고, 그 아래로는 돌담장으로 둘러쳐진 일본 사원이 보이는 명소. 히라도 코스 최고의 포토존으로 꼽힌다.

❼ 히라도 네덜란드 상관 : 외국과의 무역 거점이 나가사키의 데지마로 옮겨지기 전까지 해외 무역의 창구 역할을 하던 곳. 옛 터에 네덜란드 상관이 복원돼 전시관으로 이용된다.

❽ 히라도 온천 팔탕, 족탕 : 올레 코스의 종점. 온천이 많은 일본 내에서도 보기 드문 팔탕이 설치된 곳. 긴 여행 끝에 팔과 다리를 온천에 담가 피로를 말끔히 가실 수 있도록 배려하는 곳이다.

EAT

최고의 히라도규를 맛보다
야키니쿠 스즈 やきにく鈴

히라도규의 참맛을 즐길 수 있는 식당이다. 히라도 소고기를 일컬어 히라도규라고 하는데 그 맛이 부드럽고 풍미롭다. 맛 좋은 히라도규를 사용해 햄버그스테이크를 내놓는다. 풍부한 육즙과 소스가 어우러져 입에서 살살 녹는다는 말이 절로 나온다. 점심 시간에 맞춰 판매하는 히라도 와규 정식은 각종 채소와 히라도규로 내놓는 푸짐한 한 상 차림이다. 야키니쿠 런치 또한 맛도 좋고 영양도 만점이다. 히라도 중심 대로에 들어서 있어서 찾아가기 쉽다.

Data 지도 387A
가는 법 히라도항에서 도보 10분
주소 平戸市木引田町446-1
전화 0950-23-3808
운영시간 11:30~14:00, 16:30~21:30 (수요일 부정기 휴무)
가격 히라도규 햄버그스테이크 정식 1,480엔, 히라도 와규정식 1,580엔

히라도 광어의 참맛
유타카 초밥 豊鮨

해마다 1월에서 4월까지 히라도에서는 광어 축제가 개최된다. 이맘때가 되면 히라도 전역에서 자연산 광어가 관광객의 입맛을 사로잡는다. 이곳에서 맛보는 광어회는 신선함이 최고다. 부채새우를 비롯한 각종 해산물 요리도 이곳 특산물이니 필히 맛보도록 하자.

Data 지도 387A 가는 법 히라도항에서 도보 10분
주소 平戸市新町101 전화 0950-23-2017
운영시간 11:00~14:00, 17:00~22:00(부정기 휴무)
가격 광어 정식 2,700엔, 광어덮밥 2,808엔, 광어회 4,104엔

나가사키 짬뽕도 울고 간다는
모리토 식당 森藤食堂

태평양 전쟁 이전부터 운영하고 있는 짬뽕 가게이다. 히라도 짬뽕은 '아고'라 불리는 날치로 국물을 내는 것이 특징인데 이곳 역시 날치 국물 맛이 진하고 진하다. 지역에서 재배된 신선한 채소를 곁들여 맛이 더욱 깔끔하다. 유부초밥도 짬뽕에 뒤지지 않을 별미다.

Data 지도 387E
가는 법 히라도항에서 도보 1분
주소 平戸市崎方町824 전화 0950-22-2343
운영시간 08:00~17:00(부정기휴무)
가격 히라도 짬뽕 700엔, 유부초밥 1개 50엔

전통을 잇는 과자점
고보모치 혼포 구마야 牛蒡餅本舗能屋

창업한지 240년이 넘는 과자점이다. 히라도에 네덜란드 상관이 들어서면서 서양으로부터 최초로 설탕이 전래됐다. 카스도스가 히라도의 명물로 자리매김하는 데는 히라도가 해외 무역 창구였던 역사와 무관하지 않다. 설탕이 듬뿍 든 카스도스, 달콤한 고보모치를 비롯해 맛있는 과자류를 팔고 있는 이 가게는 히라도를 찾는 여행객이라면 반드시 들르는 곳이다. 가게 안에서 케이크와 차를 맛보며 쉬어갈 수 있어 더욱 편리하다. 가게 내에 진열된 400여 년의 역사를 지닌 과자를 하나하나 맛본 후 카스도스와 고보모치는 물론 다른 과자도 선물용으로 주문하자. 맛도 좋고 모양도 예쁜 과자가 히라도의 옛 정취를 듬뿍 전해준다.

Data 지도 387A 가는 법 히라도항에서 도보 10분 주소 平戸市漁の棚町 324 전화 0950-22-2046 운영시간 월~토 08:30~19:00, 일요일, 공휴일 08:30~18:00 요금 케이크 세트 480엔, 화과자 세트 380엔

기념품 사기 좋은
고게쓰도 노포 湖月堂老舗

히라도 명물로 카스도스와 고모모치를 들 수 있다. 카스도스는 설탕이 뿌려진 일종의 카스텔라다. 우엉떡이라 불리는 고보모치는 히라도에서 내려오는 전통의 맛을 고스란히 담은 간식거리다. 이곳에서는 카스도스와 고보모치를 예쁘게 포장해 판매하니 선물로 안성맞춤이다. 점포 안에는 히라도 인근에서 잡힌 생선을 깨끗하게 말린 후 반건조 상태로 포장된 제품을 팔고 있다. 도보 여행을 마친 후 들러보면 히라도의 특성을 살린 기념품을 잘 고를 수 있다.

Data 지도 387D 가는 법 히라도항에서 도보 5분 주소 平戸市岩の上町1247 전화 히라도 물산관 0950-22-2063 운영시간 08:00~18:00 요금 카스도스 500엔, 고보모치 500엔

SLEEP

히라도 해변에 펼쳐진 휴양 명소
유카이 리조트 란푸 湯快リゾート蘭風

유카이 리조트 그룹이 히라도에 새롭게 오픈한 온천 호텔. 호텔 정면으로 펼쳐진 히라도 해안 풍광이 절경을 이룬다. 프라이빗 비치와 사계절 즐길 수 있는 노천탕을 겸비하고 있어 히라도의 특급 휴양 시설로 손꼽힌다. 호텔에서 해변까지 도보로 5분 정도. 넓은 호텔 시설과 전 객실이 오션뷰를 자랑한다. 객실은 양실과 와실로 이루어져 있고, 럭셔리풍 프리미엄 객실도 별도로 운영 중이다. 석식은 뷔페 형식으로 히라도에서 나는 식재료를 마음껏 즐길 수 있다. 호텔 내외에 온 가족이 즐길 수 있는 각종 시설들이 마련돼 있어 가족 여행 시 강력 추천한다. 온천을 즐기며 바다를 조망하는 노천 전망대도 인기. 근처에 정성공 기념관이 있다.

Data **지도** 387D **가는 법** 히라도산바시역에서 자동차로 10분, 히라도산바시역에서 셔틀버스 이용 가능 **주소** 平戸市川内町 55 **전화** 0950-23-2111 **운영시간** 체크인 15:00, 체크아웃 12:00 **요금** 8,250엔~ **홈페이지** yukai-r.jp/ranpu/

히라도 올레 코스의 출발지
히라도 게스트하우스 고토노하 ゲストハウスコトノハ

히라도 교류광장 거리에 들어선 게스트하우스. 고색창연한 히라도 거리와 어우러진 목조 가옥. 밤이면 히라도 성의 야경을 한눈에 전망할 수 있는 곳에 위치해 있다. 올레 코스를 걷는 여행객들이 부담 없이 이용하기 좋다.

Data **지도** 387E **가는 법** 히라도 터미널에서 도보 3분 **주소** 平戸市崎方町 846-2 **전화** 0950-29-9443 **운영시간** 체크인 15:00, 체크아웃 11:00 **요금** 도미토리 1인 3,000엔 **홈페이지** ja-jp.facebook.com/hiradokotonoha/

Nagasaki by Area
06

시마바라·사이카이· 고토·이키

시마바라는 시내 곳곳에 온천수가 솟아나는 신비의 온천마을이다. 무사들의 주택과 잉어가 헤엄치는 수로를 따라 걸으며 역사의 향기를 맡는다. 나가사키와 사세보 중간에 들어선 사이카이는 아직 관광객들에게 널리 알려지지 않은 만큼 신선하다. 가톨릭에 관심이 많다면 고토 열도를, 조선 통신사의 발자취가 궁금하다면 이키섬을 여행하자.

잉어가 헤엄치는 온천도시
시마바라 島原

시마바라는 화산 활동의 피해를 관광 자원으로 탈바꿈시킨 도시다. 거리마다 온천수가 솟아나는 족욕 광장이 이색적이다. 마을 안길의 수로에는 아름다운 빛깔의 잉어들이 헤엄치는 무사 주택 거리가 펼쳐져 영화의 한 장면을 연출한다. 미나미시마바라는 시마바라 반도 남쪽 끝에 자리한다. 시마바라의 난과 향토 음식 '구조니'의 역사가 담긴 도시로 해안 절경이 압권이다. 반도의 남쪽 끝에 들어선 항구에서는 돌고래 떼를 관찰할 수도 있어 흥미롭다.

 어떻게 갈까?

나가사키공항에서 시마테쓰버스를 이용하면 약 1시간 45분 정도 걸린다. 후쿠오카공항 이용 시 하카타역에서 JR 특급을 이용해 이사하야역에 도착(1시간 40분)한 후 시마바라 철도를 이용하거나 시마테쓰버스를 이용한다(1시간 25분 소요). 후쿠오카 하카타역 교통센터에서 직행 특급 버스(3시간)로도 이동이 가능하다. 시마바라에서 미나미시마바라까지는 자동차를 렌트해 해안 드라이브를 나서기 좋다. 명소 곳곳을 택시로 돌아봐도 된다.

 어떻게 다닐까?

시마바라에서는 각 스폿을 도보로 여행하기 좋다. 시마바라성에 올라 시마바라의 오랜 역사와 낭만을 감상하고, 수로를 따라 잉어가 노니는 풍경, 돌담길이 이어진 무사 저택 거리를 거닐어 본다. 시내 곳곳에 자리한 족탕에서 발을 담근 후 시마바라 난의 아픔이 서린 하라 성터를 찾아간다. 관광 시즌이면 시마바라성에서 하라 성터, 돌고래 관찰구인 구치노쓰항까지 셔틀버스가 운행되기도 한다.

시마바라
미리보기

시마바라는 시마바라역을 중심으로 명소들이 옹기종기 몰려 있어 반나절이면 충분히 돌아볼 수 있다. 운젠다케 재해 기념관이나 하라 성터, 미나미시마바라의 돌고래 관찰구는 자동차로 이동해야 시간을 절약할 수 있다. 시마바라와 미나미시마바라는 하루 정도 돌아보기 좋은 여행지이다.

SEE

항구도시 시마바라의 운젠다케 재해 기념관은 화산 활동의 아픔을 관광 자원 활성화로 서서히 치유하고 있다. 철포마을과 기나긴 수로가 들어선 무사 주택 거리를 산책하며 옛 정취를 느껴보는 것도 특별한 여행을 선사한다. 시내 곳곳에 설치된 노천 족탕에 발은 담그며 휴식을 하거나 잉어가 헤엄치는 마을의 정취에 푹 빠져보기도 한다. 시마바라 반도의 해안 절경과 역사까지 엿볼 수 있는 미나미시마바라 투어도 나서보자.

EAT

시마바라의 명물로 '시마바라의 난'에서 유래된 구조니를 꼽을 수 있다. 찰떡과 어묵, 생선, 육류, 버섯, 각종 채소 등으로 끓여낸 구조니의 맛은 특별하다. 국물 맛이 깔끔하면서도 진국이어서 마지막 국물 한 방울까지 놓치지 않고 먹는다. 시마바라의 향토 간식 간자라시는 동글동글한 찰떡 경단을 달콤한 국물에 넣어 먹는데 맛도 좋고 피로 회복에도 효과가 있다. 시내 7곳에 설치된 온천수는 마시면 소화는 물론 각종 질병에 효능이 있다니 믿고 마셔보자.

SLEEP

시마바라에서 숙박을 할 경우 아리아케해 풍경을 시원스레 바라보며 잠들 수 있는 온천 호텔을 추천한다. 시마바라항에서 가까운 곳에도 해변 호텔이 있다. 구마모토와 아마쿠사섬이 바라다보이는 미나미시마바라의 온천 호텔에서는 휴식과 향토 음식을 마음껏 즐길 수 있다.

시마바라
📍 1일 추천 코스 📍

시마바라성에서 바다 풍광과 역사 유적을 함께 감상한 후 일본 영화 촬영지로도 잘 알려진 옛 무사 거리와 잉어가 헤엄치는 마을을 두루 찾아다닌다. 족탕 광장에서 온천수에 발을 담근 채 시마바라의 화산과 온천의 역사를 더듬는다.

시마바라역에서 출발해 시마바라성까지 산책하기

도보 8분 →

시마바라성에서 간자라시로 간식 먹고 풍경 전망하기

도보 5분 →

옛 거리와 건물이 복원된 모리다케 상점가와 골목 투어 나서기

↓ 도보 5분

복원된 무사 주택 거리, 부케야시키에서 영화를 찍듯 기념사진 촬영하기

 도보 10분

뜨거운 온천물이 솟아오르는 족탕 광장에서 무료 족탕으로 피로 풀기

← 도보 5분

잉어가 헤엄치는 마을에 들어선 찻집 시메이소에서 차 한잔의 여유

↓ 자동차 10분

운젠다케 재해 기념관 체험하기

 자동차 30분

하라 성터에서 시마바라 난의 유적 답사하기

 자동차 15분

구치노쓰항에서 돌고래 관람하기

시마바라

아즈치모모야마 양식을 되찾은
시마바라성 島原城

1618년 당시의 영주였던 마쓰쿠라 시게마사松倉重政가 건축한 성으로 중앙에 5층의 천수각을 배치하고, 그 주변으로 크고 작은 탑을 두는 등 아즈치모모야마 시대의 건축 양식을 보여주는 건축물이다. 시마바라의 난 때에는 반란군의 맹공을 이겨냈다. 약 250년 동안 시마바라 봉건 영주 가문의 정치 중심지, 규슈 고관대작들의 비밀 회합 장소로 사용됐다. 메이지 유신 때에는 건물이 해체되어 민간에 부지가 팔리는 안타까운 역사도 겪었지만 성을 복원시키고자 하는 주민들의 오랜 숙원 끝에 1960년에 서쪽 망루를 시작으로 성 일대가 차례로 복원됐다. 천수각은 역사 자료와 향토 민속 자료를 전시하는 박물관이고, 동쪽 망루에는 나가사키 평화 공원의 기념상을 제작한 조각가 기타무라 세이보北村西望의 기념관이 들어서 있다. 성 정원에는 세이보의 조각 작품들이 곳곳에 세워져 있다. 5층 전망대는 성을 에워싼 소나무와 발아래로 펼쳐지는 아리아케해의 풍광이 수려해 전망 명소로 꼽힌다.

Data 지도 403C 가는 법 시마바라역에서 도보 7분 주소 島原市城內 1-1183-1 전화 0957-62-4766 운영시간 09:00~17:30(12월 29~30일 휴관) 요금 어른 550엔, 초·중고생 280엔 홈페이지 www.shimabarajou.com

TIP 조각의 성인, 기타무라 세이보

매년 만 명이 찾아오는 시마바라성 내에는 시마바라 출신의 조각가 기타무라 세이보北村西望의 작품을 전시하는 기념관이 있다. 기념관에는 그의 작품 60여 점이 전시 중이다. 세이보는 1884년 시마바라에서 출생했다. 처음에는 그 지역 소학교에 근무했었으나 조각을 좋아해서 교토 시립 미술 공예 학교와 동경 미술 학교에 입학해 수석으로 졸업했다. 일본 조소계의 거장으로 문화 훈장까지 수여받은 그는 80세에 이곳에 기념관을 세웠다. 그의 대표 작품은 나가사키 평화 공원에 있는 '평화 기념상' 등이다.

무사들이 금방이라도 나타날 것 같은
부케야시키 武家屋敷

시마바라성이 축성될 때 성 외곽 서쪽에 녹봉 70석 이하의 하급 무사들이 거주하는 주택단지가 건설됐다. 이들은 전쟁 중 철포를 만드는 일에 주력해 '철포마을'이라 불렸다. 무가 주택이 들어선 도로 양쪽으로 돌담이 정겹게 이어지고 도로 중앙에는 풍부한 용수가 흐른다. 주민들이 이곳에 수로를 만들어 생활 용수로 사용했다. 무사 주택 거리에는 매실, 감, 밀감, 비파 등 과실수를 심어 사계절 과일을 자급자족할 수 있게 했던 25평 정도의 초가 저택도 들어서 있다. 총 길이 약 407m에 달하는 이 거리에 돌담길이 운치 있게 이어진다. 무가 주택 중 시노즈카 저택, 야마모토 저택, 시마다 저택이 무료로 공개되고 있다. 초가 지붕과 아담한 정원으로 가꿔진 무가 저택들은 영화나 드라마에도 종종 등장한다.

Data 지도 403D 가는 법 시마바라역에서 도보 15분 주소 島原市下の丁 전화 0957-63-1087 운영시간 09:00~17:00 요금 무료

잉어가 헤엄치는 마을
고이노오요구마치 鯉の泳ぐまち

예부터 물의 도시라 알려진 시마바라의 정취가 잘 느껴지는 곳이다. 맑은 용수가 샘솟는 수로를 따라 삼색 비단잉어가 헤엄치는 광경을 발견한다. 거리 풍경을 감상하며 정자 아래에 앉아 있으면 마음이 편안해지고 여행의 피로까지 말끔히 가시는 듯하다. 남북으로 통하는 마을의 도로 중앙에 수로를 건설한 것은 시마바라 특유의 풍경이다. 특히 신마치新町 일대는 용수가 풍부해 지상으로부터 지하 50cm 정도만 파도 샘물이 솟아 나올 정도라고 한다. 1978년 이곳 주민들은 자라는 아이들에게 감성을 키워주고 풍부한 용수를 후세에 남겨주기 위해 맑은 수로에 황금색, 홍백색, 삼색 비단잉어를 방류했다. 이로써 잉어가 헤엄치는 마을은 시마바라의 대표적인 여행 명소로 거듭났다.

Data 지도 402F 가는 법 시마바라역에서 도보 10분 주소 島原市新町 전화 0957-62-8006

잉어가 노니는 정원에서 시간을 잃어버리다
용수정원 시메이소 湧水庭園 四明莊

하루에 1천여 톤씩 용수가 솟아 나는 연못과 갖가지 수목으로 잘 가꿔진 정원이다. 아담한 정원 안으로 발을 들여놓는 순간 잔잔한 연못이 나타난다. 정원 내에는 3개의 연못이 있고, 그 안에 형형색색 잉어들이 자유롭게 헤엄치며 지나간다. 하얀 모래가 깔린 연못 바닥 위로 잉어가 지나갈 때에는 그 모습이 더욱 선명해 한 폭의 그림을 그려낸다. 소나무와 단풍나무, 솔이끼 등이 들어선 정원은 공기가 상쾌하고 분위기까지 아늑하다. 조용한 주택가 한가운데에 위치해 있는 데다가 무료로 개방되기 때문에 여행객들은 반드시 이곳을 찾는다. 정원 산책을 마친 후에는 사방이 탁 트인 다다미방으로 들어선다. 정원과 잉어가 헤엄치는 연못을 바라보며 차 한잔을 마시며 차분하게 명상까지 할 수 있는 공간이다.

Data 지도 402F 가는 법 시마바라역에서 도보 10분
주소 島原市新町2 전화 0957-63-1121
운영시간 09:00~17:00 요금 어른 310엔, 초·중고생 150엔

자연재해에 대처하는 지혜
운젠다케 재해 기념관 雲仙岳災害記念館

운젠 후겐다케는 1792년 이후 198년 만에 분화 활동을 다시 시작하면서 용암이 주택가를 휩쓸고 지나갔다. 1990년 11월 17일에 시작된 운젠 후겐다케 분화 활동이 1996년에 멈출 때까지의 피해를 보여주는 기념관이다. 기념관 내 '헤세이 대폭발 극장'의 돔형 스크린은 화쇄류 파편의 위험을 간접적으로 보여준다. 각종 전시와 체험이 엔테테인먼트 공간 역할까지 톡톡히 해내기 때문에 지역 주민들로부터 '가마다스 돔'이라는 애칭으로 불리기도 한다. 기념관 입구에는 '사무라이 블루 료마상龍馬象'이 세워져 있다. 2010년 남아공 월드컵을 기념하기 위해 도쿄 국립 요요기 체육관에 설치됐다가 이곳으로 옮겨진 이 기념물은 료마가 시마바라를 거쳐 나가사키로 건너갔던 인연을 말해준다.

Data 지도 406C 가는 법 시마바라역에서 자동차 이용 시 10분 주소 島原市平成町1-1
전화 0957-65-5555 운영시간 09:00~18:00(마지막 입장 17:00)
요금 어른 1,050엔, 중고생 740엔, 초등학생 530엔 홈페이지 www.udmh.or.jp

| 미나미시마바라 |

천재지변도 교훈으로 삼자
토석류 피해 가옥 보존 공원 土石流被災家屋保存公園

시마바라시에서 미나미시마바라시로 이동 중 국도 휴게소 미즈ㅡ시혼진후카에 道の驛 みずなし本陣 ふかえ에 들르면 아픈 역사를 되새겨주는 공원을 만나게 된다. 운젠 후겐다케 분화가 일어나는 중 화쇄류가 쏠려 피해를 입은 가옥 11채가 전시되고 있다. 대형 텐트 안에 들어선 3동의 주택과 야외에 그대로 방치된 8동의 주택은 당시의 상황이 얼마나 끔찍했는지를 상상케 한다. 시속 100km 이상의 속도로 밀려 내려온 바윗덩어리와 흙더미가 가옥들을 눈 깜짝할 사이에 집어삼킨 듯하다. 집안은 물론 지붕까지 토석류가 들어차 초토화된 주택들이 총 2,511동에 이르지만 이곳에 전시된 것은 가옥 11채다. 자연재해의 엄청난 위력과 화산 방재에 대한 경각심을 자연스레 불러일으켜 주는 현장이다. 무료로 개방되고 있어 휴게소에 들른 김에 돌아보도록 하자.

Data 지도 406C 가는 법 시마바라 외항에서 자동차 이용 시 10분 주소 南島原市深江町丁6077 전화 0957-72-7222 운영시간 09:00~17:00 요금 무료

시마바라 난의 역사가 서린 곳

하라 성터 原城跡

1496년 시마바라 반도 남부 지방에 축성됐던 하라성은 아리아케 해에 둘러싸인 난공불락의 천연 요새였다. 일명 '히구라시성'이라 불릴 정도로 아름다운 성이었으나 '시마바라의 난'으로 폐허로 변했다. 1637년 시마바라 영주 마쓰쿠라 시게마사松倉重政는 새로운 시마바라 성을 건설하기 위해 농민들에게 재정적으로 압박을 가하고 크리스천들까지 탄압하기에 이르렀다. 이에 분노한 농민들이 급기야 봉기하기 시작했고, 반란은 시마바라뿐만 아니라 아마쿠사섬 주민까지 가세했다. 아마쿠사 시로天草四郎를 총대장으로 한 봉기군은 세 달 동안 막부군과 처절한 전투를 벌였지만 결국 실패로 돌아갔다. 노인이나 여자, 아이에 이르기까지 반란군이라면 한 사람도 남김없이 몰살시킨 막부군은 성까지 철저하게 파괴시켰다. 역사 속으로 사라졌던 성은 서서히 복원 과정을 밟고 있다. 아마쿠사 시로의 동상과 우뚝 솟은 십자가가 지키는 황량한 성터는 이제 봄이면 벚꽃이 만발하는 나들이 명소로 유명하다.

Data 지도 406E
가는 법 사마바라역에서 자동차 이용 시 45분
주소 南島原市南有馬町大江
전화 0957-76-1800
운영시간 24시간 요금 무료

재롱둥이 돌고래 떼와 조우하는 시간
구치노쓰항 돌고래관람 口之津イルカウオッチング

미나미시마바라 남쪽 끝자락에 위치한 구치노쓰항口之津은 한적한 항구지만 돌고래와의 감동적인 만남을 이어주는 관광 명소다. 수족관에 갇혀 있는 돌고래 떼가 아닌 드넓은 자연 속에서 자유로이 살아가는 돌고래를 만날 수 있는 곳이기 때문이다. 돌고래 관찰선이 출항할 시간이 다가오면 여행객들의 발걸음은 하나둘 이곳으로 향한다. 12명에서부터 30인, 43명, 72명이 승선할 수 있는 관찰선을 타고 드넓은 바다로 나서는 순간 사람들은 기대에 부풀어 오른다. 어디서 돌고래의 활기찬 모습을 볼지 몰라 가슴이 두근거리기 일쑤다. 한참 동안 배가 순항을 하던 중 어디선가 돌고래의 지저귐이 들리기 시작한다. 그들의 환영 인사가 시작되는 순간이다. 여행객들은 환호성을 지르며 그들에게 손 인사를 보낸다. 돌고래가 무리 지어 있는 곳에서 그들의 거친 호흡소리가 느껴진다. 그들이 내지르는 작은 소리가 함성이 되어 마치 바다를 집어삼킬 듯하다. 돌고래와의 조우는 불과 1시간 남짓이지만 대자연 속에서 살아가는 그들의 일상을 보는 것만으로도 신기함과 흥분이 교차한다. 어른 아이 없이 즐거워하는 이곳은 학생들의 수학여행지로도 인기가 높다.

Data **지도** 406D **가는 법** 미나미시마바라 구치노쓰항
주소 南島原市口之津町図 **전화** 0957-86-4433
운영시간 5~11월 09:00부터 하루 8편, 12~4월 10:30부터 하루 4편 운항. 악천후 시 휴무 **요금** 어른(13~64세) 3,000엔, 소인(7~12세) 2,000엔, 유아(4~6세) 1,000엔 **홈페이지** www.iruka-watching.com

THEME

쪽빛 바다에 젖은 다랑어 논 사잇길 따라 길을 걷다!

규슈 올레 미나미시마바라 코스 九州オルレ 南島原コース

미나미시마바라는 포르투갈, 스페인과 활발하게 교역이 이뤄졌던 곳이다. 수많은 무역 선과 선교사들로 붐볐던 곳이지만 막부의 쇄국정책과 기독교인들이 주축이 된 시마바라의 난을 거치며 450여 년이 지난 지금은 한적한 시골로 변모했다. 길의 시작인 구치노쓰항이나 조금 붐빌 뿐이지 길은 한적한 논두렁과 밭두렁을 가로지른다. 인적 드문 길에서 종종 양배추를 수확하는 어르신들이 건네는 '곤니치와'라는 인사가 어찌나 반가운지! 이상한 점은 이 지극히도 시골스러운 길이 전혀 초라해 보이지 않는다는 것. 낮은 언덕에 다닥다닥 붙은 다랑어 논 너머로 반짝이는 에메랄드빛 바다가 반짝이니 오히려 눈이 부시다. 이 길의 하이라이트는 천연기념물로 지정된 용나무 군락. 어마 무시한 두께와 높이를 자랑하는 용나무를 올려다보자면 머리가 아파질 정도다. 쪽빛 바다에 젖은 세즈메자키 등대와 구치노쓰 등대를 지나 길 끝에 이르면 구치노쓰 역사 민속자료관. 진귀한 생활용품과 골동품들을 감상하며 지친 다리를 쉬일 수 있다.

I 주요 스폿 I

❶ 구치노쓰항 口之津港
450년 전 해외 무역과 기독교 포교의 거점이었다. 기독교인들이 성지 순례로 많이 찾으며, 돌고래 유람선으로도 유명하다. 포구에는 1567년 이곳에 닻을 내린 서양인 선장 베이가를 캐릭터화한 동상이 서 있다.

❷ 풍유 갓파상 豊乳河童
갓파는 물놀이하는 아이들의 다리를 잡아끄는 등 상당히 짓궂은 물의 요정으로 어린이의 모습을 하고 있다. 이곳의 갓파상은 특이하게도 풍만한 가슴을 지니고 있다. 갓파상을 만지면 아이를 갖게 된다고!

❸ 노다 제방&노로시야마산 野田堤&烽火山
노다 제방은 16세기 후반 축조한 인공 저수지. 노로시야마산 정상에 서면 옛 봉수대가 서 있다. 산 정상에서 다랑어 논과 더불어 바라다보이는 바다 풍경이 예술!

❹ 환상의 노무키 소나무 幻の野向の一本松
이름과 달리 소나무를 볼 수 없다. 예전에 있던 아주 크고 오래된 소나무가 송충이 피해로 죽어버렸기 때문이다. 지금은 그 자리에 벚꽃을 심었다. 노구치 우죠라는 동요 시인이 이곳에서 소나무와 바다 전망을 시로 읊었을 정도로 유명한 경승지이다.

❺ 용나무 군락 あこう群落

용나무는 아열대 기후에 사는 뽕나무과의 나무. 20그루의 나무 중에는 높이가 20m에 달하는 것도 있다. 가지를 축축 늘어뜨린 거대한 나무들을 그 위용이 대단하다.

❻ 세즈메자키 등대 瀬詰崎灯台

갯바위 끝에 선 가녀린 등대는 왠지 고독한 분위기를 자아낸다. 등대 아래를 보면 조류에 따라 종종 소용돌이가 일어는 장관을 볼 수 있다.

❼ 구치노쓰 역사 민속자료관 口之津歴史民俗資料館

올레길의 끝. 1878년 세관으로 지워진 서양식 건축물로 현재는 박물관으로 이용되고 있다. 생활용품 관련 유물들 중에는 희귀한 것들이 많다.

Travel Tip

❶ 코스 정보

구치노쓰항 → 야쿠모 신사 → 풍유 갓파상 → 노다 제방 → 노로시야마산 → 환상의 노무키 소나무 → 다지리 해안 → 세즈메자키 등대 → 용나무 군락 → 구치노쓰 등대 → 구치노쓰 역사 민속자료관 (총 10.5km, 3~4시간 소요)

❷ 미나미시마바라 코스 시작점 찾아가기

후쿠오카 하카타역에서 JR 특급 카모메特急かもめ 탑승, 나가사키 역전터미널長崎駅前ターミナル에서는 이사하야로 가는 버스에 탑승하여 이사하야역諫早駅에서 하차한다. 역과 붙어 있는 버스터미널에서 시마테쓰버스島鉄バス로 갈아탄 후 구치노쓰항에서 하차하면 올레 시작점이 보인다.

❸ 식사는 어디서?

시작점인 구치노쓰항을 제외하면 길을 걷는 와중에는 식당이 없다. 간식과 음료수는 필히 챙기자.

시마바라 구조니의 원조
히메마쓰야 姫松屋

시마바라성 입구에 위치한 식당으로 구조니 원조 식당으로 통한다. 구조니는 일종의 떡국으로 시마바라의 향토 요리다. 1637년 시마바라의 난이 일어나자 반란군의 총대장 아마쿠사 시로天草四郎는 3만여 명의 성도들과 함께 하라성에 머무는 동안 산과 바다에서 얻은 다양한 재료와 떡을 넣은 떡국을 먹으며 3개월을 버텼다. 그 음식이 구조니의 유래가 됐다. 이 식당에서는 역사가 깃든 구조니를 자부심을 갖고 만든다. 지역에서 엄선된 채소와 고기, 생선, 떡 등을 푸짐하게 넣고 끓여내 그 맛이 깊고 영양까지 만점이다. 시마바라의 난을 떠올리며 먹으면 더욱 각별한 맛을 즐길 수 있다.

Data **지도** 403C **가는 법** 시마바라역에서 도보 7분
주소 島原市城内 1-1208 **전화** 0957-63-7272 **운영시간** 11:00~19:00
(매월 둘째 주 화요일 휴무) **가격** 구조니 보통 1,200엔, 대 1,400엔

고풍스러운 건축물 감상은 덤
시마바라 미즈야시키 しまばら水屋敷

메이지 시대에 건축된 건물이 고풍스러운 가게. 시마바라의 용수에 쫀득한 찹쌀 경단을 넣어 내놓는 간자라시의 맛은 입안에 살살 녹고, 목으로 넘어가는 느낌이 감미로워 시마바라 여행 시 반드시 먹어봐야 할 향토 간식이다.

Data **지도** 402F **가는 법** 시마바라역에서 도보 8분
주소 島原市万町513 **전화** 0957-62-8555
운영시간 11:00~17:00, 부정기 휴무 **가격** 간자라시 440엔

영양 만점 버섯 버거의 특별한 맛
미난메 키친 みなんめキッチン

맑은 공기와 풍부한 지하수가 넘치는 대자연 속에 들어선 산에스 농장サンエスファーム 내에 들어선 가게. 버섯 공장을 견학한 후에 맛보는 버섯 버거의 맛은 특별하다. 담백하면서도 고소한 맛이 별미다. 표고버섯수프와 아이스크림도 영양 만점 간식.

Data **지도** 406A **가는 법** 미나미시마바라 시청에서 자동차 이용 시 30분 **주소** 南島原市北有馬町甲1414-8 **전화** 0957-84-3846
운영시간 09:00~16:00 **가격** 버섯버거 320엔, 버섯아이스크림 300엔
홈페이지 sanesufarm.jp

SLEEP

아리아케해 전망이 아름다운
하라성 온천 마사고 原城溫泉 眞砂

지하 253m에서 뽑아 올린 온천수로 온천욕을 즐길 수 있는 호텔이다. 이곳 온천은 신경통과 근육통, 관절통 등에 효능을 보이고, 피로 회복에도 특효를 보인다. 아리아케해와 운젠 산맥이 함께 바라다보이는 다다미방에서 아리아케해의 풍부한 해산물과 자연을 듬뿍 담은 재료로 1박 2식을 즐길 수 있는 료칸형 숙소이다. 객실 타입으로는 양식도 있다. 굳이 숙박을 하지 않아도 온천욕을 한 후 향토 요리 구조니를 맛보는 상품도 있다. 미나미시마바라의 해안 절경을 즐기며 드라이브를 하다가 잠시 들러 쌓인 여독을 풀기 좋다. 온천욕 어른 500엔, 어린이 300엔, 3세 미만 무료, 구조니 정식 1,000엔.

Data **지도** 406E **가는 법** 시마바라 시내에서 자동차 이용 시 45분, 구치노쓰항에서 20분 **주소** 南島原市南有馬町丁133 **전화** 0957-85-3155 **운영시간** 체크인 15:00, 체크아웃 12:00, 온천욕 09:00~21:00(숙박객 온천 시간 06:00~22:00) **요금** 1박 2식 10,000엔~ **홈페이지** www.harajoumasago.jp

온천욕과 바다 풍경을 동시에
호텔 시사이드 시마바라 Hotel シーサイド島原

시마바라항에서 가까운 숙소이다. 후쿠오카나 구마모토 방면을 오가는 정기선과 아라아케해의 풍경을 조망하며 머물기 적격이다. 객실에서는 바다가 한눈에 내려다보여 전망이 뛰어나다. 호텔 내에 온천 시설이 있어서 시마바라 온천욕을 즐길 수 있다. 노천탕은 아리아케해가 탕 속으로 들어앉은 듯한 분위기를 느끼게 해준다. 이곳의 온천수는 고농도 탄산 온천으로 피로 회복에 특효가 있다. 숙박이 아니어도 점심과 온천욕을 함께하는 상품이 있어 지나는 길에 들르기 좋다. 실내 분위기는 나무랄 데 없이 깔끔하고, 직원들은 매우 친절하며 식사까지 푸짐하다.

Data **지도** 402I **가는 법** 시마바라외항역에서 도보 10분 **주소** 島原市新湊1-38-1 **전화** 0957-64-2000 **운영시간** 체크인 15:00, 체크아웃 12:00 **요금** 1인실 9,000엔~, 2인실 13,500엔~ **홈페이지** www.seaside-shimabara.com

디톡스 여행을 즐기자
사이카이 西海

규슈 서쪽 끝자락에 위치한 사이카이는 자동차로 돌아보기 좋은 여행지이다. 도시를 탈출해 섬과 섬을 잇는 풍경 속으로 달려가는 기분이 통쾌하다. 서해를 배경으로 펼쳐지는 황홀한 낙조와 오무라만 내해의 신비스러운 소용돌이도 장관을 이룬다. 신비의 동굴 나나쓰가마 종유동굴은 타임터널을 지나듯 경이롭다. 숲 속에 들어선 음욕 박물관에서는 향수 짙은 LP 음악으로 복잡한 마음을 말끔히 샤워하는 느낌이다. 자연에 휩싸인 이사노우라 공원의 바비큐 파티는 디톡스 체험을 선사한다. 공원 내에서 자전거를 빌려 하이킹을 나선다면 묵은 스트레스까지 한방에 날려버릴 수 있다. 사이카이는 이렇듯 아날로그적 휴식이 깃든 여행지이다.

 어떻게 갈까?

사이카이는 대중교통이 불편하다. 서규슈 드라이브 여행을 즐기려는 여행자들에게는 적극 추천! 후쿠오카에서 사이카이 대교까지 가는 경우 해안 경치가 뛰어난 국도 202호를 추천한다(약 2시간 소요). 자동차 전용 도로를 이용할 경우 나가사키공항에서 사이카이 대교까지 1시간, 사가공항에서는 1시간 10분 소요된다.

 어떻게 다닐까?

사이카이는 자동차로 사세보에서 30분, 나가사키에서 1시간 남짓 걸린다. 드라이브를 즐기기 좋다. 자동차로 이동하므로 어느 쪽을 가든 선택의 자유지만 이사노우라 공원에서 숙박을 할 경우 나나쓰가마 종유동굴을 먼저 들른 후에 음욕 박물관을 돌아보는 것이 경로상 편리하다.

두근두근 소용돌이 체험이 짜릿해
사이카이 대교 西海大橋

사세보와 사이카이를 연결하는 길목에는 두 개의 아치교가 놓여 있다. 사이카이 대교는 1955년 준공 당시 총 길이 300m로 고정 아치 다리로서는 세계에서 세 번째라는 기록을 세웠다. 사이카이 대교가 개통되면서 그 주변에 사이카이교 공원이 조성됐다. 사이카이 대교 아래는 소용돌이 명소로 손꼽힌다. 음력 3월 3일이면 사이카이 대교 아래 오무라만 내해에서는 조류와 지형의 영향으로 신비의 소용돌이가 장관을 이룬다. 이 광경을 보기 위해 많은 사람들이 이곳으로 몰려든다. 사이카이교 공원의 전망대는 소용돌이와 사이카이의 풍경을 동시에 즐길 수 있다. 2006년 3월에 완공된 신 사이카이 대교 역시 구 사이카이 대교를 빼닮은 아치형 다리이다. 공원에서 주차장 쪽으로 내려오면 화장실이 나온다. 공중 화장실이라고는 여겨지지 않을 정도로 럭셔리해서 눈길을 끈다. 청결함은 기본. 벽면 곳곳을 장식한 타일 조각이 예술적이다. 화장실 천장에는 유명 브랜드 스피커가 설치돼 있다. 이 화장실 건설비로 '억' 단위의 돈이 들었다고 해 여행객들이 반드시 들르는 곳이다.

Data 지도 415B
가는 법 니시 규슈 자동차도로 다이토大塔 IC에서 20분, 사이카이 펄 라인을 이용할 경우는 고무케小迎 IC에서 3분
주소 佐世保市針尾東町2678

3천만 년 전으로 돌아가는 타임터널
나나쓰가마 종유동굴 七ツ釜鍾乳洞

국가천연기념물로 지정된 총 길이 1,500m 이상의 종유동굴이다. 동굴 성분에 석회조류와 조개 화석이 포함되어 있는 것으로 보아 약 3천만 년 전 해저가 융기한 후 지하수의 침식 작용으로 생성되었으리라 추정된다. 동굴 내부는 연중 온도가 섭씨 15℃를 넘지 않아 한여름 피서가 따로 없을 정도다. 동굴 속에는 맑은 물이 흐르는 약수터를 비롯해 기이한 형상의 종유석들이 신비로운 자태를 드러낸다. 동굴 내의 '청수동'은 관광용으로 공개되고 있는 루트로 그 길이가 약 250m에 이른다. 미리 예약할 경우 청수동과 더불어 지저 터널 관람도 가능하다. 종유동굴 탐방을 끝내고 매점에서 판매하는 탄산수를 사서 마셔보자. 달콤한 맛은 들론 병 속에 구슬이 들어있어 마실 때마다 경쾌한 소리가 난다.

Data 지도 415A
가는 법 사이카이 대교에서 국도 202번 따라 25분 정도 직진
주소 西海市西海町中浦北郷 2541-1 전화 0959-33-2303
운영시간 10~3월 09:00~17:00, 4~9월 09:00~18:00
요금 어른 800엔, 중학생 400엔, 초등학생 200엔, 유아 100엔
홈페이지 www.saikaicity.jp/cave

아날로그적 음악 감상
음욕 박물관 音浴博物館

'음악으로 샤워를 한다.'는 뜻을 지닌 추억의 음악 박물관이다. 음반 수집과 음악에 대한 열정을 가졌던 수집가 구리하라 에이치로栗原 榮一朗의 역사를 고스란히 느낄 수 있는 곳이다. 초등학교 건물이었던 이 건물은 폐교가 되면서 한때 월남전 난민 수용소로 사용되기도 했다. 어느 날 5만여 장의 음반을 소장하고 있던 구리하라가 인터넷에 음반 창고 대여에 관한 글을 띄웠고, 나가사키에서 그에 응답하면서 지금의 음욕 박물관이 탄생하게 됐다. SP 레코드와 LP 레코드 판, 1870년대 에디슨 축음기와 1960년대 후반을 풍미하던 주크박스는 단순히 전시품이 아니라 음악을 생생하게 들려준다. 음악감상실은 아날로그적인 정취가 깃든 공간. 우리나라 가수 백년설과 이난영의 음반을 직접 골라 들을 수 있으니 반갑고 신기하다.

Data 지도 415F 가는 법 사이카이 대교에서 국도를 따라 자동차로 30분 거리
주소 西海市大瀬戸町雪浦河通郷342-80 전화 0959-37-0222 운영시간 10:00~18:00(목요일 휴관)
요금 어른 750엔, 초·중학생 320엔 홈페이지 www.onyoku.org

자연의 품속에서 뛰어놀며 휴식하자
이사노우라 공원 伊佐ノ浦公園

맑은 공기, 숲, 물이 어우러진 휴양 공원이다. 이곳은 사세보 시내에서 자동차로 1시간, 나가사키에서는 1시간 20분 거리에 있어 주말 휴양지로 인기가 높다. 아름다운 자연과 더불어 삼림욕과 낚시, 캠핑 등 다양한 체험이 가득해 가족 나들이로 더할 나위 없이 좋은 곳이다. 드넓은 댐이 공원 중앙에 들어서 있고, 숲 속에는 조용한 코티지와 예쁜 방갈로들이 보석처럼 박혀 있다. 호수가 바라다보이는 푸른 초원 위로는 캠핑장이 펼쳐져 낭만까지 깃든다. 공원 내 체험센터에서 빌려주는 자전거를 타고 호반 주위를 씽씽 달려보자. 오후 햇살에 반짝이는 호수의 물결은 묵은 피로까지 말끔히 가시는 듯하다. 방갈로나 코티지는 여느 호텔의 편의 시설에 뒤지지 않을 정도로 잘 갖춰져 있다. 곳곳에 세워진 바비큐 파티장도 주말 저녁을 화려하게 장식하기에 손색이 없을 정도다. 숙박료가 비교적 저렴하다. 공원 내에 레스토랑이 있어 아침 식사를 쉽게 해결할 수 있다. 공원에서 산책로를 따라 가면 계곡을 가로지르는 출렁다리가 있어 짜릿한 모험심을 불러일으킨다.

Data **지도** 415C **가는 법** 사이카이 대교에서 국도 202번을 따라 가다가 현도 43번을 따라 사이카이시까지 직진(30분 소요) **주소** 西海市西海町中浦南郷1133-48 **전화** 코티지, 방갈로센터 0959-37-9511, 지구 체험 교류 센터 0959-32-9087 **운영시간** 09:00~17:00(부정기 휴무), 코티지 방갈로 사용 시 체크인 12:00, 체크아웃 10:00 **요금** 지구 체험 교류 센터 어른 200엔, 어린이 100엔, 코티지 4인실 15,800엔, 방갈로 7,900엔

EAT

사이카이 대표 해산물 덮밥집
고야스마루 小安丸

바다가 바로 코앞에 펼쳐지는 곳에 위치한 식당. 창이 넓은 다다미방에서 사이카이 앞바다의 풍경을 감상하며 해산물 요리를 먹어보자. 종업원의 친절한 서비스, 정성스럽게 내놓는 음식에 두 번, 세 번 반한다.

Data 지도 415A 가는 법 국도 202를 따라가다가 사이카이 펄 시 라인 경유, 코무케小迎IC 지나 25분 정도 직진하며 바닷가 옆 주소 西海市西海町太田和郷 3852-12 전화 0959-32-9500 운영시간 11:00~22:00(월요일, 월요일이 휴일일 경우 화요일 휴무) 가격 해산물덮밥 1,680엔, 해산물사라다 950엔

드넓은 호수를 전망하기에 으뜸
가잔 Kazan カザン

이사노우라 공원 수변에 위치한 레스토랑. 공원 내 방갈로나 코티지의 숙박객에게 아침 식사를 제공하기도 한다. 햄버그스테이크와 장어덮밥 등을 메뉴로 내놓는다. 차와 함께 달콤하게 구운 과자류를 먹으며 경치 감상도 하고 휴식을 취하기에 안성맞춤이다.

Data 지도 415C 가는 법 이사노우라 공원 내 주소 西海市西海町中浦南郷1133-48 전화 0120-35-9510 운영시간 09:00~17:00(부정기 휴무) 가격 햄버그스테이크 1,500엔

BUY

사이카이 토산품 총집합
사이카이교 물산관 西海橋物産館

사이카이교 공원 입구 휴게소에 들어선 물산관. 사세보 어시장에서 직송된 활어와 신선한 과일, 살아 있는 왕새우 등이 매장 안에 가득하다. 튀겨낸 어묵과 사이카이 캐릭터인 소용돌이 군이 추천하는 과자류를 기념품으로 살 수 있다. 물산관 뒤편에는 사이카이 대교를 감상하는 전망대가 자리한다. 사이카이 여행을 마친 후 돌아가는 길에 기념품을 사기 좋다.

Data 지도 415B 가는 법 사이카이 대교 옆 주소 西海市西彼町西海橋西口 전화 0959-28-0345 운영시간 09:00~17:00 홈페이지 www.saikaibashi-toto.com

동백꽃이 피어나는 기도의 섬
고토 五島

고토는 기도의 섬이라 불린다. 가톨릭의 역사가 깊은 고토 열도에 자리 잡은 교회만 55개. 일본의 기독교 인구가 채 1%도 되지 않음을 감안하면 경이로운 숫자다. 모진 종교 탄압 속에서 250년간 신앙의 끈을 놓지 않았던 신앙의 역사는 프란치스코 교황도 역사의 모범이라 치켜세웠던 바. 육지에서 100km나 떨어진 이 섬으로 순례의 발길이 끊이지 않는 이유이기도 하다. 때 묻지 않은 순수 자연을 간직한 고토는 스페인의 산티아고 순례길에 비견되기도 한다. 고토는 동백의 고장이기도 하다. 섬의 관문인 후쿠에공항 또는 후쿠에항에 도착하면 가장 먼저 여행자를 반기는 건 동백꽃의 환한 미소다. 꽃잎의 가장자리마다 하얀 테두리가 둘러진 동백꽃은 고토에서만 볼 수 있는 특산종. 사철 모진 바람이 몰아쳐도 고토가 삭막하게 느껴지지 않는 것은 섬 자락마다 붉은 물을 들이는 동백꽃 덕이다. 고토의 동백이 유독 붉은 까닭은 수백 년 동안 숨죽여 신앙을 지켜온 기독교인들의 숭고한 신앙을 닮아서인지도 모른다. 이국적인 성당과 천혜의 절경이 쪽빛 바다에 젖어 있는 이곳은 말 그대로 파라다이스! 윤기가 흐르는 고토 우동과 동백기름은 여행자의 얼굴에 투명한 빛을 선사한다. 눈과 입과 피부가 즐거워지는 고토. 이곳에서는 시간마저 아쉬워 더디 간다.

고토 찾아가기

어떻게 갈까?

나가사키에서 100km 떨어진 고토섬으로 가려면 나가사키항에서 후쿠에항으로 가는 배가 가장 저렴하다. 비행기를 이용할 경우 영화에서 등장하는 아주 작은 프로펠러형이라는 점에 유의할 것. 그러나 한국에는 운행하지 않는 비행기고 다이내믹한 여행의 추억을 남길 수도 있으니 비행기도 고려해볼 만하다. 자세한 교통편과 고토 내에서의 교통수단은 고토 관광협회 홈페이지(www.gotokanko.jp)를 참조할 것.

종류	구간	소요시간(기종)	편수/1일	운행회사(Tel)
비행기	나가사키공항 ⇨ 후쿠에공항	30분(프로펠러)	3	ORC (0570-064-380)
	후쿠오카공항 ⇨ 후쿠에공항	40분(제트, 프로펠러)	2	ANA(0959-72-5151) ORC(0570-064-380)
배	나가사키항 ⇨ 후쿠에항	1시간 25분(제트포일)	2	규슈상선 (0952-822-9153)
	하카타항 ⇨ 후쿠에항	8시간 30분(페리)	1	노모에상선 (0959-72-4224)

* 시즌에 따라 나가사키에서 출발하는 제트포일의 경우 편수가 증가하기도 하니 사전에 미리 확인하자.

어떻게 다닐까?

고토는 대중교통이 불편하다. 섬의 면적이 넓고 도로의 기폭이 심해 자전거 여행도 힘들다. 고토 열도의 중심인 후쿠에선 전기자동차를 이용하는 여행이 대중화되어 있다. 교통 시스템이 달라 일본에서의 운전이 부담스러운 사람일지라도 이곳의 도로는 한산하니 도전해볼 만하다. 오히려 한국에서는 아직 대중화되지 않은 전기자동차를 체험해 볼 수 있는 좋은 기회! 전기자동차는 시동을 켠지 모를 정도로 조용하고 승차감도 좋다. 공항 또는 항구에서 렌터카 회사에서 차량을 렌트할 수 있다. 요금은 중형 차량 기준으로 6시간 기준 5천 엔 정도.

| 고토 추천 드라이브 코스 |

후쿠에항→묘조인→도자키 교회→미즈노우라 교회→견당사 후루사토관→이라카와 온천 족탕→이모치우라 교회→오세자키 등대→다카하마 해수욕장→오니다케시키노사토→이시다성 (이시다성 주변은 주차 또는 차량 반납 후 도보 여행)

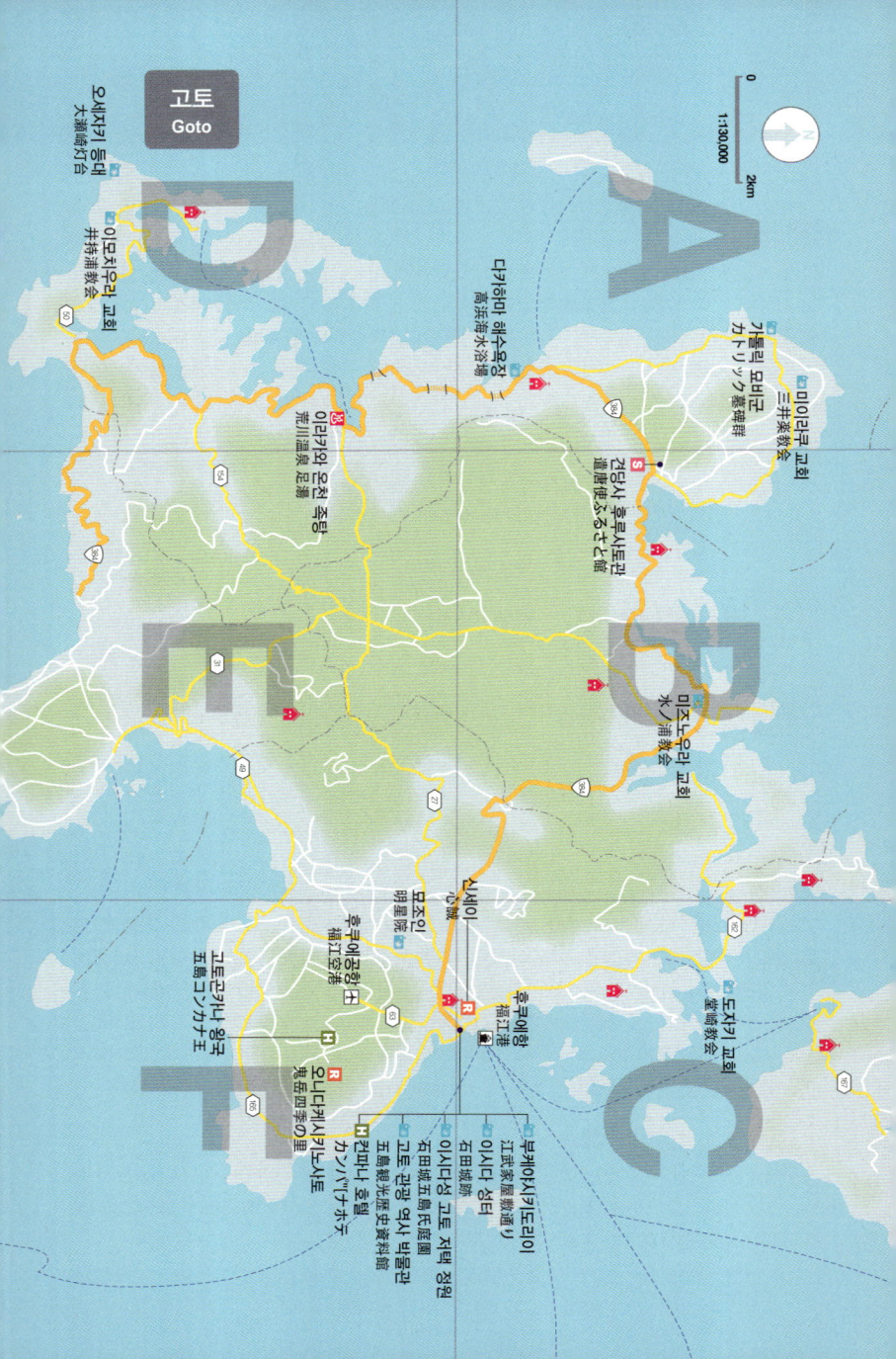

동중국해의 샛별
오세자키 등대 大瀬崎灯台

'일본의 등대 50선'에 드는 등대로 고토를 대표하는 풍경을 볼 수 있다. 등대 자체도 아름답지만 이곳으로 향하는 길이 특히 장관이다. 달리는 내내 바람과 파도가 깎아 만든 150m 높이의 해안 절벽이 아슬아슬하게 이어져 입을 다물지 못하게 한다. 등대는 동중국해로 도드라지게 뻗어나간 해안 절벽 끝에 서 있다. 1879년 처음 불을 밝히기 시작했으며, 1971년 지금의 모습으로 개축되었다. 빛 도달거리가 50km에 이른다 하니 동중국해의 샛별이라 할 만하다. 등대가 서 있는 자리는 규슈 최서단에 위치하기에 해가 가장 늦게 지는 곳으로도 유명하다. 저녁 무렵 붉은 이별을 고하는 이곳의 해넘이 풍경은 곱디고워 사람의 신금을 울린다.

Data 지도 422D
가는 법 후쿠에항에서 자동차 이용 시 1시간 45분
주소 五島市玉之浦町玉之浦

끝없는 백사장과 에메랄드빛 바다의 유혹
다카하마 해수욕장 高浜海水浴場

'일본의 아름다운 길 100선'에 선정된 국도 384호선을 따라 바닷가를 달리다 보면 보석처럼 반짝이는 해변 하나가 차를 멈추게 한다. '일본의 해수욕장 88선'과 '일본의 물가 100선'에 선정된 다카하마 해수욕장이다. 무채색에서 연초록색, 하늘색, 코발트색으로 점점 깊어지는 물빛이 특히 매혹적이다. 해변으로 들어가면 바다는 오히려 신기루처럼 멀어지는 느낌이 든다. 가도 가도 좀처럼 거리가 줄지 않는 백사장 때문이다. 가장 아름다운 시간은 물이 빠지며 백사장이 드러날 때. 촉촉이 젖은 모래밭에 파란 하늘과 해변을 둘러싼 푸른 숲이 담긴다. 하늘과 바다와 산의 경계가 허물어진 모래밭을 거닐자면 '지상낙원'이라는 말이 떠오른다. 오세자키 등대와 더불어 노을이 아름다운 곳으로도 유명하다.

Data 지도 422A
가는 법 후쿠에항에서 자동차 이용 시 45분
주소 長崎県五島市三井楽町貝津

고토 최고의 사찰
묘조인 明星院

고토를 대표하는 사원. 본당은 230년 전 화재로 소실된 것을 재건했으며, 고토에서 가장 오래된 목조 건물이다. 고풍스러운 건물과 소박한 정원에서 우러나는 고즈넉한 분위기가 돋보인다. 본당은 여느 절집에서 보기 힘든 불교 예술의 진수를 품고 있다. 본당 들머리의 위쪽 장식은 용이 아니라 코끼리. 사찰이 건립될 당시 중국이 아니라 남방불교의 영향을 받았음을 짐작할 수 있다. 천장은 나무에 꽃과 새들을 그린 121개의 화조도花鳥圖로 가득하다. 생생한 필채로 채색한 그림은 극락의 빛이 이렇지 않을까 싶을 정도다.

Data 지도 422F 가는 법 후쿠에항에서 자동차 이용 시 15분 주소 五島市吉田町1905
전화 0959-72-2218 운영시간 09:00~17:00 요금 무료

십자가가 서 있는 바다
가톨릭 묘비군 カトリック墓碑群

가는 곳마다 빼어난 풍광을 자랑하는 고토에서 가톨릭 묘비군으로 가는 길은 유독 황량하다. 수백 년 전 종교적 박해를 피해 이곳으로 숨어든 기독교인들의 삶도 이렇게 척박하지 않았을까. 모진 바람을 맞으며 수백 기의 십자가와 성모 마리아 상이 바다를 향해 있는 풍경 앞에 서면 가슴이 뭉클해진다. 십자가를 앞에 두고 바라보는 노을이 유독 붉다.

Data 지도 422A 가는 법 후쿠에항에서 자동차 이용 시 45분 주소 五島市三井楽町渕ノ元

여행의 피로를 씻다
이라카와 온천 족탕 荒川温泉 足湯

이라카와는 1856년에 발견되었으며, 일본의 최서단에 있는 온천으로 유명하다. 마을버스 정류장에는 대기실을 겸한 소박한 족탕이 마련되어 있다. 지역 주민들의 수더분한 대화에 묻혀 족탕에 발을 담그자면 몸도 마음도 편안해진다. 이곳에서 마을 안으로 조금만 들어가면 영화 세트장 같은 오래된 골목을 만날 수도 있다.

Data 지도 422D 가는 법 후쿠에항에서 자동차 이용 시 35분 주소 五島市玉之浦町荒川276-7 운영시간 09:00~17:00 요금 무료

THEME

오래된 성터를 걷다,
❖ 고토 도보 여행 ❖

후쿠에항 주변은 역사 유적이 많다. 이시다성은 일본에서 유일하게 삼면이 바다로 둘러싸인 해성이다. 축성 9년 만에 메이지 유신으로 해체되었지만 돌다리와 성벽 등이 그대로 남아 있다. 성곽 내에는 고토 가문 30대 당주의 별장이었던 이시다성 고토 저택 정원이 그림같다. 성곽 밖은 무사들이 살았던 부케야시키도리다. 눈길을 모으는 것은 담장 위에 층층이 쌓인 달걀 모양의 돌들. 앙증맞은 모습과는 달리 적이 침입했을 때 땅으로 떨어져 비상 상황을 알리는 경계병 역할을 했다.

고토 도보 여행 추천 코스

관광 안내소에 한글로 된 '고토시 관광 명소 안내도'가 비치되어 있다. 이를 보면 어렵지 않게 도보 여행을 즐길 수 있다. 추천 코스 소요시간은 약 2시간 30분.

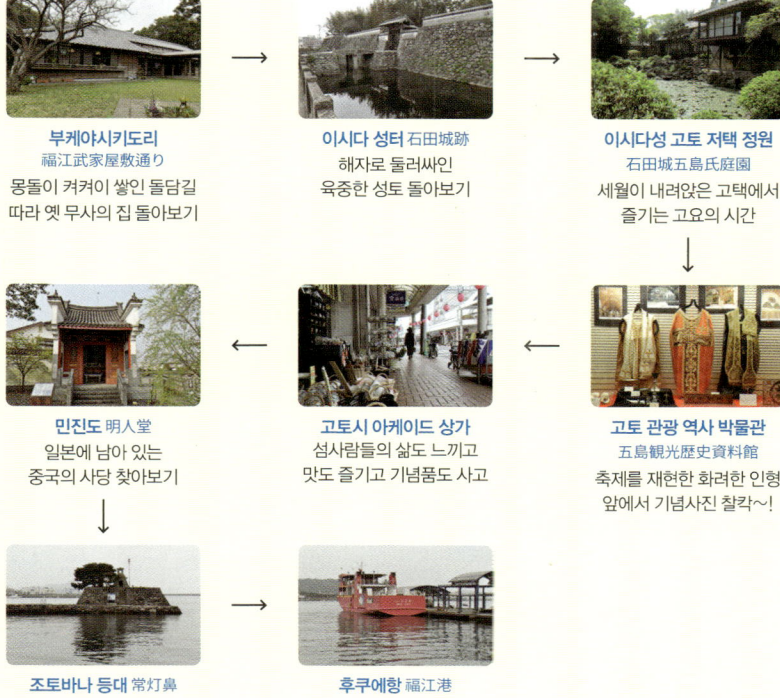

부케야시키도리 福江武家屋敷通り
몽돌이 켜켜이 쌓인 돌담길 따라 옛 무사의 집 돌아보기

→ **이시다 성터** 石田城跡
해자로 둘러싸인 육중한 성토 돌아보기

→ **이시다성 고토 저택 정원** 石田城五島氏庭園
세월이 내려앉은 고택에서 즐기는 고요의 시간

↓

고토 관광 역사 박물관 五島観光歴史資料館
축제를 재현한 화려한 인형 앞에서 기념사진 찰칵~!

← **고토시 아케이드 상가**
섬사람들의 삶도 느끼고 맛도 즐기고 기념품도 사고

← **민진도** 明人堂
일본에 남아 있는 중국의 사당 찾아보기

↓

조토바나 등대 常灯鼻
옛 등대가 서 있는 고즈넉한 바다에 젖어보기

→ **후쿠에항** 福江港
고토의 토산품과 기념품 구매하기

기도의 섬 고토의 교회 순례

고토는 '기도의 섬'이라 불린다. 섬 자락을 한 굽이 돌아갈 때마다 바다를 향해 서 있는 교회는 섬의 일상적인 풍경이다. 그러나 일본 전체 인구 중 기독교 신자 비율이 채 1%도 되지 않는다는 점을 떠올리면 상당히 이채로운 풍경이기도 하다. 나가사키현의 성당 138개 중에 55개가 고토에 몰려 있으니 놀랍기까지 하다. 이곳의 기독교 역사는 1563년 선교사가 영주의 가족을 치료하면서 시작된다. 한때는 영주가 세례를 받을 정도로 교세를 확장했다. 그러나 막부가 1614년 금교령을 내리고 기독교 박해를 시작하자 신자들은 모습을 감췄다. 이후 규슈 본토에서 3천여 명의 신자들이 박해를 피해 이곳 오지로 숨어들었다. 수백 년이 지난 1873년 금교령이 폐지되자 사라진 줄 알았던 신자들이 모습을 드러냈다. 성직자도 없이 무려 250년 동안 신앙을 지켜온 것이다. 가난했던 그들은 끼니를 걸러 가며 돈을 모았다. 돌이 많은 곳에선 돌로, 나무가 많은 마을에서는 나무로 성당을 지었다. 이 성당들은 나가사키현의 성당들과 더불어 현재 유네스코 세계문화유산 잠정 목록에 등재되었다. 고토는 한국의 천주교 신자들이 순례 여행으로 많이 찾고 있으며, 종교를 떠나서도 들러볼 만하다. 에메랄드빛 바다를 향해 서 있는 성당을 따라 고토의 청정한 자연을 누비자면 그 누구의 마음에도 깊은 평화가 찾아든다.

도자키 교회 堂崎教会

1873년 금교령 해제 후 고토에 최초로 세워진 교회. 이 지역 기독교 신앙의 요람이 되어 왔으며, 현재는 고토의 기독교 역사와 자료를 전시하고 있는 자료관 역할을 하고 있다. 붉은 벽돌로 지은 고딕 양식의 교회와 앞마당까지 들어온 바다가 어우러져 서정시 같은 풍경을 자아낸다.

Data 지도 422C
가는 법 후쿠에항에서 자동차 이용 시 15분
주소 五島市奥浦町2015
전화 0959-73-0705
운영시간 09:00~18:00(동절기 ~16:00)
요금 성인 300엔, 청소년 150엔

미이라쿠 교회 三井楽教会

고토에서 막부 말기 일어난 가혹한 기독교 박해의 현장인 미이라쿠 감옥터 근처 자리한 교회. 금교령이 해제된 후 신도들이 목조 양식으로 지었다 한다. 그 후 신도가 증가하면서 개축을 거듭하다 1970년 태풍에 피해를 입어 현재의 벽돌 양식으로 다시 지었다. 고풍스럽지는 않지만 고토의 바닷가에서 모은 조개껍데기로 외벽을 장식한 모자이크 성화로 유명하다.

Data 지도 422A 가는 법 후쿠에항에서 자동차 이용 시 35분 주소 長崎県五島市三井楽町岳1420
전화 0959-84-2099

이모치우라 교회 井持浦教会

프랑스의 루르드Lourdes를 모방해서 지은 고토 최초의 로마네스크 양식의 교회. 안뜰에는 고토 각지에서 모은 돌로 만든 샘이 있다. 샘은 병의 치료에 신통하고 묘한 효과가 있다는 루르드의 '기적의 샘'에서 가져온 물을 부어 완성했다. 이 때문에 지금도 각지에서 많은 순례자들이 방문하고 있다. 본래의 교회는 1987년 태풍에 피해를 입었고, 지금의 모습은 이듬해 개축한 것이다.

Data 지도 422D **가는 법** 후쿠에항에서 자동차 이용 시 1시간 **주소** 五島市玉之浦町玉之浦1243 **전화** 0959-87-2023

미즈노우라 교회 水ノ浦教会

언덕 위에 서 있는 하얀 교회. 파란 하늘을 뒤로하고 있는 모습은 그 자체로서 한 폭의 그림이 된다. 주위에 아름다운 정원이 있어 화사한 꽃들이 피고지며, 교회가 바라보는 방향으로 바다가 찰랑인다. 교회 안은 스테인드글라스를 통해 들어온 빛으로 인해 장엄의 극치를 이룬다. 가슴이 북받칠 정도로 아름다워 발길이 떨어지지 않는 곳이다.

Data 지도 422B
가는 법 후쿠에항에서 자동차 이용 시 25분
주소 五島市岐宿町岐宿1644
전화 0959-82-0103

TIP 정숙은 필수~! 교회 순례 에티켓

도자키 교회를 제외하면 대부분의 성당은 보통 오전 9시에서 일몰 시까지 자유로이 관람할 수 있다. 대부분 문화재로 지정된 건물이니 집기류나 건물을 만지지 말자. 신성한 종교 장소에서 정숙은 기본이다. 특히 미사 중일 경우 내부 관람은 삼가자.

일본 3대 우동의 맛!
오니다케시키노사토 鬼岳四季の里

고토 우동은 사누키讚岐, 이나니와稲庭와 더불어 일본 3대 우동으로 손꼽힌다. 이 지역에서 난 동백기름을 발라가며 면을 손으로 늘인 후 바닷바람에 말려 제조하는 게 가장 큰 특징. 덕분에 면발에 윤기가 흐르고 잘 퍼지지 않으며 쫄깃하다. 오니다케시키노사토 우동은 날치로 우린 육수를 사용하기 때문에 깔끔하다. 카레우동, 미역우동 등 다양한 종류가 있지만 고토 소고기우동을 추천한다. 나가사키현 내에서도 고토에서 생산되는 흑우는 질과 맛이 탁월하기로 유명하다. 우동과 살살 녹는 고토 소고기를 동시에 즐길 수 있다. 식사 후에는 고토의 관광 명소로 손꼽히는 기생화산 '오니다케鬼岳'의 독특한 풍광을 바라보며 동백 숲을 산책할 수 있으니 금상첨화.

Data **지도** 422F **가는 법** 후쿠에항에서 자동차 이용 시 20분 **주소** 五島市上大津町2873-1 **전화** 0959-74-5469 **운영시간** 09:00~18:00 **가격** 고토 우동 500엔, 고토 소고기우동 700엔, 고토 우동과 어묵튀김 세트 800엔

청정한 고토의 바다 향이 가득!
신세이 心誠

고토 근해에서 잡힌 생선으로 다양한 요리를 내놓는다. 가장 인기 있는 음식은 솥밥. 1인용의 제법 큼직한 솥에 밥을 지어 내며, 밥 위에는 생선이나 조개가 가득 올라간다. 뚜껑을 여는 순간 고소한 밥 내음과 상큼한 바다 향이 동시에 풍겨 군침부터 삼키게 된다. 가리비, 새우, 도미, 연어, 바지락, 성게, 소라 등 솥밥에 올라가는 해산물은 개인의 취향에 따라 직접 고를 수 있다. 주문을 받은 후 밥을 짓기 시작하기 때문에 음식이 나오기까지 최소 30분 이상 기다려야 한다. 솥밥이 나오기를 기다리는 동안 학꽁치, 생굴 등 계절에 맞는 활어회를 곁들이면 밥과 술자리 모두를 만족할 수 있다. 솥밥은 2인 이상만 주문 가능하다.

Data **지도** 422C **가는 법** 후쿠에항에서 도보 20분 **주소** 五島市福江町10-5 **전화** 0959-74-3552 **운영시간** 11:30~13:30, 17:00~22:00 **가격** 바지락솥밥 1,000엔, 생선회솥밥 1,900엔

고토의 토산품이 한자리에
견당사 후루사토관 遣唐使ふるさと館

고토에는 여러 곳의 토산품 가게가 있다. 그중 견당사 후루사토관이 매장도 넓고, 가장 많은 물건들을 구비하고 있다. 가장 눈에 띄는 토산품은 예로부터 질 좋기로 유명했던 고토의 동백기름이다. 한국에서도 드라마 〈대장금〉에 출연했던 주연배우가 동안 피부의 비결로 이를 주목하면서 미용 제품으로 각광받았다. 후루사토관에서는 동백기름을 이용한 샴푸, 보습제, 비누 등 십수 가지에 이르는 제품을 만날 수 있다. 일단 테스트 제품을 손등에 바르고 저녁 즈음 확인해 보면 보드라워진 피부를 직접 확인할 수 있다. 이외에도 해마다 일본 소주 콘테스트에서 입상을 한 보리소주, 선이 섬세하고 광택이 좋은 산호 액세서리, 찐 고구마와 찹쌀로 만든 간코로떡, 인절미와 팥고물이 환상적으로 조화된 찬코로 등을 추천한다. 후쿠에공항과 후쿠에항에서도 토산품점이 있으니 이곳을 이용해도 좋다.

Data 지도 422B
가는 법 후쿠에항에서 자동차 이용 시 35분
주소 五島市三井楽町濱ノ畔 3150-1 **전화** 0959-84-3555
운영시간 09:00~18:00
요금 동백비누 300엔~

TIP 여행 비용 20% 할인 효과를 누릴 수 있는 시마토쿠!

시마토쿠는 나가사키현 섬에서 현금처럼 사용할 수 있는 일종의 유가 증권. 5천 엔을 주면 6천 엔의 시마토쿠로 교환해주니 이를 잘 활용하면 20% 할인된 가격에 고토 여행을 즐길 수 있다.

SLEEP

고토 최고의 힐링 플레이스
고토 곤카나 왕국 五島コンカナ王

고토 유일의 리조트. '왕국'이라는 이름에 걸맞게 양실과 다다미방, 통나무로 지은 산장 분위기의 펜션 등 다양한 객실을 갖추고 있다. 기생화산인 오니다케를 배경으로 한 독특한 풍광과 여유로운 정원, 25m에 이르는 어린이용 수영장 등의 주변 환경과 시설도 만족스럽다. 가장 매력적인 공간은 온천. 노천탕 안에 몸을 두고 일본 최서단의 맞는 노을의 아름다움은 각별하다. 밤하늘의 은하수를 마주하면 감격스럽기까지 하다. 적갈색 노천탕은 피부를 수축하는 미용 효과가 탁월해 여성들에게 특히 인기 만점. 여기에 고토의 특산품인 고급 동백기름으로 마사지까지 하고 나면 몰라보게 투명해진 피부를 바로 실감할 수 있다. 고토의 청정한 바다에서 난 해산물을 주로 내놓는 웰빙 밥상까지 받아 보면 더 바랄 게 없다.

Data **지도** 422F **가는 법** 후쿠에항에서 자동차 이용 시 20분 **주소** 五島市上大津町2413
전화 0959-72-1348 **운영시간** 15:00~11:00 **요금** 숙박료 1인 9,500엔~, 에스테틱 20분 3,000엔~
홈페이지 www.conkana.jp

고토시 최고의 전망을 자랑하는
컨파나 호텔 カンパーナホテル

고토 중심가에 자리 잡은 호텔. 객실도 깔끔하고 널찍하다. 문만 열고 나가면 고토 최고의 번화가로 식당, 술집, 쇼핑 등 도시의 다양한 편리함을 누릴 수 있다. 가장 큰 장점은 청결한 객실과 고토가 한눈에 내려다보이는 전망. 특히 대욕탕의 경우 온천은 아니지만 그곳에 앉아 고토 위로 지는 노을을 바라보며 여행의 피로를 씻을 수 있다.

Data 지도 422C
가는 법 후쿠에항에서 도보 5분
주소 五島市東浜町1丁目1-1
전화 0959-72-8111
운영시간 15:00~10:00
요금 1인 7,500엔~ 홈페이지
www.campanahotel.com

TIP 고토시의 저렴한 숙박 시설

고토에는 화려하거나 모던한 호텔은 드물다. 건물은 오래되었지만 4,000~6,000엔 정도에 묵을 수 있는 저렴한 비즈니스호텔이나 민박집이 많으니 참고하자.

숙소명	주소	전화	특징
에밀리 비즈니스호텔 エミリービジネスホテル	五島市栄町4-5	0959-72-5211	최고 번화가인 아케이드 상가 거리에 위치
비즈니스호텔 아일랜드 ビジネスホテルアイランド	五島市中央町1-15	0959-72-2600	고토의 명소인 후쿠에성 근처에 위치하며 청결한 편
고토 다이이치 호텔 五島第一ホテル	五島市栄町6-19	0959-72-3838	저렴한 가격에 조식을 선택해 먹을 수 있다
민박 사카노우에 民宿坂の上	五島市上大津町1076-1	0959-72-5418	가정집에 묵는 듯 소박한 느낌의 민박
샤토인후쿠에 シャトーイン福江	五島市武家屋敷1丁目7-12	0959-72-3151	객실이 넓고 쾌적하며 양실 모두 더블침대
비즈니스호텔 라운드 인 Round-inn	五島市末広町2-18	0959-72-5722	고토 시내에 위치하며 객실은 작지만 청결한 편

발길 닿는대로 파라다이스
이키 壱岐

이키는 일본 열도와 대륙을 잇는 바닷길 중간에 위치한 작은 섬이다. 고대에는 지리적 이점을 이용해 강력한 해상왕국으로 번영을 누렸다. 섬의 곳곳엔 지금도 당시의 고색창연한 유적으로 가득하다. 탁월한 자연 경관도 빼놓을 수 없다. 해안 길을 달리자면 각기 다른 개성을 지닌 눈부신 백사장과 해안절벽이 줄을 잇는다. 그 옛날 조선 통신사 등이 일본과 교류할 때 이 섬을 징검다리 삼아 갔다.

 ### 어떻게 갈까?

나가사키공항에서 이키공항까지 경비행기가 오가지만 대부분 여행자들은 배를 많이 이용한다. 후쿠오카시의 하카타항博多港에서 이키까지 하루 평균 4편의 배가 운항하며, 소요시간은 약 2시간. 가라쓰시의 가라쓰동항唐津東港에서는 하루 평균 5편의 배가 운항하며, 소요시간은 약 1시간 40분이다. 계절, 날씨에 따라 배의 운항이 달라지니 자세한 사항은 선박운항회사 홈페이지(www.kyu-you.co.jp)를 참조하자. 부산, 경남에서 배편으로 규슈를 여행할 사람이라면 쓰시마에서 이키로 향하는 배편도 있다는 점을 알아두자.

 ### 어떻게 다닐까?

이키를 여행하는 방법은 크게 3가지. 렌터카, 정기 관광버스, 자전거다. 길이 번잡하지 않아 드라이브를 즐기기에 부담이 없다. 정기 관광버스를 이용한다면 도착 시간과 출발 시간을 고려해 코스를 짜야 한다. 1박 2일 여행자들에게 추천하는 교통수단은 자전거. 이키는 경사진 길이 드물고 섬에서 모두 전기자전거를 대여하므로 긴 길을 달려도 체력에 부담이 가지 않는다. 이키 관광연맹 홈페이지(www.ikikankou.com)를 방문하면 상세한 설명이 나와 있으니 자신의 스타일에 맞는 여행 코스를 짜는 데 큰 도움을 얻을 수 있다.

 SEE

서유기의 손오공이 눈앞에!
사루이와 猿岩

어느 나라건 해안 절경이 아름답다 하는 곳에 원숭이바위 하나 정도는 있기 마련. 원숭이 모양 바위라 했을 때 약간 식상한 느낌이 든다. 그러나 사루이와 앞에 서면 실재의 원숭이와 똑같은 모습에 깜짝 놀라지 않을 수 없다. 해안 절벽의 높이만 해도 50m가 넘는다. 전설에 의하면 태초에 하느님이 이 섬을 만들었을 때 떠내려가지 말라고 주변에 여덟 개의 기둥을 세워놓았다 한다. 그때 만든 기둥 중 하나가 사루이와라고. 주변에 드넓은 초원이 펼쳐져 있고, 바다 전망도 뛰어나다. 서해에 접해 있어 아름다운 저녁노을을 볼 수 있다.

Data 지도 433C 가는 법 고노우라항에서 자동차 이용 시 20분 주소 壱岐市郷ノ浦町新田触890-2

정말 도깨비의 발자국?
오니노아시아토 鬼の足跡

오니노아시아토는 도깨비 발자국이라는 의미다. 이키에는 유독 도깨비에 관한 전설이 많다. 이곳은 옛날 엄청난 크기의 도깨비가 고래를 잡으려고 안간힘을 쓰다 생긴 자국이라고. 땅 속으로 움푹 들어간 웅덩이의 깊이는 무려 30m, 둘레가 110m. 웅덩이의 한쪽이 바다 쪽으로 뚫려 있어 신비로움을 더한다. 혹시라도 웅덩이에 빠지지 않을까 조마조마해 가며 둘레를 걷다 바다를 바라보면 커다란 고릴라바위가 웃고 있다. 사루이와와 더불어 이키를 대표하는 풍경이다.

Data 지도 433C 가는 법 고노우라항에서 자동차 이용 시 15분 주소 壱岐市郷ノ浦町渡良東触牧崎

전설 따라 이어지는 압도적인 해안 절벽
사쿄곶 左京鼻

옛날 이키에 큰 가뭄이 들었다. 섬의 지도자가 간절히 기우제를 지냈으나 비는 오지 않았다. 책임감을 느낀 그는 바다로 몸을 던졌고 그때야 큰 비가 내렸다고. 몽돌 해변 위로 위압적인 해안 절벽이 1km 가까이 이어지는 사쿄곶에 내려오는 전설이다. 절벽 끝에는 샤토곶 용신左京鼻龍神이라 쓰인 빨간 도리이가 바다에 간절한 기원을 올리듯 서 있다. 천생 하늘과 바다에 의존해 살아야 하는 섬사람들의 삶을 닮아서일까. 바람에 길들여져 바람결로 자라는 초목들이 마음을 쨍하게 한다. 까마득한 절벽 아래에는 기둥을 묶어놓은 모습의 기암이 솟아 있다. 이키의 창조신화에서 섬이 떠내려가지 않도록 세웠다는 전설의 기둥 중 하나다. 본래 검은 현무암이지만 가마우지들의 배설물로 하얗게 변해 더욱 신비로워 보인다.

Data **지도** 433D **가는 법** 고노우라항에서 자동차 이용 시 25분
주소 壱岐市芦辺町諸吉本村触

선사 시대 박물관이 재미없다는 편견은 버려라!
이키국 박물관 一支国博物館

세계적인 건축가 구로카와 키쇼黒川紀章가 설계했다. 주위의 산세를 따라 곡선을 그리는 천연 잔디 지붕이 인상적이다. 박물관에 들어서면 이키의 선사 유적을 소개하는 영화가 상영된다. 영화가 끝나면 스크린이 열리며 실재 히라노쓰지 유적이 창밖에 모습을 드러낸다. 이처럼 흡인력 있는 관람 동선 때문에 여행자는 한눈팔 새가 없다. 소장 유물과 이를 복원하는 모습을 볼 수 있도록 통유리로 해놓은 박물관 수장고는 세계적으로도 드문 형태. 가장 눈길을 모으는 유물은 얼굴 모양 토기다. 강원도의 오산리 선사 유적에서 출토된 토기와 너무 흡사해 수수께끼를 던진다.

Data **지도** 433D **가는 법** 고노우라항에서 자동차 이용 시 20분 **주소** 壱岐市芦辺町深江鶴亀触515-1
전화 0920-45-2731 **운영시간** 08:45~17:30(월요일, 월요일이 공휴일인 경우 화요일,
12월 29~31일 휴무) **요금** 어른 410엔, 고교생 310엔, 초·중학생 210엔

선사 시대의 마을 속으로~!
하루노쓰지 유적 原の辻遺跡

이키는 삼국지 위서 동이전 왜인전에서 언급한 섬나라 일지국—支國으로 추정되는 곳. 섬 한복판에서 발견된 청동기 시대 유적을 당시의 모습으로 완벽하게 복원한 유적이 하루노쓰지. 규모가 놀랍기도 하거니와 복원된 유적에서 한국의 솟대와 흡사한 모습의 나무새가 보여 신기하다.

Data 지도 433D 가는 법 고노우라항에서 자동차 이용 시 20분 주소 壱岐市芦辺町深江鶴亀触 1092-1 전화 0920-45-2731

지중해빛 환상
트윈스 비치 ツインズビーチ

두 개의 해수욕장이 연달아 있어 트윈스 비치라 부른다. 첫 번째 해변은 백사장이 넓고 물결이 잔잔해 해수욕하기 좋다. 이곳에서 한 굽이 돌아가면 깜짝 선물처럼 해변이 또 하나 나온다. 밀가루처럼 고운 백사장에 앉아 바라보는 이국적인 풍경은 아무리 보아도 질리지 않는다.

Data 지도 433C
가는 법 고노우라항에서 자동차 이용 시 10분
주소 壱岐市郷ノ浦町渡良東触

끝없는 백사장을 거닐다
쓰쓰키하마 해수욕장
筒城浜海水浴場

이키 최고의 해변. 백사장이 600m에 걸쳐 드넓게 펼쳐진다. 앞에는 바다가, 뒤로는 두터운 송림이 펼쳐져 이곳의 모래는 유독 하얗게 빛난다. 파도가 잔잔해 아이들과 해수욕을 즐기기에 적당하다. 특히 에메랄드빛 물빛이 매혹적이어서 아무것도 하지 않고 바다만 바라보아도 좋다.

Data 지도 433F
가는 법 고노우라항에서 자동차 이용 시 25분
주소 壱岐市石田町筒城東触

발목까지 빠지는 푹신한 모래밭
구요시하마 해수욕장
清石浜 海水浴場

사쿄곶 바로 아래에 있는 해변. 드넓은 백사장과 작은 포구, 등대, 그 너머로 하늘을 빼닮은 바다가 펼쳐지니 해변은 그대로 한 폭의 수채화다. 그 위에 갈매기들이 내려앉으며 완벽한 그림을 완성한다. 발을 디디면 발목까지 빠질 정도로 푹신한 백사장도 매력적. 해수욕보다는 서정적인 풍경에 취해 잠시 쉬었다 가기 좋은 곳이다.

Data 지도 433D 가는 법 고노우라항에서 자동차 이용 시 30분 주소 壱岐市芦辺町芦辺浦

이상하고 신비로운
오니노이와야 고분 鬼の窟古墳

주민들은 이렇게 큰 굴을 만들 수 있는 존재는 도깨비 밖에 없을 거라 하여 '도깨비굴'이라고 부른다. 안으로 들어서면 커다란 돌을 쌓아 만든 거대한 고분이라는 것을 알 수 있다. 하루노쓰지 유적을 돌아본 후 이곳에 오면 고조선에서 신라 시대로 넘어온 기분이 들기도 한다. 주변에 거대한 고분들이 이어진다.

Data 지도 433C 가는 법 고노우라항에서 자동차 이용 시 20분 주소 壱岐市芦辺町国分本村触

바다를 향한 간절한 염원
하라호게 지장 はらほげ地蔵

지옥에서 중생을 구한다는 지장보살 여섯이 바다를 향해 서 있다. 이곳에 세워진 지장보살상은 조각품이 아니라 사람 모양을 닮은 자연석이다. 그 위에 일본 불교에서 불상에 옷을 입히는 관습에 따라 빨간 옷을 입혔다. 밀물 때면 바다를 향해 물그림자를 드리우는 지장들의 모습이 장엄해 보인다.

Data 지도 433D 가는 법 고노우라항에서 자동차 이용 시 25분 주소 壱岐市芦辺町八幡浦

이키가 한눈에 보이는 전망대
다케노쓰지 岳の辻

이키에서 가장 높은 곳. 해발 212.8m로 다케노쓰지에 올라서면 섬을 360° 파노라마로 내려다볼 수 있다. 날씨가 맑은 날에는 쓰시마와 규슈 본토도 볼 수 있다. 전망대 아래에는 오래된 봉수대와 용광대신龍光大神이라 쓰인 신사가 자리하고 있다. 우람한 동백나무가 호위하고 있는 신사의 신은 비바람을 다스린다고 한다.

Data 지도 433E
가는 법 고노우라항에서 자동차 이용 시 10분
주소 壱岐市郷ノ浦町永田触・志原南触 요금 무료

이국에서 만난 한국인들의 애절한 사연
대한민국인 위령비
大韓民國人慰靈碑

8·15 해방 후 일본에서 귀국하던 한국인들이 탄 배가 이 인근에서 좌초되어 160여 명이 사망했다. 그들의 넋을 위로하기 지역 주민들이 위령비를 세우고 지금까지 관리하고 있다. 조국의 땅을 다시 밟아보지도 못한 그들을 생각하면 가슴이 아리다. 구요시하마 해수욕장 맞은편 비포장길로 들어가면 위령비가 서 있다.

Data 지도 433D 가는 법 고노우라항에서 자동차 이용 시 30분 주소 壱岐市芦辺町芦辺浦

일본의 채석강!
구시야마 해수욕장 串山海水浴場

이키에서 가장 북쪽에 위치한 해수욕장. 이곳으로 향하는 길에 만나는 해안 절벽은 그야말로 장관이다. 백사장이 그리 고운 편은 아니지만 해변을 둘러싼 절벽이 굉장히 독특하다. 알록달록한 바위 결이 켜켜이 쌓여 마치 잡지책을 산처럼 쌓아놓은 것처럼 보인다. 이곳에 갔다면 바닷가에 널린 작은 몽돌들을 유심히 살펴보자. 운이 좋다면 자연적으로 구멍이 뚫린 몽돌을 발견할 수도 있다. 그대로 목걸이로 사용해도 좋을 정도로 예쁘장하다. 물론 보는 것으로만 만족할 것!

Data 지도 433A **가는 법** 고노우라항에서 자동차 이용 시 30분 **주소** 壱岐市勝本町東触

돌고래들의 재롱에 웃다
이키 돌고래 파크 壱岐イルカパーク

돌고래를 아주 가까이서 볼 수 있다. 그냥 돌고래 구경만 해도 좋겠지만 이왕 이곳까지 갔다면 돌고래 먹이주기 체험을 해보자. 10:00, 13:00, 16:00에 체험이 진행되며 입장료와는 별도로 요금을 내야 한다. 그 외에 토, 일, 공휴일에는 오전과 오후에 돌고래 쇼를 벌이기도 한다. 그러나 공원의 규모도 작고 돌고래의 수가 적으니 화려한 쇼를 기대하지 말자.

Data 지도 433A
가는 법 고노우라항에서 자동차 이용 시 30분
주소 壱岐市勝本町東触 **전화** 0920-42-0759
운영시간 08:30~17:00 **입장료** 500엔

서정적인 풍경이 돋보이는 포구
가쓰모토항 勝本港

잔잔한 포구의 정취가 마음에 와닿는 곳이다. 수많은 오징어잡이 배, 그리고 등대와 해변이 있는 거리는 인테리어용 풍경화에서 보았던 그림을 닮았다. 포구 귀퉁이에는 그 옛날 조선 통신사를 영접했다는 아미타당阿彌陀堂이 자리잡고 있다. 그 옆으로 조금만 더 가면 삼한을 정벌했다는 전설의 인물인 진구 황후를 모신 성모궁聖母宮이 있어 묘한 대비를 이룬다.

Data 지도 433A
가는 법 고노우라항에서 자동차 이용 시 25분
주소 壱岐市勝本町勝本浦554

아이스크림처럼 살살 녹는 이키규
우메시마 うめしま

일본에서 세 손가락 안에 든다는 명품 소고기가 사가규다. 이키에서 생산되는 소고기는 사가규 못지않은 질과 맛으로 유명하다. 맛의 비결은 풀에 있다. 이키의 흑우들은 바닷바람을 맞으며 자라 미네랄 함량이 월등이 높은 목초를 먹고 자란다. 우메시마는 목장에서 직영하는 이키우 전문 식당. 식당 안에 진열된 무수한 트로피와 상장으로 이 목장에서 생산하는 소고기의 질을 짐작할 수 있다. 명성 그대로 소고기를 한 점 입 안에 넣자마자 사르르 녹는다. 가격까지 착해 마음을 흐뭇하게 한다.

Data 지도 433D 가는 법 고노우라항에서 자동차 이용 시 25분
주소 壱岐市芦辺町箱崎中山触2604-86 전화 0920-45-3729
운영시간 11:30~15:00, 17:30~21:30(수요일 휴무)
가격 우메시마 런치 1,500엔, 특선 로스 정식 2,800엔

이키의 신선한 해산물이 가득!
하라호게 식당 はらほげ 食堂

히라보케 지장보살이 있는 바닷가 근처 맛집. 식당 분위기는 투박한 편이지만 맛만큼은 화려하기 이를 데 없다. 해녀들이 많기로 유명한 마을에 자리 잡은 식당답게 해녀와 어부가 청정 바다에서 건져낸 생산과 조개 등을 밥상 가득 내놓는다. 이키에서 특히 유명한 해산물은 성게. 신선한 생선회와 더불어 냉동하지 않은 성게를 덮밥으로 내놓는 정식은 이키의 바다를 그대로 담았다. 이키 두부도 빼놓을 수 없다. 일본의 두부는 대부분 말랑말랑하지만 이키 두부는 한국의 손두부처럼 단단한 편. 맛도 시골할머니가 직접 만든 두부처럼 고소하다.

Data 지도 433D 가는 법 고노우라항에서 자동차 이용 시 30분 주소 壱岐市芦辺町諸吉本村触1307
전화 0920-45-2153 운영시간 10:00~20:00 가격 소라덮밥 1,000엔, 성게알비빔 정식 1,750엔,
날성게알 정식 2,700엔, 이키 두부 600엔

이것이 일본의 원조 보리 소주!
이키노쿠라 주조 주식회사
壱岐 の蔵酒造株式会社

500년 이상의 역사를 지닌 이키의 소주는 일본 보리 소주의 원조. 이키노쿠라에서 생산하는 소주의 특징은 지하 130m에서 뽑아낸 천연수를 사용한다는 점. 전통 소주의 제조법을 지키면서 저온 발효, 자체 개발한 증류법 등으로 한층 향이 깊은 술을 생산하고 있다. 공장에 들르면 이곳에서 생산된 소주의 시음이 가능하며 공장 견학도 가능하다. 소주가 숙성되고 있는 거대한 나무통 앞에 서면 탄성이 절로 나온다. 가장 중요한 것은 소주의 맛. 이키 소주의 달달하면서도 풍부한 향에 빠져들면 과음할 수 있으니 유의할 것.

Data 지도 433D **가는 법** 고노우라항에서 자동차 이용 시 10분 **주소** 壱岐市芦辺町湯岳本村触520 **전화** 0920-45-2111 **운영시간** 09:00~17:00(1월 1일, 3월 8일, 8월 15일 휴무) **요금** 이키 소주 500엔~ **홈페이지** www.ikinokura.co.jp

TIP

❶ 개성 있는 선물, 이키 소주과자&가스마키 岐市焼酎スイーツ&かすまき
부드러운 카스텔라 안에 팥소가 가득 들어간 가스마키. 이키에서만 볼 수 있는 이키 소주과자. 카스텔라에 이키 소주의 향을 풍성하게 입혔다. 은은하게 소주의 향이 밴 촉촉한 과자의 맛은 의외로 별미. 낱개로 포장된 빵마다 각기 다른 소주의 향이 배어 있다는 점도 재미있다. 무알코올이니 취할까 걱정할 필요도 없으니 개성 강한 선물을 원하는 이들에게 제격이다. 이와 함께 이키에서 보리 소주를 생산하는 공장의 대표 제품을 미니병에 담은 이키 소주 세트를 곁들이면 조합이 완벽해진다. 섬의 대형 마트에서 쉽게 구입할 수 있다.

❷ 시마토쿠
시마토쿠는 나가사키현에 속한 섬에서 현금과 똑같이 사용할 수 있는 일종의 유가 증권. 5천 엔을 주면 6천 엔의 시마토쿠로 교환할 수 있다. 이를 잘 이용하면 20% 저렴하게 이키 여행을 즐길 수 있다. 각 항구의 관광 안내소에서 구입 가능하다.

SLEEP

바다를 앞에 두고 낭만 캠핑
만남의 장 出会いの村

방갈로와 호텔, 캠핑장을 두루 갖춰 객실 선택의 폭이 넓은 숙소. 정갈한 객실과 수려한 자연 환경에 비해 비교적 저렴하게 묵을 수 있다. 일반적인 숙박 대신 캠핑을 선택해도 후회 없다. 드넓은 캠핑장과 공동 취사장을 갖추고 있으며, 텐트와 요리 가능한 캠핑 용품은 물론이요, 침낭까지 대여 가능하다. 데아이노무라 외에 쓰쓰키 캠핑장, 구시야마 캠핑장, 소이 공원 캠핑장 등도 추천할 만하다. 캠핑은 용품 대여를 포함해 4인 기준 6천~7천 엔을 예상하면 된다.

Data 지도 433C **가는 법** 고노우라항에서 자동차 이용 시 15분 **주소** 壱岐市郷ノ浦町新田触492 **전화** 0920-46-0789 **운영시간** 16:00~10:00 **요금** 2인 1실 4,200엔~, 방갈로(6인 기준) 15,400엔 **홈페이지** www.deainomura.com

천연 온천이 주는 감미로운 휴식
국민숙사 이키시마소
国民宿舎 壱岐島荘

온천과 질 높은 식사를 즐길 수 있되 여느 여관보다 가격이 저렴하다. 이키시마소는 바다가 훤히 보이는 멋진 전망, 여유롭게 즐길 수 있는 천연 온천이 장점이다. 꼭 이 숙소에 묵지 않더라도 이곳으로 올라가는 길의 갈림길에 무료로 즐길 수 있는 족탕을 기억해 두었다 한번 들러볼 것.

Data 지도 433C **가는 법** 고노우라항에서 자동차 이용 시 20분 **주소** 壱岐市勝本町立石西触101 **전화** 0920-43-0124 **운영시간** 16:00~10:00 **요금** 2인 1실 식사 불포함 11,000엔~ **홈페이지** ikijimasou.com

이키의 밤거리를 즐기기 좋은 비즈니스호텔
이키 다이이치 호텔 壱岐第一ホテル

건물과 객실 비품은 오래되었지만 객실이 비교적 넓은 편이고 침구류도 정갈하다. 가장 큰 장점은 이키에서 가장 번화한 고노우라항에 위치해 있어 교통이 편하고 시가지를 산책하기 좋다. 이곳어 여장을 푼 후 늦게까지 문을 여는 선술집에서 술 한잔 기울여 보자.

Data 지도 433E **가는 법** 고느우라항에서 도보 10분 **주소** 壱岐市郷ノ浦町本村触519-7 **전화** 0920-47-1221 **운영시간** 15:00~10:00 **요금** 1인실 5,400엔, 2인실 9,720엔 **홈페이지** www.ikiyukawaonsen.jimusho.jp/ikidai1hotel.html

후쿠오카 사가 나가사키
여행 컨설팅

후쿠오카카, 사가, 나가사키는 해외여행이 처음인 사람이라도 부담 없이 도전해볼만한 여행지다. 주요 역이나 여행지마다 한국어 이정표와 안내 표지판이 서 있다. 제주 가는 시간이면 이국의 언어로 가득한 공항에 도착할 수 있다는 점도 매력적! 몇 가지 유의사항만 체크하고 가벼운 마음으로 규슈 행 비행기에 몸을 실어보자.

D-60
MISSION 1 여행일정을 계획하자

1. 여행의 형태를 결정하자
해외여행은 패키지와 자유여행으로 나눌 수 있다. 패키지여행의 경우 자유여행에 비해 저렴하고 특별한 준비 없이 가이드만 따라다니면 되니 편하다. 대신 자신의 취향과 상관없이 정해진 틀에 따라 움직여야 한다. 여행상품을 선택할 경우 턱없이 저렴하다 싶은 상품은 주의해야 한다. 숙소와 식사가 부실하거나 현지에서 실비로 추가 부담해야 하는 옵션이 많을 수 있다. 가격보다는 여행의 구성을 유심히 볼 것. 동일한 기간 동일 여행지를 다루는 패키지 상품을 세 개 정도 뽑아본 후 비교해 보면 좋은 여행상품에 대한 감을 잡을 수 있다. 패키지여행을 계약한 후 취소할 경우 상당한 취소수수료를 물어야하니 유의하자. 자유여행은 항공권 예약에서부터 숙소 예약 및 일정 등을 모두 스스로 준비해야 한다. 대신 자신의 취향에 맞는 여행을 즐길 수 있어 좋다. 버스를 타거나 음식을 사먹으며 현지의 문화와 사람들의 체취를 온 몸으로 느낄 수 있어 더욱 매력적이다.

2. 출발일을 결정하자
규슈의 관문인 후쿠오카시로는 비행기 운항편수가 꽤 많으니 비행기 운항 여부에 신경 쓸 필요 없이 나의 일정에 맞춰 자유로이 날짜를 정하면 된다. 비행기 운임이 가장 비싼 시기는 주말과 성수기다. 일본의 명절이나 연휴기간에는 주요 관광지의 숙소를 구하는 것도 힘들고 가격도 오른다. 보다 알뜰한 여행을 하려면 성수기와 주말, 일본의 명절과 연휴 기간을 피하도록 하자. 부산, 경남 인근지역에 사는 여행자라면 부산항에서 후쿠오카로 가는 배가 매일 운항하니 이를 이용하는 것도 좋다.

3. 여행기간을 결정하자
인천공항에서 후쿠오카공항까지 비행시간은 대략 1시간 20분 정도. 다른 해외여행지에 비해 항공운임료가 저렴하고 시차도 없으니 제주 여행 가듯 부담 없이 다녀올 수 있다. 후쿠오카에서 서쪽으로 가장 끝인 나가사키까지는 기차로 두 시간이면 도착할 수 있으니 현지에서의 이동 시간도 부담 없다. 잠시 이국의 바람이라도 쐴 요량이라면 1박 2일 후쿠오카에서의 쇼핑도 좋다. 최첨단 도시적 분위기가 매력적인 후쿠오카시에서 일본 전통의 문화가 살아있는 사가현을 거쳐 일본 속 유럽이라 불리는 나가사키까지. 긴 호흡의 여행을 한다면 서규슈의 다양한 문화적 스펙트럼을 만끽할 수 있다. 시간이 없으면 없는 대로 있으면 있는 대로 여행일정을 꾸릴 수 있는 곳이 후쿠오카, 사가, 나가사키다.

D-40
MISSION 2 여행예산을 짜자

1. 항공권, 승선권은 얼마나 할까?
항공권이든 승선권이든 여름 휴가철과 방학, 연휴, 연말연시 등 성수기에는 요금이 만만찮다. 주말에도 가격은 성수기와 비슷한 수준이 된다. 저가 항공사라 해서 모든 좌석이 저렴한 것이 아니다. 할인이 많이 되는 좌석은 한정되어 있으니 여행기간이 정해졌다면 항공권을 미리 구입하자. 얼리버드나 이벤트 기간의 할인티켓을 잘 활용하면 평소보다 비교적 싼 값에 후쿠오카 행 항공권을 구입할 수도 있다. 승선권의 경우도 항공권처럼 예약을 서두를수록 저렴한 좌석을 얻을 확률이 높아진다. 특가 좌석의 경우 부산항에서 후쿠오카항 왕복 요금이 10만 원대다.

2. 숙박비는 얼마나 들까?
묵는 곳에 따라 천차만별이다! 비즈니스 호텔을 선택한다면 조식 포함 1인당 평균 5천엔 남짓한 금액을 예상하면 된다. 그러나 료칸에 숙박할 경우 못해도 1인당 2만엔 가량의 금액을 예상해야 한다. 후쿠오카시를 제외한 지역에는 저렴하게 묵을 수 있는 게스트하우스가 극히 드물다.

3. 식비는 얼마나 들까?
싸게는 300엔에서 비싸게는 1만엔까지!! 먹기 나름이다. 라멘의 경우 600~800엔을 예상하면 된다. 돈가스, 카레 등의 메인 메뉴와 국물, 간단한 반찬까지 곁들인 제대로 된 식사의 경우 평균 1,000~1,300엔 정도다. 럭셔리한 식당에서 정식코스를 즐기려 한다면 2천엔 이상을 예상해야 한다.

4. 교통비는 얼마나 들까?
교통비 절약여부에 따라서 저녁식사의 질이 달라질 정도로 일본의 교통비는 비싸다. 각종 교통 할인 패스 이용은 기본이다. 규슈레일패스나 산큐패스는 한국의 여행사를 통해 구입하면 일본에서보다 더 할인받을 수 있으니 미리 구입하는 게 좋다. 여기에 치밀한 이동 전략이 있어야 교통비를 제대로 절감할 수 있다. 후쿠오카 공항에 도착해 나가사키를 여행하고 운젠과 히라도를 돌아보는 여행일정을 예로 들어보자. 보통 후쿠오카에서 나가사키까지는 기차가 빠르고 편한 편이다. 그러나 운젠과 히라도는 기차가 운행되지 않는 지역이라 버스로 이동해야 한다. 이 경우에는 규슈레일패스보다는 산

큐패스를 이용해 후쿠오카↔나가사키, 나가사키↔운젠, 히라도를 버스로 여행하는 게 낫다. 노면전차로 나가사키시를 여행한다면 구간마다 전차표를 끊을 것 없이 1일 이용권을 이용한다. 한 도시만 오래 머물 사람은 니마이킷뿌를 끊어 이용하면 된다.

5. 입장료 얼마나 들까?

하우스텐보스를 제외한다면 입장료가 비싼 곳이 드물다. 시설에 따라 다르지만 관람료는 200~500엔 정도. 패스를 구입하면 할인혜택을 받을 수 있는 관광지들이 있으니 사전에 체크해 이를 활용하자.

6. 비상금은 얼마나 가져갈까?

소규모 가게나 시골 지역의 경우 식당은 물론 숙소도 신용카드 결제가 불가한 곳들이 있다. 특히 섬에서는 신용카드 결제가 불가한 곳들이 더욱 많은 편. 섬 여행을 할 경우 기상에 따라 발이 묶일 때가 있으니 여유 있게 현금을 챙겨가는 게 좋다. 시골이라도 규모가 큰 쇼핑센터, 그리고 대도시의 경우 대부분의 상점에서 신용카드 결제가 가능하다. 다만 가맹점마다 일정 카드만 결제되는 경우가 많으니 되도록 비자VISA, 마스터MASTER 등 다양한 카드를 챙겨가는 것이 좋다.

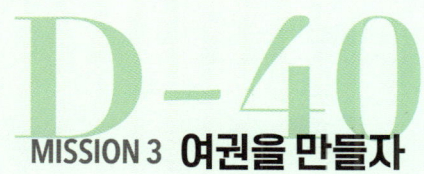

MISSION 3 여권을 만들자

항공권과 승선권은 물론 숙소를 예약할 때도 여권이 필요하다. 해외여행이 처음인 사람이라면 여권부터 만들자. 또 이미 여권을 가지고 있어도 유효기간 확인이 꼭 필요하다. 종종 유휴기간이 얼마 남지 않아 낭패를 보는 수가 있다.

1. 어디서 만들까?

대도시는 대부분의 구청, 지방에서는 도청이나 구청에 설치된 여권과에서 신청하여 발급받을 수 있다. 신청 후 발급받는데 걸리는 시간은 대략 3~7일 정도 소요된다. 질병, 장애의 경우, 18세 미만 미성년자를 제외하면 본인이 신분증을 지참하고 직접 방문하여 신청해야만 한다. 소요 비용은 전자여권(10년)의 경우 53,000원이다.

2. 어떤 서류를 준비할까?

일반인 여권발급신청서(발급처에 비치되어 있으니 방문하여 곧바로 작성 가능), 신분증, 가족관계 기록사항에 관한 증명서, 여권용 사진 2매(6개월 이내 촬영한 사진). 이 외에 18~37세 남성의 경우 주민등록초본 또는 병적증명서가 필요하다.

미성년자 여권발급에 필요한 기본신청서 외에 여권발급동의서가 필요하다. 여권발급동의서는 친권자, 후견인 등 법정대리인이 작성한 경우에만 유효하다. 법정대리인이 직접 찾아가 발급받는 것이 복잡한 서류를 갖출 일 없어 가장 편리하다.

병역미필자 18~24세 병역미필자는 일반인과 동일한 방법으로 신청하면 된다. 25~37세 병역미필남성은 국외여행허가서와 국외여행허가증명서가 있어야 한다. 병무청 홈페이지에서 신청서를 작성하면 이틀 후 홈페이지에서 출력할 수 있다. 국외여행허가서는 여권발급 시 제출하고, 국외여행허가증명서는 출국하면서 공항에 있는 병무신고센터에 제출한 후 출국신청을 마치면 된다.

3. 비자 VISA

일본은 한국과 비자면제협정을 체결하고 있어 여권만으로도 90일 이내의 단기체류가 가능하다. 단, 여권의 만료일이 최소 3개월 이상 남아 있어야 한다.

4. 해외에서 여권을 분실했다면?

호텔 등에서 체크인 할 때도 여권을 요청하므로 여권을 분실했을 경우 해외여행을 계속하기 곤란하다. 어쩔 수 없이 한국 대사관이나 영사관에 가서 여권 재발급신청서를 제출해야 한다. 분실했을 경우 우선 현지 경찰서에 가서 분실신고를 하고 여권분실증명서를 발급받는다. 여권분실증명서가 나오면 여권용 사진 2매를 가지고 영사관이나 대사관에 가서 여권재발급 신청서를 제출한다. 이 경우 여권번호와 발행 일자를 알아야 하므로 미리 여권의 사본을 준비해두거나 휴대폰으로 촬영을 해두는 것이 좋다. 돌아오는 비행기의 예매확인증도 복사해두는 게 좋다.

D-30

MISSION 4 항공권 및 승선권을 확보하자

1. 어떻게 살까?

같은 날짜에 출발하는 동일한 비행기라 해도 좌석과 구매하는 시점에 따라 항공권의 가격이 달라진다. 원하는 날짜에 여러 항공사의 항공권 가격을 비교해보자. 저렴한 가격의 항공권과 좌석의 유무 여부를 한눈에 어림잡아 볼 수 있다. 마음에 드는 항공권이 있을 경우 해당 사이트에서 바로 예약하여 구매해도 좋고, 항공사 홈페이지에 접속해서 구입해도 좋다. 항공권을 구매하였다 해도 계속 할인항공권을 취급하는 사이트에 접속해 보는 게 좋다. 때로는 같은 날짜에 출발하는 아주 저렴한 항공권이 나오기도 한다. 이때는 기존 항공권을 취소한 후 저렴한 항공권을 새로 구입하는 것이 금전적으로 유리하다.

2. 어떤 표를 살까?

저가항공사를 이용하는 것이 경제적이다. 인천 ↔ 후쿠오카공항은 대한항공, 아시아나항공, 티웨이항공, 제주항공이 매일 운항하며 운항편수도 많다. 부산 ↔ 후쿠오카공항은 에어부산이 매일 운항한다. 주요 여행지 중 거리적으로 가장 먼 후쿠오카시에서 나가사키시까지는 기차로 2시간 소요되고 교통편도 잦다. 할인교통패스를 이용해 여행할 거라면 굳이 여행지에서 인접한 공항만 고집할 필요는 없다.

3. 좌석을 사전에 확정하자

홀로 자유여행을 할 경우 가운데 자리는 매우 불편하다. 또 개인마다 창가, 통로 등 좋아하는 비행기 좌석이 있기 마련. 인터넷을 통하여 항공권을 구매를 완료한 후에는 곧바로 내가 앉을 좌석까지 확정할 수 있다. 잊지 말고 원하는 자리도 챙길 것.

4. 주의할 점은?

항공권의 조건을 확인하자
저렴한 항공권일수록 취소 수수료가 더 높아진다. 날짜 변경 또는 취소가 불가한 경우도 많다. 불의의 사정에 의해 귀국하는 비행기에 탑승하지 못했을 경우에도 항공권이 무효화되는게 보통이다. 구매하기 전 항공권의 조건을 꼭 확인하자. 할인항공권을 취급하는 사이트를 통하여 항공권을 예매하는 경우 각각 예약한 사이트가 다르더라도 동일 항공사에 이중 예약하면 모두 취소되는 경우도 있으니 유의하자.

발권일을 지키자
항공권을 예매했더라도 예약 후 정해진 시간 내에 결제를 하고 발권을 마쳐야 한다.

항공권에 적힌 영문이름을 확인하자
항공권의 이름은 여권에 적힌 이름과 동일해야 한다. 스펠링 하나라도 틀릴 경우 입국심사 시 입국이 불허될 수 있다. 사전에 이를 확인하고 이상이 있을 경우 항공사에 전화하여 이름을 바로잡도록 한다.

항공권 구매 사이트
인터파크투어 tour.interpark.com
온라인투어 www.onlinetour.co.kr
네이버 항공권 flight.naver.com

5. 승선권은 어떻게 구입하나?

부산 ↔ 하카타 구간을 배로 이용하면 항공료보다 더욱 저렴하게 오갈 수 있다. 단, 기상상황에 따라 배가 결항될 수 있다. 각 선사별 홈페이지에서 승선권을 구매할 수 있으며 예매를 서두르면 부산 ↔ 후쿠오카 왕복 승선권을 10만원 대에 정도에 구입할 수 있다. 단 일반권이 아니라 할인승선권을 구입할 경우 현지에서의 체류 기간이 14일 이내로 제한된다.
코비호(부산 ↔ 후쿠오카) www.kobee.co.kr

D-30
MISSION 5 숙소를 예약하자

1. 일본 숙소의 종류
호텔
한국의 호텔과 똑같다 생각하면 된다. 후쿠오카시에서는 외국계 호텔도 많이 들어와 있어 선택의 폭이 다양하다. 머무름을 중요하게 생각하는 여행자들에게 적합하다.

비즈니스 호텔
주로 일본인들이 출장 중 이용하는 소규모 호텔. 저렴한 가격과 프라이버시 보장, 알찬 시설 때문에 여행자들에게도 인기가 높다. 호텔마다 조금씩 차이가 있지만 보통 코인으로 이용할 수 있는 세탁실이 갖춰져 있으며, 객실에서 와이파이 사용이 가능하거나 인터넷 선이 연결되어 있고, 로비에는 고객용 컴퓨터와 자료를 출력할 수 있는 프린터도 갖춰져 있다. 간단한 조식도 제공되며 대부분 지역의 교통요지인 역이나 버스터미널 앞에 위치해 있다는 점도 매력적이다. 토요코 인 같은 곳이 대표적인 예. 단, 일본의 비즈니스 호텔들은 한국과는 달리 객실과 욕실이 매우 비좁다.

료칸
일본의 전통적인 숙박시설. 단순한 숙박시설이라기 보다는 일본의 전통과 관습, 예의, 생활양식을 경험해 볼 수 있는 여행코스로 사랑받는 곳이기도 하다. 료칸마다 정교하게 가꾼 일본식 정원을 갖추고 있는 곳이 대부분이며 객실은 다다미방 형태다. 료칸에서 가장 기대되는 부분 중 하나가 각 집마다 로컬 푸드를 이용해 내놓는 가이세키 요리다. 맛도 맛이지만 그릇과 음

식이 완벽하게 조화를 이룬 차림새는 먹기에 아까울 정도다. 숙박료의 가장 큰 부분도 바로 이 요리가 차지한다. 저녁 후에는 직원이 이부자리를 곱게 봐준다. 보통 1박 2식이 포함되며 식사의 종류에 따라 가격이 달라지기도 한다. 보통은 한 방에 두 명 이상부터 손님을 받는 경우가 대부분이라는 것을 기억해두자. 한국인들의 경우 짧은 밤과 저녁식사로 료칸 숙박을 마치는 경우가 많다. 여유로운 시간을 가지고 료칸의 건물과 정원, 음식, 온천의 아름다움을 충분히 즐기는 것이 좋다.

2. 어떻게 예약할까?
호텔 예약사이트를 적극 활용하자
전 세계를 아우르는 호텔 예약사이트를 이용하면 여행하고자 하는 지역의 호스텔에서 료칸까지 다양한 숙소의 정보를 한눈에 확인할 수 있다. 숙소의 외관과 부대시설, 룸 상태, 가격 등을 비교해 볼 수 있으니 유용하다. 이곳을 통해 예약을 하면 어느 정도 가격할인도 받을 수 있다.

호텔 자체 내 프로모션을 살펴보자
호텔 예약사이트에서 마음에 드는 호텔을 결정했다면 바로 예약하지 말고 해당 숙소의 홈페이

지에 들어가 보자. 호텔마다 나름대로의 프로모션을 진행하는 경우가 있다. 특히 비성수기에는 파격적인 조건의 할인혜택을 주는 경우가 많다. 호텔 예약사이트와 숙소 자체의 홈페이지 가격을 비교해 본 후 보다 나은 조건을 내건 곳에서 예약할 것.

항공사 또는 여행사의 에어텔 상품을 활용하자
항공사나 여행사마다 주요여행지의 숙소를 프로모션 가격으로 제공하곤 한다. 이런 숙소들의 경우 청결과 친절 등이 검증된 편. 가격도 개인이 예약하는 것보다 저렴한 경우가 많다.

3. 예약완료 버튼을 누르기 전에 다음 사항을 체크하라

호텔의 위치
해외여행을 하면서 가장 불편한 점 중 하나가 무거운 짐이다. 특히 도보여행자의 경우 되도록 자신이 이용할 주된 교통수단(기차역, 버스역)과 가까운 곳에 숙소를 정하는 게 좋다. 대부분의 숙소에서 체크인 시간 전이라도 짐 보관 서비스를 해주기 때문이다. 아무리 저렴해도 역에서 먼 경우 숙소까지 오가는 교통비와 시간을 감안하면 여느 숙소와 가격이 똑같아지기도 한다.

금연룸 선택
대부분의 숙소는 금연룸을 따로 운영하고 있다. 금연룸을 선택하지 않을 경우 담배냄새로 가득한 복도를 공유해야 한다. 가격은 똑같으니 비흡연자라면 되도록 이를 선택할 것.

4. 숙소예약 인터넷 사이트
호텔스닷컴 www.hotels.com
부킹닷컴 www.booking.com
아고다 www.agoda.com

MISSION 5 여행정보를 수집하자

1. 여행서를 참조하자
많은 시간을 들이지 않고 여행지의 특성과 전체적인 주요 여행지, 맛집 등 종합적인 정보를 손쉽게 얻을 수 있다. 여행서가 제안하는 코스가 마음에 들지 않는다면 우선 마음에 드는 곳을 추려보자. 이후 검색을 통해 내 스스로의 여행코스를 짜도 좋다. 물론 이때도 다양한 정보를 얻는데 여행서가 큰 도움이 된다.

2. 구글 검색을 활용하자
여행지의 가장 정확한 정보는 해당 지자체나 관광협회의 홈페이지에서 얻을 수 있다. 서규슈의 지자체 중에서는 한국어 홈페이지를 운영하는 곳들도 있다. 그러나 일본어 홈페이지에 비해 자료가 적은 편. 한국 포털사이트에서는 기존 한국어로 작성된 정보들만 검색 가능한 경우가 대부분이다. 구글에서 여행하고자 하는 곳을 검색해보자. 검색창에 해당 지자체나 관광협회를 검색한 후 검색결과 옆의 파란색 글씨인 'Translate this page'를 누르면 정확하지는 않아도 의미는 충분히 통할만큼 자동 번역된 정보를 얻을 수 있다.

3. 스마트폰을 활용해보자

후쿠오카시 등의 자자체에서는 한국어로 된 관광 어플을 제작해 무료 배포하고 있다. 그 외 소규모 지자체에서도 스마트폰용 어플을 제공하는 곳도 있다. 소유하고 있는 스마트폰 앱스토어에서 가고자하는 여행지명을 한글로 검색해 보자. 필요한 정보를 핸드폰으로 손쉽게 얻을 수 있다. 해외여행을 하면서 가장 고민되는 부분이 교통수단. 규슈의 전철이나 지하철 노선과 시간 등을 검색해주는 앱을 미리 다운받아 간다면 편리하게 사용할 수 있다. 일본여행끝판왕(맛집), 재팬 트랜짓(Japan Transit, 지하철 앱), 재팬 오피셜 트래블(Japan Official Travel, 일본정부관광국 앱) 등도 유용한 어플이다.

D-15
MISSION 7 각종 증명서를 발급받자

1. 여권

여권은 항시 휴대하는 것이 좋다. 이미 숙박료를 완납했더라도 체크인 시 여권을 제시해야 한다. 초, 중, 고등학생인 경우 나이를 증명하면 할인혜택을 받는 경우도 많다.

2. 국제운전면허증

렌터카 여행을 하려면 필수적으로 갖춰야 한다. 여권, 운전면허증, 반명함판사진 1장, 수수료 8,500원을 준비해가면 운전면허시험장 또는 경찰서민원실에서 발급 받을 수 있다. 면허증을 발급받았다면 여권의 이름과 국제면허증의 이름 철자가 같은지 확인해야 한다. 철자 하나라도 다를 경우 일본에서 무면허로 적발될 수 있다. 또 일본에서 운전할 경우 국제면허증과 더불어 국내운전면허증과 여권도 함께 소지하고 있어야 한다.

3. 여행자보험

교통사고, 지진 등에 의한 상해, 도난 등 만일의 사태를 대비하여 여행자보험을 가입해 두는 것이 좋다. 타인에 의한 사고가 아니라도 환경의 변화 때문에 갑자기 지병이 도지는 경우도 발생할 수 있다. 일본의 의료비는 상당히 비싼 편이니 보험을 가입해 두면 사고 시 큰 도움을 받을 수 있다.

보상 내용을 따져보자
최대 2억원, 3억원 보장이라는 말에 현혹되지 말자. 이는 사망할 경우 그 정도 액수를 보상한다는 이야기일 뿐이다. 여행지 사고에서 정작 필요한 것은 상해, 도난 등에 대한 보상이다. 여행자보험료가 높아지는 원인은 보통 도난보상 항목 때문이다. 고가의 장비들을 구비하고 해외에 간다면 만일을 대비하여 보험료가 비싸지더라도 도난 시 보상이 높은 상품을 선택하는 것이 좋다.

보험은 미리 가입하자
여행자보험은 인터넷이나 여행사를 통해 가입할 수 있다. 출발 직전에 공항에서도 보험가입을 할 수 있다. 하지만 인터넷을 통해 가입하는 것보다 훨씬 비싸니 사전에 가입하자.

증빙서류를 확실히 챙기자
보험증서와 비상연락처를 잘 챙겨두자. 또 사고로 다쳤을 경우 경찰서와 병원에서 받은 증명서와 영수증을 꼭 챙겨야 보상을 받을 수 있다. 도난의 경우 경찰서에 신고를 해서 도난증명서를 발급받아야 보상이 가능하다. 서류 미비 시 보상받을 수 없다.

보상금 신청은 어떻게 하나
귀국 후 보험회사의 홈페이지 등을 통하여 청구서류를 다운받아 이를 작성하고 관련증빙서류를 첨부하여 보상신청절차를 받는다. 도난의 경우 경찰서 서류를 발급받을 때 발급 서류에 '분실Lost'가 아니라 '도난Stolen'으로 기재되었는지 꼭 확인해야 한다. 그래야 보상을 받을 수 있다.

4. 비짓재팬 웹 등록하기
일본에 입국하려면 사전에 비짓재팬 웹(www.vjw.digital.go.jp)을 통해 등록한다. 먼저 계정을 만든 후 이용자 정보, 입국 및 귀국 일정, 일본 내 숙소 등 여행정보를 등록한다. 그 다음 입국 심사, 세관 신고 등록을 순서대로 진행한다. 심사 완료 후 각 심사 완료 화면을 캡처해서 준비한다. 코로나 3차 접종 및 접종 증명서 등록은 2023년 5월 8일로 없어졌다.

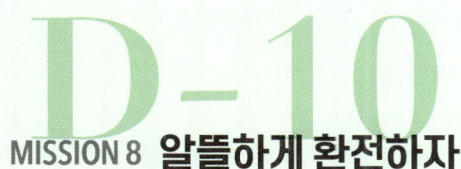

MISSION 8 알뜰하게 환전하자

현금 Cash
일단 일본여행을 갈 마음이 굳어졌다면 방송을 유심히 살펴보자. 엔화가 가장 싸졌다는 시점에 환전을 한다면 앉아서 여행경비를 절약할 수 있다. 환전하는 액수가 적다면 굳이 시간과 교통비를 낭비해가면서까지 먼 곳의 은행을 이용할 필요가 없다. 원화를 엔화로 환전하는 경우 국내에서 하는 것이 좋다. 은행마다 다르긴 하지만 일본 내에서 원화를 엔화로 환전하면 수수료가 터무니 없다 싶을 정도로 비싸다.

신용카드 Credit Card
무엇보다 뭉칫돈을 들고 다닐 필요가 없어 편하다. 환율이 하락했을 때에는 현금을 사용한 것보다 오히려 이득을 볼 수도 있다. ATM기 사용도 가능하니 비상금용으로도 현금을 준비해가는 것보다는 신용카드 한 두 장이 부담 없고 편하다. 하지만 한국에서와는 달리 일본에서는 신용카드 결제가 불가능한 가게들이 많다는 점에 유의할 것. 은행에 따라 한 종류의 카드만 이용 가능한 곳도 있으니 비자, 마스터 등 다양한 카드를 준비해 가는 것이 현명하다.

현금카드 Debit Card
내 통장의 잔고에서 곧바로 현지 ATM기에서 엔화로 인출할 수 있다. 한국에서 미리 환전할 필요가 없다는 점에서 편리하다. 단, 해외 인출이 가능하려면 카드 뒷면에 'Plus'나 'Cirrus' 글자가 새겨져 있어야 한다. 최근에는 후쿠오카 같은 도시에서는 네이버페이나 카카오페이, 애플페이를 활용해 지불하는 여행자도 늘고 있다. 해외여행에 특화된 체크 카드 트레블로그를 이용하면 세븐일레븐 편의점에서 환전, 결제 현금인출까지 할 수 있다.

MISSION 9 여행가방 완벽하게 꾸리기

해외여행을 떠나려면 준비할 서류와 챙겨가야 할 물건이 의외로 많다. 출발 당일은 설렘과 서두름 때문에 한두 가지 물건을 빠뜨리기 일쑤. 체크리스트를 만들어 놓고 일주일 전 여행 가방을 꾸리는 것이 좋다.

잊지 말고 챙겨야할 준비물
여권 없을 경우 출국 자체가 불가능하다. 분실을 대비해서 스마트폰으로 사진을 찍어두거나 복사본을 준비해 두자. 또 현지에서 사진을 찍기 여의치 않을 경우도 있으니 여권용 사진 2장을 준비해가는 것도 좋다.
항공권 공항으로 출발 전 항공권을 예매가 확실히 이뤄졌는지 반드시 확인해 두자.
여행경비 현금, 신용카드, 현금카드 등을 꼼꼼히 챙기자. 분실을 대비해서 신용카드나 현금을 가방과 지갑 등에 분산해 두는 것도 좋다.
각종증명서 여행자보험, 호텔예약확인증 등의 서류를 꼼꼼히 챙기자. 렌터카 여행을 할 경우 국제면허증과 더불어 국내면허증도 챙겨야 한다. 렌터카 여행을 하지 않더라도 한국에서의 주민등록증이나 운전면허증 등을 소지해가면 뜻밖의 상황에서 도움이 되는 경우가 있다.
어댑터 및 충전기 일본에서는 한국에서와는 달리 플러그 모양이 11자이다. 일본 현지에서는 한국의 전자제품에 맞는 플러그를 구입하기 쉽지 않으니 일명 '돼지코'라 불리는 플러그를 준비해가자. 가볍고 부피도 작으니 휴대폰, 노트북, 카메라 배터리 등 충전할 것이 많을 경우 여유 있게 챙겨가는 것이 좋다. 출국 전 공항의 편의점 등에서 살 수 있다. 물론 각종 전자제품 충전기를 챙겨가는 것도 잊지 말 것!

의류 및 신발 한국의 제주 정도의 날씨를 생각하면 된다. 등산 등을 하지 않을 경우라면 계절에 맞는 복장이면 된다. 호텔 등에서의 식사가 예정되어 있다면 예의에 어긋나지 않게 정장 분위기가 나는 복장을 한 벌 준비해 가자.

가방 큰 가방 외에 지갑과 여권 등 귀중품을 넣고 다닐 작은 가방 하나도 챙겨가는 게 좋다. 도보여행 시 특히 편하다.

우산 엔화가 비쌀 경우 우산 하나의 가격도 만만찮다. 일본기상청에 접속하여 날씨를 사전에 확인한 후 비가 올 확률이 높으면 가벼운 3단접이식 우산 하나를 챙겨가자.

세면도구 게스트하우스를 이용할 경우 치약, 칫솔, 샴푸 수건 등을 챙겨가는 것이 좋다. 특히 소규모 동네 목욕탕이나 온천의 공동욕장을 이용할 때는 개인세면도구가 꼭 필요하다. 이때는 탕 내에서 사용할 수건 한 장과 몸을 말릴 때 사용할 수건을 따로 준비하는 게 좋다.

비상약품 일본의 곳곳에 약국이 많은 편이지만 새로운 것에 민감하다면 평소 사용하는 약을 준비해가는 것이 좋다. 생리용품도 마찬가지다.

화장품 국제선의 경우 액체나 젤의 경우 100ml 이하의 용기만 기내에 반입할 수 있다. 이도 가로, 세로 20cm 이하의 지퍼팩에 들어가는 정도까지만 허용된다. 화장품은 쓸 만큼만 작은 용기에 덜어가는 것이 좋다. 부득이 그 이상 가져가야한다면 액체와 젤 등은 항공 수하물로 보낼 가방을 이용해야 한다

D-day
MISSION 10 스마트폰 데이터를 저렴하게!

여행 떠나기 전 가장 먼저 챙겨야 할 1단계는 스마트폰 데이터! 2박 3일 이내의 짧은 여행에서는 해외 자동로밍 서비스를 사용하는 게 더 낫다. 공항에서 로밍서비스를 신청해도 되지만, 자신의 스마트폰에서 114를 누르고 해외로밍 할인서비스에 가입할 수 있으니 더 편리하다.

어느 상품이 저렴한가?

통신사마다 다양한 해외통화할인상품 및 데이터 로밍상품을 판매하고 있다. 5천원이면 7~14일간 통화료 반값 할인, 7일간 데이터 5G, 하루 1만원에 데이터무제한 등 가격대는 엇비슷하다. 무조건 싼 상품이 좋은 게 아니라 자신의 통화량과 데이터 사용량에 맞는 상품을 이용해야 요금을 절약할 수 있다.

데이터 차단 서비스를 이용하라

선택한 상품 사용기간이 지난 후 해외에서 데이터를 사용하지 않았더라도 자동업그레이드

등에 의해 데이터가 사용되는 경우가 있다. 이 경우 자칫 요금폭탄을 맞을 수 있다. 선택한 상품이 종료되면 데이터를 차단해 달라고 통신사에 요청해 두자.

데이터로밍 대신 와이파이를!
후쿠오카시 등 일본의 지자체에서는 여행자들에게 무료 와이파이 제공 서비스를 확대하고 있다. 이를 이용하면 요금을 더욱 절약할 수 있다. 일주일 이상 장기 여행을 하려면 이심(eSIM)이나 유심칩을 구매해 이용하는 것이 저렴하고 편리하다. 또 일행이 여럿이라면 '도시락'이나 '에그'같은 포켓 와이파이를 이용해 공유하는 것이 저렴하다.

D-day
MISSION 11 일본으로 입국하기

인천에서 출국하기
항공사 카운터 확인
인천국제공항은 매우 넓다. 공항 출국장에 도착하면 운항정보 안내모니터 혹은 안내부스에서 자신이 이용할 항공사의 카운터의 위치를 확인하고 찾아갈 것.

탑승수속
여권을 제출하면 보딩패스Bording Pass를 받을 수 있다. 사전에 인터넷으로 좌석을 지정하지 않았어도 남은 좌석 중에서 원하는 좌석을 선택할 수 있으니 이때 요청하면 된다.

짐 부치기
보통 20kg까지의 수하물을 부칠 수 있다. 항공사별로 정한 무게를 초과할 경우 추가 요금을 지불해야 한다. 칼이나 송곳, 발화물질, 100ml 넘는 액체나 젤이 담긴 용기는 기내에 반입할 수 없으니 항공 수하물로 부쳐야 한다.

보안검색
여권과 보딩패스를 보여주면 출국장 안으로 들어갈 수 있다. 보석이나 고가의 물건을 지니고 있다면 세관에 미리 신고할 것. 노트북이 있는 경우 가방에서 꺼내 별도로 바구니에 넣어 엑스레이를 통과해야 한다.

출국수속
출국심사대에서 여권과 보딩패스를 보여주면 된다. 이때 얼굴 확인을 위해 모자와 선글라스를 벗어야 한다.

탑승
탑승구에 30분 전까지는 도착해야 한다. 탑승구까지는 모노레일로 이동해야 하고 거리가 긴 편이니 면세점 쇼핑을 하려면 시간적 여유를 두고 출국수속을 마쳐야 한다.

서규슈 공항으로 입국하기
공항 도착
공항에 비행기가 도착하면 짐을 챙겨서 내린다. 잊고 내리는 물건이 없는지 다시 한 번 확인하자.

입국심사
공항마다 한국어에 능통한 직원들이 있어 비짓재팬웹이나 입국신고서 작성 등을 친절히 안내해준다. 입국 심사는 한국과는 달리 지문채취를 하게 되는데, 이때 모자와 선글라스를 벗어야 한다. 심사관이 가리키는 기기에 양손 검지를 대고 소리가 날 때까지 꾹 누른다. 그 후 가리키는 화면을 보고 사진촬영을 하면 여권에 입국실과 출국 심사 때 내야할 출입국 카드를 붙여준다. 국내는 물론 일본에서는 입국심사장 내에서 카메라와 핸드폰 등 모든 촬영을 엄격히 금하고 있으니 이를 준수하자.

수하물 찾기
타고 온 항공편이 표시된 레일로 가서 짐을 찾는다.

세관신고
수하물을 찾은 후 신고할 특별한 물건이 없다면 비짓재팬웹에서 작성해 캡쳐해 둔 세관신고서를 보여주고 나오면 된다.

서규슈 공항 이용하기
공항 어느 곳에서든 친절한 한국어 안내를 받을 수 있다. 가장 이용이 잦은 후쿠오카공항의 경우 국제선대합실의 관광안내소에서 서규슈 여행에 필요한 모든 자료를 구할 수 있다. 후쿠오카시의 교통요지인 하카타역 혹은 텐진역까지는 국제선에서 무료셔틀버스를 이용하여 국내선 후쿠오카공항역까지 이동한 후 지하철로 자신이 원하는 역까지 가면 된다. 산큐패스를 이용하는 사람이라면 관광안내소에서 자신이 원하는 여행지로 가는 고속버스가 있는지, 있다면 출발 시간을 확인해보자. 시간이 맞는다면 굳이 후쿠오카 시내까지 갈 것 없이 공항에서 곧바로 버스에 오를 수 있다. 사가공항과 나가사키공항에서는 비행기 도착시간에 맞춰 각각 사가시, 나가사키시까지 가는 버스가 있으니 이를 이용하면 된다.

여행 시작 전에 알아두면 좋을 **규슈 상식**

규슈 기초정보

위치 일본 본섬의 서쪽, 북위 27°~35°와 동경 128°~132° 사이에 있는 섬이다.
면적 42,180㎢(일본 전체 면적의 11.2%, 대한민국 면적의 42%)
인구 2011년 기준 1459만 명(일본 인구의 11%, 남한 인구의 27%)
기후 위도 상 우리나라의 부산보다 남쪽에 있어 여름에는 더 덥고 습하며 겨울에는 덜 춥다. 8월 하순부터 9월 초순 태풍이 자주 찾아오는 시기를 제외하고는 여행을 즐기기에 좋다. 여행하기 가장 적당한 계절은 역시 봄과 가을이다.
긴급전화 응급환자와 화재는 119, 경찰은 110
전압 우리나라는 220볼트이나 일본은 110볼트이다. 11자로 된 100볼트용 플러그를 준비해가야 한다.

주 후쿠오카 대한민국 총영사관
주소 福岡市 中央區 地行浜 1-1-3(1-1-3 Jigyohama Chuo-ku Fukuoka, Japan 810-0065)
전화 영사, 민원업무 092-771-0461~2(근무시간외에는 담당자별 연락처 안내), 기업지원담당관 092-762-1128
팩스 092-771-0464 **이메일** fukuoka@mofa.go.kr **홈페이지** jpn-fukuoka.mofa.go.kr

여행 포인트

후쿠오카현

후쿠오카현 인구 약 507만명(2013년 기준)
후쿠오카현 면적 4979.3㎢
여행 테마 별미집 탐방, 야타이(포장마차) 탐험, 쇼핑, 해변가 산책
편리성 후쿠오카공항, 하카타역, 하카타버스터미널 니시테츠후쿠오카(덴진)역, 니시테츠버스센터가 모두 지하철로 연결되어 있다.
추천 여행기간 하카타역을 중심으로 후쿠오카부두, 나카스가와바타, 덴진, 오호리공원, 우미노나카미치공원 등을 골고루 돌아볼 때 1박 2일이면 충분하다.
각종 기록 야타이 개수 일본 1위, 명란젓전문점 개수 일본 1위

사가현

사가현 인구 약 84만명(2012년 기준)
사가현 면적 2439.65㎢
여행 테마 지역별 별미집 탐방, 도자기마을 탐험, 역사기행
여행권역 구분 가라쓰와 요부코, 사가시와 요시노가리역사공원, 아리타와 이마리의 도자기마을, 우레시노와 다케오의 온천
각종 기록 인구 10만명 당 약국 수 일본 1위, 김 수확량 일본 1위

나가사키현

나가사키현 인구 약 150만명(2012년 기준)
나가사키현 면적 4105.33㎢
여행 테마 별미와 간식거리 탐험, 쓰시마, 고토, 이키 등 섬 방문, 운젠온천 체험
여행권역 구분 나가사키시, 사세보와 사이카이시, 히라도, 운젠과 시마바라, 하우스텐보스
각종 기록 해안선의 길이(4,137km) 일본 1위
나가사키현 서울사무소 02-733-7398(서울시 종로구 종로1가 교보빌딩 17층)

여행 시 주의사항 TOP 7

NO.1 여권 소지는 필수!
여권은 해외에서의 신분증이나 다름없다. 숙소 체크인을 할 때도 교통 할인패스를 구입할 때도 여권은 필수적으로 필요하다. 분실했을 경우 경찰서에 가서 신고를 하고 영사관에서 재발급 받아야 한다.

NO.2 현금을 여유 있게 준비하자
섬이나 작은 도시에서는 환전은 물론 카드를 사용할 수 없는 경우도 있다.

NO.3 여행안내지도는 꼭 두 가지 언어로 준비하자
서규슈는 관광안내소에 한국어로 된 여행안내지도와 정보가 잘 준비되어 있다. 그러나 한국어안내지도만 가져갈 경우 일본어표기를 알지 못해 정작 그 근처에 가서도 원하는 곳을 찾지 못할 때가 있다. 일본어안내지도를 같이 가져가야 간판이름을 알아볼 수 있으며, 현지인에게 길을 물을 때 안내받기도 쉽다.

NO.4 핸드폰은 되도록 진동으로!
일본 사람들은 남에게 피해를 주는 일을 상당히 싫어한다. 지하철이나 엘리베이터 안에서 핸드폰 소리가 울리는 것마저도 상당한 실례다. 공공장소에서는 항상 전화를 진동으로 해놓고, 전화통화도 삼갈 것. 술집에서도 되도록 목소리를 낮추도록 한다.

NO.5 흡연은 지정된 장소에서만!
한국에서와 마찬가지로 지정된 장소에서 흡연을 해야 한다. 특히 거리를 걸으며 흡연을 하는 행동은 삼가자. 역이나 휴게소, 담배를 판매하는 편의점 등에 지정된 장소가 있으니 그곳에서 흡연할 것.

NO.6 식사 예절을 지키자
일본사람과 식사를 하게 될 경우 상대가 먹는 음식에 젓가락을 대지 말 것. 한국에서는 부침개 등을 먹을 때 상대가 뜯기 쉽도록 도와주지만 일본에서는 큰 실례가 된다.

NO.7 공중목욕탕에서는 샤워만!
일본에서는 때를 미는 문화가 없다. 또 자신의 때를 남에게 보이는 것은 큰 실례다. 목욕탕 또는 온천에서 알몸으로 활보하는 것도 예의에 어긋난다. 탕에 들어갈 때와 씻을 때를 제외하고 탕 내에서 이동할 때, 휴식을 취할 때는 주요 부위를 수건으로 슬쩍 가릴 것. 탕에 수건을 담그는 일도 절대 삼가야 된다.

INDEX

SEE

JR하카타역	096
가가미 산	154
가라쓰 신사	158
가라쓰성	153
가리미즈 광천	378
가리야만 유어센터	294
가모 유라린코 다리	140
가쓰모토 항	438
가와바타 상점가	105
가자가시라공원	326
가카라시마	164
가톨릭 묘비군	424
게고공원	104
게야노오토	139
게이슈엔	227
겐카이 차세대에너지파크	294
고이노우오요구마치	404
공자묘	318
구 가라쓰은행	158
구 다카토리주택	155
구라바 거리	329
구라바엔	316
구시다 신사	106
구시야마해수욕장	438
구 오오시마 주택	155
구요시하마해수욕장	436
구치노쓰항 돌고래관람구	409
국도 휴게소 가시마	282
군함도	331
기요미즈 관음사원	248
기요미즈 폭포	247
나가사키 가도	204
나가사키역	325
나가사키역사문화박물관	328
나가사키원폭자료관	324
나가사키 펭귄 수족관	332
나가사키현미술관	319
나나쓰가마	161
나나쓰가마 종유동굴	417
나카강 수상버스	102
나카도미기념약박물관	298
나카자토 다로에몬 도방	157
노고미 인형 공방	284
노코노시마 아일랜드파크	114
니기노하마 해변	138
니시요시다다원	180
니지노마쓰바라	152
다이차주	180
다카시마	164
다카하마해수욕장	423
다케노쓰지	437
다케오 온천	225
다케오시립도서관	226
다쿠성묘	288
다쿠하치만 신사	287
다테이와전망대	184
단조인	284
대한민국인 위령비	437
데지마	327
데지마워프	320
덴구다니가마유적	274
덴잔산	250
덴진중앙공원	099
도도로키 폭포	184
도스프리미엄아웃렛	299
도요타마히메 신사	179
도자키교회	426
도잔 신사	272
료마도리	321
마리노아시티 후쿠오카	128
마쓰라사료박물관	389
마쓰바라 갓파 신사	203
마쓰우라이치 주조	264
마이즈루공원	110
맛찬	207
메가네바시	319
모모치해변공원	112
묘조인	424
무라오카 총본점 &양갱자료관	245
미우라초교회	347
미이라쿠교회	426
미즈노우라교회	427
미후네야마라쿠엔	227
바다의 실크로드관	262
베이사이드 플레이스 하카타	111
부뚜막구조 민가	290
부케야시키	404
사가 벌룬 뮤지엄	212
사가 신사	202
사가현립규슈도자기문화관	275
사가현립나고야성박물관	160
사가현립미술관	199
사가현립박물관	199
사가현립우주과학관	226
사가현청 전망홀	200
사루이와	434
사세보 시사이드 파크	348
사이카이대교	416
사코곶	435
사쿠라이 신사	136
사쿠라이 후타미가우라	137
서복장수관	207
선인도공의 비	274
세이케이공원	289

쇼후쿠지	320	용수정원 시메이소	405	트윈스비치	436
스가 신사	246	우라카미 천주당	324	평화공원	322
스릴러시티	361	우레시노 강변산책로	178	플라워로드	361
스와 신사	326	우미노나카미치해변공원	115	하라 성터	408
스이쿄 신사	098	우에노가와 용수	378	하라호케 지장	437
시라이토 폭포	139	운젠 로프웨이	371	하루노쓰지 유적	436
시마바라성	401	운젠 스파하우스	373	하마노우라 계단식 논	294
시볼트노유	179	운젠다케재해기념관	405	하버타운	362
시볼트족탕	182	운젠지옥	372	하우스텐보스	356
신유공동욕장	373	유노사토공동욕장	374	하카타 리버레인	107
쓰쓰키하마해수욕장	436	유미하리다케전망대	348	하카타마치야 후루사토간	106
아네고 해변	138	유케무리광장	183	하카타버스터미널	095
아리타 포세린파크	273	유토쿠이나리 신사	281	하카타전통공예관	113
아리타관	274	음욕박물관	417	하코지마 신사	140
아사히가오카공원	283	이나사야마공원전망대	323	해상노천온천 나미노유	376
아이오이교	260	이라카와온천 족탕	424	해상 온천 빠레아	295
아카렌가문화관	098	이마리 투구게관	264	해상자위대 사세보 사료관	347
아크로스 후쿠오카	103	이모치우라교회	427	호온지 백파선 법탑	275
암스테르담시티	363	이사노우라공원	418	혼마루역사관	199
어트랙션타운	361	이오지마	330	홋토홋토105	377
에리야마 계단식 논	249	이즈미야마 도석장	273	후루유 온천	210
오기공원	243	이키 돌고래 파크	438	후카가와케 주택	247
오니노아시아토	434	이키국박물관	435	후쿠오카 아시아 미술관	108
오니노이와야 고분	437	일본26성인순교지	324	후쿠오카시박물관	113
오란다자카	325	정성공 기념관	392	후쿠오카타워	112
오바마역사자료관	378	조코잔 세이간지	244	히라도 네덜란드 상관	389
오세자키등대	423	족탕광장	374	히라도 자비에르 기념교회	390
오오쿠마 시게노부 기념관, 고택	201	즈이코지	182	히라도항 교류광장	390
오우라 천주당	318	지바 성터	245	히라도성	388
오조칸	244	지쿠고강 승개교	207	히류가마	226
오카와치야마	263	지탕	374	히젠나고야 성터	159
오호리공원	109	캐널시티 하카타	100	히젠유메카이도	183
요부코 아침시장	159	쿠주쿠시마	350	히젠하마슈쿠	280
요시노가리역사공원	300	쿠주쿠시마 펄 시 리조트	349	히키야마 전시장	156
요카 신사	201	타워시티	363		
		토석류피해가옥보존공원	407		

INDEX

EAT

가도야 식당	142
가마키리우동	118
가슌	379
가야히칸	167
가와시마두부점	165
가잔	419
가키고야	142
갓포 주오	285
갤러리 아리타	276
겐요	168
고야스마루	419
고잔로 중화가 본점	334
교산진	295
교자회관	231
구구	254
구라	213
그라모폰	353
그린 테라스 운젠	379
나가사키소	168
노코우동제조소	118
닌키테이	188
다마	165
다쥬르	265
다케오버거	232
다키미야	253
데지마 내외클럽 레스토랑	335
데지마 아침시장	336
덴구자야	166
덴잔 주조	254
레스토랑 긴레이	335
로그킷	352
로드 레우	364
로열 가든 카페	122
마르모 수산	364
마시코	121
마운텐 게스코지	216
마키노 우동 가후리본점	141
만보	167
맨리	123
메구미수산	215
모리토 식당	393
모쓰나베 라쿠텐치	116
미나메키친	412
미즈타키본	117
부부포루코	214
분메이도 총본점	336
블루스카이	351
사가 레트로관	215
사세보 C&B 버거	352
소안 요코쵸	188
시노	214
시마 해물덮밥집	141
시마바라 미즈야시키	412
시카이로	334
신세이	428
쓰루짱	337
아무르	291
애틱	337
야스나	276
야키니쿠 스즈	393
오니다케시키노사토	428
우메시마	439
유타카 초밥	393
이데짬뽕 본점	231
잇큐켄	265
치무니	265
카페 가이로도	232
하나하나야	166
하라호게 식당	439
하치노야	351
하카타 로바타 피시맨	119
하카타 이푸도	120
화이트하우스	253
후쿠사야 본점	336
히가시야마테 지구관	335
히메마쓰야	412
히젠쓰센테이	216
히카리	353

BUY

가라쓰고향관 아르피노	169
견등사 후루사토관	429
고게쓰도 노포	394
고보 모치 혼포 구마야	394
공방 돗탄	143
관광안내소 가바이	233
구 후쿠다가	217
기타이 간장	143
다이마루 후쿠오카 덴진점	127
다케오시 관광안내소	233
덴진지하상가	125
도스 프리미엄 아웃렛	299
도오노시장	354
도토미야 본점	380
만보 가라쓰역점	169
미쓰코시백화점	129
비도로미술관	381
사루쿠시티403	354
사이카이쿄 물산관	419
솔라리아 플라자	128
신텐초	126
아리타 도자기마을 플라자	277
어류플라자	338
에쿠라	189
오모차박물관	381
와타야베소 토산품점	189
우레시노교류센터	189
유메사이토	338
이와타야 본점	127
이주미야커피	217

이키노쿠라 주조주식회사	440
파르코 후쿠오카점	129
프레스타 사세보	354
하마노마치아케이드	338

SLEEP

고토 곤카나왕국	430
교토야	234
국민숙사 이키시마소	441
국민숙사 세이운소	382
규슈호텔	382
나가사키 닛쇼칸	341
니시테쓰 그랜드호텔	131
니지노마쓰바라호텔	170
다케오 센츄리 호텔	235
다케오 온천 유스호스텔	235
더 호텔 나가사키 BW 프리미어 컬렉션	340
도미 인 나가사키	340
료테이한즈이료	383
만남의 장	441
사가시티호텔	218
센트럴 호텔 이마리	267
쇼엔	191
솔라리아 니시테쓰 호텔	130
슌요칸	383
시이바산소	191
아일랜드 나가사키	341
아케보노	218
온크리	219
와라쿠엔	190
와타야	171
와타야베소	190
요요카쿠	170
우오한	171
유카이 리조트 란푸	395
이마리 그랜드 호텔	267
이키다이이치호텔	441
친테사 호텔 사세보	355
컨파나호텔	431
크라운 플라자 아나 나가사키 글러버힐	339
토요코 인 사세보 에키마에	355
토요코인	219
포레스트 인 이마리	267
포레스트빌라	365
프라자 호텔 덴진	130
하라성 온천 마사고	413
호텔 뉴 나가사키	339
호텔 니코 후쿠오카	130
호텔 류토엔	218
호텔 리솔 사세보	355
호텔 시사이드 시마바라	413
호텔 암스테르담	365
호텔 오쿠라 후쿠오카	131
호텔유럽	365
히라도 게스트하우스 고토노하	395
힐튼 후쿠오카 시호크	131

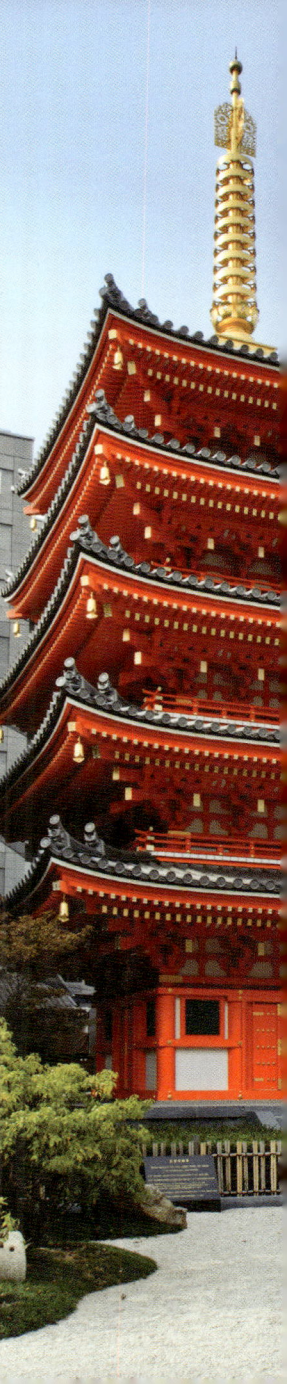

후쿠오카 사가 나가사키 홀리데이

2023년 5월 25일 초판 1쇄 펴냄

글·사진 권현지·신영철·유연태
발행인 김산환
책임편집 윤소영
디자인 윤지영
지도 글터
펴낸 곳 꿈의지도
인쇄 다라니
종이 월드페이퍼

주소 경기도 파주시 경의로 1100, 604호
전화 070-7535-9416
팩스 031-947-1530
홈페이지 blog.naver.com/mountainfire
출판등록 2009년 10월 12일 제82호

979-11-6762-056-9-14980
979-11-86581-33-9-14980(세트)

이 책에 실린 일부 사진은 후쿠오카시, 사가현, 나가사키현에서 제공받았습니다.
지은이와 꿈의지도 허락 없이는 어떠한 형태로도 이 책의 전부, 또는 일부를 이용할 수 없습니다.
※ 잘못된 책은 구입한 곳에서 바꿀 수 있습니다.

꿈의 여행지로 안내하는 친절한 길잡이

최고의 휴가는 **홀리데이 가이드북 시리즈**와 함께~